사회복지정책 이행과정

고 수 현

교육과학사

머리말

이 책은 필자의 박사학위논문인 『한국 사회복지정책의 환경과 내용에 관한 연구(2000. 12)』를 바탕으로 하고 있으며, 사회복지정책을 비롯한 공공정책 분야를 연구하고 있는 후학들과 정책학을 비롯한 다학제적인 연구에 관심을 가지고 있는 독자들을 위하여 학술 저서 형태로 수정한 후 출간하게 되었다.

기존의 연구들이 사회복지정책의 환경과 정책 내용에 대하여 체계적인 분석이 드물고, 그것도 서구자본주의체제의 패러다임에 맞춘 분석이 대다수인 점과 비교하면 차별성이 있다. 다시 말하면 이 책은 한국 복지자본주의체제에서 정책 환경과 정책 내용을 체계적으로 분석하고자 한 것이다. 정책 환경인 정치 · 경제 · 시민사회체계야말로 사회복지정책에 영향을 주고 실제로 변화시키는 소프트웨어인 것이며, 사회복지정책의 규모나 도입 시기, 내용물만 가지고 역사적 전개과정을 분석하는 것은 한계가 분명한 것이다. 이 책의 주된 흐름은 이러한 문제의식에 기초하여 노태우 정부와 김영삼 정부에 이르는 1990년대의 한국적 상황에서의 사회복지정책 환경과 정책 내용을 동시에 분석함으로써 사회복지정책의 이행과정을 역동적으로 파악하고 있다.

오늘날의 자본주의국가는 21세기를 맞이하여 자본축적과 사회정의의 실현이라는 두 가지 명제 속에서 복지자본주의체제의 역동적인 변화를 거듭하고 있다. 이른바 복지자본주의(welfare capitalism)는 산업사회의 발달 이후 나타나기 시작한 경제적 · 사회적 리스크로부터 사회구성원들을 보호하고자 하는 국가와 사회체제의 이념인 것이다. 1960년대 초의 다니엘 벨(Bell, Daniel)이 주장한 자본주의체제 하의 복지국가에의 동의를 내용으로 하는 이데올로기의 종언논쟁이나 1990

년대 초반에 후쿠야마(Fukuyama, Francis)가 구 소련권의 붕괴를 배경으로 제기한 이데올로기의 종언논쟁은 역설적으로 복지자본주의라는 거대 이데올로기를 설명해주고 있다고 할 수 있다. 최근의 '세계화'이념이나 '제3의 길'의 이념은 어떻게 보면 이데올로기의 종언논쟁 이후의 새로운 이데올로기인 것이며, 모름지기 국가는 시장의 효율성과 경제적 약자의 보호라는 복지자본주의체제의 역사적 전개과정을 이행해야 하는 주체이다.

흔히 사회복지의 역사를 논의할 때는 중세의 봉건제도의 붕괴에 따른 부랑인을 비롯한 빈곤자들의 구빈 업무를 지방정부가 중심이 되어 가학적 복지를 행하던 시기에 역사적 배경을 둔다. 그 다음은 산업혁명의 진행과정에서 새로이 발생한 대도시 빈곤 노동자들에게 사회보험제도를 통하여 경제적 보장을 추구했던 단계이며, 제1차 대전과 제2차 대전을 겪은 후 베버리지 보고서에 기초한 복지국가의 단계로 진행해온 것이다. 그리고 1970년대 후반부터 지속된 경기침체기에 접어들어서 제기된 복지국가의 위기론에서 비롯된 신보수주의나 중도노선주의 등은 최근의 복지이념을 논의함에 있어서 주된 대상이 된다. 이렇듯 자본주의국가에서 사회복지이념은 사회복지정책을 생성하는 주된 요인이다. 우리나라도 김영삼 정부 이후 제기되기 시작한 '생산적 복지'이념은 '세계화'와 '제3의 길' 등의 이데올로기의 한국적 흐름이라고 볼 수 있다. 이 책에서 다룬 한국사회복지정책의 이행과정 역시 국가·사회체제에서 나온 복지이데올로기의 제도화과정으로 볼 수 있는 것이다.

사회복지의 역사를 산업화과정 이후 복지에 대한 자본가와 노동자 계급 사이의 입장 차이에 국가가 개입하여 복지합의란 산물을 이룬 것으로 보는 것이 일반적인 관점이기는 하다. 그러나 국가 · 사회체제에는 정치 · 경제 · 시민사회 세력이라는 3대 영역에서 생산해내는 이데올로기가 있는 것이며, 사회복지정책 역시 그러한 구성체에서 자연스럽게 논의되고 구체화 된 결정체에 해당한다. 그리고 복지와 빈곤에 대한 국가개입의 방식은 개별국가에 따라 각기 다르게 나타난다. 1929년에 세계경제공황과 그 여파에 따라 미국에서는 1935년에 사회보장법을 제정하여 경제위기에 대처한 경험이 있고 영국에서는 제2차 세계대전 후 베버리지 보고서 발표 이후 이른바 케인즈-베버리지 방식의 완전고용을 유지하는 정책이 전개되기도 하였다.

우리나라 역시 1997년 말 외환위기 상태로 국제통화기금(IMF)의 관리체제에 처하게 되자 실업자를 중심으로 한 빈곤대책으로 고용보험과 한시적 생활보호제도를 통하여 빈곤대처에 국가가 개입을 해왔다. 그리고 2000년 10월부터 시행된 국민기초생활보장제도나 최근의 각종 사회복지서비스제도는 각 정부의 정치이념에 따라 외향적으로는 생산적 복지이념이나 참여복지이념을 지향하고 있다.

그러나 여기서 중요하게 다루어져야 할 것은 선진자본주의국가와 후발자본주의국가인 우리나라의 복지환경이 같은 맥락에서 다루어져서는 안 된다는 것이다. 물론 우리나라도 국제무역수지에서 다른 경제협력기구(OECD)국가들에 못지않은 성장을 하였고, 전 세계화라는 거대 이데올로기 속에서는 선진자본주의국가이든 후발자본주의국가이든 유사한 이행체제를 경험하게 될 수는 있다. 그러나 후발자본주의국가는 그 나름대로의 국가정체성과 특성이 있다. 특히 한국사회는 근대적 의미의 국가형성 단계 없이 1948년의 건국과 함께 현대적 의미의 국가형성을 하였다는 점에서 서구자본주의국가체제와는 다르다. 그리고 근대에서도 복지체제와 직접적으로 관련되는 경제체제가 서구에서처럼 중상주의에서 출발하여 산업자본주의, 독점자본주의, 수정자본주의에 이르기까지의 자본주의체제를 거쳐 온 것이 아니라 곧바로 수정자본주의가 이식되었으므로 서구의 복지국가 유형화를 우리나라에 그대로 적용하는 것은 경험적 연구에서 괴리가 될 수밖에 없다.

이러한 관점에서 필자는 한국사회복지정책의 이행과정을 분석하기 위한 분석틀로서 환경과 내용으로 설정했으며, 이 분석틀이 충족해야 할 다음 네 가지의 구성요건에 따라 분석 · 집필하였다.

첫째는 사회복지정책 내용 자체만의 이행의 분석에서 벗어나 사회복지정책 형성에 관계된 경제, 사회, 정치체제 등의 사회복지정책을 둘러싼 환경의 분석이 있어야 한다.

둘째는 이 책은 사회복지정책 중에서도 사회보험이나 공공보건서비스 부문이 제외된 공공부조정책과 사회복지서비스 부문을 다루고 있음을 특징화해야 한다는 것이다.

셋째는 우리나라는 정치-사회체제가 이념적으로 특징지을 수 있는 역사가 뚜렷하게 없다는 점을 인식할 필요가 있다. 왜냐하면 영국의 노동당이나 독일의 사민당, 기민당, 녹색당 등과 같은 이념 정당이 체계화되지 못했고 시민사회도 독자적 활동세력으로 자리를 잡은 지가 오래지 않기 때문이다. 이것은 우리나라의 상황에 맞는 접근의 필요성을 말해주는 것이다.

넷째는 세 번째 요건과 연관해서 볼 때 정당이나 대통령의 집권 시기에 따른 해당 정치사회의 정강이나 연설문, 선언문 등의 진술에 의한 분석보다는 정치·경제·사회 상호 간의 관련성을 체계적으로 분석하여야 타당성을 견지할 수 있다는 것이다. 이러한 분석 구상은 그간의 필자가 지향해온 다학제적인 연구관점과도 맥락을 같이하는 것이다.

따라서 이 책이 사회복지정책을 공부하고 연구하는 후학들이나 사회복지현장에서 이론과 현실 사이의 괴리감을 느끼고 있는 사회복지 관계자만이 아닌 정치, 행정, 사회학 등의 인접 사회과학의 연구자들에게도 도움이 될 수 있을 것으로 본다. 특히 본래의 학위논문 형태를 가능한 범위 내에서 유지하였으므로 대학원과정에서 세미나강의나 학위논문을 준비하는 예비학자들에게 많은 도움이 되기를 기대한다. 끝으로 평소 사회과학분야의 전문지식 공급에 기여를 해오시고 이 책을 출판할 수 있도록 도움을 주신 교육과학사의 임직원 여러분께도 감사의 말씀을 드린다.

2006년 3월

고 수 현

차 례

제3장 사회복지정책의 환경과 내용 49

제4장 사회복지정책 환경의 이행 75

제5장 사회복지정책 내용의 이행 143

표·차·례

그·림·차·례

제1장

자본주의와 사회복지정책

제1절 자본주의와 사회복지

사회복지정책의 이행에 대한 관심은 우선 국가체제의 변동을 어떻게 분석할 것인가와 관련되고, 그것은 정치이데올로기를 배경으로 접근되어야 한다. 왜냐하면 모든 정책은 행정가나 정치세력들에 의해 수립되어 제도화되지만 근본적으로 해당 국가사회의 이데올로기와 직·간접으로 연결되어 있기 때문이다. 한국에서 향후의 복지정책이 좀더 성숙한 이행기로 나아갈 것인지 또다시 자본축적이행기로 나아갈 것인지는 분명하지 않다고 보아진다. 왜냐하면 한국의 정치체제는 제2공화국에서의 민주적 흐름이 제3공화국에서 권위주의적 흐름으로 변천되면서 복지이념의 태동조차 어려웠던 이행기가 있었던 역사적 배경이 있기 때문이다. 그리고 1990년대 중반부터 전세계화 경향은 개별 국가의 정치, 경제체제에도 간섭을 하게 되는 암울한 상황에 있어서 사회민주주의적인 사회복지정책의 재검토가 일어나는 시기에 있기도 하다.

이러한 상황들은 우리나라의 복지정책 이행과정(welfare policy transition process)을 전망하는 데에 있어서 쉽게 결론 내리지 못하는 요인이 된다. 그러나 현재의 역사적 흐름 속에서 생·멸하는 모든 정책들이 먼저 이데올로기가 완전한 형태로 형성되고 그에 따라 단속적으로 만들어지는 것이 아니라 정책과 이데올로기는 하나의 연속체이며 분리되지 않는 스펙트럼과 같다는 것을 인식하는 것은 중요한 관건이 된다. 다시 말하면 이데올로기는 하나의 정책을 추진하는 동안 수많은 개연성과 불합리성 속에서 담론으로 형성되고 지속되는 가운데 새롭게 구성되는 것이라는 것이다. 따라서 21세기에 접어드는 이 시점에서도 지속적이고 이행 가능한 논의는 무엇보다 중요한 사회적 가치가 될 것이다.

지금까지의 우리나라를 대상으로 하는 사회복지정책의 이행과정 연구자들은 대부분 사회민주주의적인 관점에서 복지국가를 논하는 데 치중하고 있다. 이것은 케인즈-베버리지 방식의 복지국가 이념에 바탕한 유럽식 사고방식의 인식이 짙게 내재되어 있다고 볼 수 있다. 이렇게 보면 우리나라는 복지국가의 진입에도 실패한 상태에서 국제통화기금(IMF) 관리체제에 들어갔다는 분석까지도 가능할 것이다. 예를 들어 사회복지비용의 수준이나 주요 복지프로그램 도입 시기에 따라 분석하는 방법들이 여기에 속한다. 그러나 사회복지 발달과정은 각 나라마다 정치, 사회적 특성이 다르고 이념 또한 특수할 수밖에 없으므로 이차원적으로 규정하기는 지극히 어려운 것이다. 그리고 복지국가로의 이행에 관한 연구도 한국의 국가형성과 성격이행과정을 유럽제국의 전형적인 이행패턴에 따른 분석이 대다수를 차지했다. 즉, 정복국가에서 약탈국가로, 또 다시 발전국가를 거쳐 민주화의 이행 후에 복지국가의 단계로 진입했다는 역사적 패턴에 따르고 있는 것이다. 그것도 진화적 역사발전이 아니라 역사적 상황이 반전됨에 따라 복지의 이행과정이 일어난다고 보는 방식이 절대시 되어왔다. 따라서 상대적으로 시민사회와 정치사회라는 양대 축에 의한 헤게모니적 발전과정에 의해 분석이 경시되거나 시도되지 못했던 것이다.

근대복지제도가 일제강점시대 이후 미군정시대를 시초로 서구 각 국의 외원 민간단체에 의해 도입되었고, 실제 이들 외원 기관들의 활동은 우리나라의 민간복지뿐만 아니라, 공공부문의 복지라 할 수 있는 복지정책에도 상당한 영향을 끼쳐 온 것이 사실이다. 그리고 대부분의 사회복지제도가 자생적으로 진화한 모형이라고 하기보다는 유럽을 비롯한 미국, 일본을 통해 도입된 것이 다수라는 것도 자명하다. 따라서 그간의 많은 사회복지정책의 연구에서도 선진자본주의국가와의 비교론적 경향이 많았다. 후발자본주의국가가 선진자본주의국가의 이행과정을 원용한다는 것은 당위적이나, 자칫하면 선진자본주의가 거쳐 온 국가발전단계와 후발자본주의국가가 발전해나가는 과정을 동일한 관점으로 계측하는 오류를 가져올 수 있음을 인식해야 한다.

외부적 국가발전은 우리나라도 국제무역수지에서 다른 선진국 경제협력기구(OECD)국가들에 못지않은 성장을 하였고, 전 세계화라는 거대 이데올로기 속에서는 선진자본주의국가이든 후발자본주의국가이든 유사한 이행체제를 경험하게 될 수는 있다. 그러나 후발자본주의국가는 그 나름대로 국가정책성과 특성이 있다. 특히 한국사회는 근대적 의미의 국가형성단계 없이 1948년의 건국과 함께 현대적 의미의 국가형성을 하였다는 점에서 서구자본주의국가체제와는 다르다. 그리고 근대에서도 복지체제와 직접적으로 관련되는 경제체제가 서구에서처럼 중상주의에서 출발하여 산업자본주의, 독점자본주의, 수정자본주의에 이르는 자본주의체제를 거쳐 온 것이 아니라 곧바로 수정자본주의가 이식되었으므로 서구의 복지국가 유형화를 우리나라에 그대로 적용한다는 것 자체가 경험적 연구에서 괴리가 될 수밖에 없다.

이것은 정치체제에서도 같은 맥락에서 파악될 수 있다. 아무리 동일한 자본주의체제와 동일한 시기의 장(field)이라고 하더라도 해당국가의 자본주의의 이행정도와 과정이 다르고, 산업이나 군사적 상황, 그리고 국내에서도 지역 간의 발전격차에 따라 정치세력과 시민사회세력이 대처하고 협동하는 역할이 달라질 수 있을 것이다. 선진자본주의국가에서의 시민세력은 노동의 장(場)을 바탕으로 하여 투쟁적 복지국가를 달성했다고 본다면, 후발자본주의국가인 우리나라에서는 이러한 시민세력이 국가와 대등한 위치에서 주도적 역할은 못했을지라도 정치상황과 경제상황 속에서 간과할 수 없는 역할군(role group)의 위치를 점유하였다는 것이다. 그러나 대부분의 우리나라의 사회정책 연구들이 정치세력이나 시민사회의 역할군에 대해서는 실체를 인정하고 있지만 비중을 두지 않는 경향이 있다. 그중에서도 중간계급이라 할 수 있는 시민사회(civil society)의 역할에 대해서는 연구가 진전되지 못했다. 혹자는 우리나라는 서구와 같은 시민사회의 형성기가 없었기 때문에 투쟁에 의한 복지획득이 없었다는 데 천착하여 이 시점에서도 복지국가로 규정할 수 없다는 식의 견해도 내놓는 경우가 있다.

이러한 관점이라면 한국사회는 복지국가가 될 수 없다는 극단적 논리가 된다. 그러나 최근의 한국사회복지사 연구에서도 규명하고 있듯이 고려시대와 조선시대의 구빈 제도를 통한 사회통제나 1926년의 '6 · 10 만세운동'에서 노동자의 8시간 근로제도를 주창한 것은 근대이전의 시민사회 발달사적 요인이 된다.[1] 그리고 일제강점기 및 미군정 시기의 민중봉기는 그 장(field)과 상황이 달랐을 뿐 한국시민사회의 형성과정이었음이 분명하다. 뿐만 아니라 제2공화국 시기의 4 · 19 학생 민주화 운동이나 제5공화국 말기인 1987년 6월의 민주 · 노동항쟁은 우리나라의 시민사회 형성과정의 중요한 분기점이 된다고 할 수 있다. 따라서 우리나라에서도 사회복지이행과정에서의 중요행위자인 시민사회와 국가관료 및 경제사회의 상대적인 자율적 활동과 연계한 사회복지정책을 분석할 수 있다는 인식전환이 필요하다.

이 책은 한국 복지자본주의체제에서의 사회복지정책의 환경과 내용의 이행과정을 분석한 것이다. 정치적 지배유형 및 정치체제의 변동이나 시민사회의 형성과 태도 및 행동의 이행 분석은 기존 연구들[2]로부터 관심이 유발되었다. 오늘날은 전 세계화체제에 있고 과거처럼 동아시아적인 특수성이나 북유럽국가들의 선진성 등은 그렇게 관심의 대상이 되지 못하고 있다. 이러한 관점에서 보면 한국이라

---

1) 1926년 6월 10일의 융희황제 인산일(因山日)을 기하여 일어난 만세운동. 이때의 주세력은 중앙고보의 이광호 · 이황희, 경성대학의 이천진, 천도교의 박내원 · 권동진 · 양재식 · 손재기 · 박내홍 · 백명천, 사회주의측의 권오설 · 박민영 · 김단야 · 이지탁 등이었는데, "우리의 교육은 우리에게 맡겨라, 일본제국주의 타파하라, 토지는 농민에게 돌려라, 8시간 노동제를 채택하라"는 등의 주장을 하여 민중(시민)이 이에 호응하여 확대된 운동을 말한다.

2) 이러한 연구들로는 1993년의 James Cotton의 『*Korea under Roh Tae-woo : Democratization, Northen Policy and Inter-Korean Relation*』과 Koo Hagen의 "Strong State and Contentious Society", 『*State and Society in Contemporary Korea*』 등을 들 수 있다.

는 단일국가에 대한 연구는 국가 간의 역사적 비교연구가 갖는 경험적 일반화라는 장점을 찾을 수 없는 한계점은 있다.

현시점에서 복지자본주의는 1994년에 앤서니 기든스(Giddens)가 주창한 『좌파와 우파를 넘어서(Beyond Left and Right)』에서 착상을 얻은 영국 노동당의 당수이자 수상인 토니 블레어(Tony Blair)가 제시한 '제3의 길(The Third Way)'이라는 단일 명제의 이데올로기가 점유하고 있기는 하다. 그러나 이러한 전 세계적 이데올로기도 개별국가에 따라서 새로운 담론으로 각색될 수밖에 없다. 아무리 세련되고 정화된 체제의 이념이라고 해도 세계체제는 원 네이션(one nation)[3]의 믿음을 달성할 수는 없는 것이다. 거대 이데올로기인 '제3의 길'은 역사적으로 보건대 세 번째 등장한 복지이념이라고 할 수 있다. 즉, 영국 노동당의 전후 내각이 적극적으로 베버리지 보고서(Beveridge Report)[4]를 정책에 채택한 이후의 사회민주주의적인 복지의 확대기를 제1의 길로 본다면, 영국의 대처리즘(Thacherism)으로 현실화된 1980년대의 신자유주의 시기는 복지의 축소기에 접어든다. 이러한 신자유주의적 복지축소 이념을 제2의 길로 볼 수 있을 것이다. 그러나 시기적 개념이 아닌 중도노선이라는 차원에서 본다면, 극도의 자본주의를 '제1의 길'로 적극적 사회주의를 '제2의 길'로 규정하고 차별적 신좌파(New-Left)의 형태로 '제3의 길'을 정형화할 수 있을 것이다.

다른 한편으로는 1998년 9월 27일 치러진 독일 총선에서 게르하르트 슈뢰더(Gerhard Schroder)가 이끄는 독일 사회민주당(SPD)이 집권하게 되고 유럽연합(EU) 회원국 중 아일랜드를 제외한 14개국에서 좌파가 집권하면서[5] 나타난 '새로

---

3) '원 네이션(하나의 국가, 하나의 국민)'개념은 사회 계층 간의 대립이 아닌 공동체 사상과 재능이 있는 자가 통치한다는 메리토크라시(Meritocracy)의 개념이 합쳐진 것을 말한다.

4) 제2차 세계대전 이후 유럽과 미국의 사회보장정책에 커다란 영향을 미친 보고서로 1941년 6월 영국 전시 내각이 창설한 '사회보험 및 관련 서비스에 관한 위원회'의 베버리지 위원장이 작성하여 1942년 11월에 제출한 보고서로 '사회보험과 관련 서비스(Social Insurance and Allied Service Reported by William Beveridge)'가 정식명칭이다.

5) 이 당시 EU 15개국의 좌파집권 현황은 영국(노동당), 아일랜드(통합아일랜드당), 벨기에(사회당), 룩셈부르크(노동사회당), 네덜란드(노동당), 덴마크(사민당), 스웨덴(사민당), 핀란드(사민당), 독일(사민당), 오스트리아(사민당), 그리스(범 그리스 사회운동), 이탈리아(올리브나무동맹), 프랑스(사회당), 스페인(사회노동당), 포르투갈(사회당)이다.

운 중도노선(Neue Mitte)'이 있다. 이것 역시 유럽의 신좌파가 지향하는 개별국가에 따라 토양이 달랐던 만큼 이들의 이념의 연속체나 스펙트럼도 각기 다르다. 따라서 본서에서는 선진복지국가를 중심으로 한 복지이념 논쟁이라든가 적용과정을 우리나라의 상황과 비교 분석하는 것은 목적이 되질 못한다. 단지 한국이라는 하나의 국가가 거쳐 왔던 시기의 전 세계적인 흐름은 우리의 상황을 분석하는 배경자료가 될 것이다. 이것은 케이스워크에서 비에스테크(Biesteak)[6]가 클라이언트를 관계할 때 주요한 원칙의 첫 번째 항목으로 개별화(individualization)를 들고 있음과도 같은 이치이다. 클라이언트는 해결해야 할 기본적 욕구가 있는 대상자라는 공통성이 있지만 독특한 특성을 개별적으로 파악하여야 한다는 것이다. 마찬가지로 자본주의국가는 자본축적과 사회정의의 실천이라는 양대 목표를 가지고 있는 공통점은 있지만 개별국가마다 특이성이 있는 것이다.

그리고 자본주의체제의 형성단계에서부터 우리나라는 서구선진자본주의국가들과는 기반이 다른 만큼 동일선상에서 비교하는 데는 무리가 있다고 할 수 있다. 그러나 현 시점에서 우리나라만의 별개의 자본주의체제를 형성하고 있다는 식의 분석태도는 경험적 사실에서도 타당성이 없다.

본서는 기존 연구들이 상대적으로 치우쳤던 사회복지정책의 환경과 정책 내용에 대하여 시대적 상황을 고려하여 연결시키고자 하는 시도이다. 정책 환경인 정치・시민사회체계야말로 사회복지정책에 영향을 주고 실제 변화시키는 소프트웨어인 것이며, 사회복지정책의 규모나 내용물만 가지고 역사를 분석하는 것은 하드웨어적 접근방법인 것이다. 사회복지정책은 국가-자본의 힘과 시민-노동의 힘에 의해서 역동적으로 이행되는 것이며, 마르크스주의자적으로 말하면 자본가인 유산계급과 노동자인 무산계급 사이의 권력경쟁 내지는 계급투쟁의 소산이 복지정책으로 나타나는 것이다. 그러나 마르크스주의자들이 분석하지 못했던 양 계급 사이의 중간계급(middle class)의 역할은 오늘날 많은 논의의 대상이 되고 있다. 자본주의 사회는 갈등만이 있는 것이 아니라 바로 중산층의 역할이 매우 중요한 것이다.

---

6) F. Biesteak, *The Casework Relationship,* Chicago : Loyola University Press, 1961, p. 12 및 전재일 외 공저, 『사회복지개론』, 형설출판사, 1999, p. 155.

그러므로 이러한 문제의식에 기초하여 한국적 상황에서의 사회복지정책 환경과 정책 내용을 동시에 분석함으로써 사회복지정책의 이행과정을 체계적으로 파악하는 데에 의의가 있다. 그리고 분석의 결과의 논의를 통하여 21세기의 한국 상황의 복지자본주의에서 사회복지정책이 나아가야 할 이론적 · 실천적 과제를 제시하는 데에 목적이 있다.

제2절 한국 복지자본주의와 사회복지정책

1. 한국 복지자본주의의 이행

본서에서는 민주화 이행기인 1988년부터 1997년까지의 시기를 대상으로 한국 사회복지정책의 이행과정분석을 하고 있다. 보다 완결된 연구를 위해서는 정부수립 이후 자본주의 도입 시기에서부터 다루어야 할 것이다. 그러나 제1공화국과 제2공화국까지는 서구자본주의 도입 시기로서 우리나라의 특성 있는 정책구현이 어려웠고, 3～4공화국과 제5공화국은 권위주의적 자본주의체제가 이루어진 기간으로 간주할 수 있다. 뿐만 아니라 이 시기까지는 복지국가 구현보다는 경제성장을 위한 자본축적 일변도의 시기였다. 따라서 정치적으로 민주화 이행기에 해당하는 제6공화국 이후가 사회적 정당성의 이념이 국가체제에 발현되는 전환점이 되는 것이다. 이러한 점을 감안하여 제6공화국 이전 시기는 이후의 연구과제로 하기로 한다.

이 기간 동안의 사회복지정책의 주요 외부환경은 1988년의 올림픽과 장애인올림픽, 여소 · 야대 정국을 타파하기 위한 1990년의 3당 합당, 지방자치제의 부활 등이 제6공화국 시기의 상황이 된다. 김영삼 정부인 1993년 이후는 대외경쟁력 강화를 위한 세계화의 추진, 외환위기로 시작된 국제통화기금(IMF) 관리체제 직전까지의 상황을 들 수 있다.

분석의 대상은 1990년대의 사회복지정책 환경을 정치 환경, 경제 환경, 시민사회 환경으로 체계화하여 분석한 다음, 사회복지정책 내용의 골격으로 보는 공공부조, 사회보험, 사회서비스, 공중보건정책들 중에서 공공부조와 사회서비스 정책만 선별적으로 접근하였다. 그 이유는 이 두 가지 정책은 모두 보건복지부를 정점으로 해서 지방정부에서 직접 다루어지는 부문이라 상호 연관성이 밀접하기 때문이다. 공공부조의 대상자는 생활보호대상자가 위주가 되고 사회복지서비스의 대상은 노인, 장애인, 여성, 아동, 청소년 등의 계층이 된다. 따라서 전자의 정책대상자와 후자의 정책대상자 사이에는 중첩되는 측면이 있다는 점에서는 양자는 같이 분석할 필요가 있다.

분석대상의 시기는 1988년부터 1992년까지의 노태우 정부 시기와 1993년부터 1997년까지의 김영삼 정부 시기로 양분하였다.

우선 노태우 정부 시기는 우리나라 복지발달사에서 가장 중요한 시기에 속한다고 보아진다. 사회 전반적으로는 권위적 사회이념이 민주적 사회이념으로 전환되는 시기로서 정치적으로도 지방자치제가 30년 만에 부활된 시기이다. 즉, 정치 · 사회적으로는 '지방화', '분권화'이데올로기가 확산되었고 사회복지 내부적으로도 처음으로 지역복지이념이 대두된 시기이다. 민선 자치단체장들은 제각기 해당 지역의 복지이슈를 정책으로 반영하였고 중앙정부도 40여 년 간 지속해오던 선택적이고 획일적인 사회정책을 보다 보편적인 복지정책으로 선회하게 된 이행기였다. 특히 생활보호대상자군(group)에 속하는 클라이언트에게만 한정되던 사회복지정책이 공공부조 이외에도 사회복지서비스를 확대하였다. 특히 장애인이나 노인에 대한 서비스는 획기적으로 개선되었다고 보아진다.

이 시기의 정치-시민체계를 중심으로 한 사회복지정책 환경도 직선제 개헌을 매개로 하여 엄청난 변화를 가져왔다. 즉, 지난 40년 동안 힘이 없는 정치세력이었던 정치사회의 야당 정치세력과 시민사회의 중간계급 간의 연합이 이루어져 '힘 있는 세력'으로 사회전면에 나타난 것이다. 결국 이러한 힘의 균형 속에서 사회복지정책은 보편주의적 경향의 입법으로 제도화된 것이다.

김영삼 정부 시기는 1993년 초부터 1997년 12월까지를 분석대상으로 하였다. 여기에서 분석대상 기간을 후임 대통령 취임 시기인 1998년 2월경으로 잡지 않는 것은 1997년 12월에 '국제통화기금(IMF) 관리체제'에 들어갔기 때문이라는 분석에 기인한다. 마침 후임 대통령 선거와 맞물려 퇴임 시기가 되었지만 약 2개월 간의 한국 상황은 정책결정의 수장이 김대중 대통령 당선자에게로 이전되었던 시기였다고 해야 할 것이다. 1993년에 들어선 문민정부는 박정희 · 전두환 · 노태우 정부에 이르는 약 30년 동안의 군사정권이 민간인 출신의 김영삼 정부에 넘어왔던 시기에 해당한다.

김영삼 정부 기간 동안의 정치-시민세력은 성장세가 약화되는 시기이다. 무엇보다 3당 합당으로 수십 년 간 나름대로 명맥을 유지해왔던 야당세력들이 와해되었고 노태우 정부 시기의 급진화 성향을 나타냈던 노동운동이 퇴조하는 경향을 보였기 때문이다. 전반적으로 국내체제가 안정화되면서부터 김영삼 정부는 '세계화(globalization)'이념을 정치 · 경제사회에 추진하게 된다.

세계화는 그 당시 이미 영국의 대처수상이 11년 간의 재임기간을 마쳤지만 '대처리즘'이라는 '신보수주의'의 이념의 도입을 의미하는 것이었다. 경제가 우선하는 대외경쟁력 강화라는 명목 하에 근본적으로 복지이념은 뒤로 밀리는 결과를 초래한 것이다.

따라서 노태우 정부 시기에 각종 사회복지 관련법을 제정하거나 확대 실시하여 복지국가로 이행기에 접어들기는 했지만 김영삼 정부에서는 공고화되지 못한 것이다. 오히려 복지정책이 상당부문 침체하게 된다. 보편주의적인 복지이념을 지향했던 노태우 정부에 비해 분명 시대적으로는 후속의 시기에 있었지만 오히려 복지다원주의로 전환하게 된 시기였다. 또다시 '자본축적'의 논리가 '사회정의의 실현'의 논리를 압박하게 된 것이다. 1989년경부터 시작된 우리나라의 경기퇴조는 1993년에 이르면 완연한 침체현상을 나타내었고 수십 년 동안 수출일변도의 경제가 세계경기의 악화로 중심을 잃게 된 것을 요인으로 들 수 있다.

2. 사회복지정책의 연구방법

본서는 기본적으로 단일 국가에 대한 연구방법을 택하였다. 그러므로 비교연구에서 오는 몇 가지 장점들을 기대하지는 못한다. 그러나 복지자본주의체제라는 거대체제는 개별 국가마다 특수한 정치상황이 있다는 점에서 단선적으로 비교하기에는 장점보다 단점이 더 많다는 점을 감안하여야 할 것이다. 즉, 다 같은 사회복지정책의 프로그램이라도 유사한 기대효과를 가져오는 것은 아니라는 것이다. 그보다는 우리나라와 같은 후발자본주의국가는 대통령에 따라서 사회정책이 상당부분 달라지는 만큼 그 재임 시기별로 종단적인 접근을 하였다. 해당 시기의 정부가 갖는 정치이데올로기가 복지이데올로기로 어떻게 전이되는지, 그리고 어떻게 정책형성이 되고 제도화되는지가 중요하기 때문이다. 특히 사회가치이념을 하나의 정책으로 연결짓는 과정을 둘러싼 정치-시민체계의 역할분석은 해당 시기의 사회복지정책의 역사를 가늠하는 근간이 되는 것이다.

연구방법으로서는 문헌연구와 통계자료분석이나 활용을 바탕으로 다음과 같은 점에 초점을 두어 접근하였다.

첫째는 자본주의와 복지국가를 둘러싼 이데올로기의 흐름을 사회・경제학자들의 견해를 중심으로 재구성하고, 우리나라의 상황에서 분석함으로써 이론적 기초를 공고화하였다.

둘째는 해당 시기에 나타나는 사회문제와 그 해결에 관련된 정치-사회요인을 사회복지내용 측면에 치우치지 않고 정치, 경제 등의 영역과 관련하여 체계적으로 분석하였다. 즉, 미쉬라(Mishra)가 경제영역, 사회복지영역, 그리고 정치형태와 같은 세 가지 체계의 분석을 통해 '분화복지국가'와 '통합복지국가'라는 2분법적 복지모형을 제시한 바 있듯이, 여기서도 사회복지를 둘러싼 정치-경제영역의 관계성을 체계적으로 분석하였다.

셋째는 이상의 두 가지의 연구방법을 구체화하기 위하여 시기별 체제의 특성을 동태적으로 분석하였다. 즉, 크게는 복지자본주의체제라는 거대 이데올로기적 분석이 되겠으나 각 정부 시기별로 국가, 자본, 사회체제가 상호작용관계에서 정해지는 체제(regime)의 성격을 정립하였다. 이것은 단일국가 내에서도 각 공화국마다 그 시대의 역동적 관계에서 드러나는 체제이데올로기가 있을 수밖에 없다는 논자의 인식에 토대한 것이다.

넷째는 선행 연구된 문헌이나 자료 등이 사회복지학계에는 거의 없는 편이므로 정치학, 경제학 등의 기타 학문의 영역에서의 자료를 1차 혹은 2차 자료로 재구성하였다. 그리고 각 정부 시기마다의 신문기사 등을 활용함으로써 각 정부별 특성을 기하였다. 그러나 대통령의 연설문이나 정당들의 정강들은 부차적 자료로만 사용하였다.7)

따라서 전체적으로는 복지자본주의체제라는 이념에 기초하여 한국이라는 단일 국가에 대한 정치 · 경제 · 사회체계 간의 역동적 관계에 의해 결정되는 시대별 성격에 배경을 둔 정책 환경과 정책 내용의 체계적 분석의 연구방법을 활용하였다.

---

7) 1999년 한국사회복지학회 추계학술대회에서 발표된 김상균의 "한국사회복지의 이념적 지평과 지형"에서는 제3공화국 시기부터의 복지이념을 '진술분석방법'에 의해서 파악하고 있으나, 이는 정치-시민사회구축의 역사가 오래되고 이념정당들이 구축된 선진자본주의국가이념 분석에 적합한 방법으로 보아진다.

제2장

사회복지정책연구의 동향과 분석틀

제1절 사회복지정책연구의 동향

1. 기존 연구의 동향

한국의 사회복지정책을 대상으로 정책 환경과 정책 내용을 체계적으로 분석한 연구는 드물다. 단지 근대 이전 시기에 대한 연구는 어느 정도 이루어져 오고 있다. 여기에서는 먼저 기존의 이론 및 분석기법들이 사회복지정책이행의 전체적 맥락을 파악하는 데에 있어서 어떠한 장점과 한계점을 가지는지 검토하였다.

복지이념에 따른 국가유형의 연구도 서구역사를 중심으로 주로 이루어져 왔으나 그렇게 많이 연구되지는 못했다. 그 최초의 시도는 앞에서도 거론된 1958년의 윌렌스키와 르보(Wilensky & Lebeaux)[1]의 연구에서이다. 최근에는 1994년 조지와 윌딩(George & Wilding)의 연구가 대표적 연구가 된다. 그리고 국내 연구에서는 시대구분적인 방법으로 연구된 논문과 개설서가 있다. 그것도 사회복지의 도입기, 확대기 등으로 단선적으로 구분하거나 서구자본주의 발달과정을 우리나라의 상황에 도입함으로써 분석의 한계점이 노출되고 있는 경우가 많다.

여기에서는 국내의 복지모형과 발달사에 대한 연구의 동향을 정책 환경측면을 중시하는 형태와 정책 내용측면을 중시하는 몇 가지의 형태로 구분하고 최근의 주요 논문이나 개설서에서 접근된 논자들의 견해를 분석하였다.[2]

1) 경제적 측면

경제적 환경과 연계한 시대구분 연구는 자본주의 발달단계에 따라 사회복지정책을 상황적 조건으로 분석한 것이나 일반적으로 정치적 요소를 배제하고 있다는 점에서 비판의 대상이 된다.

최 균[3]은 한국의 사회복지정책의 발달단계를 자본주의 발달단계에 따라 4단계로 체계적으로 구분하고 있다. '조선구호령'이 실시된 일제강점기에서 5 · 16군사쿠데타까지를 제1단계로 5 · 16에서 의료보험이 시행된 1977년까지를 제2단계로

---

1) 윌렌스키와 르보는 『산업사회와 사회복지(Industrial Society and Social Welfare)』에서 잔여적 복지이념과 제도적 복지이념으로 나누었고, 빅죠지와 윌딩은 사회정책이 사회체계나 정치체계의 일상적 과정과 무관한 사회제도로 분석되고 있음을 비판하고 복지이념 연구의 필요성을 강조하고 있다.

2) 이 글의 주된 목적은 복지정책의 결정요인을 밝히는 것이 아니라 개별요인의 이행 그 자체를 분석하는 것이므로 1980년대까지는 연구된 바가 거의 없었다. 그리고 사회복지정책에 결정요인으로 작용하는 환경요인에 관한 연구도 1970년대까지는 전무한 실정이었다. 왜냐하면 환경결정요인을 최초로 연구한 국내학자는 황명찬으로서 1974년 서울대환경대학원의 환경논총 제1권 제1호에 소개한 "The Determinant Studies of Public Expenditures of States and Local Governments"로 보아지기 때문이다. 1985년에는 신무섭이 "社會福祉費決定要因에 관한 硏究"라는 주제로 전북대 사회과학 연구 제14집에 발표한 실증적 요인연구를 들 수 있으나 약 15년만을 사례로 삼았다는 점에서 방법론상의 심각한 문제점이 있다. 1990년대에도 사회복지관련 정책을 대상으로 한 환경변수의 영향에 대한 양적 · 질적 연구가 정책학이나 행정학 분야에서 주로 이루어지고 있다.

3) 최 균, "한국사회복지정책의 구조와 특징", 『동향과 전망』 가을호, 1991.

1977년에서 농어촌 의료보험과 국민연금 실시 시기까지를 제3단계로 그 이후 시기를 제4단계로 나누고 있다. 이것은 자본 재생산을 목적으로 하는 경제정책을 사회정책과 연계한 관점의 분석방법이다. 즉, 사회복지정책 발달과정을 사회복지정책의 도입과 실시 시기를 기준으로 분석하고 있다. 그리고 자본주의 발달의 원시축적기와 초기산업자본주의 시기를 제1단계로 후기산업자본주의 시기와 독점자본주의 시기를 제2단계로 국가독점자본주의 시기를 제3단계와 제4단계로 대응시키고 있다.

이상록[4])은 우리나라의 사례연구는 아니지만 경제적 요인의 관점에서의 연구에 속한다. 이 논문에서는 자본주의 발달의 단계를 원시적 자본축적기, 산업자본주의, 독점자본주의, 국가독점자본주의로 구분하고 여기에 대응하는 사회정책의 내용, 형태 등의 발달단계를 체계적으로 제시하고 있다. 즉, 사회정책의 이행과정을 성립기, 구축기, 발전기, 성숙기로 볼 수 있다고 하여 경제 환원론적인 경향을 나타낸다.

2) 정치적 측면

사회복지정책의 시대적 구분에서 국가 및 정치 환경과 연계한 분석에는 몇 가지 연구가 있다. 먼저 김석준[5])은 사회복지정책은 국가의 기능과 역할을 형성하는 국가제도의 장치라고 하면서 복지정책은 국가, 세계체제 등의 역할에 의해 산출되어진다고 본다. 이것은 정책의 산출과정을 정치체제의 관계성으로 구분하여 유형화하려는 접근이다. 그는 정치체제에 대응한 국가형태를 정치적 안보국가, 정치적 복지국가, 신중상주의적 안보국가, 신중상주의적 복지국가로 구분한다. 그리고 우리나라의 1950년대 국가형태를 정치적 안보국가로 제2공화국 시기를 정치적 복지국가로, 1960년대 이후를 신중상주의적 안보국가로 규정한다.

---

4) 이상록, "Neo-Marxist 사회정책발달론에 관한 비판적 연구", 서울대학교 석사학위논문, 1996.

5) 김석준, "신흥공업국가의 복지정책 산출구조 : 한국과 대만의 비교", 『복지국가의 현재와 미래』, 한림대학교 사회복지세미나자료집, 1991.

그리고 성경륭[6]은 정치체제를 민주주의체제, 권위주의체제, 전체주의체제로 구분하고 민주주의체제를 사회복지의 확대의 시작기로 자리 매김하고 있다. 그리고 1987년의 우리나라의 민주화를 사회복지로 나아가는 역사적 전환점으로 파악하고 있다. 경험적으로는 보편주의적인 사회복지제도 수립, 사회보험의 강제성 등의 질적 변화를 강조하고 있다. 이러한 분석은 김태성 · 성경륭의 저서에서도 유사하게 이어지고 있다. 여기에서도 노태우 정부를 민주국가 내지는 복지국가로 평가하고 있다. 그리고 제3공화국인 박정희 군사정부를 정복국가 내지는 약탈국가로 보는 것에 대해서는 노태우 정부를 민주화라는 또 다른 혁명적 시기로 평가하고 있다고 보아진다.

3) 시민사회적 측면

시민사회 환경과 연계한 시대적인 사회복지정책분석은 그리 오래되지 않았다. 시민사회가 사회복지정책에 영향을 미치는 환경으로 보고는 있지만 경제적 환경과 정치적 환경과 중첩되는 부문이 있기 때문에 간과하기 쉽고 특히 우리나라의 경우는 시민운동에 의한 복지욕구의 발현이 거의 없었기 때문이기도 하다. 그러나 1991년에 이르러 한국노총은 노동자의 이익을 실현함과 동시에 국민의 삶의 질을 향상시키기 위해 주택, 의료, 교육 등 생활의 전 영역에서 투쟁의 필요성을 강조하였고 민노총 역시 1980년대 후반부터 산발적으로 사회보장, 교육 등의 요구를 하였고 1995년부터는 '사회개혁투쟁'으로 범주화하기에 이른다.

그리고 1991년의 사회복지예산삭감 저지 운동은 사회복지계의 자조적 운동으로서 의미가 있으며, 1994년에 이루어진 '참여민주사회와 인권을 위한 시민연대'의 국민생활최저선 확보운동은 시민사회 환경요인의 연구기반이 되기에 충분하였다. 시민사회 측면을 중시하고 있는 국내연구로는 최근의 개설서에서 대두되고 있는데 그중에서 두 가지를 들면 다음과 같다.

남세진 · 조홍식[7]은 '사회복지운동'을 설명하면서 사회운동의 한 분야로서 사

6) 성경륭, "한국의 정치체제 변동과 사회정책의 변화 : 정치사회학적 분석", 『사회복지연구』, 제3호, 1991.

회복지운동을 의식화 → 집단화 → 행동화의 지역사회조직 유형으로 파악하고 있다. 1980년대 중반까지는 간헐적 사회복지운동 사례가 있었지만 노태우 정부 이후에 사회복지운동이 조직화되고 있다고 분석하고 있다.

김연명[8]은 1990년대의 사회복지운동을 노동자층이 사회복지 정치(welfare politics)의 한 축을 맡게 되는 계기로 파악하고 있어 중간계급인 시민사회의 적극적 전략을 강조하고 있다.

4) 사회복지 내용적 측면

환경적 측면에 따른 분석이 아닌 사회복지정책과 제도의 구체적 내용변화를 기준으로 한 시대구분 방법을 보면 다음과 같다. 우선 나병균[9]은 미군정기로부터 1959년까지를 원초적 단계로 1960년에서 1970년까지를 도입기로 1970년 이후를 확대기로 나누어 구분하고 있다. 그리고 남세진의 저서에서도 고대와 삼국시대, 고려시대, 조선시내, 일세강점기까지를 제1단계의 사회복지 전사(前史), 정부수립 이후로부터 제2공화국 시기를 제2단계인 사회복지제도의 도입기로, 제3공화국으로부터 제5공화국까지를 사회복지제도의 확립기로, 그리고 노태우 정부 이후의 시기를 사회복지제도의 확대기로 나누고 있다. 이와 같이 정책이나 제도의 변화를 기준으로 시대를 구분하는 방법은 제도 자체의 변천과정이 비교적 상세히 설명될 수 있다.

그리고 비교적 오래된 연구이지만 주로 사회복지제도의 이행과정을 공화국별로 구분하는 연구방법 부류를 들 수 있다. 함철호[10]와 이성기[11]의 연구가 이에 해당한다.

---

7) 남세진 · 조흥식 공저, 『한국사회복지론』, 나남출판, 1995.

8) 김연명, "한국의 노동운동과 사회보장 전략", 『노동정책과 사회보장제도』, 크리스찬 아카데미 엮음, 시민을 위한 책 7권, 한울, 1999.

9) 나병균, "한국의 국가와 사회보험정책", 『논문집』 제8집, 한림대학교, 1990.

10) 함철호, "한국사회복지에 대한 사회통제이론적 고찰", 중앙대학교 석사학위논문, 1986.

11) 이성기, "사회복지관련법률과 정책의 변천에 관한 일 고찰", 한국사회복지연구회, 『한국의 사회복지』, 1988.

이와는 다소 다른 시대구분 방법이 있는데 대표적으로 이인재[12]는 특정 제도를 중심으로 구분하고 있다. 이 외에도 김상균[13]은 한국사회복지정책의 흐름을 역대 대통령의 통치이념에 따라서 분류한 다음 의료보험과 국민연금이라는 특정제도를 둘러싼 입법 이슈를 단계별로 분석하고 있다.[14]

5) 통합적 측면

이상에서의 연구는 사회복지정책의 내용과 정책 환경이라는 구분된 방법을 사용하고 있다. 그러나 두 가지의 개별적 방법은 각기 장점을 가지고 있는 반면에 제한점 역시 안고 있어 양자간의 통합적 방법이 절충안으로 제시되고 있다.

통합적 관점의 연구로서는 대표적으로 감정기[15]의 논문과 현외성[16]의 저서에서의 결정요인 분석을 들 수 있다. 두 글에서는 사회복지발달의 요소를 내재적 요인(정책 내용)과 외재적 요인(정책 환경)으로 구분한 다음 그 가운데 사회복지 대상자의 사회복지에 대한 태도와 조직화를 근거한 매개적 요인을 두고 있다.

우선 감정기의 논문에서는 요소별 전개양상을 노동복지제도라는 특정분야에 맞춘 그야말로 시대구분의 시론으로 간주할 수 있다. 따라서 그는 1948년 대한민국 건국 이후의 발달과정을 시대적으로 4시기로 구분한다. 제1시기는 1948년에서 1951년 5 · 16 이전까지의 시기이며, 제2시기는 5 · 16에서 1980년 5월 국가보위비상대책위원회가 설치된 시기까지이다. 그리고 제3시기는 "국보위"시절부터 1988년 제6공화국 출범까지이며, 제4시기는 제6공화국 이후의 시기로 구분하고

---

12) 이인재, "한국 산재보험제도 변천과정에 있어서 연관집단들의 영향력에 관한 연구", 서울대학교 석사학위논문, 1987.

13) 김상균, "한국사회복지의 이념적 지평과 지향", 한국사회복지학회, 『'99추계 학술대회 논문집』, 1999.

14) 역대 대통령 재임 시기에 따른 복지이념과 경제상황을 연계 분석한 논문은 1997년 고수현의 대구사회복지대회의 발표논문 "사회복지제도의 현황과 개선방안"에서도 이미 시도된 바가 있다.

15) 감정기, "한국사회복지사 시대구분 시론-공적노동복지제도 분석을 중심으로", 『사회과학연구』 제4집, 경남대 사회과학연구소, 1992.

16) 현외성, 『비교사회정책론』, 홍익제, 1993.

있다. 이러한 구분은 노동운동과 정치상황이라는 환경적 요인을 노동복지정책에 연계분석하였다는 점에서는 의의를 찾을 수 있다.

다음은 현외성의 한국사회복지역사 분석이 통합적 관점의 시대구분이 될 수 있다. 현외성의 사회복지정책 이행 분석도 감정기의 경우와 같이 3개의 이행상황으로 구획하고 있다. 즉, 제4단계로 사회복지발달 과정을 구분한 것은 기존의 연구와 유사하지만 노태우 정부 이후의 민주적 흐름을 사회복지의 성숙기로 개념화하고 있다. 즉, 제1단계는 정부수립 이전의 사회복지 전사(前史)를 설정하고 제2단계는 정부수립 이후부터 1961년 5·16군사혁명 이전까지를 도입기로 보고, 제3단계는 3~5공화국 시기를 사회복지의 확대기로 본다. 그리고 제4단계가 되는 민주화적 정치 흐름을 성숙기로 규정하고 있는 것이다.

이 외에도 이혜경[17]은 한국 자본주의체제를 바탕으로 한 정책외부요인으로써의 민주화, 산업화 등의 정치적·경제적 요인과 노동운동 등의 시민사회 요인에 의해 사회복지 역사적 흐름을 파악하고 있다. 그리고 사회복지제도 자체의 특징을 사회보장 재원을 중심으로 동시에 분석하고 있다. 뿐만 아니라 시대분석 역시 각 공화국별로 하고 있는데, 노태우 정부의 사회복지 관련법 제정 및 개정은 실제 예산이 소요되는 정책결정이라는 점에서 적극적이고 민주주의적 체제 하의 사회복지정책이 이루어진 계기로 보고 있다. 그러나 "신경제 5개년 계획"의 영향 하에서 추진된 김영삼 정부는 신자유주의적 이념 속에서 소극적 복지정책 시기에 해당하는 것으로 보고 있다.

이와 같이 한국에서의 사회복지정책변화를 분석하는 접근법들은 다양하며, 나름대로의 특징이 있는 것이므로 어느 한 관점에 신뢰성과 타당성을 전적으로 부여할 수는 없다. 그것보다는 개별 접근법들의 이론적·방법론적 한계를 찾아서 한국 상황에 적실성(適實性)있는 통합적 접근법을 모색하는 것이 중요할 것이다.

---

17) 이혜경, "한국사회복지정책의 현황과 발전방향", 『연세사회복지연구』, 제2권, 1995.

2. 이론적 · 방법론적 검토

사회복지정책의 환경과 내용의 개별적 연구는 각기 장점을 가지고 있기는 하지만 한계점 역시 내포하고 있다는 점은 통합적 요인 연구에서 살펴보았다. 그러면 여기서는 이들 개별요인들이 안고 있는 특성과 이론적 · 방법론적 한계를 찾아서 정리하면 다음과 같다.

먼저 환경상황의 변화에 의해 사회복지정책을 분석하는 접근법의 특성은 정치 · 사회적 환경측면이 갖는 특성과 경제적 환경측면이 갖는 특성으로 분류할 수 있다.

첫째, 정치 · 사회적 환경을 중시하는 연구는 이익집단 정치이론이나 계급갈등 정치이론이 배경이 된다. 특성으로서는 다원주의사회를 배경으로 사회구성원 간의 타협과 조정을 강조한다. 체제이론을 중심으로 환경 속에 내재하는 사회가치를 해결하기를 바라는 시민사회의 욕구가 체제 내에 반영되어 이를 통해 사회복지정책을 산출한다는 것이다. 그러므로 이 이론은 다양한 이익집단의 힘의 반영이 사회복지정책에 투영된다고 보는 만큼 정당 간 경쟁, 투표율, 선거 등의 변수가 강조되는 것이다. 특히 대의제 민주정치에서 선거는 정치인이 재선되기 위해 사회복지정책을 강화하는 매체가 되기도 하는 것이다. 정당 간 경쟁이 치열하면 빈민대중에게 복지사업을 정강정책으로 추진할 것이며 저소득층도 요구를 하게 될 것이기 때문이다.[18] 이 외에도 중간계급이나 행정관료, 군부세력은 이익집단이나 갈등집단으로 작용하게 된다.

둘째, 경제적 환경을 중시하는 산업화이론은 산업화로 인하여 나타난 새로운 요구(needs)에 대한 반응으로서 사회복지정책이 나타난다고 본다. 기술혁신과 산업생산력의 확충으로 모든 사회는 사회구조가 유사해지고 결과적으로 사회복지정책의 내용과 구조도 유사해진다고 하여 '수렴이론'이라고 하기도 하는 것이다. 따라서 경제성장이나 물가 등의 경제동향과 정부예산구성에 관심을 갖고 분석하게 된다. 그리고 독점자본주의 이론은 노동계급을 사회불안 요소로 보고 국가는

18) 안강식, "한국 사회복지비 지출의 결정요인에 관한 연구", 부산대 행정학 박사논문, 1995, pp. 52～53.

자본가 계급의 자본축적의 이익의 보존과 동시에 노동자 세력을 국가사회체제에 편입시켜 안정기반을 마련하게 된다는 접근법이다.

다음은 정책 내용 자체의 요인에 의해 사회복지정책을 분석하는 접근법은 정책의 실체를 그대로 분석할 수 있다는 측면에서 특성이 있다. 사회복지정책의 실체는 정치 · 경제 · 사회체제의 이데올로기가 만들어 낸 사회적 가치관의 형상화라고 볼 때 해당 시기의 상황까지도 가늠해 볼 수 있는 것이다. 특히 시대적이고 역사적인 연구가 아닌 특정 시기의 분석에서는 정책이 역으로 환경에 영향을 미치는 상황이 가정될 수도 있는 것이다. 그러나 그것 또한 지금까지 치중되어온 급여재정요인 분석이나 다른 단독적 내용에 대한 정책분석 기법으로서는 한계점이 노출될 수밖에 없다.

1) 이론적 검토

사회복지정책결징이론은 복지정책결정자의 행동범위와 관련되는 환경적 맥락을 고려하고 있다는 점에서는 장점이 있으나 다음과 같은 이론상의 비판을 할 수 있다.

첫째, 정치적 측면을 중시하는 학자들의 연구는 다원주의 이데올로기적인 편견에 사로잡혀 더 중요한 변수를 간과하고 있다는 지적이 있다. 이는 수렴이론가들과 사회통제이론가들의 양쪽에서 모두 제기될 수 있다.[19] 즉, 다원화 사회의 이익집단의 활동과 선거에 치중한 분석의 우려가 있고, 경제변수에 의한 변량을 수용하지 않는 경향이 있는 것이다.

둘째, 경제적 측면을 강조하는 학자들의 연구는 반대로 다원주의를 간과하고 산업화에 따른 수렴이론을 강조함으로써 경제성장률, 산업화, 도시화, 국민 1인당 GNP 등의 계량하기 쉬운 변수만 분석하게 되는 한계점이 지적될 수 있다.

셋째, 사회통제이론의 연구는 네오 마르크스주의자(Neo-Marxist)와 엘리트이론가에 의해 이루어졌는데, 독점자본주의이론과 음모이론 등으로 구분된다. 자본

---

19) 곽효문, “한국사회복지정책의 결정요인에 관한 실증적 연구”, 한양대 행정학 박사학위논문, 1992, p. 53.

주의체제는 자본주의의 정당성 유지를 위해 복지정책을 파생시킨다고 하여 음모(conspiracy)라고 보는 것이다. 사회통제이론은 몇 가지 결점을 가지고 있는데 로처터(Rochert)[20]는 "사회통제이론은 사회복지 프로그램의 실제효과를 평가하면서 동기를 너무 쉽게 단언한다."라고 지적하고 있다. "누가 지배계급을 이루며, 국가 혹은 체제는 무엇인가? 누가 정책을 만들며, 누가 정책을 수행하는가?"하는 통제의 주체와 대상 그리고 통제의 내용에 대한 명확한 정의 없이 직관적이고 단언적인 분석경향은 통제이론을 감히 과학이라고 할 수 없게 하는 결점일 수 있다.

그리고 사회복지정책 내용에 대한 이론은 1970년대 후반에 길버트와 스펙트(Gilbert & Specht)가 제시한 네 가지 측면[21]에 대한 분석방법이 선진자본주의국가나 후발자본주의국가, 그리고 제3세계 국가의 사회복지정책연구에도 보편적으로 원용되고 있다. 그러나 정책자체가 역으로 환경에 미치는 영향분석에서는 국가에 따라 상황적으로 적용하여야 할 것이다.

2) 방법론적 검토

먼저 이론적 연구나 정책적 연구의 환경결정이론 분석에서 지적될 수 있는 방법상의 문제는 다음과 같다.

첫째, 대부분의 실증적 연구가 단순상관분석이나 다중회귀분석에 치중하고 있으므로 인과관계를 해석하는 불명확성에 문제가 있다. 즉 중간단계에서 이루어지는 상세한 설명 없이 결과에 노출된 자료만으로 분석하므로 독립변수인 환경요인

---

20) D. A. Rochert, "Progressive and Social Control Perspectives on Social Welfare", *Social Service Review,* Dec. 1981, p. 584 및 곽효문, 상게논문, p. 40.

21) 길버트와 스펙트는 사회복지정책분석의 접근방법으로서 정책형성 방법의 이해를 중시하는 관점에서 분석틀이 갖추어야할 4가지 요건을 들고 있다.
① 사회적 할당(social allocation)의 기초로서 사회복지의 적용범위인데, 여기에는 선별주의(selectivism)와 보편주의(universalism)의 문제가 있다.
② 할당되는 사회급여(social provision)의 형태로서, 여기에서는 현금급여냐 현물급여냐 하는 것이 논의의 초점이 된다.
③ 이들 급여의 전달전략(strategies for delivery of provision), 즉 사회복지전달체계의 확립과 그 효율적 운영이 중요시된다.
④ 재원충당의 방법(methods of financing these provision)이 그것이다.

이 종속변수에 미치는 영향을 분석하는 데는 명확성이 떨어지는 것이다. 아울러 종속변수도 정책 내용에서 주로 재정(예산)부문에만 치중하고 있는 제한점이 있다. 특히 산업화이론은 정치적 요인이 정책 환경으로 작용하는 면에 대해서는 관심을 두지 않는다.

둘째, 실증적인 통계분석에는 적어도 사례 수가 어느 정도 되어야 측정의 신뢰성을 확보할 수 있는 바, 우리나라 사회복지정책의 역사를 기준으로 할 때는 정부수립 이후의 일정기간은 복지국가적인 정책구현이 어려웠고, 당시 자료의 비일관성과 누락으로 인하여 분석대상이 되기에는 제한점이 있다. 그렇다고 너무 짧은 기간만을 사례로 놓고 실증적 분석을 하여 추론을 한다면 심각한 신뢰성의 약화를 가져오게 된다.

셋째, 독립변수 선정 시에 계량적으로 표시하기 어려운 것은 빼고 수치화가 쉬운 사회적 · 경제적 요인만 다루는 경향이 있다.[22] 정치적 독립변수는 중요한 요인임에도 계량화가 어려운 경우에는 분석에서 제외될 수가 있는 것이다. 결국 수량화가 쉬운 경제적 변수와 종속변수로서 수량화가 쉬운 예산은 경제적 가치로 측정되므로 높은 상관관계가 예상되는 착오가 있다.

정책 내용분석에서 이루어지는 연구방법의 한계점을 제시하면 다음과 같다. 1980년대 이후 비교적 활성화된 정책 내용분석은 급여대상, 급여재원, 급여형태, 급여체계 등의 4가지 중요측면으로 대별될 수 있으나 주로 사회복지재정과 전달체계에 치중된 연구가 많다. 이것은 정책 환경연구에서의 영향에서 기인하는 바가 있지만 한 시대를 대상으로 한 사회복지발달사 연구에서는 심대한 한계를 보여 주는 것이다. 어느 특정시점을 대상으로 할 경우에는 횡단적인 분석이 설명력을 가질 수 있겠으나 정책이행의 동태적이고 체계적인 분석에서는 종단적인 분석이 요구되는 것이다. 다소 등한시되고 있는 급여형태와 급여대상은 계량화가 어려운 대상이나 사회복지이념에 관련한 정책분석에는 필수적인 요인이 된다. 단지 급여형태는 현금화하고 있는 경향이 일반적이므로 연구대상으로서의 중요성이 감소되고 있는 실정이다.

---

22) 정정길, 『정책결정론』, 대명출판사, 1990, p. 112.

이러한 비판에 기초하여 한국사회복지정책의 이행을 분석하기 위한 분석틀이 충족해야 할 4가지의 구성요건을 정리해보면 다음과 같다.

첫째는 사회복지정책 내용 이행만의 분석에서 벗어나 사회복지정책 형성에 관계된 경제, 사회, 정치체제 등의 환경 분석이 있어야 한다.

둘째는 이 책에서는 사회복지정책 중에서도 사회보험이나 공중보건서비스 부문이 제외된 공공부조정책과 사회복지서비스 부문을 다루게 됨을 특징화해야 한다는 것이다. 왜냐하면 하나의 정부가 동시 추진하는 사회복지정책도 세부적으로는 각기 다른 이념이 적용될 수도 있기 때문이다.

셋째는 우리나라는 정치-사회체제가 이념적으로 특징지을 수 있는 역사가 뚜렷하게 없다는 점을 인식할 필요가 있다. 예를 들면 영국 노동당(Labor Party)이나 독일사회민주당(Sozialdemokratisch Partei Deutschlands), 기독교민주동맹(Christlich-Demokratische Union), 녹색당(Gruene) 등과 같은 이념정당이 체계화되지 못했고 시민사회도 독자적 활동세력으로 자리 잡은 지가 오래지 않았기 때문이다. 이것은 상황적 접근의 필요성을 말해주는 것이다.

넷째는 세 번째 요건과 연관해서 볼 때 해당 정치사회의 정강이나 연설문, 선언문 등의 진술에 의한 분석보다는 정치 · 경제 · 사회 상호 간의 관련성을 체계적으로 분석하여야 타당성을 견지할 수 있다는 것이다.

제2절 사회복지정책의 분석틀

본서는 사회복지정책에서 정책 환경의 변화와 정책 내용의 변화과정을 분석하여 1990년대의 한국 상황에서의 사회복지정책이행을 파악하고자 한다. 그러므로 분석대상은 정책 환경과 정책 내용이 된다. 정책학을 연구함에 있어 정책학자들은 정책의 원인(policy causation), 정책의 평가(policy evaluation), 정책의 과정(policy process)을 주된 대상으로 삼거나 정책의 내용(policy contents)을 중심으로 연구하는 경향이 많았다. 정책 환경에 대한 연구는 체계이론(system theory)의 대표자라고 할 수 있는 이스톤(Easton)[23]이 정형화하였다. 그러나 그는 정책 환경에 관심을 둔 것은 사실이나 정치체제(political system)에 초점을 맞추고 앞에서 언급된 다이 등의 학자는 경제적 환경을 강조하고 있다.[24]

그리고 정책 내용에 대한 연구는 정책의 실체를 놓고 연구하는 방법으로서 정책학자들은 정책대안의 체계적인 탐색·평가를 위해 정책분석(policy analysis)을 해왔다. 길버트와 스펙트의 정책 내용분석기법도 그것에 해당하는 것이다.

그런데 사회복지정책을 연구함에 있어 이와 같은 사회복지정책분석의 준거틀과 함께 먼저 전제되어야 할 중요한 문제는 다양한 사회복지정책의 영역에 대한 합의가 있어야 한다는 것이다. 이것은 마치 사회복지조사 설계에서 조사대상인 사회문제의 영역을 명확하게 하는 것과도 같은 맥락이다.

1. 사회복지정책의 영역

사회복지정책은 복지이념을 유형화하는 정책이라고 할 수 있다. 따라서 사회복지정책에 대한 영역적 접근을 하기 위해서는 앞에서 파악된 사회복지의 이념과 연관하여 정책에 대한 개념적 준거를 정할 필요가 있다. 근본적으로 사회복지정책은 사회복지와 정책이라는 두 개념이 조합된 개념이기 때문이다.

정책의 개념을 랜덤하우스(Random House)사전에서는 일을 융통성 있게 효율적으로 운영하기 위한 방침과 방책으로 보고 있다. 그러나 이것도 학자들 간에는 다양한 견해로 나타나고 있다. 크게 두 가지로 구분하면 다음과 같다.

우선 라스웰과 카프란(Lasswell and Kaplan)[25]은 정책을 "사회변동의 계기로서

23) David Easton, *A Framework for Political Analysis*, Englewood Cliffs, N. J. : Prentice Hall, 1965, p. 110.

24) Thomas R. Dye, "Politics versus Economics : The Development of Literature on Policy Determination", *Policy Studies Journal,* Vol. 7, pp. 652～662 및 곽효문, 『정책학원론』, 학문사, 1995, pp. 67～70.

25) Harold D. Lasswell and Abraham Kaplan, *Power and Society,* New Haven : Yale University, Press, 1970, p. 71.

미래 탐색을 위해서 필요한 가치와 행동의 복합"으로 규정하고 있다. 그리고 얀츠(Erich Jantsch)[26]가 "규범적 사고와 행위의 1차적 표상이며 지침"으로 보는 것은 정책을 장래의 행동계획으로 보는 견해이다.

둘째, 정책의 공공성에 치중하여 공공정책 즉, 정부의 정책으로 보는 유형이 있다. 정책연구학회(Policy Studies Organization)[27]가 정책을 "다양한 사회문제에 대응하기 위하여 고안된 실제로 나타나거나 잠재되어 있는 정부의 계획과 행동이다"라고 정의한 것이 그것이다.

이를 바탕으로 영역을 개념화해보면 사회복지정책은 국가나 사회가 주체가 되어서 개인이 인간답게 살아가고자 하는 행복의 질을 향상시키는 계획과 행동이라고 할 수 있다. 그런데 개인 즉, 국민의 행복의 질을 향상시키고자 하는 정부의 계획과 행동이라면 너무 광범위한 범주가 될 수 있다. 따라서 정부의 행동영역을 어느 정도 제한할 필요성이 있으며 그것이 사회복지정책의 영역이 될 것이다.

인간답게 살 수 있는 데에 필요한 기본적 욕구 가운데 제일 먼저 해결해야 할 욕구는 육체적 생존에의 욕구이다. 따라서 음식을 비롯하여 육체적 생존에 필요한 기본적 재화를 구입할 수 있는 소득보장, 질병이 발생했을 때 치료해 줄 수 있는 의료서비스, 거주해야 할 주택 등은 육체적 생존에 가장 필수적인 것들이라고 할 수 있다. 인간다운 생활은 위와 같은 물질적 측면의 요구만으로 해결되는 것은 아니다. 사람에게는 비물질적인 측면의 요구 또한 중요한데 이를 위해서는 사회통합을 위한 교육과 아동, 노인, 장애인 등 사회적 약자들의 특별한 비물질적인 욕구에의 해결을 위한 개별사회서비스(personal social service)가 필요하다.

이러한 차원에서 사회복지정책의 주요 영역은 학자에 따라 그 분야가 각기 다르게 제시될 수 있음을 알 수 있다. 로저스(Rodgers)[28]는 그의 저서에서 사회보장, 고용과 훈련, 보건위생, 교육, 주택정책 등의 영역으로 구분하고 있고, 전재일 등[29]은 치료적 차원과 예방적 차원으로 구분하고 있다. 여기서 치료적 차원은 현

---

26) Erich Jantsch, "From Forecasting and Planning to Policy Science", *Policy Sciences,* Vol. 1 No. 1, 1970, p. 32.

27) Policy Studies Organization, *Policy Studies Journal,* Vol. 1, Autumn 1972, p. 2.

28) B. Rodgers, et al., *The Study of Social Policy : A Comparative Approach*, London : George Allen & Unwin, 1979, pp. 23～29.

재 도움을 필요로 하는 기본생계능력이 없는 사람이나 집단을 대상으로 제공하는 기초생활보장이나 의료보호 등과 같은 공공부조를 포함한다. 반면 예방적 차원은 향후에 도움이 필요하게 될 가능성이 있는 사람이나 집단을 대상으로 하는 사회보험에 관한 것을 의미한다고 보고 있다.

일반적으로 사회복지정책의 영역은 소득보장정책, 건강, 의료보장정책, 교육정책, 주택정책, 개별사회서비스, 조세정책, 노동시장(고용)정책 등으로 보아진다. 그리고 이 중에서 조세정책과 노동시장 정책을 제외하고 나머지를 5대 주요 영역으로 간주하기도 한다.[30)]

그러나 여기서는 정부가 직접적으로 정책에 개입하는 영역이 많은 분야로 제한하여 보면 다음과 같다.

첫째, 국민최저생활의 보장이라는 복지국가 이념의 경제적 실천으로서 빈곤선(poverty line)에 있는 계층인 생활보호대상자에 대한 공공부조정책의 영역이다.

둘째, 직업을 가진 계층을 비롯한 사회중간계층(middle class)의 사회보장 대책으로서의 사회보험성잭의 영역이다.

셋째, 위의 두 가지의 정책이 소득보장적인 사회복지 영역이라면 전체 국민에 걸친 사회복지서비스 정책이 한 영역으로 다루어져야 한다.

이것은 1935년에서 1939년까지 지속된 뉴딜 정책의 제도화인 1935년의 사회보장법의 주된 개념이다. 사회복지의 출발은 사회보장에 있고 그 사회보장의 시작은 사회적 위기(social crisis)나 위험사회(risk society)에 대한 경제보장이 된다는 것이다. 그리고 이 사회보장의 개념은 제2차 세계대전 중 전후 세계에 대한 국민들에게 비전을 제시하는 정치슬로건으로 발전한다. 1941년 영국 수상 처칠과 미국 대통령 루스벨트가 전후 세계질서의 모색을 위해 대서양 헌장을 발표하면서 그 소프트웨어로서 사회보장의 이념을 삽입하게 되는 것이다. 이것이 바로 '두려움과 결핍으로부터의 해방(freedom from fear and wants)'이라는 슬로건이다. 이 대서양 헌장의 사회보장 정신은 영국에서는 1942년 베버리지 보고서[31)]로 나타나

29) 전재일 · 배일섭 · 정영숙, 『사회복지정책론』, 형설출판사, 2000, p. 42.

30) 김태성 · 송근원, 『사회복지정책론』, 나남출판, 1995, p. 31.

31) 1944년에 출판된 베버리지의 저서, 『자유 사회에서의 완전고용(Full Employment in a Free

고, 1948년에는 UN인권선언 제22조에 "모든 인간은 사회구성원으로서 사회보장을 받을 권리가 있다."라는 규정으로 자리 잡게 되었다.

이러한 사회보장의 개념발전은 1952년이 되면 국제노동기구(ILO)에 의해 "사회보장의 최저기준에 관한 조약(제102조)"에서 사회복지정책적 프로그램 내지 제도로 확대되기에 이른다. 사회보장이 관념적 보장이 아니라 구체적이고 기술적으로 제도화하는 단계라고 할 수 있다. 사회보장의 개념에 사회보험(social insurance), 사회부조(social assistance), 기타 서비스(social service)체계가 하나로 통합되는 것이다. 우리나라에서도 사회보장기본법 제3조에서는 사회보장의 영역을 사회보험, 공공부조, 사회복지서비스 및 관련 복지제도로 규정하고 있다.

따라서 사회복지정책의 주요 5대 영역 중에도 본 연구의 범위가 되는 공공부조(public assistance), 사회복지서비스(social service)의 2대 영역은 향후의 복지이행기에도 국가와 시민사회가 양대축이 되어 발전시켜야 할 사회보장 영역이 된다.

2. 사회복지정책 환경의 분석틀

정책 환경(policy environment)의 분석은 체계이론(system theory)을 떠나서는 설명이 될 수 없는 것이다. 사회복지정책은 정치, 경제, 시민사회의 체계에서 생성된 이데올로기의 구체화이기 때문이다.

"정책의 문제는 어디에서 발생하는가?" 또 "이러한 정책문제의 발생과 문제의 제기에 주도적인 역할을 담당하는 것은 누구인가?", 그리고 "누가 정책결정자로 하여금 어떤 특정한 쟁점에 대하여 해결책을 마련하도록 작용하는가?"하는 정책체계를 둘러싸고 부단히 상호작용 하는 일체의 외부환경이라고 할 수 있다.[32]

Society)』은 1936년 케인스의 "고용, 이자 및 화폐의 일반이론(The General Theory of Employment, Interest and Money)"과 "베버리지 리포트" 사이의 연결고리로 볼 수 있다. 이 책에서는 완전고용을 사회보험제도의 정착을 위한 전제로 보고 있다.

32) 상게서, pp. 71～72.

이러한 정책 환경에는 정치 · 행정적 환경, 사회적 환경, 그리고 경제적 환경측면으로 살펴볼 수 있다.

❙ 표 2-1 ❙ 사회복지정책 환경 분석틀

분석 대상	환 경	하위 환경	사회복지정책 관련 이슈
사회복지 정책 환경	정치적 측면	① 집권여당 ② 행정관료 ③ 군부 ④ 지방의회 ⑤ 야당	• 사회복지입법 활동 • 복지이념의 정강 • 방위비의 복지비용 억제 • 선거전략
	경제적 측면	⑥ 경제성장과정(경제동향, 정부예산구성) ⑦ 자본가계층 ⑧ 노동자계층 (노동자세력, 노동운동)	• 경제성장, 물가상승 • 복지재정할당 • 정경유착정도 • 노동권 확보
	시민사회적 측면	⑨ 민수화운농 ⑩ 중간계층 ⑪ 사회복지운동	• 복지의식의 행동화 • 복지욕구의 확대 • 사회복지운동의 조직화

주 1) 하위환경은 통합적 시스템으로 분류하였으며, 내부에는 개별요인을 설정하였음.
2) 제4장에서 직집 · 간집으로 사용될 통계의 출처와 구성은 다음과 같음.
① 윤상철(1997), 최정원(1998), 안병만(1999)의 저서 및 논문, 국회사무처 제12, 13, 14대 『국회경과보고서』.
② 국회경과보고서 및 총무처연보(1989~1999).
③ 조희연(1998), 김연명(1999)의 저서.
④ 중앙선거관리위원회 내부자료.
⑤ 윤상철(1997) 및 『국회경과보고서』.
⑥ 한국은행 『국민계정(1989~1999)』, 『국민통계연보』, 『국제수지』, 재무부 『결산개요』, 『예산개요』, 재정경제부 『결산개요』, 『예산개요』, 재정경제원 『한국의 재정통계』, 『예산 참고자료』, 보건복지부 기획예산과 내부자료.
⑦ 김석준(1991), 강철규(1991), 정진영(1998)의 저서 및 논문, 서울경제신문 자료, 통계청 『한국의 사회지표』.
⑧ 노동부 『통계연감(1989~1998)』, 노동부 『노동백서(1988~1997)』, 통계청 『한국통계연감(1989-1998)』, 통계청 『고용구조조사 보고서(1988~1998)』.
⑨ 최장집 · 임현진(1997), 김호기(1999)의 저서 및 경제기획원 『경제백서』.
⑩ 통계청 『사회통계조사』, 『가구소비실태조사』.
⑪ 남세진 · 조흥식(1995)의 저서 및 대통령 비서실 『삶의 질 세계화 구상(1995)』.

이처럼 환경은 정책의 종류에 따라 정책의 원인변수나 결과변수가 되며, 정치가나 행정가에 의해 정책에 영향을 미치게 되는 것이다. 따라서 환경에 대한 충분한 분석이 없이는 어떠한 정책연구도 완전할 수가 없는 것이다.[33]

환경변화분석은 상기의 물음에 대한 인과적이고 상황적인 설명이 되는 것이다. 즉, 앞에서 제시된 사회복지정책 환경 분석에 따른 모든 하위환경들을 체계적으로 검토해보아야 할 것이다. 어느 하나의 환경이 단선적이나 직접적인 영향을 미치는 것이 아니라 전체적 변동에서 기인하는 통합적 측면에 의하여 분석이 되어야 하는 것이다.

이러한 관점에서 사회복지정책에 영향을 미치는 환경체계를 분석하기 위하여 정치적 측면, 경제적 측면, 시민사회적 측면으로 구분하여 분석틀을 제시하면 위의 <표 2-1>에서와 같다.

3. 사회복지정책 내용의 분석틀

정책 내용을 분석하는 것은 정책자체를 대상으로 사회복지정책의 대표적인 가치인 평등, 자유, 효율, 욕구, 사회적 적절성, 인간의 존엄성을 어느 정도 달성하고 있는가를 파악하는 것을 의미한다. 여기에서 정책의 내용은 "급여대상이 누구인가? 급여재원은 어떻게 조달하는가? 무엇을, 어떻게 급여할 것인가?"의 정책내부요소라고 할 수 있다. 그러므로 이들 정책내부요소는 개별적으로 분석될 수도 있겠으나 네 가지의 전체요소가 체계적으로 접근되어야만 해당 시기의 정책자체 변화를 파악할 수 있는 것이다. 즉, 네 가지의 물음에 대한 상황적 · 체계적 설명이 필요한 것이다. 여기에서도 이미 앞에서 제시된 요인에 따라 하위 선택원칙이 검토되어야 할 것이다.

사회복지정책의 실제인 정책 내용 분석틀을 제시하면 <표 2-2>와 같다.

33) 김병진, 『정책학개론』, 박영사, 1989, pp. 41～42.

| 표 2-2 | 사회복지정책 내용 분석틀

분석 대상	내 용	하위 내용	사회복지정책 관련 이슈
사회복지 정책 내용	급여대상	① 생활보호대상자 ② 사회복지서비스 대상자	• 선별주의(Selectivism) 대 보편주의(Universalism) • 비용효과성 대 사회적 효과성
	급여형태	③ 현금 · 재화 ④ 기회 · 능력부여 ⑤ 할인 · 감면	• 평등(Equality) 대 공평(Equity) • 소비의 선택자유 대 사회적 통제
	급여전달	⑥ 공공전달체계 ⑦ 민간전달체계	• 지방자치 대 중앙통제 • 관료중심주의행정 대 시민참여주의행정
	급여재원	⑧ 급여수준 ⑨ 부담방법 ⑩ 예산액	• 인간의 존엄성 대 사회적 적절성 • 평등 대 공평성 • 지방분권 대 중앙집권

주 1) 사회복지정책 영역 중 공공부조와 사회복지서비스 영역만 대상으로 제한하였음.
공공부조: 생계보호 · 의료보호 · 교육보호 · 자활보호 영역.
사회복지서비스: 아동 · 노인 · 장애인 · 여성 · 부랑인 영역.
2) 제5장에서 사용될 통계의 출처와 구성은 다음과 같음.
① 보건사회부, 보건복지부 생활보호과 내부자료 및 『보건사회백서』, 『보건사회통계연보(1988~1994)』, 『보건복지백서』, 『보건복지통계연보(1995~1998)』, 공보처 『제6공화국 실록 1-4권』, 『변화와 개혁-김영삼 정부 1-3권』.
② 보건사회부, 보건복지부 아동복지과, 노인복지과, 재활지원과, 여성복지과, 생활보호과 내부자료 및 『보건사회백서』, 『보건복지백서』, 『보건복지통계연보』.
③④ 중앙정부 및 지방정부 사회복지정책관련 부서 내부자료 및 한국보건사회연구원, 한국여성개발원 연구자료.
⑤ 민간기관 복지관련 부서 내부자료, 지방정부 조례 · 규칙, 사회복지사업 지침서.
⑥⑦은 ①과 ②의 자료와 같음.
⑧ 『보건사회백서』, 『보건복지백서』, 대구광역시 사회복지여성국 내부자료.
⑨ 보건사회부, 보건복지부 국고보조사업지침, 사회복지사업 관련 지침.
⑩ 보건사회부, 보건복지부, 재정경제부, 재정경제원, 대구광역시 예산관련 자료.

이상의 <표 2-1>과 <표 2-2>는 한국 사회복지정책의 환경과 내용 분석을 위한 이론적 · 방법론적인 접근을 체계화한 것이다. 이것은 한국 상황에서의 복지자본주의체제를 배경으로 한 사회복지정책의 생산양식을 고려한 분석틀이므로 개별 국가의 비교분석에서는 유동적으로 적용되어야 할 것이다.

제3장

사회복지정책의 환경과 내용

제1절 사회복지정책에 관한 논의

1. 사회복지의 이념

1) 복지국가

복지국가란 이론적으로는 사회복지정책을 통하여 사회복지의 이념을 구현하는 국가이다. 전략적으로는 정치, 경제, 사회적 환경에서 생성된 복지이념을 정책과 제도로 구체화하여 국민의 기본적인 욕구(needs)를 충족시켜주는 것을 말한다. 따라서 자본주의의 기본적인 이념인 자유경쟁과 최대이윤추구라는 경제적 평등은 사회적 평등이라는 사회주의 이념에 수정되지 않을 수 없고 공정한 소득분배에 의한 사회정의를 실현해야 하는 당위성을 내포하고 있는 것이다.

복지국가의 사상적 배경이라고 하면 공산주의 경우의 마르크스-레닌주의에 대신할 만한 공식적 사상은 없을 것이다. 그러나 복지국가의 사상적 중심을 이루어 온 것은 민주사회주의(democratic socialism)라고 할 수 있다. 복지국가라는 용어는 현실 속에서 생겨나서 현실과 함께 성장해 가고 있는 것이나 실제로 복지국가라고 불리는 선진제국의 경우도 이념형으로서의 복지국가에 가까울 뿐 엄밀히 복지국가로 정의하기에는 어려운 점이 많다고 할 것이다. 복지국가라는 말은 19세기 독일의 볼팔트슈타트(wohlfahrtstaat)라는 말에까지 거슬러 올라갈 수 있는데, 의미는 오늘날 복지국가의 의미와는 약간 다른 것이었다.

복지국가라는 말에 구체적인 의미부여가 되어 사람들이 주목하게 된 것은 1942년 영국에서 베버리지(Sir William Beveridge)의 『사회보험과 관련 서비스(Social Insurance and Allied Services)』라는 유명한 보고서가 나오고, 나아가 1944년에 완전고용[1]에 관한 정부의 백서와 베버리지의 보고서가 정식 발표되어, 광범위한 사회보장과 완전고용을 행하는 것이 국가의 책임이라고 보게 되었기 때문이다. 이와 같은 사고(思考)는 제2차 대전 후인 1945년에 정권을 인수한 영국 노동당에 의하여 구체화되었다. 노동당정부는 기간산업의 국유화와 경제의 계획화를 행하여 혼합경제화를 추진함과 더불어 광범한 사회보장과 완전고용을 실현하여 세계의 주목을 받게 되었다. 이때부터 영국은 복지국가의 대표적인 나라의 하나로 보게 되었다.

복지국가의 대표국가로 보게 된 또 하나의 나라는 북유럽의 스웨덴이다. 스웨덴에서는 1930년대의 세계적 경제 불황을 계기로 하여 경제의 계획화와 사회보장

1) 완전고용정책은 당초 케인스(Keynes, John Maynard, 1883.6.5～1946.4.21)의 견해를 채용한 것이다. 그의 경제학에 관한 초기의 관심은 주로 화폐와 외환문제에 있었으나, 제1차 세계대전 후부터는 자본주의사회에 있어서의 고용 및 생산수준을 결정하는 요인에 관하여 종래의 경제이론을 재검토하게 되었다. 그 결과 대표적 저서인 1936년의 『고용 및 화폐에 관한 일반이론(The General Theory of Employment, Interest and Money)』에서 완전고용을 실현·유지하기 위해서는 자유방임이 아닌 소비와 투자, 즉 유효수요를 확보하기 위한 정부의 개입이 필요하다고 주장하였다. 이 이론 및 이에 입각한 정책, 그 기반을 형성하는 사상을 케인스주의라고 하며 그러한 사상가들을 케인지안이라고 부른다.

이 진전되었다. 제2차 대전 후는 한층 충실한 사회보장과 완전고용정책을 실행하고 있으며, 더구나 경제의 운영이 노동조합이나 관련단체의 대표 참가 하에 행해져서, 높은 생활수준을 누리고 있다. 스웨덴과 긴밀한 관계에 있는 다른 북유럽 제국(특히 노르웨이와 덴마크)도 스웨덴과 유사한 방향으로 나아가고 있다.[2)]

이러한 현대적 의미의 복지국가도 서구의 역사를 보면 대부분의 국가가 초기의 정복국가 혹은 약탈국가로 출발한 원형적 국가가 국가의 세속화(the secularization of state)를 거쳐 민주국가화 한 후 복지국가로 전환하였다. 그 결과 국가자체의 성장, 국가기능 중 복지기능의 중심적 기능으로서의 부상, 국가의 정당화 방식 변화 등이 초래되었다고 볼 수 있다. 그렇다면 이러한 변화들은 불가역적 변화(irreversible changes)로 보아야 할 것인가 아니면 가역적인 변화로도 볼 수 있는가 라는 문제가 있다. 이러한 문제의 논쟁으로서는 ① 복지국가의 위기 ② 개혁의 한계 ③ 사회민주주의의 위기 등의 많은 진행이 있어 왔으나 국가에 관한 이론 면에서 보면 다음과 같은 쟁점들이 있다.

첫째는 복지국가라 하더라도 그것은 복지'국가'이기 때문에 복지기능 이외에도 다른 많은 기능들, 예를 들면 국방, 치안, 징세, 재판, 경제관리, 기타 일반 행정 기능들을 동시에 복합적으로 수행한다는 것이다. 복지국가가 복수의 기능을 동시에 수행한다는 것은 국내외로부터의 다양한 요구와 압력들에 노출된다는 것을 뜻하는데, 이것은 다양한 요구와 압력의 변화에 따라 복지국가가 수행하는 기능에서의 우선순위와 지출내용에도 많은 변화가 초래될 수 있다는 것을 의미한다. 달리 말하면 복지국가는 최종적이고 고정된 국가유형이 아니라 상당한 정도의 유동성과 가변성을 지니고 있다는 것이다.

둘째는 사회복지는 국가가 국민들에게 구체적 복지혜택을 제공하는 것이므로 엄청난 비용이 소요된다. 제도적 · 보편적 국가복지의 경우 이를 위한 재정지출은 가히 기하급수적으로 증가한다고 해도 과언이 아니다. 퍼니스와 틸톤(Furniss and Tilton)[3)]은 적극 국가(positive state), 사회보장 국가(social security state), 그리고

2) 丸尾直美(Maruo Naomi), 福祉國家の話, 日本經濟新聞社 11版, 1979, 우재현 옮김, 『福祉國家論』, 경진사, 1982, pp. 9～10.

3) Norman, Furniss, and T. Tilton, *The Case for the Welfare State : From Social Security to*

사회복지 국가(social welfare state)를 구분하여, 사회복지를 경제적 효율성이라는 원칙에 종속시키면서 사회보험위주의 복지제도만 유지하는 국가를 '적극 국가'로 경제성장과 완전고용을 위한 경제정책과 사회보험 및 공공부조 제공을 위한 사회정책을 결합하여 전 국민에 의한 보편적 서비스와 제공을 통해 국민의 최저생활 보장은 물론 계급 간 · 집단 간 평등을 극대화하여 궁극적으로는 전 국민의 시장 의존성을 축소시키려는 국가를 '사회복지 국가'로 규정하고 있다. 그러면, 이러한 복지비용을 어떻게 충당할 것이며 이 비용을 누구에게 어떻게 부담시킬 것인가? 바로 이 문제는 복지국가의 가장 핵심적 문제로서 '비용부담과 혜택배분 간의 불일치'가 심각한 사회복지에서 복지비용의 부담문제는 늘 사회계급 간 · 세력 간 갈등을 초래하기 마련이다. 따라서 이 문제와 관련하여 복지국가는 '내장된 모순'을 지니고 있다고 보아야 하며, 그런 만큼 복지국가는 구조적 취약성을 가지고 있다고 할 수 있다.

결과적으로 그 동안 지속적으로 구축되어온 복지국가는 단번에 해체되거나 대규모의 삭감을 통해 급속하게 쇠락하는 일은 없다는 점에서는 불가역적이나 국제정치경제의 변화, 국내경제의 변화, 사회계급간의 변화를 가져올 수 있는 가역적인 측면도 있는 것이다. 특히 해당국가가 갖고 있는 정치 이데올로기의 변화에 따라 복지이데올로기도 변화할 수밖에 없다고 본다면 개별국가에 따라서도 복지국가의 모형은 변동적인 것이다.

2) 복지이념

사회복지에서 이데올로기가 갖는 의미는 각 사상학파들의 이념적 관점에 따라 다양할 수 있지만 크게 긍정적인 시각과 부정적인 시각으로 양분하여 볼 때, 대체로 이데올로기는 역사적 발달과정과 관련되어 있다는 것을 알 수 있다.

민주주의 정부형태가 도입된 이후, 경제 및 사회문제들에 대한 국가의 역할은 항상 이데올로기적인 논쟁의 대상이었고, 사적 시장이나 국가 활동, 사회적 자원

Social Equality, Bloomington : Indiana University Press, 1977, pp. 14~21 및 김태성 · 성경륭 공저, 『복지국가론』, 나남출판, 1998, p. 43, p. 103.

배분, 그리고 가족의 역할과 같은 다양한 쟁점들과 복지국가의 발전에도 이데올로기는 여타의 부문들과 함께 중요한 역할을 해왔다고 볼 수 있다. 전반적으로 볼 때, 복지에서 이데올로기는 개인행동 및 정부활동의 배후에 숨겨진 동기들을 대부분 정확하게 분석할 수 없도록 만드는 물질적, 이기주의적, 이데올로기적 요소들의 상호복합적인 것으로 규정할 수 있다.[4)]

1970년대 초반부터 이데올로기의 다양성을 띤 본질을 입증하면서 이데올로기 이론은 발전하였는데, 현재적인 용도에 있어 이데올로기는 일반적으로 두 가지의 특징을 가지고 있다. 첫째로 이데올로기는 대체로 하나의 사회집단이 가지는 신념이나 태도의 체계를 말한다. 이데올로기와 관련되어 있는 사회집단들의 성격은 특정한 사회분석학자의 정치 · 사회학적인 교의(dogma)에 따라서 변형될 수 있다. 둘째는 이러한 신념이나 태도체계가 그 스스로의 설명으로 평가되기보다는 그것이 기도하는 실천적 효과와 사회적 급여(social benefit)에 의해 평가되어야 한다는 것이다. 이것은 복지이데올로기에 있어서도 그대로 적용되는 것이다. 해당 사회의 복지이데올루기는 스스로 설명되기보다는 사회복지정책이나 제도에 의해 구체화되는 것이다.

일반적으로 제1차 대전 이후 복지의 국가책임성이 강화된 국가형태를 민주복지자본주의국가라고 하며, 흔히 복지국가로 칭한다. 그것은 정치체제는 민주주의, 경제는 자본주의라고 하는 양대 체제에서 국민복지의 향상을 추구하는 국가라는 말이 될 것이다. 이렇게 보건데 복지이데올로기는 우선 정치체제가 갖고 있는 이데올로기와 경제체제가 갖고 있는 이데올로기에 상관성이 있다는 논리를 도출할 수 있을 것이다. 다시 말해서 복지국가를 논할 때는 정치경제적 이데올로기를 관련시켜서 논의해야 할 것이다.

그러면 여기서 복지이데올로기의 도출을 위한 전 단계로서 정치이데올로기의 몇 가지 특징을 맥리디스(Macridis)[5)]의 주장을 보면 다음과 같다.

---

4) Vic George and Paul Wilding, *Welfare and Ideology*, Hertfordshire U K : Harvester, Wheatsheaf, 1994, p. 1.

5) R. C. Macridis, *Contemporary Political Ideology,* New York : Harper Collins, 1992, Vic Georgy and Paul Wilding, *ibid,* pp. 6～7.

첫째는 정치이데올로기가 세상을 보는 관점에서이다. 가장 중요한 것은 인간의 본성, 정치적 활동과 경제적 활동의 본질로 인식한다는 것이다. 그래서 사회주의는 사람들이 상호 협력적이고 이타주의적인 반면 고전적 자유주의는 그들을 자기위주이고 개인주의적이라고 본다.

둘째는 모든 이데올로기들은 사회 · 경제적 체제에 현존하는 비판을 가능하게 해주는데, 그것이 주로 인간본성을 보는 그들의 관점에 의존한 비판이 된다는 것이다. 즉, 자유주의가 정당하고 적절하다고 보는 보상이 사회주의의 입장에서는 소유, 분배의 형태에 대해 여전히 비판적으로 인식한다.

셋째는 그들의 이러한 비판들로부터 근거하는 사회주의자들의 미래에 대한 비전을 제시한다. 즉, 사회주의 추종자들이 얻어내야 하는 이상사회에 대한 전망을 보여준다는 것이다. 그들의 추종자들에게 더 많은 무게를 주기 위해 모든 이데올로기들은 미래의 청사진을 단순화시키고 장밋빛으로 제시한다.

넷째는 이상사회를 성취하는 데 사용될 방법이 무엇인가에 대하여 그들의 추종자와 지지 세력들에게 어떤 지침을 제공한다는 것이다. 예를 들면 민주사회주의는 그들의 정치적 최종목적을 위해 폭력을 사용하는 것을 항상 거부하는 데 비해 마르크스주의는 다른 입장에 있다.

그리고 복지이데올로기의 분류(taxonomy)와 매우 상관성이 있는 것으로 보아지는 정치이데올로기의 중요성을 검증하는 네 가지를 제시하고 있다.

첫째, 결합성(coherence)으로서 이데올로기의 범주, 논리, 구조를 말한다. 위에서 논의된 다양한 문제를 다룰 수 있고 동의하는지의 여부와 상관없이 해결대책이 드러나는가를 의미한다.

둘째, 파급성(pervasiveness)으로서 이는 복지이데올로기가 실제로 전달되고 파급되는 기간을 의미한다. 이것은 오래된 이데올로기는 침투력의 정도를 구분할 수 있지만 새롭게 나타난 이데올로기에서는 구분이 쉽지 않다.

셋째, 확산성(extensiveness)으로서 어떤 이데올로기를 공유하는 사람들의 규모를 의미한다. 정확한 규모를 가늠하기에는 항상 어려움이 따르지만 과거에 복지이데올로기로 보지 않았던 페미니즘이 오늘날에 와서 소수집단 이상의 견해로 확산된 것이 그 예이다.

넷째, 집중성(intensiveness)으로서 이데올로기라고 하는 것은 감정적인 동의나 총체적인 충성심 등에서도 결단을 할 수 있는 집중성이나 수렴성이 검증되어야 한다.

이러한 네 가지의 기준은 사회복지정책의 배경이 되는 복지이데올로기를 분석할 때 평가기준이 될 수 있는 것이다. 그러면 이러한 복지자본주의국가이념을 영국의 존스(Jones)[6]의 견해에 따라 체제유형을 분류해보면 다음과 같다.

첫째는 자본주의체제와 사회복지이념의 실천 중 자본주의체제를 강화하는 체제, 다시 말하면 티트머스(Titmuss)가 분류한 산업성취수행(industrial achievement performance)체제와 유사한 것으로 기회평등을 목표로 한 체제이다. 이것은 사회보험을 강조하고 있는 독일과 미국 등의 복지자본주의를 말한다.

둘째는 자본주의체제와 사회복지이념의 실천 가운데 개인의 복지구현이라고 할 수 있는 후자에 치중한 복지자본주의가 있다. 이것은 티트머스의 분류 중 제도적 재분배(institutional redistributive)와 유사한 것으로 보편적 평등을 목표로 한다. 따라서 시장의 논리를 벗어난 사회주의적 시장경제(socialist market economy)체제를 말한다.[7] 스웨덴이 이 범주에 속한다고 할 수 있다.

오늘날 모든 복지관련 이데올로기가 이들 기준에 모두 부합하지는 않는다고 하더라도 그리고 분류방법의 일정한 잣대는 없더라도 대체적으로 복지이데올로기는 학자들 나름대로의 분류방법에서 구분되어지고 있다. 이것을 오늘날 이데올로기의 대분류인 우익과 좌익으로 양대분 한 다음 중도적 입장의 이데올로기를 도출하여 개괄적으로 보면 다음의 <표 3-1>과 같다.

여기에서 복지자본주의국가의 사회복지정책영역은 우익의 어느 한 영역에서 출발하여 중도우익의 영역까지가 될 것이다. 그리고 선진자본주의국가의 복지이

---

6) C. Jones, *Patterns of Social Policy : An Introduction to Comparative Analysis,* London : Tavistock Publications, 1985.

7) 미국의 Rimlinger는 1971년 『Welfare Policy and Industrialization in Europe』에서 복지국가를 '사회적 시장경제(Social Market Economy)'와 '사회주의적 시장경제(Socialist Market Economy)'로 구분한 후 사회적 시장경제체제는 자본주의 메커니즘을 보호하는 것으로, 사회주의시장 경제체제는 보편적 정액급여(Flate-rate Benefit)의 보험체제를 유지하는 것으로 본다.

❙표 3-1❙ 사회복지이념의 이론적 · 기능적 분류

구 분	복지이념의 연속 · 분류 (Ideology Continuum & Classification)			
	우익 (Right)	중도우 (Center-Right)	중도좌 (Center-Left)	좌익 (Left)
기본적인 분류	자본주의	수정자본주의	수정사회주의	사회주의 · 마르크스주의
Harold. L Wilensky & Chales. N Lebeaux(1958)	잔여적 모형	제도적 모형	제도적 모형	–
R. M. Titmuss(1974)	잔여적 모형	산업성취수행 모형	제도적 재분배모형	–
Vic George & Paul Wilding(1974)	반집합주의	소극적 집합주의	점진적 사회주의	마르크스주의
Mishra(1977)	잔여적 모형	제도적 모형	제도적 모형	규범적 모형
Robert Pinker(1979)	자본주의	집합주의	집합주의	사회주의
Furniss & Tilton (1979)	적극 국가	사회보장국가	사회복지 국가	급진주의
Room(1979)	시장 자유주의	정치적 자유주의	사회민주주의	신마르크스주의
Robert Pinker(1979)	고전경제 이론주의	신중상적 집합주의	–	마르크스적 사회주의
Taylor-Goodby & Dale(1981)	개인주의	개량주의	구조주의	마르크스주의
Williams(1989)	반집합주의	사회 개량주의	점진적 사회주의	급진적 사회행정
Vic George & Paul Wilding(1994)	신우익주의	중도노선주의 신우익주의	민주사회주의	마르크스주의

주 1) 여기에서의 분류기준은 개념특성분석과 시스템분석이 혼합되어 있으나 거대이데올로기의 개별적 차이를 나타내기 위한 분류이며, 이념의 스펙트럼으로 볼 수 있음.

2) 미쉬라는 이외에 1984년에 복지국가 모형을 다원적 혹은 분화된(Pluralist or Differentiated) 복지국가와 조합주의적 혹은 통합된(Corporate or Integrated) 복지국가로 구분하고 있다.

념의 일부는 중도좌익의 영역에까지 확대되는 경향을 보이기도 한다.

이상의 복지자본주의체제의 개념에서 알 수 있는 것은 상호치중하는 바는 다르지만 복지주의와 자본주의의 수정노선이라는 공통점이다. 즉, 복지정책의 대상을 두고 구분할 때 전자는 선별적 경향을 띠고 후자는 보편적 복지정책을 추구한다는 것이다. 그리고 자유경제와 계획경제의 혼합경제체제 내에서의 사회적 책임(social responsibility)을 지향하고 있다는 점이다. 혼합 경제체제 내에서 복지국가의 영역을 제대로 확보하고 균형을 유지하는 것이 선진자본복지국가의 주요 이슈가 된다는 것과 세계 경제성장의 둔화와 함께 시장자유경제로의 회귀 현상이 대두되고 있는 것은 오늘날의 국면분석이 된다. 이러한 복지자본주의의 출발은 20세기 초반부터의 자본주의국가의 일관된 흐름이었지만 그 주된 헤게모니는 미국이 가지고 있었다고 해야 할 것이다.

미국에서의 복지국가에 대한 태도는 줄곧 비평적이었다. 1930년대의 세계경제대공황의 대응책으로써의 뉴딜정책이 사회민주주의적인 색채가 두드러졌다는 것에 비판을 가해왔다. 이것은 신자유주의적 이데올로기가 제기되었던 시기의 서서들에서 드러난다. 프리드만(Friedman)[8]은 복지국가에 대하여 "노동 윤리와 자본주의 정신을 천천히 침식해가는 죄악적인 행위자"의 태도를 보인다. 즉, 좌익은 복지국가를 자본주의의 시녀로 보고, 우익은 복지국가를 자본주의의 강탈자로 본다. 이러한 양 진영의 태도에도 불구하고 복지국가의 길은 지속되고 있다. 이것은 좀더 정확하게 말하자면 복지자본주의국가체제를 지속하고 있는 것이다.

2. 사회복지의 정책적 접근

복지국가가 복지이념을 정책의 형태로 접근하는 것이 복지정책이라고 할 때 과연 복지정책이 무엇인가에 대해서 개념화하기는 쉽지 않은 과정이다. 그만큼 추상적이고 다의적인 개념이기 때문이기도 하지만, 국가마다 그리고 해당 시기마다

8) Milton Friedman and Friedman, Robert, *Free to Choose,* London : Secker and Warburg, 1980.

개념 규정이 달라질 수 있기도 한 것이다. 우리나라의 경우도 해방 이후 미국을 비롯한 외국 민간단체의 활동을 계기로 미국사회사업 이론이 무비판적으로 도입, 적용하는 시대가 있었다. 뿐만 아니라 국내 대학의 학과 명칭에서도 사회사업학과와 사회복지학과가 공존하기도 하였고, 실천 분야에서도 혼용되는 사례가 있어 왔다. 그만큼 사회복지의 기반이 없었다는 것이다. 사회보장이나 사회복지정책이 성숙되지 못한 상태에서 전문영역의 사회복지 기술이 정책적 영역을 적정화하는 일환이 되기도 하는 경향이 있었던 것이다.

사회복지는 전체적으로는 사회구성원들의 삶의 질의 향상에 목적이 있지만 개별 대상자의 욕구를 해결하기 위한 대응책으로서는 접근방법상의 문제가 관건이 된다. 이러한 견지에서 전재일[9]은 사회복지의 접근방법으로 정책적 접근방법, 전문적 접근방법, 통합적 접근방법이 그 목적달성을 위해 적용될 수 있다고 보고 있다. 그 중에서 본 연구와 직결되는 사회복지의 정책적 접근방법과 비교하여 설명하면 다음과 같다.

첫째, 사회복지의 정책적 접근방법은 현대자본주의국가들이 복지국가 모형을 채택하면서 출현하게 된 것으로 광의의 사회복지의 대상, 즉 모든 국민들의 생활과 복지수준을 전체적으로 향상시켜 인간다운 생활의 보장이라고 하는 생존권 또는 생활권적 기본권에 그 기초를 두고 있는 것이다. 이 정책적 접근방법은 일반적으로 '사회복지정책', '사회보장제도', 또는 '사회보장'으로 인식되고 있는 것으로서 모든 국민의 인간다운 생활을 보장한다는 점에서 전체성을 강조하고 있으며 따라서 융통성보다는 고정성이 강한 것이 특징이라 할 수 있다.

사회보장이란 생활상의 사고(事故)와 기복(起伏)에 대하여 개개인의 능력만으로는 대처할 수 없게 되었다는 전제와 또한 이러한 사고와 기복은 사회성에 기초를 두었다는 점을 명백히 하여 국민의 생존권을 확인하고 그 생활을 보장하기 위한 사회정책의 한 부문으로서 전체 국민의 최저생활을 확보하기 위해 국가가 행하는 종합적 · 체계적 시책제도로 이해할 수 있다.

둘째, 전문적 접근방법은 인간의 평등, 개인의 존엄성에 기초한 미국자본주의

---

9) 전재일 외 공저, 전게서, pp. 43∼50.

원리에 절대적인 확신을 이론적 배경에 두고 있는 것이다. 전문적 접근방법은 전통적으로 개별사회사업(case work), 집단사회사업(group work)과 지역사회사업(community work) 혹은 지역사회조직(community organization) 등의 영역이 있다. 사회복지의 전문적 접근방법은 일반적으로 '사회복지방법'으로 인식되고 있으며, 사회복지대상의 개별성을 강조하고 있다. 따라서 사회복지정책과는 달리 융통성을 발휘할 수 있다는 것이 특징이라 할 수 있다.

개별사회사업의 경우는 프로이드(Freud)를 중심으로 하는 정신분석이론에 기초하는 인간행동의 이해와 인간의 존엄성을 강조한다. 이것은 1920년대와 1930년대에 걸쳐 미국의 고유 사회철학이라 할 수 있는 실용주의(pragmatism)사상과 융합되어 사회복지의 기술로 자리잡게 된다. 이 전문적 접근방법의 이론적 특징은 미국식 자본주의에 대한 무조건적 확신, 자유경쟁체제의 항구적인 유지 · 존속 같은 것을 전제로 형성되어 온 것이다. 결국 클라이언트가 가지고 있는 사회문제는 도덕상의 문제로서 혹은 대상자 개인의 인성의 결함이나 정서적 · 정신적 이상심리의 문제로서, 그 원인은 가족이나 지역사회에서 이루어지는 내인관계의 부적응에 있다고 보는 것이다.

셋째, 이 두 가지의 접근방법의 상호보완적 기능을 강조하는 통합적 접근방법을 들고 있다. 사회복지정책이 보다 효과적인 것이 되기 위해서는 '개별화된 돕는 활동', 즉 전문적 접근 방법이 요청된다. 그 이유는 사회복지정책의 실체인 사회복지 법령이나 관련제도는 결코 그 자동운동에 의해 직접적인 개인의 복지가 실현되는 것으로 볼 수 없기 때문에 그 보완책으로써 사회복지 방법이 필요하게 되는 것이다. 그러므로 정책적 접근에서도 사회복지 방법적인 기술은 잘 조화될 필요가 있는 것이고, 정부가 중심이 되는 정책적 접근의 과제라고 할 수 있다.

이처럼 사회복지의 이념을 사회복지정책으로 접근하는 방법에는 어느 한 가지의 단독적인 기술이나 제도가 적용되는 것이 아니라 통합적인 방법이 있음을 알 수 있다. 그것은 사회복지정책 형성의 전제가 되는 사회복지이데올로기가 단순히 어느 한 계층의 사회구성원에 의해서 도출되는 것이 아닌 것과 연관해서 본다면 그 인과관계에 있는 사회복지정책에서는 당연한 귀결이라고 할 수 있다. 그러면 사회복지의 정책적 접근을 사회복지정책이라고 일반화했을 때 그 사회복지정책

자체가 가지고 있는 개념화가 있어야 할 것이다. 특히 정책을 논의할 때는 정부나 국가가 수행하는 모든 행위가 정책이라고 보거나 공공지출이 따르는 모든 프로그램이 정책에 속한다는 식의 광범위한 관점은 도움이 되질 못하기 때문이다. 물론 사회복지정책과 종종 혼용되는 사회정책의 개념 규정도 아직까지 체계적 분석이나 개념적 합의가 이루어지지 않은 상태에서 사회복지정책의 명확한 개념화는 쉽지 않다. 단지 정책적 접근방법으로서의 개별영역을 중심으로 개념화하는 것이 실천적 의미는 확보할 수 있다고 보아진다.

이러한 점을 감안하여 여기서는 기존 연구에서의 다양한 개념화를 소개하는 것보다는 사회복지정책을 논의할 때 쟁점이 될 수 있는 사항을 중심으로 접근하고자 한다.

첫째, 사회복지정책은 여타의 사회정책(social policy)에서 보다 개별성이 있다. 대부분의 공공정책이 국민다수를 대상으로 정책구현을 한다면 사회복지정책은 대상자 선정 작업이 우선하므로 일단 선정된 클라이언트에게만 정책적 접근이 이루어진다는 것이다. 국토개발정책이나 문화정책의 경우는 국민의 삶의 질을 향상시킨다는 같은 목적이 있더라도 그 대상자는 한정적이지 못하다는 것이다. 반면 사회복지정책의 수급권자는 전문가에 의해서 사전에 선정된다는 의미에서 개별적이다. 뿐만 아니라 일단 선정이 되었다고 하더라도 정책의 접근은 개인에 따라 차별적으로 이루어지게 된다.

둘째, 사회복지정책의 대부분은 국가 개입으로 이루어진다는 공통성이 있지만 클라이언트의 인간다운 생활의 영위를 위한 소득이나 의료 등의 보장을 위해 정부가 적극 개입한다는 측면이 있다. 자본주의 사회는 원칙적으로 시장의 자율적 기능에 따라 작동되지만 중산층 이상의 계층에게는 조세정책을 통하여 재원을 확보하고 일정소득 이하의 계층에게는 공식적 급여를 통하여 재분배하는 규제가 수반되는 것이다.

셋째, 경제정책 등이 사회의 생산적 측면과 관련되어 정책적 접근이 이루어진다면 사회복지정책은 소비적 측면과 주로 관련된다. 물론 생산과 소비의 개념 자체가 상호 배타적인 것이 아니라 표리의 관계에 있다고 본다면 사회복지정책이 일방적으로 소비 활동에 관심이 있다고 보기에는 제한점이 있다. 2000년 10월부터 시행된 국민기초생활보장제도 프로그램에서도 '조건부 수급권자'라고 해서 취업할 것을 전제로 일정기간 급여를 하는 것은 오히려 생산 활동을 장려할 수 있는 프로그램이기도 하기 때문이다. 그리고 교육급여(보호)의 경우에도 성장 후 빈곤의 세습을 방지하기 위한 본래의 목적도 있지만 근로 현장에서 일할 수 있도록 능력을 부여하여 생산적 측면이 강하기 때문이다. 그러나 근본적으로는 경제정책은 돈을 모으는 데 관심이 있고 사회복지정책은 그 모아진 돈을 어떻게 잘 쓰느냐에 관심을 두어야 효용성이 갖추어질 수 있는 것이다. 이러한 이슈를 중심으로 한 이론적 개념화는 구체적 실천의 영역에서 사회복지정책을 개념화하는 데 배경이 될 수 있는 것이다.

사회복지의 정책적 접근방법으로 사회보험, 공공부조, 사회복지서비스 등의 3대 부문을 실천적 부문으로 구체화하고 있지만 이것은 정책영역의 문제와도 직결되므로 제2장의 분석틀의 대상으로서 자세히 다루었다.

제2절 사회복지정책의 환경과 내용

사회복지정책의 이행을 분석하기 위한 연구영역으로는 크게 두 가지가 시도될 수 있다. 첫째는 시대적으로 변화하는 사회복지정책 내용물을 분석하는 내용적 요인분석법이다. 둘째는 해당 사회복지정책이 출현하고 실천하게 된 사회적 상황을 분석하여 연계시키는 환경적 분석법이 그것이다. 그중에서도 대부분의 사회복지정책연구는 정책 내용만을 시대적으로 전개시키는 기제를 사용해왔다. 이것은 정책이 지속적으로 발전 · 성장하여야 한다는 사고가 전제된 것이다. 마치 세계적인 경제호황기에 모든 사람들이 경제는 무한히 성장하는 것으로 보았던 것과 마찬가지다. 그러나 세계는 1970년대 초반의 오일쇼크 이후 경제침체기를 경험한 바 있다. 그렇다면 사회복지정책과 밀접한 상대편에 있는 경제 · 사회체제가 변화하는 과정과 마찬가지로 사회복지정책도 지속적 성장만을 할 수 없는 것은 자명한 것이다.

이렇게 보건대 전자의 내용적 분석기법은 내용물의 규모는 알 수 있어도 '무엇 때문에 그러한 내용이 되었는가?'하는 점에서는 심대한 한계점을 안게 된다. 물론 이러한 한계점을 보완하기 위하여 최근에는 해당국가의 경제력 수준에서 복지의 진척 정도를 비교, 분석하는 기법이 사용되기는 한다.[10] 그러나 하나의 국가체제는 경제력에만 주도권이 주어지는 것이 아니라 정치와 시민사회라는 환경요인이 작용한다는 것을 인식할 필요가 있는 것이다. 즉, 경제력과 복지수준을 등식화하려는 시도는 또 다른 한계점에 봉착할 수 있는 것이다. 사회복지정책은 경제라는 요인 외에도 정치 · 시민사회가 함유하고 있는 이데올로기 체계를 파악함으로써, 이러한 한계점은 해결될 수 있을 것이다.

결론적으로 사회복지가 자본주의라는 커다란 환경적 흐름에 따라 그 발전의 양상에 영향을 받고 있다는 사실에 대한 공통적인 합의를 이끌어 낼 수 있으며, 이외에도 정치적 민주주의의 성숙도, 이념의 차이 그리고 각 국의 문화 · 역사적 배경 등의 요인들이 일정한 작용점으로서 사회복지의 발달에 영향을 끼친다는 것을 알 수 있다.[11] 이러한 환경론적인 관점의 이론적 배경은 정책결정론(policy determinants theory)에 있다. 첫째, 정치를 중시하는 입장은 키이(Key)[12]의 연구 이래로 많은 정치학자들에 의해 정치 환경이 연구되어 왔다. 둘째, 경제를 중시하는 이론은 패브리칸트(Fabricant)[13]의 미국의 주 정부 예산규모를 좌우하는 요인을 밝힌 연구 이후 산업화이론 혹은 수렴이론으로 발전해왔다. 셋째, 정치행정학자들에 의한 시스템적인 환경연구가 있다. 고오스(Gaus) 등의 생태론적 환경접근법 등이 여기에 속한다.[14]

---

10) 사회복지비나 사회보장예산이 전체 국가예산에서 차지하는 비중을 보고 복지수준을 가늠하는 기법이나 국제무역수지를 바탕으로 복지수준을 단선적으로 비교하는 연구들이 이에 속한다.

11) 현외성 외 4인 공저, 『사회복지학의 이해』, 유풍출판사, 1993, pp. 161～164.

12) V. O. Key Jr., *Southern Politics in State and Nation,* New York : Alfred A. Knopf, 1949.

13) Solomon Fabricant, *The Trend of Government Activity in the United States since 1900,* New York : National Bureau of Economic Research, 1952.

14) 정책결정요인론은 뒤에 나오는 정치적 · 경제적 · 사회적요인의 정책 환경에 관한 기초이론이므로 상세한 설명은 제외하며, 기존연구의 비판부문에서 다루어진다.

1. 사회복지정책의 환경

모든 정책이 형성되는 데는 이러한 환경적 상황이 주요 행위자가 되므로 정치 · 경제적 및 시민사회 환경을 분석하는 것은 사회복지정책 내용의 이행과정을 분석하는 것과는 인과적 관계를 형성하는 것이다. 이 상황들은 정책 집행과정에 직접적으로 관계하는 것보다는 정책집행에 영향을 미치게 된다.

1) 정치적 환경

맥퍼슨과 미즐리(Mcpherson & Midgley)는 경제발전 수준이 낮거나 사회적 조직이 약한 제3세계의 사회에서는 사회복지정책이 시민들의 욕구나 경제적 발전과정에서 자연스럽게 확대된 것이 아니라 정치적 환경에 의하여 이루어진 사례가 많다는 것을 강조한다.[15] 이것은 사회복지정책 결정에서 정치적 환경변수가 우선적인 인과관계가 된다고 보는 것이다. 제닝스(Jennings)도 사회복지정책의 전개는 잠재적 복지급여 등의 사회적 요구의 분출과 이에 대한 정치체계의 대처라는 상호관련성을 주장하고 있다.[16]

이러한 정치적 환경강조론은 복지정책 결정과정에서의 정치적 성격과 주요정책결정 참여자들의 자율성을 강조하는 견해로 볼 수 있다. 정치적 상황강조론은 사회복지정책 결정과정의 동태적 성격을 설명하는 주요한 기반을 제공해준다. 사회 · 경제적 상황들만을 강조하는 경우 사회복지정책은 지나치게 사회 · 경제적 변수 위주의 단선적인 인과론으로 파악하는 한계를 지니게 될 것이기 때문이다. 그런데 사회복지정책 결정에 관한 정치적 환경으로는 정책결정이 이루어지는 정치체제의 성격과 정당 간 경쟁 정도, 그리고 정치적 필요성 등이 강조될 수

15) Steward Mcpherson & James Midgley, *Comparative Social Policy and the Third World*, 현외성 옮김, 『비교사회정책과 제3세계』, 성은출판사, 1989, pp. 145～146.

16) Edward T. Jennings Jr., Civil Turmoil and the Growth of Welfare Roles : "A Comparative State Policy Analysis", *Policy Studies Journal*, Vol. 7 No. 4, 1979, pp. 145～148.

있다.[17)]

정치적 환경에는 어느 특정 시기에 대한 정치체제를 어떠한 형태로 구분할 것인가에 대해서는 많은 논의들이 있다.[18)] 그중에서도 1978년 거어(Gurr)가 제시한 기준인 ① 집행부 구성방법 ② 집행부의 정치적 독립성 ③ 여 · 야 간의 정치적 경쟁과 반대의 정도 ④ 행정부의 기능영역 등의 네 가지 기능이 대표적이라 할 수 있다.[19)] 정치적 필요성이 되는 선거, 권력의 집중과 분산을 알 수 있게 하는 여 · 야 간의 정치 갈등이 이행과정에서 설정될 수 있는 것이다. 좀 더 세부적으로는 대통령 선거 · 국회의원 선거 · 지방의회 의원 선거 등에서 각 정당이 차지한 의석분포, 득표율, 그리고 여 · 야 간의 장 내외의 정책대결 등이 지표로 선정될 수 있다.

이러한 기준에 의하면 우리나라의 정치체제는 1987년 6 · 10민주항쟁과 6 · 29 선언 이후의 시기는 민주주의 이행기로 볼 수 있을 것이다. 즉, 복지자본주의체제의 이행과정에서 본다면 1987년 이전까지는 권위주의적 정치형태를 띤 복지자본주의였다면, 1988년 이후는 민주적 정치형태의 복지자본주의이행기로 분석할 수 있을 것이다.

2) 경제적 환경

경제적 환경에는 산업화 과정의 생산력 관계가 이행과정에서 논의될 수 있다. 즉, 경제성장과 사회복지의 상충관계론과 보완관계론이 그 대표적인 예가 된다.

우선 경제성장과 사회복지의 상충론은 '선성장 후분배'라는 제3세계나 후발자본주의국가의 국가모델에서 제기된다. 우리나라도 1960년대 이후 약 30년 정도의 고도 성장기에 이러한 전략을 취하고 있었다. 여기서는 상충론인가 보완론인가의

17) 최정원, "한국의 복지정책 결정과정 연구", 연세대학교 박사학위 논문, 1998, p. 26.

18) Juan J. Linz., "Totalitarian and Authoritan Regimes", in Fred I. Greenstein and Nelson Polsby, (eds.,) *Handbook of Political Science,* Vol. 3 : *Macro Political Theory, Reading*, Mass : Addison Welsley Publishing, 1975, pp. 179～183.

19) Ted Robert Gurr, *Comparative Studies of Political Conflict and Change : Cross-National Datasets*, Ann Arbor, Michigan Inter-University Consortium for Political and Social Research, 1978, pp. 139～159.

관계설정보다는 복지자본주의체제에서 경제발전의 수준은 어떠한 방식으로든지 사회복지정책의 환경으로 적용되어 왔다는 경험론에 기초하여 경제적 체제를 살펴보는 데 관심이 있다. 즉, 경제발전 수준의 복지정책 결정에 미치는 영향이 지대하다는 인식 하에 상황전개를 논하고자 하는 것이다.

사회복지정책에 대한 사회적 수요와 요구의 분출이 있더라도 사회복지정책의 수요를 감당할 수 있는 정부의 재정이나 기업과 개인 등 경제주체들이 경제적 능력이 구비되어 있지 않다면 그 복지정책은 추진될 수 없거나 제한 받을 수밖에 없기 때문이다. 경제적으로 낙후된 제3세계 사회에서 복지정책의 도입수준이 낮은 것은 그와 관련된 사회적 수요나 요구가 없거나 낮아서가 아니라, 그러한 요구가 강력히 표출되더라도 그것을 충족시켜 줄 수 있는 경제적 재원이 부족하기 때문이기도 하다.[20]

1982년 로베이와 젠킨스(Robey & Jenkins)[21]는 1958년에서 1977년 사이의 미국정부의 복지비 지출과 1인당 국민소득과의 상관관계를 분석한 결과 양자 간에 지속직이고 안정적인 관계로 나타나고 있음을 경험적으로 보여주었다.

1984년 다이(Dye)[22]도 1890년부터 1970년까지의 미국 내의 각 주 정부의 사회복지비 지출에 영향을 주는 환경변수들을 분석하여 국민 개인 소득의 증대가 주요원인으로 작용해왔음을 나타내고 있다. 따라서 경제발전 수준은 복지정책에 대한 사회적 수요와 요구를 복지정책으로 전환시키는 하위환경이 될 수 있다.

경제발전수준으로서의 GNP성장률, 1인당 GNP, 대외무역수지, 노동자들의 노동참가율 등이 지표로 선정될 수 있을 것이나 그중에서도 사회복지비 지출과 국민소득이 중심지표가 된다. 그리고 산업화 과정에서 경제적 변수가 사회복지정책 확대에 어느 부문이 많은 영향을 주게 되는가는 관점과 시기에 따라 다르겠지만 가장 큰 요인은 노동자 인구의 확대이다. 노동자 인구가 늘어나면 실업문제도 발생하고 산업재해문제, 보건문제, 연금문제 등이 자연스럽게 이슈로 등장하게 되

20) 최정원, 전게논문, p. 23.

21) J. S. Robey and R. Jenkins, “The Economics of State Policies : A Longitudinal Analysis”, *Social Science Quarterly*, Vol. 63, September, 1982, pp. 566～571.

22) Thomas R. Dye, *Understanding Public Policy*, 5th ed. Englewood Cliffs, N. J : Prentice-Hall, 1984, pp. 299～314.

는 것이다. 이 외에도 산업기술의 발달이나 의료수준의 발달은 산업현장에서 은퇴한 고령자 부양문제로 나타날 것이며 그것은 정책결정에 곧바로 압력요인으로 작용하게 될 것이다.

이러한 측면에서 본다면 노동자들의 사회복지 욕구를 경제체제에서 제대로 감당하여 정책으로 결정하는 과정에서는 개별 환경의 우월성이 중요하다고 하기보다는 그 시기의 현안으로 인식된 환경이 영향력이 커지게 된다. 즉, 시급한 현안에 경제체제는 사회복지비를 지출하게 된다는 말이 된다. 그러나 막상 현안으로 설정된다고 하더라도 정경유착 정도에 따라 정책구현의 강도는 차이가 날 수가 있다. 정경유착에 대응하는 노동자층의 대응 정도도 정책 환경으로 작용될 수 있기 때문이다.

3) 시민사회적 환경

시민사회는 정치 · 경제적 환경에 비하면 보다 직접적인 영향력을 미치지는 못한다. 정책결정을 하는 지배블록체계와 그에 대응한 일반 노동자 계층과는 매개적이고 중간적인 입장에 있는 요인이라고 할 수 있다. 노동자계층이 자신들의 사회적 요구를 표출하는 데는 조직적 체계를 갖추어 강력하게 제기할 수도 있지만 비조직적이고 잠재적일 때는 바람직한 형태로 표출하도록 매개할 수 있는 것이다. 일반 시민들은 당장은 중간계급으로서 복지수혜자 층에 속하지는 않을지라도 잠재적으로 보면 수혜자 층에 속할 수 있는 것이다. 앞에서 서술된 정치적 환경이 복지정책 형성에 소극적이거나 지배블록이 아닌 야당세력이 힘(power)의 부족으로 정책제시에 장애를 받는 경우 후원자 역할을 할 수 있다.

시민사회는 나름대로의 정형화 과정에서 내부적인 계급변화 분석이 필요하다. 국가, 자본, 시민사회체계는 상호 간의 계급성을 인정할 때 정책결정의 파트너로서 역할이 가능하듯이 시민사회체계 내에서도 그 구성체를 어떻게 짜는가, 혹은 짜여진 체계나 정치 · 경제적 환경에 따라 변형이 어떤 형태로 되는가의 장면적 분석이 필요하다. 노동세력이 국가체계인 영토-자본-노동의 한 구성요소로서 자본과의 대립 · 갈등의 장면이었다고 본다면, 시민세력은 그보다는 다른 국면에서 정형화되어짐을 말하는 것이다. 즉, 노동의 장(field of work)이 아닌 정치사회의 장에서도 그들의 활동을 전개한다. 그야말로 중간계급은 자본주의체제에서 중간적 위치에서 역동적으로 변형하는 계층이 되는 것이다.

따라서 이 중간계급은 지배블록계급과 노동자계급 중간의 위치에서 상황에 따라 양쪽 계급과 타협을 통해서 정체성(identity)을 창출해나가게 된다.23) 뿐만 아니라 중간계급은 지배블록이나 야당세력이 비타협적일 경우에는 스스로 노동계급과 연합을 시도하여 민주주의를 획득하려고 한다. 이것을 루쉬마이어 등은 '상대적 계급권력 모델'에서 '완전한 민주주의'로 지적하고 있다.

루쉬마이어(Rueschmeyer) 등은 1992년에 『자본주의의 발전과 민주주의(Capitalist Development and Democracy)』에서 민주주의의 비교역사 연구를 선진자본주의국가들과 라틴아메리카, 중앙아메리카와 카리브해 지역의 거시적인 비교를 통해 제시하고 있다. 이 저서의 주요 분석방법의 하나는 '상대적 계급권력모델'24)에 기반하고 있다. 예를 들어 남미국가들의 경우는 민주화과정에서 노동계급의 규모와 조직력이 약했기 때문에 중간계급들이 주된 역할을 하였고 민주화과정에서 지배계급들이 비타협적일 경우에는 야당이나 노동자계급들과의 연합으로 완전한 민주주의로 나아갈 수 있었고, 타협적인 지배계급들과 시민계급이 연합한 국가는 제한적인 민주주의가 성립된 것으로 분석하였다. 결과적으로 자본주의의 발전은 계급구조와 계급들 간의 권력의 균형을 변화시키고 그로 인하여 민주주의 과정에 영향을 받게 되며, 그 과정은 자본주의의 모순의 산물이고 계급들 간의 행위에서 나온다고 보고 있다.25)

---

23) Chales Tilly, *From Mobilization to Revolution*, Mass : Addison-Weseley Publishing Co, 1978. 그는 '정치체 권력경쟁 모델'을 설명하고 있는데, 권위주의체제에서는 정치체가 지배블록과 야당세력으로 구축되어 야당세력은 시민사회와 연합을 시도하여 여권에 대항하는 것으로 본다. 그러나 야당세력은 시민사회보다는 다른 야당세력과 연합을 먼저 시도한다는 측면에서 여전히 시민사회는 중간계급적인 성격이다.

24) 루쉬마이어와 스테펜스가 그들의 저서에서 밝히고 있는 민주화과정은 중간계급이 주도적인 역할을 수행한다는 원리에 기초하고 있다. 그리고 중간계급의 역할을 좌우하는 세 가지의 요인을 들고 있는데, ① 지배계급이 타협적인가 혹은 비타협적인가의 요인 ② 노동계급의 조직력의 크기가 어느 정도인가의 요인 ③ 노동계급의 이념이 어느 정도 급진적인가의 요인이다(D. Rueschmeyer, et al., *Capitalist Development and Democracy,* Chicago : Universal of Chicago Press, 1992, pp. 168～169.).

그리고 시민사회는 정치적 환경이나 경제적 환경과는 달리 사회행동(social action)[26]을 통해 사회복지정책에 영향을 줄 수 있다는 측면에서의 파악이 필요하다. 전자의 두 요인이 자본주의체제의 권력경쟁의 당사자로 역할을 해왔다면, 시민사회는 중간자적 위치에서 정책에 관여하거나 주도권을 가지려고 하는 것이다.

이러한 모델은 복지자본주의체제의 이행을 설명하는 데 있어서 각 요인들을 체계화하고 있다는 데 대해서는 장점이 있다. 그러나 전체 흐름을 연합으로만 보고 있어 각 요인 간의 경쟁이나 대립상황은 다루지 않고 있고 시민사회체계를 정치체가 중심이 되어 동원하는 대상으로만 보고 있는 데는 한계점이 노출된다. 즉, 시민사회가 국가-자본사회의 중간적 위치에서 주도권을 행사하려는 자율성(autonomy)이 있다는 것을 등한시하고 있다. 사회운동이 바로 그것이며, 이것을 사회복지정책 형성과 관련시켜보면, '사회복지운동'이라고 할 수 있는 것이다. 결과적으로 시민사회가 사회복지정책에 영향을 주는 상황변수로서 제대로 파악되기 위해서는 민주화행동이나 중간계급으로서의 변화뿐만 아니라 사회복지운동 형태로 나타나는 사회운동 측면에서도 분석이 되어야 하는 것이다.

이제 지금까지 사회복지정책의 환경으로서 제시한 정치적 상황, 경제적 상황과 시민사회적인 상황을 틸리(Tilly)의 권력경쟁모델과 한국 복지자본주의체제에서 정책형성에 적용할 수 있는 세력들의 형태를 고려하여 복합적으로 제시하고자 한다.

첫째, 정치체계는 여당, 야당, 행정관료, 군부세력으로 구성되어 있으며, 이들은 사회복지입법 활동과 실천을 통하여 복지이데올로기를 구체화시키는 역할을 한다.

둘째, 경제체계는 자본가, 노동자 세력으로 구성되며, 이들은 생산관계를 통하여 자본의 축적에 주로 기여한다. 즉, 복지재정 충당에 주된 기능을 한다.

셋째, 시민사회체계는 국민대중 속에서 중간계층의 위치에 있는 구성원들로 구

25) D. Rueschmeyer, et al., *ibid*, pp. 46～47. 보다 상세한 논의는 윤상철, 1980년대의 한국의 민주화이행과정, 서울대학교출판부, 1997, p. 43 참조.

26) 여기에서의 사회행동의 개념은 노동자세력의 노동운동과는 별도의 개념이다. 노동운동이 주로 임노동계층의 기본권을 획득하려는 목적의 행동을 추구하는 것이라면, 시민사회의 사회행동은 노동 이외의 사회문제인 최저생활보장이나 시민사회복지를 위한 행동이 주가 된다.

성되며, 정치 · 경제체계의 매개적 역할을 하게 된다. 특히 시민사회체계는 민주화 과정을 통하여 드러나며, 그 자율성도 뚜렷해지는 것이다. 그리고 이들의 또 하나의 특징은 자본가와 하위노동계층의 중간적 위치에 있는 중간계급이라는 것이다.

2. 사회복지정책의 내용

사회복지정책의 내용을 분석하는 데는 접근방법에 따라 여러 가지로 방법이 제시될 수 있으나, 길버트와 스펙트의 분석요소가 대표적으로 정형화되었다고 볼 수 있다. 이들은 사회복지정책을 각종 프로그램의 내용을 기준으로 분석하고 있는 것이다. 일반적으로 주요 정책들은 네 가지의 공통적인 내용분석의 틀을 가지고 있다.27)

1) 급여의 범위

'누구에게 급여할 것인가?'라는 급여대상문제를 들 수 있다. 사회복지 관련 재화나 서비스는 시장기구에서 자율적으로 교환되는 것이 아니며, 국가로부터 일방적 이전(unilateral transfer)의 형태로 제공되기 때문에 재원이나 서비스에 한계가 있는 정부로서는 어떠한 방식으로든지 급여의 대상을 제한할 필요성을 가진다. 자격조건을 선택하는 원칙에는 여러 가지 기준이 있을 수 있고, 정책형태에 따라 많은 기준을 충족해야만 급여대상자가 될 수 있는 경우도 있다. 여기서는 네 가지로 분류하여 정리하였다.

첫째는 귀속적 욕구(attributed need)이다. 산업사회 이전의 단순사회에서는 욕구의 발생 원인을 개인적 결함에 두었지만 현대 산업사회에서는 차츰 사회의 결함적인 개념이 정착된다. 따라서 사회복지급여의 자격을 줄 때 일정지역에 거주

---

27) Neil Gilbert and H. Specht, *Dimension of Social Welfare Policy,* Englewood Cliff : Prentice Hall, 1974, 1986, 1993년 ed. 및 송근원 · 김태성, 전게서, pp. 277～390 참조.

하거나, 일정한 계층을 대상으로 귀속적으로 정하게 되는 것이다. 일반적으로 정부는 해당국가나 지역의 공공부조대상자나 대인서비스 대상자를 정할 때 '거주'를 필요조건으로 하게 된다.

둘째는 사회적 기여 및 사회적 손해를 당한 것에 대한 보상이다. 이것은 사회복지급여의 자격조건이 되려면 기여를 해야 하고 위험(risk)이나 사고가 발생하여야 함을 의미한다. 이것은 공공부조나 사회서비스 부문과는 직접적 관련성이 적지만 사회보험에서는 중요한 기준이 된다. 평상 시 보험료를 납부하거나 기여금을 적립해야만 위험이 발생했을 때 급여를 받을 수 있는 것이다.

셋째는 심신의 상태에 대한 전문가의 진단적 차별화이다. 이것은 역사적으로도 가장 널리 사용된 자격조건으로 근로능력 여부를 판단하는 것이다. 오늘날의 보충급여(supplementary benefit)나 소득보조(income support) 프로그램은 근로능력에 상관이 없지만 영국의 엘리자베스 구빈법(Elizabeth Poor Law of 1601)에서는 근로능력을 기준으로 일할 수 없는 무력한 빈곤인(the impotent poor)과 일할 수 있는 건장한 빈곤인(the able-bodied poor)으로 구분하고 아동의 경우는 의지할 곳 없는 빈곤자(dependent children)만 구호토록 했다.

넷째는 자산조사(means test)요건이다. 자산이라고 할 때는 재산과 소득의 범주를 포함하는데 복잡한 경제사회체계에서 정확한 자산조사는 쉬운 일이 아니다. 개인이나 부양가족의 자산을 단기간에 확인하는 것도 그렇지만 우리나라와 같이 자산에 대한 전산화가 완비되지 않은 국가에서는 전문가의 재량권에 의존하는 경우가 많다. 추정소득을 산정하든가 이웃 주민에게 탐문하는 방식이 그 대표적인 한계성을 말해준다. 특히 자산조사는 소득보충급여에서는 필수적인 것이 된다.

2) 급여의 재원

'급여에 필요한 재원조달은 어떻게 할 것인가?'의 문제이다. 사회복지정책의 관건은 어떻게 재원을 조달하느냐 하는 문제에 있다고 볼 수 있다. 재원의 형태와 구조를 분석하는 것은 복지정책의 내용분석에 있어서 가장 중요한 부문이 된다. 급여재원을 선택하는 원칙에는 사용자부담, 민간모금, 사회보험료, 과세 등이 있으나 공공부조와 사회복지서비스에는 대부분이 국세나 지방세 징수로 인한 조세비용(tax expenditures)과 일반예산(general revenue)으로 편성된다. 예산을 편성하는 것은 정치행정체계에서 직접적으로 수행하지만 실제 그 재정을 부담하는 층은 자본가나 일반 중산층이 된다는 측면에서 보면 선택 원칙의 세부내용은 역동적이라고 할 수 있다.

급여자격, 급여형태, 급여방법 등의 내부요인은 정치 · 행정체계가 주로 영향을 미치고 또한 선택하게 되는 면이 많지만 재정충당의 문제는 정치, 경제, 시민사회가 복지이념을 어떻게 생산하는가에 따라서 심대한 영향을 받기 때문이다. 그러나 선진자본주의국가에서는 이러한 영역 간의 이데올로기 생산이 체계적으로 될 수 있지만 후발자본주의국가나 제3세계 내에서는 통치자나 자본가 계층중심의 이데올로기에 영향을 받을 소지가 높다. 그리고 급여 재원요인은 나머지 세 부문의 요인의 결정체라고 규정할 수 있다. 즉, 급여범위를 어디까지 정하느냐, 급여형태를 어떤 형태로 정하느냐, 전달체계를 어떻게 구성하느냐에 따라서 해당 사회복지정책의 소요예산이 달라질 수 있기 때문이다.

3) 급여의 형태

'무엇을 급여 할 것인가?'하는 급여형태의 문제이다. 오늘날의 급여의 구체적 형태(benefit)는 현금이 되고 있으나 현금 이외의 현물, 기회, 능력의 부여나 할인 · 감면 형태의 급여를 어떻게 하고 있는가를 파악하는 것은 프로그램 성격분석에서 중요할 수 있다.

급여형태를 선택하는 원칙으로서는 대략 여섯 가지 형태로 나누어 볼 수 있다. 이것은 현금과 현물형태의 두 가지로 분류하는 것에서 세분화된 것이다.

첫째는 기회를 제공하는 형태가 있다. 열등한 개인이나 계층을 부정적으로 차별하지 않고 긍정적 차별(positive discrimination)로 전환시키는 개념이다. 장애인이나 여성에게 취업의 기회를 주는 것은 보상차원의 기회제공이라고 할 수 있다.

둘째는 수급권자들의 급여권이나 급여액 등의 결정에 불리함이 없도록 하는 것이다. 점진적 사회주의자(fabian socialist)들이 참여민주주의(participation democracy)

의 가치를 견지하고 있는 것과 마찬가지로 급여대상자 계층이 사회복지프로그램에 참여하도록 하는 일련의 조치 등이 있을 수 있다.

셋째는 재화나 서비스는 현물급여 형태에 속하는 것으로 선진복지국가에서는 선택률이 떨어진다. 그러나 미국의 경우는 현물급여 형태가 더 많이 선택되어진다. 이것은 미국이 복지후진국이라는 규정보다는 미국의 복지자본주의의 이념이 그러하기 때문일 것이다.

넷째는 신용(감면 포함)이나 증서형태가 있다. 이것은 현물급여와 현금급여의 제3의 형태로서 미국의 푸드 스탬프(Food Stamp)가 그 예가 된다. 그러나 이러한 형태는 정치체계와 수혜자체계에서 공히 선호하지 않는 경우가 많고 오용될 소지도 있어서 제한요소가 많다.

다섯째는 현금급여 형태로서 가장 많이 사용되고 선호되는 형태이다. 재화나 서비스를 현금화한 것으로서 시장가치(market value)와 급여대상자의 가치를 고려하여 형태화하여야 하며 무엇보다 효율적 배분이 가능하다는 것이 특징이다.

4) 급여의 방법

'급여의 전달체계는 어떠한가?' 하는 급여방법의 문제이다. 급여방법의 분석은 복지전달체계가 어떠한가의 실태분석을 의미한다. 사회복지전달체계는 공공부문 전달체계와 민간부문 전달체계로 나누어질 수 있다. 그러나 최근에는 대부분의 사회복지서비스가 민간위탁 사업으로 추진되고 있는 제3의 영역도 있을 수 있다.

급여의 전달체계는 "재원을 누가 부담하는가? 재화와 서비스는 누가 제공하는가? 누가 조정역할을 하는가?"에 따라 몇 가지로 분류될 수 있다.

첫째는 공공전달체계로서 중앙정부와 지방정부 간의 공적인 체계를 통해 전달되는 유형이 있다. 이때 중앙정부는 주로 정책의 결정된 부문을 총괄관리하고 지방정부는 실제 집행의 임무를 수행하게 된다. 공공부조와 사회서비스의 경우 보건복지부를 정점으로 한 중앙정부 체계와 시·도 및 시·군·구, 그리고 읍·면·동사무소 등의 복지기구로 연결된 지방정부 체계가 그것이다. 이 외에도 별도의 사회복지사무소가 설치되는 체계도 있다.

둘째는 민간 전달체계와 제3의 혼합형을 들 수 있다. 앞에서 거론된 공공전달체계는 제도적 복지측면의 수행을 한다면 민간전달체계는 보완적 측면의 복지수행을 하는 영역이다. 그러나 오늘날 복지자본주의국가에서는 양자가 독립적 영역을 확보하고 있기보다는 상호 보완적인 유형을 띠는 경우가 많다. 정부와 민간부문이 계약을 통해 재화나 서비스의 직접 제공은 민간이 맡고 그 소요 비용은 정부가 맡는 유형이 대부분인 것이다.

셋째는 정부가 민간에 재정을 보조해주고 개입하지 않는 유형과 순수 민간유형이 있을 수 있으나 사회복지정책은 어떠한 방식이든 정부가 개입하지 않으면 목적달성이나 이념에 어긋난다고 할 수 있다.

제4장

사회복지정책 환경의 이해

제1절 1990년대의 정치 환경

정치체제의 환경은 사회복지정책이 결정되고 집행되는 내부적 발달과정에 영향을 주는 외부적 요인 중의 하나이다. 사회복지정책을 비롯한 모든 정책은 사회적으로 이슈화된 문제를 정치세력들에 의하여 논의되는 정치화 과정을 거치게 되는 것이다. 반면에 아무리 해당 사회에서 필요로 하는 정책이라도 그리고 그것이 이슈화되고 국민들의 관심을 유발하더라도 정책형성가에 의해 대안이 선택・결정되지 않으면 의미가 없는 것이다. 즉, 정치체계에서 다루지 않으면 정책으로 형성될 수 없다.

정치체계에서 정책으로 형성시키는 과정은 정치세력들이나 정책형성가들에게 달려있다고 할 수 있다. 사회복지정책의 경우에 이들은 인도주의나 인간적 생활보장의 실현을 목적으로 하는 것보다는 정치적 목적에 의해서 정책대안으로 설정하고 채택하게 되는 경우가 많다는 가설을 제시할 수도 있다. 많은 사회복지정책은 선거가 있는 당년에 이루어지는 경우가 많음이 극단적인 사례가 될 수 있는데, 실제로 미국에서도 1935년에 사회보장법이 제정된 후 1976년까지의 복지확대기에 사회복지 관련 법안이 13차례에 걸쳐 제정되거나 개정되었는데 그 중 9차례는 선거 당년에 있었다는 분석도 있다.1)

이것은 사회복지관련 이슈나 정책이 국회의원이나 대통령 선거주기에 즈음하여 제기되고 형성될 경우가 많음을 반증하는 것이다. 우리나라의 경우도 공공부조정책의 경우 선거주기에 맞추어 급여수준이 상승하거나 대상자의 영역이 확대되는 사례는 찾아볼 수 있다. 특히 지배블록체제에 속하는 집권 여당 측의 정치세력들이 저소득층의 투표성향을 유도하기 위한 방책으로 사용될 때 정치적 체제요인의 영향력은 커지게 되는 것이다. 특히 농어촌 지역이나 소도시 지역처럼 지역성이나 온정주의 등 정서에 좌우되는 지역사회보다는 대도시 등의 복합적 지역사회에서는 더욱 사용되기 쉬운 전략으로 사회복지정책이 등장하게 될 가능성이 높은 것이다. 어떤 시기에 저소득층이나 시민사회체계에서 사회적 요구를 표출하더라도 정치세력들은 그것을 당장 정책대안으로 상정하기보다는 선거가 임박했을 때 공청회나 시민단체를 부추겨 국민들의 관심을 불러일으키고 결국 자신들이 원하는 시기에 맞추어 활용할 수 있는 것이다. 물론 이러한 정치적 과정에서는 당초의 사회적 요구가 그대로 산출되기보다는 상당 부문 왜곡되고 축소되거나 확대 변형될 수 있는 소지가 많다.

이것을 우리나라의 정치체제에서 논의한다면 여당과 야당 사이의 경쟁 정도에 따라 사회복지정책이 영향을 받는 것보다는 지배블록체제의 변동과정에서 발생하는 요인이 많다고 할 수 있다. 우리나라의 정치지배블록체제는 여당, 관료, 군부세력, 지방의회 세력 등이 구축해나간다고 보면 이들의 역동적 관계에서 결정되

---

1) Edward R. Tufe, "Determinants of the Outcomes of Midterm Congressional Elections", *American Political Science Review*, Vol. 69, September 1975, pp. 812～826 ; Edward R. Tufe, *Political Control of the Economy,* Princeton : Princeton University Press, 1978, pp. 29～31.

고 추진되는 영역이 상대적으로 우위를 차지하는 것으로 볼 수 있다. 야당세력은 서구에서와 같이 오랜 기간 복지이념을 정치 강령으로 정하고 활동해온 정당이 없다고 보면, 야당세력은 사회복지정책을 능동적으로 제시하고 행동화하기보다는 여당이 제시하는 정책의 상대자로서 수동적 역할에 있어 왔기 때문이다.

그리고 우리나라의 정치체제는 지배블록체제의 변동과정에 따라 권위주의적 체제에서 민주주의적 체제로 이행해오고 있는 만큼 사회복지정책의 이행 역시 이러한 정치체제의 성격에 따라 영향을 받게 된다. 제5공화국 시기까지가 권위주의적 정치체제 성격이 강했다면 노태우 정부에 접어들게 되면 1987년의 6월 민주항쟁에서 시작되는 민주주의 물결로 인하여 정치체제도 민주주의적 성향으로 이행되는 전환점의 성격이 강하다. 따라서 권위주의체제에서는 해당사회 내부에 사회적 요구가 있더라도 그것을 있는 그대로 표출시키는 데는 한계가 있기 마련이다. 반면에 민주주의적 정치체제에서는 그러한 잠재적 욕구가 억압당하지 않고 정치사회에 노정될 수 있는 것이다.

민주적 정치체제에서는 시민사회나 일정한 복지수요층의 욕구가 왜곡되지 않고 정책 의제(policy agenda)로 형성될 수 있다. 권위주의적 체제에서는 설사 일정한 복지정책이 선정되고 집행되었다고 하더라도 그것은 사회적 욕구가 정치대안으로 받아들여진 것이라고 하기보다는 지배블록체제의 정치적 목적을 위한 수단으로서 제공될 가능성이 높은 것이다. 예를 들면, 정치체제가 정당성의 위기에 처할 경우에 그 위기를 완화하기 위한 대책으로서 사회복지정책이 계획되고 시행될 수 있다는 것이다.[2)]

시기별로 우리나라의 정치체제의 이행과정을 사회복지정책과 연관하여 분석하면 다음과 같다.

2) Frances Fox Piven and Richard A. Cloward, *Regulating the Poor : The Functions of Public Welfare,* New York : Vintage Books, 1972, pp. 341～347.

1. 노태우 정부 시기

정책형성 행위자인 지배블록체제의 변동은 전체적으로 보면 중세봉건시대를 즈음한 전체주의 시기를 제외하면 근·현대에서는 권위주의체계에서 민주주의체계로 이행하는 과정에서 논의되어야 한다. 여기서 분석의 대상으로 삼는 노태우 정부 시기 이후의 한국정치체제는 정부수립 이후 지속된 권위주의체제가 시민사회나 야당세력으로부터 최대 도전을 받고 급기야 민주주의적 체제로 이행되는 과정이 된다. 이 과정에서 지배블록체제의 주요 구성요소인 여당, 관료, 군부세력, 지방의회 세력 등의 역학관계가 사회복지정책의 환경요인으로 영향력을 끼치게 되는 것이다. 그리고 야당세력은 지배블록체제에는 속하지 않지만 정치체제를 구성해나가는 중요한 축을 형성하고 이행해나간다.

1) 집권 여당

군사정권의 모태가 된 박정희 정권이 장기집권 체제로 가기 위한 유신체제가 여당과 야당 간에 지속된 갈등 속에 무너지고, 과도 정부를 거쳐 탄생한 제5공화국은 '광주민주화 운동'의 정치적 부담을 안고 출발했다. 따라서 전두환 정권은 임기동안 시민의 저항과 강압의 정치상황이 이어져서 정권의 정통성이 위협을 받게 된다. 이러한 권위주의와 강압적 정치체제에 전환점을 준 1987년의 6·29선언으로 정권을 승계한 노태우 정부 역시 정통성의 위기를 사회복지정책을 통한 사회통합을 시도하지만 정치적 불안은 여전하였다.

1988년 2월 25일에 시작된 노태우 정권은 6·10민중항쟁을 극복하고 출범하였지만 권위주의적 지배블록이나 통치기구가 연속되었다. 단지 자유선거를 거쳐 과거 정부보다 정치적 정당성은 상당히 강화되었다고 할 수 있다. 노태우 정권은 취임식, 신임각료 인선, 청와대 개방, 경호방식의 전환 등 전시적인 조치를 취하여 제5공화국의 군부 권위주의적 외양에 상당한 변화를 주고자 시도하였다. 또한 대통령의 국회해산권, 비상조치권의 제한, 국회의 국정감사권의 부활, 내각운영의 활성화, 문공부의 홍보조정실 폐지, 안기부의 개편구상, 청와대 기구의 축소 등을 통해 권위주의체제를 제도적으로 청산하는 모습을 보이기도 하였다.

대통령 직선제를 포함하여 정치적 민주주의를 제도화하였음에도 불구하고 권위주의체제를 벗어나지 못하는 이유는 실질적으로는 민주적 내용을 부여하는 원칙들을 결여하고 있는 데에서 기인한다. 보다 면밀히 살펴보면 이러한 가시적인 조치들은 노태우 정권에 대한 국민들의 뿌리 깊은 의혹에 기인한다. 즉, 제5공화국과 노태우 정부는 같은 뿌리라는 인식을 해소함으로써 새로운 정치적 정당성을 수립하고자 하는 시도였다. 또한 제5공화국에 대한 국민적 거부감을 활용하여 지배블록 내부에서 제5공화국 세력의 영향력을 제거함으로써 정치적 지배력을 확보하고자 하는 권력경쟁의 성격을 지니고 있었다.

노태우 정부 시기에는 두 번의 국회의원 선거가 있었는데, 1988년의 4·26총선에서 집권여당인 민정당은 전체의석 299석의 과반수에 미치지 못하는 125석을 확보하였다. 한편 평민당은 71석, 민주당은 60석, 공화당은 35석을 차지하여 야당이 166석에 달하게 된다. 따라서 13대 국회는 여소야대 정국으로 시작되었고, 이것을 타개하기 위해 민정당은 민주당 김영삼 대표와 공화당 김종필 대표와 정치적 타협을 하게 된 것이다. 이른바 '3당 통합'이 되어 민주자유당이 집권여당이 된다.[3] 1992년 3·24총선에서는 민주자유당이 149석, 평화민주당이 97석, 통일국민당이 31석을 차지하여 민자당이 과반수 의석에 1석이 모자라게 된다. 결과적으로 노태우 정부 시기는 여소야대 정국이 인위적 통합으로 강여약야(强與弱野)체제가 되는 듯했으나 정권말기에는 또 다시 야당과 협조하지 않으면 안 되는 정당 정치의 순환이 일어난다. 제14대 총선은 1990년대의 새로운 정당정치의 출현을 시사하는 의미가 있는 것이다. 즉, 1997년의 대선에서 야당인 김대중 후보가 당선되게 하는 발판을 제공하는 중대 선거로 볼 수 있는 것이다.[4]

1997년 12월의 대통령선거에서 36.6%라는 낮은 지지율로 당선된 노태우 정부

---

3) 윤상철, 『1980년대의 한국의 민주화 이행과정』, 서울대학교출판부, 1997, p. 217.

4) 제13대 총선결과 득표율은 민정당 33.96%, 평민당 19.26%, 민주당 23.83%, 공화당 15.5%, 기타 7.36%이다, 제14대 총선의 득표율은 민자당이 38.5%, 평민당이 29.2%, 정주영의 국민당이 17.4%이다.

는 재임기간 이러한 두 차례의 총선에서 정치적 안정을 이루지 못했지만 제5공화국과는 분명히 차별적 체제를 시도하고 있다. 낮은 지지율이지만 국민들의 투표로 당선되었다는 것은 비폭력적 자유경쟁으로 표현되는 민주주의체제의 단초가 되는 것이다. 군사정부의 마지막 대통령이라는 정당성의 위기는 여전했지만 사회보험 입법 등의 사회복지정책 추진으로 사회통합에도 성과를 보이게 되었다. 국회의원의 국회 내 행위에 대해 면책특권이 보장되고 사법부의 수장인 대법원장을 임명할 때도 국회의 동의가 필요하게 되는 등 법적・제도적 절차에 따라서 정치질서가 이루어진 시기로 볼 수 있다. 권위주의체계에서 민주주의 체계를 지향하는 정치성향을 나타내는 특징의 시기였다고 보며, 실제 국회가 위상이 높아지는 시기로 판단된다.

민주주의체제는 대통령 중심제인 경우 여전히 대통령이 강한 권한을 가지고 있으나 권위주의체제와는 달리 정책결정과정에서 참여자 간 관계가 자율적이라고 볼 수 있다. 헌법 제88조에는 "국회의원과 정부는 법률안을 제출할 수 있다."라고 규정하고 있어서 국회의 입법능력을 평가하기 위해 의원발의 법안 수를 살펴보는 것은 의회의 행정부 자율성의 정도를 표시해주는 지표가 될 수 있다.[5)]

우리나라 의정사(議政史)의 특수성을 감안해 볼 때, 국회발의와 가결 수는 단순한 숫자의 증감이라고 하기보다는 국회와 행정부의 상관관계를 설명해 주는 것으로 파악된다. 그리고 집행과정에서 행정부의 독주를 견제할 수 있는 입법부의 가장 강력한 제도적 장치는 국정감사권이다.[6)] 1986년 자유화 조치 이후 체제의 갈등기로 볼 수 있는 제12대 국회와 민주화 이행기인 제13대 국회의 경우에는 복지관련 총 제출안에 대한 복지관련 의원발의안의 비율이 각각 71.9%, 70.4%로 입법 활동이 역대 국회 중 가장 활발하였다. 이러한 현상은 입법과정 면에서는 제13대 국회가 민주화 이행기에 속하는 국회였을 뿐만 아니라 여소야대로 인하여 의회정치가 상대적으로 활성화되었던 데에서 연유한 것이라 하겠다. 제12대, 제13대 국회에서는 복지관련 의원발의안의 가결률이 각각 48.1%, 46.9%로 평균 가결

5) 우병규, "한국의 입법체계에 관한 연구 : 국회의원의 대표역할과 그 형태를 중심으로", 서울대학교 박사학위논문, 1978, pp. 99～104.

6) 안병만, 『한국정부론』, 다산출판사, 1999, p. 351.

률 27.3%를 훨씬 상회하면서 복지관련 정부제출안의 가결률과 대응한 대결을 보이고 있다. 이는 권위주의체제가 약화되고 민주화가 진행되는 정치적 상황과 상호경쟁이 가능했던 여소야대의 제13대 국회구조에서 의원들의 복지입법 활동이 활발하였기 때문이다.[7]

한편 행정부의 정책집행에 대한 통제권인 국정감사는 1971년의 제8대 국회 이후 폐지되었다가 노태우 정부 시기인 제13대 국회에서 부활되어 일반감사 4회, 국정조사 4회를 실시하였다.[8]

2) 행정관료

앞에서 노태우 정부의 정치체제의 첫 번째 구성요소인 집권여당 체제가 안정의석을 확보하지 못하고 있었음은 파악이 되었듯이 노태우 정부의 정책을 집행해 나가는 행정부 역시 약체정부의 성격이 다분하였다. 제3, 5공화국과 달리 직접 선거로 정부를 탄생시켰지만 국민들의 민주화 열망이나 사회적 욕구를 곧바로 행정개혁으로 옮기는 데는 한계가 있었다. 내부적으로는 신군부가 주축이 된 12·12 사태의 주도세력이 제5공화국에 이어 계속 정치·행정체계에 남아있었고, 행정관료들도 제5공화국까지는 상의하달식의 정책추진에 젖어 있었기 때문이다. 과거정권까지는 행정능률이나 경제성장 위주의 행정 분위기였고 권위적으로 시달되는 행정명령체계에 따라 대통령 비서실에 권력이 집중되었다. 그러나 여소야대의 정국에서는 각종 사회정책을 개별행정부처로 결정권이 넘어가는 상황이 되자 부처 간의 갈등이나 이해관계로 행정개혁이 난관에 부딪치게 된 것이다.

행정부의 부처 간 갈등이나 정치로부터의 통제력 약화는 행정부 내의 자율성 측면에서는 상당한 발전을 가져온다. 그러나 제5공화국까지는 행정부 중심으로 정책결정이 이루어졌다는 점과 비교하면 상당한 차이가 있다. 즉, 민주화의 열기

7) 최정원, 전게논문, pp. 81～83 및 국회사무처, 제12대, 제13대 국회경과보고서 참조.

8) 제13대 국회의 국정감사실시 연도는 1989, 1990, 1991, 1992년에 걸쳐 8회를 실시하고 해당건에 대하여 본 회의에서 7건을 보고하게 하였다. 한편 국정감사는 1948년 제1대 국회 이후 제5대까지 실시되어 오다가 군정기(1962, 1963년)를 제외하고 제6, 7, 8대 국회까지 지속하였다.

로 인해 국회의 법률안 제출건이 상당히 증가하긴 했지만 대통령 중심제 하에서 행정부는 여전히 법률안 발의권이 있음에도 노태우 정부 시기에는 법률안 제출건이 줄어들게 된다. 행정부는 모든 정보를 확보하고 있어 국회보다 정책결정권이 우위에 있음에도 역진 현상이 일어난 것은 특이한 현상이다.

복지관련 법률안을 보면 제5공화국 말기인 제12대 국회 시기부터 노태우 정부 시기의 제13대 국회에는 과거 시기보다 제출 건수는 늘었으나 정부발의안 건수는 의원발의안 건수와의 비율 면에서는 급감하고 있다.[9] 복지관련 건수가 늘어난 것은 우리나라의 사회복지 관련 법률의 상당수가 노태우 정부 이후 제정 또는 개정된 것에 원인하는 것이다.

3) 군부

정치체제의 이행시스템을 파악하는 데 있어서 군부세력의 시스템을 보는 것은 제3세계와 분단국가 등에서 주요한 환경으로 볼 수 있다. 우리나라는 미군정이 종식되고 자유선거에 의한 정권의 출범으로 건국이 되었지만 제3공화국 이후 제5공화국까지는 권위주의적 군사정부가 지배해왔다. 노태우 정부 역시 제5공화국 세력인 군부세력이 잔존하였고 김영삼 정부로 이전될 때까지는 정치체제의 뚜렷한 구성요소로 건재하였다.

그러나 김영삼 정부 이후는 과거군사정부에 대한 축적된 불만과 적대감이 민주화라는 시대적 조류에서 군부세력을 중요변수에서 몰아내고 있다. 따라서 적어도 건국 이후의 현대사를 대상으로 하든 삼국시대의 부족국가에서 연원한 고려, 조선사 등 전근대사를 대상으로 할 경우도 군부세력은 주요 정치 지배블록에 한 축으로 되어왔다고 보아진다.

1980년대 말의 구소련과 동구권에서 사회주의국가의 붕괴는 이른바 탈 냉전시대와 이데올로기의 종언시대를 열었다. 1989년의 독일의 통일은 우리나라에도 시사하는 바가 크지만 북한 정권은 여전히 건재하고 있고 그에 따른 방위비의 부담

---

9) 제11대 국회 시기의 정부제출안 건수가 32건인 데 비해 제12대, 제13대 국회 시기에는 각각 16건, 32건이다.

은 사회복지정책추진에 영향요소가 된다. 막대한 방위비 부담은 경제성장에도 장애요소가 되지만 성장의 분배라는 측면에서는 사회복지비도 결코 자유로울 수가 없는 것이다. 그리고 각 공화국마다 대통령의 대북정책 역시 정치체계에서 군부세력의 헤게모니와 관련이 되는 것이다. 특히 군사정부까지의 반공이데올로기는 전체적인 정치체제에 영향력을 주기도 하였다.

노태우 정부 시기의 군부세력은 5공 청산 정국에서 파란을 겪게 된다. 광주항쟁의 해결이라는 목표 아래 전두환 대통령계의 군부세력을 정리하고자 한 것이다. 그러나 그 해결책은 미봉책에 그쳤고 12 · 12사태와 광주항쟁 진압의 책임문제는 김영삼 정부에 와서야 노태우 대통령의 정치비자금 문제가 폭로되면서 재해결의 시기를 맞이하는 것이다.

노태우 대통령은 1988년의 7 · 7선언이나 1989년의 '한민족 공동체 통일방안' 등의 일련의 북방정책을 통해 북한을 더 이상 적이 아닌 '형제관계'로 재설정하였다. 이것은 남한이 월등한 경제력에 기초하여 사실상 북한을 국제정치 사회에서 고립시키는 측면이 없지 않지만 민주화와 함께 평화체제를 천명한 것이다. 이러한 대외적 군사정책은 국내적으로는 국군조직법, 군인사법 등의 개정으로 이어졌고 당시 국방장관이었던 이상훈은 1988년 12월 5일자 기자회견에서 "군의 정치적 개입은 시대적 흐름에 맞지 않으며, 국민들이 원하지 않을 것"으로 언급하기에 이른다.

1987년 12월의 대선에서 1노 3김(1盧 3金)이 혼미한 선거상황에서 김대중 후보가 당선되면 거부권을 가하겠다는 비공식적인 군 장성들의 거부감도 노정되었지만 군부세력인 노태우 후보가 당선되어 정권을 잡음으로써 군사정권으로서의 명맥을 유지하게 된 것이다. 이렇게 군부세력이 제5공화국 말기의 거센 민주항쟁에도 불구하고 재집권하게 되었는가를 분석해 볼 때 6 · 29선언이 그 바탕에 있다고 볼 수 있다.[10] 6 · 29선언 이전에는 급진민중운동이 주류였지만 6 · 29선언이 있

10) 6 · 29선언은 1987년 6월 29일 노태우 후보에 의해서 발표되었으며, 후에 그 구상은 전두환 대통령이 하였다는 주장이 있다. 그 주요내용은 ① 직선제 개헌 ② 대통령선거법 협상 ③ 사면 · 복권 ④ 언론자유보장 ⑤ 국민기본권 신장 ⑥ 지방자치실현 ⑦ 정당 활동 자유보장 ⑧ 사회비리척결 등이다.

은 후에는 정치사회영역이 온건화된 것이다. 그러한 상황을 지배블록이었던 군부세력이 노태우 후보를 국민적 후보로 옹립하게 된 것이다.

당시 노태우 후보는 김영삼 후보에 비하여 국민들의 지지도가 낮은 것으로 발표되었으나 각종 국가기구를 통한 지원과 군부세력들의 총력지원, 김대중 후보의 출마 등으로 인한 지역선거구도 획정 전략 등이 개입했다는 것이 주요 당선요인으로 분석된다. 기존 지배블록의 선거구도에 일반국민들이나 시민사회가 적극적 대처를 못하고 다소 개혁적인 김대중 후보에 지지력을 강화함으로써 군부세력이 재집권하게 된 것이다. 노태우 정부의 성립으로 군사세력은 합헌적으로 재집권하게 되었으며, 제5공화국 시기의 정권이 집권과정의 정당성의 부재라는 취약성을 극복하게 된다. 군부정권은 선거라는 규칙을 통하여 자신을 재생산함으로써 '민선군부정권(electoral military regime)', '연성(軟性)군부정권', '부드러운 독재(soft dictatorship)', '의사(擬似)군부정권(pseudo-military regime)'[11], '온건한 군부정권'으로 이행하게 된다. 이러한 군부세력은 복지정책이나 복지입법과정에 직접 참여하는 시스템을 갖추고 있지는 않다. 다만 우리나라와 같이 분단국가 등에서는 잠재적 정치세력으로서 작용할 수 있는 것이며, 여전히 지배블록으로서 고려하여야 할 부분이다.

4) 지방의회

우리나라의 지방의회 세력은 지방자치제 실시에 연원한다. 1945년 9월 9일부터 시작된 미군정이 3년여의 통치를 마치고 정부가 수립되면서 지방분권적 행정체제가 도입된다. 1949년에 지방자치법이 제정되어 시・읍・면 의회에서 시・읍・면장을 선임하고 불신임하도록 권한이 주어진 것이다. 그러나 1950년에 한국전쟁이 발발하자 1952년까지 실시되질 못한다. 1952년 부산임시정부 시기에 지방총선거가 실시되어 구성된 지방의회는 1956년에 지방자치법이 개정되면서 시・읍・

---

11) G. P. C., O'Donell and Schmitter, *Transition from Authoritarian Rule : Tentative-conclusion about Uncertain Democracies*, Baltimore and London : The Johns Hopkins Univ, 1986, p. 113 및 조희연,『한국의 국가 ・민주주의・정치변동』, 당대, 1998, p. 179 재인용.

면장을 중앙정부가 임명하는 체제로 바뀌었다.

1960년 4 · 19의거 이후 또다시 시 · 읍 · 면장과 시 · 도지사까지 직접선거로 선출하게 되었으나 1961년 5 · 16군사쿠데타로 인하여 지방의회는 해산되기에 이른다. 이러한 과정을 거쳐 노태우 정부에 들어오면 1990년 12월에 여 · 야간의 합의로 지방자치법이 개정되어[12)] 1991년 3월에 시 · 군 · 구 기초의회 선거가 실시되었다. 그 해 6월에는 시 · 도 광역의회 선거가 있었고 자치단체장 선거는 지배블록 세력에 의해 차기 정부로 연기되었다.

따라서 여기서는 1991년 3월과 6월의 지방의회 선거에서 새로이 대두된 지방의회 의원 등이 사회복지정책을 비롯한 정책형성에 외부환경으로 작용하고 있음을 논의한다. 왜냐하면 제5공화국까지는 시 · 도 조례나 시 · 군 · 구의 조례를 집행부에서 단체장이 제정하였지만 노태우 정부 시기에는 지방의회가 의결권을 가지게 되었기 때문이다.

지방의회는 주민에 의해 선출된 '대표'의 의사기관 개념이므로 중앙정부차원의 국회와 원칙적으로 같은 맥락을 가진다고 할 수 있다. 지방정부 차원의 의사결정에 참여함으로써 여타의 정치체제의 구성요소와 같이 지배블록 헤게모니의 축을 구성할 수 있는 것이다. 노태우 정부 시기의 지방의회세력의 이행과정을 보면 다음과 같다. 우선 1991년 3월 26일에 30년 만에 기초자치단체의회 의원선거가 실시되어 전국에서 67개 시, 137개 군, 56개의 자치구에서 지방의회가 구성되었다. 1991년의 행정구역상 구(區)는 70개였으나 나머지 14개 구는 자치구가 아닌 일반구 지역이었다.

기초 자치단체의원 선거에 이어서 1991년 6월 20일에는 광역자치단체의 의원선거가 전국 15개 시도에서 동시에 실시되었다. 그리고 1991년 8월에는 6 · 29선언내용에서 언급한 교육 자치를 위해 시 · 도 교육 위원선거가 실시되어 교육정책에도 지방의 주민대표세력이 참여하게 되는 것이다. 그러나 노태우 정부 시기는

---

12) 지방의회 선거 시기와 관련한 지방자치법 개정은 2차에 걸쳐 이루어진다. ① 1989년 12월의 개정내용은 각급 지방의회의 의원선거를 1990년 6월 30일 이전에, 각급 자치단체의 장의 선거를 1991년 6월 30일 이전에 실시하도록 하였다. ② 1990년 12월의 개정내용은 지방의회의원 선거를 1991년 6월 30일 이전에, 자치단체장의 선거를 1992년 6월 30일 이전에 실시하도록 하였다.

지방의회 의원선거는 주민에 의해 이루어졌지만 자치단체장은 중앙정부가 임명하여 지방의회와 집행부 간의 잦은 갈등이 노정되기에 이른다. 결국 지방의회 세력은 약화될 수밖에 없었으며, 지방의회 내부적으로도 의원들의 비리사건이 드러나 주민들로부터 지탄을 받기도 했다.

복지관련 시 · 도 조례제정은 주로 중앙정부의 복지 관련법에 부수되는 영역에 속하며 시 · 도별로 특수시책으로 추진하는 사회복지사업도 노태우 정부 시기에는 의회가 아닌 자치단체장의 결정사항으로 시행되므로 여기서는 분석하지 않았다.

5) 야당

노태우 정부 시기의 야당세력 이행과정을 파악하려면 제13대 대통령선거를 전후하여 분석이 되어야 한다. 제5공화국 말기인 1987년 12월의 대선을 앞두고 여당인 민정당을 제외한 야당세력은 공화당, 민주당, 평민당으로 제도 야당이 구성되어 있었다.

제13대 대통령선거는 극심한 지역주의적인 양태를 보이면서 지배블록의 재집권과 도전 연합의 최종적인 패배를 낳았다. 선거 결과 역시 지역주의적 투표형태가 극심하게 드러났다. 노태우 후보는 경북에서, 김영삼 후보는 경남에서, 김대중 후보는 호남에서 압도적인 득표를 하였을 뿐만 아니라 정치적 영향력이 적었던 김종필 후보도 충청지역에서 약진을 하게 된다. 선거결과에 대한 기존의 논의들은 야당분열이 주요한 패인이었다는 데 일치된 견해를 보인다. 즉, 김영삼 후보와 김대중 후보는 합산해서 55%를 득표했음에도 불과 36.6%를 얻은 여당의 노태우 후보에게 패배하였기 때문이다.[13]

이어서 총선을 배경으로 야당세력 시스템을 중앙선거관리위원회의 제13대 국회의원 선거총람에서 보면 노태우 정부 시기에는 1988년과 1992년 2회에 걸쳐 집권여당과 제도 야당 간의 정치사회를 차지하려는 경쟁이 있었다. 먼저 1988년의

13) 윤상철, 전게서, p. 182.

제13대 총선에서는 대선 때와 마찬가지로 민정당, 평민당, 민주당, 공화당과 신생정당 간의 구도를 이루었다. 선거 결과 야당은 66.04%의 득표를 하여 33.96%를 득표한 여당에 비해 두 배 정도의 득표율을 나타낸다. 의석수에 있어서도 야당이 172석, 여당이 125석을 나타내어 정치 불안의 정황을 나타내었다. 이러한 정국은 1990년 1월 22일에 민정 ,민주, 공화 3당이 합당으로 이어져 야당세력이 여당세력과 연합하는 형식을 취하게 된다. 그러나 지배블록인 여당 측면에서 보면, 민정당이 야당의 권력을 필요로 했고 야당세력을 새로 영입함으로써 기존 여당 내의 5공 세력을 청산하고자 하는 선택이었다.

3당 합당 이후의 1992년의 제14대 총선에서는 그 동안의 여강약야(與强弱野)에 의한 정책독점현상이 또다시 야당과 경쟁하지 않으면 안 되도록 바꾸어 놓게 된다. 선거 결과 민주자유당으로 바뀐 여당이 38.5%의 득표를 하였고, 평화민주당이 29.2%, 정주영에 의해 만들어진 통일국민당이 17.4%의 득표를 하였다. 의석수를 기준으로 보면 여당(민자당)이 149석, 평화민주당이 97석, 국민당이 31석을 차지하였다.

여기서 분석할 수 있는 것은 과거야당 세력이었던 김영삼 대표의 민자당이 과반수 의석을 차지하는 데는 실패하였지만, 1993년에 김영삼 정부가 탄생하는 데 교두보를 확보하였고, 김대중 대표가 수십 년 간 양당세력의 축을 이루어 온 김영삼 대표와는 별개로 야당의 수장이 됨으로서 1997년의 대선에서 야당세력이 집권하게 되는 터전이 마련되었다는 점이다. 이렇듯 야당은 노태우 정부에 들어 강야의 속성을 획득하게 된다.

이것은 복지관련 의원발의 법률안에서도 그대로 드러나는데 제12대 국회에서는 여당의원이 12건의 발의안을 제출한 것과는 달리 야당의원은 21건의 법률안을 제출하고 있다. 제13대 국회에서는 여당의원이 24건, 야당의원이 35건을 제출하고 있다[14]. 그러나 야당은 지배블록에 속하지 않고, 원내의 단결성도 여당에 비해 근원적으로 취약한 점을 갖고 있어 법률안의 가결률에 있어서도 여당안에 비해 상대적으로 떨어지고 있다. 이것은 제13대 국회 시기의 여 · 야 의원 합동발의안

14) 발의안 중에서 상임위원회 제출 건수는 별도임(제12대 : 8건, 제13대 : 15건). 자세한 건수는 최정원 전게논문 p. 87 참조.

2건에 대해서도 마찬가지여서 복지관련 법률안은 여・야 간의 공조가 잘 되지 않고 있음을 반증해준다.

2. 김영삼 정부 시기

1) 집권 여당

1992년 대선에서 김영삼 후보가 당선한 것은 6공화국 시기의 3당 합당의 상황에서부터 논의되어야 한다. 1990년의 3당 합당은 이른바 '거래에 의한 이행(transition by transaction)'의 결과로 지배블록의 권력이 유지되는 상황이었다. 그러나 1992년 4월의 민주자유당 대통령 후보 경선을 놓고 이미 1991년 가을에 국민적 차원에서 파기된 내각제 갈등은 집권군부세력의 반발을 가져온다. 민주자유당 이전의 민주정의당 계보의 수장역할을 했던 박태준의 경선 출마 시도가 노태우 대통령에 의해 견제되자 민정계 7인 위원회에서 이종찬을 후보로 내세워 다수의 득표를 하게 되는 상황이 그것이다. 뿐만 아니라 이러한 내부갈등은 1992년 9월에 노태우 대통령의 민자당 탈당에 이어 10월에는 박태준이 탈당하는 것으로 고조에 이른다. 이 당시 민정계는 김영삼을 이른바 '용도폐기'하고자 하는 시도가 있었지만 결국 민선민간정권(electoral civilian regime)이 되는 김영삼 정권이 탄생하게 된다.

그러나 김영삼 정부의 집권도 권위주의 세력과 연합에서 얻어진 결과물로 볼 수 있는 만큼 5・6공 세력과의 단절이 어려웠고 개혁과정에서 '신권위주의'라는 비판도 나오게 된다. 취임초기에 90% 이상의 여론지지를 받았던 것에 비해 보수적 지배구조의 한계를 벗어나지 못했고 수많은 개혁을 동시에 시도함으로써 대통령의 인기가 급락하고 개혁 작업도 순탄하지 못하였다. 대통령과 국회가 민주적 절차에 의해 구성되었다는 점에서는 민주주의였지만, 권력이 행사되고 정책이 입안 집행되는 방식에 있어서는 권위주의적인 성격을 보인 것이다. 그 결과 김영삼 정부는 '문민독재'라는 비판을 받게 된다.[15]

김영삼 정부 시기의 국회는 제14대 국회가 1992년 3월 24일에 선거를 거쳐 1992년 5월 30일에 개원하여 1996년 5월 29일까지 존속되고, 제15대 국회는 1996년 4월 11일에 이루어진다. 이 선거에서는 선거직전인 1995년 12월 6일에 민자당에서 개칭한 신한국당이 지역구 121석과 전국구 18석을 얻어 전체 139석으로서 안정의석을 확보하게 된다. 반면에 평민당에서 개칭한 새정치국민회의와 민자당에서 탈당 후 김종필이 창당한 자유민주연합은 각각 79석과 50석을 차지하였다. 그러나 이 선거는 투표율이 63.9%로서 국민들로부터 정치 불신을 가져오게 했고, 신한국당은 부산, 경남, 국민회의는 수도권과 호남, 자민련은 충남과 대구에서 선전하여 지역 구도를 확실히 하였다. 이렇듯 국회 내의 세력의 이행은 정책결정에도 영향을 미치게 되는데, 여기서는 실제 김영삼 정부 시기에 활동 시기를 가진 제14대 국회의 입법 활동을 중심으로 분석하였다.

국회사무처의 국회경과보고서에서 복지관련 입법 활동을 보면 11대, 12대, 13대 국회에까지 증가를 해오던 의원발의안 건수가 14대 국회에서는 감소하고 있다. 제13대 국회인 노태우 정부 시기에는 76건에 달하던 것이 김영삼 정부에서는 38건으로 절반으로 급속하게 감소하고 있는 것이다. 이와 같은 결과를 볼 때, 한국복지입법 과정에 있어서 국회의 활성화 정도는 정치체제에 변화에 따라서 상이하게 나타나고 있지만, 같은 체제 하에서는 국회 내 권력관계에 강한 영향을 받는다고 할 수 있을 것이다.[16] 즉, 제5공화국의 권위주의적 체제에서는 복지관련 의원발의안이 12건으로서 전체의 27.3%이던 것이 노태우 정부의 13대 국회에서는 76건, 70.4%로 급격히 늘어남으로써 민주주의체제로의 이행을 그대로 나타내주고 있다.

또한 문민정부인 김영삼 정부 시기인 제14대 국회에서는 38건, 40.0%로 감소하고 있는 것은 여당인 민자당이 149석을 차지하여 13대 때의 125석보다는 의석수가 상당히 신장하고 있는 것과 관계가 있는 것이다. 민주주의체제로 이행은 되었지만 국회 내의 권력관계가 비교적 여당이 안정되어 있어 여야 간의 경쟁의 파장이 줄어들었다고 해석할 수 있는 것이다.

한편 행정부의 정책집행에 대한 국회의 통제는 국정감사로 이루어지는 바, 제

15) 김영명, 『고쳐 쓴 한국 현대 정치사』, 을유문화사, 1999, p. 303.

16) 최정원, 전게 논문, p. 83.

14대 국회의 국정감사회수는 일반감사 4회, 국정감사 4회를 실시하였고, 국회본회의에 6회에 걸쳐 보고하게 하였다.

2) 행정관료

김영삼 정부의 행정관료 시스템은 1994년 12월 23일에 또 다시 대규모의 정부조직개편으로 시스템의 변화가 있었다. 경제기획원과 재무부를 재정경제원으로 통합하여 계획기능과 예산기능을 하나로 했고, 경제기획원의 기획조정 및 심사평가기능을 행정조정실로 이관했다. 그리고 교통부의 관광기능을 문화체육부로 이관하는 한편 건설부와 교통부를 건설교통부로 통합하였다.

출범초기 통합된 상공자원부를 통상사업부로, 체신부를 정보통신부로, 보건사회부를 보건복지부로 각각 개편하였다. 그 외에도 환경처를 환경부로 개편하고, 경제기획원 산하의 공정거래위원회를 국무총리 소속으로 개편하였다. 이것은 정부수립 후 최대의 정부의 조직개편이었다. 뿐만 아니라 집권 후반기인 1996년에는 2차례에 걸쳐 개편을 단행하는데 1996년 2월 9일에는 중소기업지원을 위한 중소기업청을 신설하고, 1996년 8월 8일에는 해운항만청, 수산청 수로국을 폐지하면서 해양수산부를 신설하였다. 이와 동시에 경찰청 소속의 해양경찰청은 해양수산부 소속인 중앙행정기관으로 격상시키게 된다. 이러한 사상최대의 정부조직 개편은 중앙정부뿐만 아니라 지방정부의 행정조직에도 이어져 그 내부조직원인 공무원들은 이른바 '복지부동(伏地不動)'이라는 신조어를 만들 만큼 위축되어 진다.

노태우 정부 시기의 행정부 부처 간의 갈등이나 정치로부터의 통제력 약화와는 달리 김영삼 정부는 여당이 일정 의석 이상을 확보하여 어느 정도는 정치세력이 강화되었고 대대적인 조직개편으로 행정부는 또다시 정치권의 통제력의 영향을 많이 받게 된다. 상대적으로 정치권내의 내부 경쟁적 정책결정은 줄어들고 노태우 정부에서 법률안 발의권이 줄어들었던 정부제출 안이 김영삼 정부에서는 상승하고 있다.

이것은 과거 제5공화국까지의 행정부 중심의 정책결정의 흐름이 재현되었다고 하기보다는 제12대 후반과 제13대 국회 시기의 민주화열기로 국회의원들이 경쟁적으로 정책발의를 해온 것과는 달리 제14대 국회에서는 소강상태에 접어들었다는 해석이 가능할 것이다.

국회사무처의 제13대, 제14대 국회경과보고서에서 복지관련 정부발의 법률안으로 분석해보면 노태우 정부 시기의 제출 건수가 32건에 머물렀던 것이 김영삼 정부에서는 57건으로 늘어나고 의원발의안과 비교했을 때도 6 : 4로 우위를 점유하였다. 그리고 법률안이 가결된 결과를 보더라도 총 4건이 가결되어 의원발의안 가결 12건에 비하면 8 : 2의 비율로 정책결정권의 중요환경변수가 되고 있다는 것을 알 수 있다.

3) 군부

우리나라의 정치체제에서 군부세력은 김영삼 정부에 들어서면서 급격한 변화가 일어난다. 그동안 권위주의체제의 상징이었던 군부세력은 문민정부라는 정치체제에서도 드러나듯이 더 이상 정치체세의 선년세력으로는 간주할 수 없는 시기에 접어든 것이다.

권위주의 세력의 대표적인 군부세력 몰락의 근원은 김영삼 대통령이 이른바 '역사 바로 세우기'작업에서 시작된다. 5 · 16군사혁명을 쿠데타로, 12 · 12사건을 하극상 사건으로 규정함으로써 급기야는 5 · 18을 광주민주화운동으로 정립하면서 전직 군부출신 대통령을 구속수감하기에 이른다. 전두환 대통령은 반란수괴의 혐의로, 노태우 대통령은 다시 민주당 소속인 박계동 의원의 비자금 은닉폭로에 의한 금융실명제 위반혐의로 구속된 것이다.

군정유산을 청산하고 민간화를 완성하기 위한 김영삼 정부의 노력은 군의 개혁에서 대표적으로 나타났다. 이는 1993년 3월 8일 박정희 정권 이래 군부 내 핵심 사조직이었던 '하나회'의 핵심 멤버들이었던 군 간부들이 대거 경질되면서 대규모의 숙군이 단행되었다. 동시에 김영삼 정부는 정보사찰 기구로서 민간정치영역에 적극적으로 개입했던 기무사의 조직과 권한을 축소하여 본연의 업무에 충실토록 하였다. 이러한 여러 조치들로 인하여 이전에 권위주의 정권의 유지를 위해 이용되었던 군부는 정치적 영향력이 현저하게 약화되었다.

군의 정치개입 중단은 이미 노태우 정부 시기부터 시작된 것이었지만 문민정부를 표방한 김영삼 정부에 이르러 확고한 원칙으로 자리 잡게 되었다.[17] 그리하여 민주주의체제 하에서 정치권의 배후세력으로서 작용할 수 있는 군부세력은 김영삼 정부에서 제거되었다고 평가할 수 있다. 따라서 문민정부에서도 군부세력은 잠재적 지배세력 이상의 영역을 차지하지 않고 있다고 보아지며, 방위비 부담으로 인한 경제적 요인 외의 정치적 요인으로서는 사회복지정책에 영향력이 미미하다고 할 수 있다.

4) 지방의회

1991년 3월과 6월에 기초 및 광역자치단체 의원선거가 이루어짐으로써 본격적인 지방자치시대는 개막되었다. 그러나 노태우 정부 시기인 1992년 6월 30일 이전에 자치단체장 선거를 하도록 했던 것을 노태우 정부는 경제적 어려움을 들어서 1995년 이후 시기로 연기하였다. 그리고 김영삼 정부에 들어와서도 자치단체장의 선거는 계속 연기되어 오다가 1995년 6월 27일에 기초 및 광역 지방자치단체장 선거를 동시에 실시하였다.

6・27지자체 선거는 김영삼 정부가 집권초기의 군부세력 숙권, 금융실명제 실시, 행정개혁 등을 내세우며 '신한국 창조'의 개혁 드라이브에 제동이 걸리게 한 분기점이 된다. 1995년 6월 27일의 자치단체장 선거는 집권 민자당의 참패, 제1야당인 민주당의 승리와 자민련의 보수세력 회생으로 볼 수 있다.

시・도지사 선거에서는 전국 15개 시・도에서 민자당 5곳, 민주당 4곳, 자민련 4곳, 무소속 2곳의 비율로 당선되었다. 시・군・구 선거에서는 전국 230개 시・군・구에서 민자당 70곳, 민주당 84곳, 자민련 23곳, 무소속 53곳을 차지하였다. 그리고 시・도의원 선거에서는 민자당 335명, 민주당 393명, 자민련 94명, 무소속 151명이 당선되었다.[18]

---

17) 김영명, 전게서, pp. 295～296.

18) 광역의원 당선자 수는 비례대표제를 포함한 인원이며, 실제 선거 당선자 수는 민자당 286명, 민주당 352명, 자민련 86명, 무소속 151명이다. 이것은 득표율(민자 36.6%, 민주 32.7%,

선거별 득표율을 보면 광역자치단체장은 민자당 33.3%, 민주당 30.1%, 자민련 17.3%, 무소속 19.3%이며, 기초자치단체장은 민자당 31.8%, 민주당 28.8%, 자민련 8.0%, 무소속이 31.4%이다.

이러한 결과를 1991년의 광역의회 의원 선거와 비교하면 엄청난 차이를 발견할 수 있다. 1991년 선거에서는 민자당이 65.2%인 564명, 야당인 신민당과 민주당은 21.5%인 186명, 무소속은 13.3%인 115명이 당선되어 여대야소 형태였지만 완전히 여소야대 정치구도가 지방의회세력에서도 구획된 것이다.[19)]

지금까지 지방의회세력의 구도변화를 살펴보았지만 이러한 정치체제의 변화는 근본적으로 과거 군사정부까지의 중앙집권체제가 지방분권화체제로 이행되고 있음을 의미한다. 따라서 사회복지정책의 결정에서도 지방정부 내지 지방의회세력은 자율성을 증대시키게 되는 과정의 상황이 전개되는 것이다. 물론 김영삼 정부는 이러한 지방화의 흐름에서 국제화(internationalization) 혹은 세계화(globalization)라는 초 이데올로기를 정치체계에 도입하여 집권후반기의 정치적 헤게모니를 주도해나간다.[20)]

결과적으로 김영삼 정부 시기의 지방자치는 외형적으로는 완성되었지만 실제 정책구현에는 여전히 결정권이 중앙에 예속되는 상태를 벗어나지 못하고 있다. 사회복지는 구빈 정책의 성격이 강하여 전국적으로 통일성이 요구되고, 정책의 주체가 국가가 중심이 되어야 한다는 대 원칙은 분명하지만 대부분의 사회복지 급여는 중앙의 계획과 통제로 이루어진다. 공공부조 업무는 자산조사를 바탕으로 하기 때문에 통일성이 요구되는 측면이 강하지만 사회복지서비스 추진은 지방의회 입법과정을 통해서 자율적으로 추진할 수 있는 부문이면서도 시설의 설치나 허가권을 중앙정부가 갖고 있든지, 사업승인을 받도록 규정하고 있는 것이 그 예가 된다.

사회복지사업이 비영리사업이고 지속적 투자가 필요한 부문이라는 측면에서

자민련 7.2%, 무소속 23.8%)에 따른 배분에 의한 것이다.

19) 1995년 6월 27일의 지방선거는 기초·광역 단체장 및 의원선거가 동시에 이루어졌으나, 기초의회 의원은 정당추천을 배제하고 있다.

20) 1994년 11월 APEC 정상회담을 다녀온 이후부터 국제화, 세계화 이데올로기는 우리 정치사회에서 현저하게 된다.

는 예산을 공급하는 기관의 지도 · 감독이 요구되지만, 지역적 욕구를 지방정부나 의회가 파악하여 대응책을 강구하기에는 지방자치법이나 개별법에서 국가사무로 규정하고 있는 상황에서는 실효성을 거두기가 어려운 것이 사실이다.

5) 야당

야당세력은 원칙적으로 지배세력으로서의 위치에서는 정책결정에 참여하지는 않는다. 특히 우리나라는 건국 이후 제도적 정당으로서 일관된 이념정당이 없었다는 점에서 보면 야당이 정책결정이나 시행에 지대한 영향을 미친 부문은 적다고 할 수 있다. 그러나 여기서는 국회 내의 여 · 야 간의 권력경쟁과 상관하여 정책의 입안에 영향을 미치는 부문을 중심으로 논하였다. 우선 김영삼 정부에서 야당이 차지하는 세력권을 제14대 대통령 선거와 국회의원 선거에서 파악해 보면 다음과 같다.

제14대 대선은 3당 합당으로 재구축된 온건 반 군부 민주화 세력들과 기득권 세력이 호남권 세력 등의 야당세력과 벌린 권력경쟁으로 볼 수 있다. 즉, 6 · 29선언으로 민주화 연합세력과 타협한 지배블록이 제2차로 야당인 김영삼, 김종필 세력과 정치적 협약으로 합당을 한 후 일어난 권력 헤게모니 게임이라는 것이다. 이러한 민주주의로의 이행양식(modality of transition)은 1987년에 세어(Share)가 『to democracy and transition through transaction(거래에 의한 민주화 이행)』으로 언급한 바 있다. 제14대 대통령 선거결과는 민주자유당의 김영삼 후보가 41.4%, 민주당 김대중 후보가 33.4%, 통일국민당의 정주영 후보가 16.1%, 신정당의 박찬종 후보가 6.3%를 획득하였다. 이것을 직전에 실시된 제14대 총선과 비교해 보면 민주자유당이 경우 38.5% 득표상황에서 2.9% 정도가 상승하였으며, 민주당은 29.2%에서 4.2%가 상승한 수치이다.

이러한 선거결과는 정당 간 의석수로 나타나는데 내부적으로는 권력의 집중과 분산을 말해주는 것이다. 과거 권위주의시대에는 여당세력이 우월하여 소위 1.5당제로 불리기도 했으나 12대, 13대, 14대 국회에서는 국회 내부의 권력의 흐름이 여 · 야간에 분산되고 있다.

여기서 국회 내부의 여・야 간의 권력관계가 복지관련 입법실태에 어떠한 관련성이 있는지를 알아보기 위하여 제14대 국회의 활동상황을 보면, 제14대 국회에 복지관련 의원발의 법률안 제출 건수는 여당의원이 9건인 데 비해 야당은 두 배수인 18건에 이르고 있다. 그리고 여・야 합동으로 제출한 것이 4건, 상임위원회 제출건이 7건이다.[21] 그러나 야당의원이 제출한 18건 중 가결 건수는 1건에 불과하며, 6건은 폐기되고 11건은 국회 회기만료로 폐기되고 있다. 반면에 상임위원회가 제출한 7건은 7건 전체가 가결되고 있어 대조적이다.

이것은 다음과 같이 몇 가지로 해석될 수 있다. 첫째는 야당의원은 국회 내에서 복지관련 의안을 많이 제출함에도 가결률은 낮은 수준이어서 야당의원이 정책결정에서 소외당하고 있다는 점이다. 두 번째는 여당의원이나 상임위원회가 발의한 법안은 통과율이 상대적으로 높다는 점은 11대 국회 이후 지속된 현상이다. 이상의 두 가지의 상황을 보건데 국회 내의 정책결정과정은 야당단독으로는 가결률이 떨어지고 사안별로 상임위원회에서 처리하여 제출한 발의안이 결과적으로 가결되기 쉽다는 것이다. 이것은 여・야 합동으로 발의한 4건도 전부 가결되지 않았음을 봐도 알 수 있는 것이다.

제2절 1990년대의 경제 환경

1. 노태우 정부 시기

노태우 정부 이후의 한국의 복지자본주의체제는 '민주화'라는 거대 흐름 속에서 선진자본주의가 발전해 온 산업화 과정과 유사한 경로를 거치게 된다. 앞에서 분석한 경제성장 요인이 사회복지정책 결정에 영향을 준다는 것은 어디까지나 선

21) 국회사무처, 제14대 국회경과보고서 및 최정원, 전게논문, p. 87 참조.

진자본주의의 경우에서 적용될 수 있는 가설인 것이다. 제3세계나 후발자본주의 국가는 자본축적의 정도가 낮아서 복지욕구가 있더라도 그것을 받아들일 여건이 되지 못한다는 분석은 타당성이 있지만 우리나라의 경우는 그대로 적용하기에는 무리가 있다. 노태우 정부 이전 우리나라의 상황은 복지자본주의체제에서도 복지보다는 자본축적에 비중을 두고 있어서 10% 정도의 경제성장률을 보이면서도 사회복지정책의 발전에는 등한시 해왔다는 것이다. 즉, 권위주의라는 정치체제에서는 경제적 환경도 단독으로 영향을 미치는 데는 한계를 나타내게 되는 것이다. 다름 아닌 정치적 환경과의 상관성으로 인하여 경제성장이 복지정책 확대로 이어지지는 않았다는 것이다. 그러나 노태우 정부 이후의 민주주의체계에서는 어느 정도 정치적 환경의 영향력이 통제되거나 굴곡 되지 않음으로서 경제적 환경의 독립성이 커질 수 있는 것이다.

노태우 정부 시기의 경제상황과 사회복지정책의 이행관계를 파악하기 위해서는 산업화 과정의 생산관계를 분석하여야한다. 세부 이행과정은 경제성장 과정, 자본가 계급시스템, 노동자계급 시스템의 변화를 볼 것이다. 자본가 계급과 노동자 계급의 변화는 경제성장에 참여하는 자본과 임노동이라는 생산관계의 변화를 말하는 것이다.

1) 경제성장 과정

우리나라의 사회복지정책은 제5공화국까지는 '성장제일주의'에 의한 경제위주 정책에 억눌려 실제 경제성장의 혜택을 복지수혜로 이전한 것은 최근의 일이다. 제5공화국은 출범초기에 국정지표의 하나로 '복지사회의 건설'을 제시하고, 헌법 제9조에서는 국민의 행복추구권을, 제32조 제2항에서는 국가의 사회복지증진의 의무를 규정함으로서 선언적으로는 성장에서 복지구현으로 이행되는 시점이 된다.[22] 그러나 권위주의 정치체제에서는 고도성장에서 오는 경제적 환경이 사회복지정책으로 곧바로 이행되기에는 한계가 있었다.

22) 전두환 대통령은 4대 국정 지표로서 '민주주의의 토착화', '복지사회의 건설', '정의사회구현', '교육혁신과 문화창달'을 내세우고 있다.

노태우 정부는 민주주의 정치체제라는 전체적 흐름이 경제 환경의 영향력에도 순기능적인 역할을 하게 되는 시기라고 할 수 있다. 우선 헌법 제34조 제1항에서는 모든 국민이 인간다운 생활을 할 권리가 있다고 권리를 부여하고 있고, 제2항에서는 국가는 국민의 인간다운 생활보장을 위하여 사회복지 증진을 할 것을 규정하고 있어 제5공화국에서 보다 명확화하고 있다. 이러한 복지이념의 대두는 노태우 정부 이후 시기에는 경제적 환경이 정치적 환경에 크게 왜곡되지 않고 사회복지정책구현에 영향력을 미칠 수 있다는 가설설정의 타당성을 높이는 것이다.

다음에서는 노태우 정부 시기의 주요 경제지표 분석을 통한 경제동향을 파악하고 해당 연도의 세출예산 편성을 부문별로 파악하여 사회보장정책의 진전 상황을 논의함으로써 경제성장 과정에서 사회복지정책의 이행을 분석하였다.

(1) 경제동향

노태우 정부가 출범하는 1988년은 올림픽의 개최로 인한 우리 경제의 개방화, 국제화가 가속되는 전환점이 된다. 1988년 중 우리경제는 1986년 이후 3년 연속 호황에 힘입어 경상수지 흑자가 확대되었으나 임금상승 등으로 물가는 급등하였다.[23]

1989년 중에는 세계 경제성장률이 1988년의 4.0%에서 3.1%로 감소하는 등 대외경제 여건 악화와 장기호황에 따른 경기조정 압력이 표출되고 1988년에 이루어진 원화 절상으로 인한 수출둔화 등의 경제여건으로 경제성장세가 급격히 둔화된다. 그리고 임금상승은 노사분규에 의해 더욱 폭이 늘어나고 선진국의 보호무역주의는 강화되는 한편 우리나라는 시장개방 압력을 받게 된다.

1990년에는 세계경제가 2.0% 정도의 성장에 머무는 등 미국을 비롯한 대부분의 국가들의 성장세가 하락하였다. 특히 8월 2일에 이라크가 쿠웨이트를 침공하여 발생한 걸프사태는 정치・경제적 불안정 요소로 작용하여 유가 상승으로 이어졌다. 이러한 상황에서도 국내경제는 9.0%의 성장을 하였다. 그러나 내용 면에서는 제조업보다는 건설부문과 서비스 부문의 성장이 주된 역할을 하고 있다. 그리

23) 물가상승요인으로서는 임금부문 상승 외에도 부동산 가격의 급등에 따른 인플레 기대심리의 재현으로 인한 요인이 주요 요인이 된다.

고 걸프사태로 인한 유가상승 분이 수입원자재 가격으로 이어져 경상수지는 적자로 돌아선다. 이것은 1986년 흑자달성 이후 반전된 것이다.

1991년에 접어들어서도 세계경제는 여전히 2%이하의 저 성장을 하였고 특히 동구공산권에서 시장경제체제로 이행하고 있는 국가들은 물가폭등 등으로 심각한 경제 불안요소를 안고 있었다. 국내경제는 1990년에 이어서 국제수지가 적자상태에 있었고 제조업을 중심으로 한 중소기업의 부도율이 높았다. 뿐만 아니라 불투명한 경기전망과 지속된 임금상승은 새로운 설비투자가 어렵게 되는 요소로 작용하였다.

노태우 정부의 마지막 연도인 1992년은 1990년과 1991년 사이에 악화되었던 국제수지적자가 완화되었지만 실질 경제성장률은 4.7% 정도로 낮아졌다. 이것은 1981년 이래 가장 낮은 성장률을 보인 것이다. 반면 소비자 물가는 안정세를 보이게 되는데, 그 원인은 그 동안 지속적인 성장과 동시에 상승하는 물가가 내수산업의 성장부진으로 가격하락을 가져온 것이다. 그 외에도 농산물의 경우는 해외로부터 수입이 증가한 것도 원인이 되었다.

노태우 정부 시기를 대상으로 한 경제지표는 국내총생산 및 국민총생산 증가율, 경상수지 및 무역수지 등으로 나누어 연도별로 제시함으로써 국내 경제성장과정을 분석하면 다음과 같다.

첫째, 국내총생산(GDP) 및 국민총생산(GNP) 증가율을 보면[24], 1988년에는 국내총생산액이 1,331,342억 원, 국민총생산액이 1,313,713억 원에서 1992년에 이르면 각각 2,403,922억 원, 2,387,046억 원으로 증가하고 있다. 이것을 불변가격의 경제성장률로 보면 1988년에는 국내총생산은 11.3%, 국민총생산은 12.0%의 성장률을 보인 반면 6공화국 말기인 1992년에 와서는 각각 5.1%, 5.0%로 감소하고 있다<표 4-1>.

---

24) 국내총생산(GDP)은 국토를 기준으로 한 개념으로, 한 나라의 국토 내에서 생산한 것으로 내국인이나 외국인이 생산한 것을 모두 포함하며, 국민총생산(GNP)은 국민을 기준으로 한 개념으로 한 나라의 국민이 국내는 물론 국외에 진출하여 생산한 것도 포함된다. 즉, 국민총생산은 국민들이 1년 동안 생산한 재화와 용역을 시장가격으로 평가하여 합산한 것으로, 해당 국가의 경제상태 파악의 기본적 지표가 된다.

❙ 표 4-1 ❙ 국민소득과 경제성장 지표(1988~1992)

연도	GDP		GNP		1인당 GNP		경제성장률(%)	
	억 원	억 $	억 원	억 $	억 원	억 $	GDP	GNP
1988	1,331,342	1,822	1,313,713	1,798	3,138	4,295	11.3	12.0
1989	1,491,647	2,222	1,479,416	2,204	3,498	5,210	6.4	6.9
1990	1,795,390	2,536	1,782,621	2,518	4,165	5,883	9.5	9.6
1991	2,157,344	2,941	2,142,399	2,020	4,957	6,757	9.1	9.1
1992	2,403,922	3,079	2,387,046	3,057	5,456	6,988	5.1	5.0

자료 : 한국은행, 『국민계정』 각 년도 재작성.

둘째, 경상수지[25] 및 무역수지를 보면, <표 4-2>에서 보는 바와 같이 1988년에 14,160백만 달러에서 1992년에는 －4,528백만 달러로 악화되고 있다. 순수 무역수지에서도 1988년의 11,445백만 달러가 1992년에는 －2,146백만 달러로 되어 전반적으로 노태우 정부 시기에는 국제수지가 악화되고 있음을 알 수 있다.

❙ 표 4-2 ❙ 경상수지 기준의 국제수지 현황(1988~1992) (단위 : 백만 $)

연도	경상수지	국제수지		
		무역수지	무역외 수지	이전 거래(순)
1988	14,160	11,445	1,267	1,448
1989	5,054	4,598	210	246
1990	－2,179	－2,003	－450	274
1991	－8,726	－6,979	－1,595	－152
1992	－4,528	－2,146	－2,614	232

자료 : 한국은행, 『경제통계연보』, 『국제수지』 각 년도 재작성.

25) 경상수지는 한 국가의 대외거래 상태를 나타낸 지표이다. 즉 상품 및 서비스 수지, 소득수지, 경상이전 수지의 총합을 말한다. 여기서 상품수지는 재화의 수출과 수입의 차이를 나타내며, 서비스 수지는 외국과의 용역거래 결과의 수입 · 지출액의 차이를 나타낸다.

(2) 정부예산구성

일정 시기의 정부예산을 일반회계 중심으로 살펴보는 것은 해당 시기의 경제동향이 정책부문에 어떻게 연결되고 있는가를 알 수 있게 하는 하나의 방법이 될 수 있다. 사회복지의 발전 정도는 사회복지 부문의 재정확보를 어느 정도 하고 있는가에 따라서 평가하는 방법이 보편적인 타당성을 확보하고 있다.

| 표 4-3 | 정부예산 기능별 구성(1990~1992) (단위 : 억 원, %)

연도	구분	계	일반공공행정	방위	교육	보건	사회보장 및 복지	주택건설 및 지역사회개발	경제사업	기타
1990	세출액	332,960	28,240	66,730	56,490	5,690	26,910	35,440	67,890	45,580
1991	세출액	403,120	35,630	79,000	56,090	7,160	34,380	39,190	83,330	68,340
1992	세출액	449,930	43,970	87,040	64,920	4,230	41,670	34,790	84,270	89,050
1990	구성비	100.0	8.5	20.0	17.0	1.7	8.1	10.6	20.4	13.7
1991	구성비	100.0	8.8	19.6	13.9	1.8	8.5	9.7	20.7	17.0
1992	구성비	100.0	9.8	19.3	14.4	0.9	9.3	7.7	18.7	19.8

자료 : 재정경제원, 『한국의 재정통계』 각 년도 재작성.

<표 4-3>에서 보는 바와 같이 정부예산 중에서 사회복지부문의 예산을 경제개발부문이나 방위비 부문과 비교함으로써 사회복지정책의 발달 정도를 복합적으로 분석하면 다음과 같다.

첫째, 사회복지부문의 예산을 사회보장 및 복지부문으로 획정하여 보면 1985년에 7,790억에서 노태우 정부의 중반기인 1990년에 이르면 26,910억 원으로 상승하며, 1992년에는 41,670억 원으로 상승한다. 이것은 전체 정부예산의 9.3%에 해당한다.

둘째, 경제개발부문의 예산을 주택건설 및 지역개발사업과 경제사업으로 구분하여 보면, 전자의 경우 1992년을 기준으로 34,790억 원으로 전체예산의 7.7%이며, 후자의 경우 84,270억 원으로서 18.7%에 해당한다. 이 두 가지의 예산을 합산하면 26.4%가 되며 사회복지 부문예산에 비교하면 약 3배의 예산을 편성하고 있다.

셋째, 방위비 부문예산은 1990년에 66,730억 원에서 1992년에는 87,040억 원으로 증가하고 있다. 이것을 전체예산에서 차지하는 비율로 보면 20.0%에서 19.3%로 다소 감소하고 있다. 이것은 노태우 정부에 접어들어 과거 군사세력들이 정책

결정에 미치는 영향력이 감소되었음을 말해주는 것이며, 간접적으로는 대북관계 개선 및 유화정책에 기인하였다고 할 수 있다. 그러나 사회복지부문 비용과 비교해보면 여전히 2배 이상의 예산이 편성되고 있어 방위비용의 부담이 사회복지정책이행의 장애요소로 작용하고 있음을 알 수 있다.

이것을 일반행정비 및 기타 목적비를 제외하고 국민 1인당 GDP를 대비하여 기능별로 보면 <표 4-4>에서 보는 바와 같이 다음과 같이 분석된다.

▮표 4-4▮ 국민 1인당 및 GDP 대비 기능별 예산(1990~1992) (단위 : 천 원, %)

연도	구분	총 세출	방위	교육	보건	사회보장 및 복지	주택건설 및 지역사회개발	경제사업
1990	1인당	77,669	15,566	13,177	1,326	6,278	8,267	15,837
1991		93,167	18,257	12,963	1,655	7,946	9,057	19,259
1992		103,047	19,933	14,868	969	9,543	7,968	19,300
1990	GDP 대비	18.5	3.7	3.1	0.3	1.5	2.0	3.8
1991		18.7	3.7	2.6	0.3	1.6	1.8	3.9
1992		18.7	3.6	2.7	0.2	1.7	1.4	3.5

자료 : 재정경제원, 『한국의 재정통계』 각 년도 재작성.
주) 일반 공공행정, 분류불능 및 기타 목적비는 제외.

첫째, 사회보장 및 복지기능예산은 1990년에 국민 1인당 6,278천 원이 1992년에는 9,543천 원으로 증가하였고, 비율로는 1.5%에서 1.7%로 상승하였다.

둘째, 주택건설 및 지역사회개발 기능 예산은 1990년에 8,267천 원이 1992년에 7,968천 원으로 증가하였고, 비율로는 2.0%에서 1.4%로 하향하고 있다. 경제사업 예산은 1990년에 15,837천 원이 1992년에는 19,300천 원으로 증가하였고, 비율로는 3.8%가 3.5%로 감소하였다.

셋째, 방위비 기능예산은 1990년에 15,566천 원이 1992년에는 19,933천 원으로 증가하였고 GDP 대비율은 3.7%에서 3.6%로 감소하였다. 따라서 전체적으로 보면 국민 1인당 기능별 예산은 3개 부문이 공히 증가하는 추세에 있지만, GDP 대비율로 보면 방위비와 주택건설 및 지역사회개발, 경제사업 예산이 줄어드는 반면 사회복지부문 예산은 점증하고 있음을 알 수 있다.

❙표 4-5❙ 일반회계 기준 사회보장예산 편성(1988~1992) (단위 : 십억 원)

연도	정부예산액	사회보장			
		계	공공부조	사회복지서비스	기타
1988	18,429	820	313	133	374
1989	22,047	1,143	380	159	604
1990	27,456	1,487	386	225	876
1991	31,382	1,996	438	271	1,287
1992	33,502	2,419	463	344	1,612

자료 : 보건복지부 기획예산과 내부자료, 재경원, 『예산개요 참고자료』 각 년도 재작성.

여기서 사회보장 및 복지예산을 일반회계 기준으로 보면 1988년 8,200억 원이었던 사회보장예산이 1992년에는 24,190억 원으로 급상승하고 있어 노태우 정부 시기가 사회복지정책의 발달이 과거 시기보다 급진전되고 있음을 보여준다. 그러나 실제 빈곤층을 대상으로 하는 공공부조예산이나 취약계층을 위한 사회복지서비스 예산의 증가율은 그렇게 높지 않으며, 특히 공공부조 예산의 경우는 사회복지서비스 예산에 비해 낮은 증가율을 보인다<표 4-5>.

그리고 사회보장예산과 공공부조, 사회복지서비스예산을 정부예산 및 GDP 대비율을 보면 <표 4-6>과 같이 매년 점증하고 있음을 알 수 있다.

❙표 4-6❙ 일반회계 기준 사회보장예산 구성 비율(1988~1992) (단위 : %)

연도	정부예산 대비			GDP 대비			사회보장예산 대비	
	사회보장	공공부조	사회복지서비스	사회보장	공공부조	사회복지서비스	공공부조	사회복지서비스
1988	64.4	1.7	0.7	0.6	0.2	0.1	38.2	16.2
1989	5.2	1.7	0.7	0.8	0.3	0.1	33.2	13.9
1990	5.4	1.4	0.8	0.8	0.2	0.1	26.0	15.1
1991	6.4	1.4	0.9	0.9	0.2	0.1	21.9	13.6
1992	7.2	1.4	1.0	1.0	0.2	0.1	19.1	14.2

자료 : 보건복지부 기획예산과 내부자료, 재경원 , 『예산개요 참고자료』 각 년도 재작성.

단지 사회보장예산대비의 공공부조 예산이 감소하고 있는 것은 사회보험 등의 기타부문 예산이 점증하는 데에 원인하는 것이다.

2) 자본가 계층

노태우 정부 시기의 국가와 자본이라는 지배블록은 노동자들의 대 투쟁으로 초창기에는 소극적인 방어 전략을 취하였으나 1990년대 초반에 접어들면서 신보주의적인 노동통제로 공세적 위치로 이행되었다. 자본가계층은 생산관계에서 자본을 중심으로 노동자 계급의 임노동과 대치하거나 타협하게 된다. 양 계급 간의 대치와 타협은 불가피한 것으로서 적정한 타협이 이루어지지 못할 경우 한 국가의 발전위기(development crisis)로 이어진다. 우리나라는 건국 이후 지속적인 위기상태에 있었다는 점에서 위기부하국가(crisis loaded state)로 볼 수 있다.

노태우 정부는 이러한 발전위기에서 경제민주화와 복지화를 시행함으로써 복지자본주의체제를 이행하게 된다. 앞에서 이미 분석한 정치체제이행이 권위주의에서 민주주의화 된 것이 국가의 정당성위기의 극복방안이었던 것처럼 복지화와 경제민주화 역시 지속적인 자본축적의 위기에서 나온 극복방안이 될 수 있다. 경제민주화는 경제징의와 형평싱을 높이고자 추진했던 정책이었지만 국가기구 내부와 재벌 등 외부변수의 경제성장 추구라는 명분에 밀려 중단되었다. 이 과정에서 대재벌 회사들의 무차별적인 전국토의 투기는 경제민주화정책 와중에 있었고, 이를 감사하던 감사원의 활동마저도 청와대 등 권력내부로부터의 압력으로 인해 비업무용 부동산 투기 판정과 세금부과가 이루어지지 못하는 등의 비리가 이문옥 감사관에 의해 폭로되기에 이르렀다.

또한 경제민주화 정책의 시행을 위해 준비해온 재무부, 경제기획원 등의 작업팀들도 정책중단에 따른 이념적, 정책적 혼란을 겪게 되고, 정부기관들 간의 갈등과 의견대립 등은 정부의 경제위기관리능력을 크게 저하시키게 된다.[26)]

한국경제는 노태우 정부가 출범할 시기만 해도 대 호황기에 있었다. 앞에서 본 것처럼 경제성장률도 10%를 상회하고 있었다. 그러나 이것은 자본의 집중과 집적 과정이 소수 기업집단에 의해 이루어진 것이다.

1990년의 경제력 집중현황을 양적인 지표를 통해 살펴보면 30대 재벌은 광공업

26) 김석준,『한국 자본주의국가위기론』, 풀빛, 1991, pp. 330～331.

부문 전체 출하 액이 35.0%, 부가가치의 30.0%, 유형고정자산의 32.2%를 차지하고 있고, 고용에서는 16.0%를 차지하고 있다. 또한 재벌들은 주로 제조업을 축적의 기반으로 삼고 있지만 보험 · 증권 · 은행 등 금융 산업에도 진출하여 지배적인 위치를 차지함으로써 산업자본과 금융자본의 결합이 부분적으로 이루어져 있다.

소수 대기업 집단이 자본력을 집중하고 있다는 것은 지배블록인 자본가 세력이 소수에게 편중되어 있다는 것을 의미하며, 자본의 구조가 경직되어 있다고 할 수 있다. 1990년 정부가 발표한 한국의 기업집단은 53개이고 이들에 소속된 계열기업은 797개이다. 이들의 총자산은 150조 원을 넘고 총매출액은 112조 원을 넘어 한국경제의 총자산과 매출액의 50% 이상을 차지한다. 한국의 경제는 극소수 특정인이 지배하는 과두적인 지배구조로서 경제민주화와 경쟁적 시장경제질서의 확립과는 거리가 먼 경제 패권주의적 현상을 보인다.[27]

정치자금법 제3조에 의하면 정치자금이란 정치인, 정당, 정치단체의 활동자금을 말한다. 구체적으로는 당비, 후원금, 기탁금, 보조금, 정당의 부수입 등을 말하며, 이중에서 당비가 가장 기본적인 부문이 된다. 그러나 우리나라의 경우 당비가 정치기금에서 차지하는 비중은 여당과 야당이 큰 차이를 보이고 있다. 중앙선거관리위원회에 보고 된 1990년의 당비는 집권당인 민주자유당이 5% 정도인 반면 신민당은 55%에 달한다. 나머지는 후원금이나 기탁금 등이라고 볼 때 자본가 세력은 집권여당세력과 유착하여 지배블록을 유지하고 있음이 드러난다. 정치자금에관한법률 제5조에 의한 후원회의 후원금의 경우 1992년에 민자당은 102억 4천 6백만 원의 후원금을 받았으며, 민주당은 2천 2백만 원의 후원금을 받고 있음을 보아도 그러한 것이다. 이러한 공식적 경로 외의 비공식적 정치자금은 정치자금에관한법률에 의해 양성화하거나 청와대를 통해 개별적으로 정치자금을 제공한 것으로 5공 비리 청문회에서 밝혀졌지만 노태우 정부 시기에도 계속되었다.

1991년에 공개된 민자당의 재정위원 75명 중에서 우리나라 50대 재벌 가운데 35개 재벌의 총수 또는 그 대리인이 포함되어 있으며, 특히 20대 재벌 가운데는 단 1개의 재벌만 빼고 모두 참여하고 있다. 이들 재정위원들은 기업의 사정에 따라

---

27) 강철규, 『재벌 : 성장의 주역인가, 탐욕의 화신인가』, 비봉출판사, 1991, p. 160.

매년 5천만 원~5억 원까지 중앙선거관리위원회를 통해 민자당에 지정기탁하고 있는 것으로 알려져 정경유착의 단면을 보여주고 있다.[28)]

3) 노동자 계층

노동자 계급은 자본주의체제의 생산관계에서 자본가 계급의 상대적 위치에 있다. 영국의 경우 이미 1900년에 노동자들이 세력을 집결하여 노동당을 창건하여 체제발전의 일정세력으로서 충분한 역할을 해왔다. 우리나라의 노동자는 정부수립 이후에도 정부나 자본 세력으로부터 일정한 영역을 확보할 수 있는 조직화된 힘이 없었다. 서구제국의 경우는 사회복지의 역사에서 빈곤이나 사회문제에 대한 국가나 군주의 사회통제적인 시혜로써 뿐만 아니라 노동자들이 스스로 단결하고 국가기구에 사회욕구를 요구함으로써 획득되어왔다.

반면에 우리나라는 일제강점기 이후 미국에 의해 도입된 자본주의체제는 노동자들의 자발적인 권익을 집결할 수 있는 여유를 주지 못했다. 그나마 한국전쟁 이후 사회 전반적인 이데올로기가 되었던 '반공주의'는 이른바 '레드 콤플렉스(red complex)' 형태로 삼십 년 이상 우리 사회를 억압해왔다. 남북분단국가로서의 반공주의는 전체 사회의 정서로 자리 잡는 데 있어서 타당성은 확보한 수 있지만 이면에는 노동자 세력이 형성되는 데에 있어 치명적인 장애요소가 된다. 사회복지에서 추구하는 '사회평등의식'은 자칫 공산주의나 사회주의를 대변하는 사상으로 왜곡될 수 있었고 실제 일부 노동세력의 태동이 애초부터 좌절당하는 분위기가 지속된 것이다.

공산주의 사상의 기조가 노동자 세력이 자본가 세력을 타도하고 생산관계를 사회화하겠다는 데 있음이 '노동자'라는 용어 자체의 사용에도 거부반응을 보여 온 것이 지배블록 기조였다. 노동자라는 용어가 일반적인 용어인데도 굳이 '근로자'라는 말을 사용하거나 노동절(May Day)이 거부된 것도 이러한 사회적 분위기의 한 형태를 말해 주는 것이다.

---

28) 서울경제신문, 1991년 12월 24일자 및 안병만, 전게서, pp. 393~395.

이러한 사회분위기는 제도 정당에도 영향을 미쳐, 야당이 다소 복지의 추동 세력이 되기는 하지만 노동세력을 규합하거나 정치이슈로 끌어내고 있지는 못하였다. 따라서 우리나라의 사회복지역사는 노동세력의 활발한 욕구분출보다는 여당이 지배블록 유지를 위한 방안이나 사회통제의 목적성이 영향을 끼친 면이 많다고 할 수 있다. 이제 노동자 계급 시스템을 노동자 세력의 구조와 노동운동형태를 통해서 분석하고자 한다.

(1) 노동자 세력

일반적으로 노동자 세력의 구조는 노동조합 구성의 형태로 나타난다. 우리나라의 경우도 자본주의의 도입과 함께 노동조합의 형태는 대두되었으나 정부수립이후 각 정권에 의해 어용화가 되거나 탄압의 연속이었다.

6 · 29선언을 기점으로 하여 가장 달라졌던 것 중의 하나가 노사관계이다. 연평균 100여 건에 불과하던 노사분쟁이 1987년엔 3,749건에 달했는데, 그중 3,628건이 6 · 29선언 이후 하반기에 집중적으로 발생했다. 노동조합 설립에 있어서도 1986년 말 2,658개에 불과하던 것이 1987년 7월부터 1988년 3월 사이에 1,513개나 신설되어 1986년 말 대비 57%의 놀라운 증가를 가져왔다.[29]

노태우 정부 시기의 노동조합 조직률은 <표 4-7>에서 볼 수 있듯이 1988년에는 6,142개소이던 기업단위 노동조합이 1992년에 이르면 7,527개소로 증가하며, 노동조합원 수도 당초 1,707천 명이 1,735천 명으로 늘어나고 있다.[30] 그러나 노동조합의 조직률로 보면 1988년과 1989년에 19.5%, 19.8%가 1992년에 와서 16.4%로 감소하고 있다. 이것은 1980년대 후반의 민주화 정세에 편승하여 상승한 노조결성이 오히려 노태우 정부 후반기에 올수록 둔화되는 현상을 보여주는 것이다.

---

29) 안병만, 전게서, p. 405.

30) 1980년의 노동조합법 개정으로 인해 산업별 노동조합 연맹은 그대로 유지되었으나 그 산하의 지부 및 분회가 기업단위노조로 통폐합되었다.

| 표 4-7 | 노동조합 조직률 현황(1988~1992) (단위 : 개소, 천 명, %)

구 분	1988	1989	1990	1991	1992
노동조합 수	6,142	7,861	7,698	7,656	7,527
노동조합원 수	1,707	1,932	1,887	1,803	1,735
노동조합 조직률	19.5	19.8	18.4	17.2	16.4

자료 : 노동부, 『노동통계연감(각 년도)』 재작성.
주) 노태우 정부 시기의 산별 연맹 수는 21개로 구성됨.

(2) 노동운동

앞에서 본 바와 같이 노동조합의 조직률은 1990년을 기준으로 지속적으로 하락하고 있다. 이것을 노동조합의 조직운동이 스스로 실패한 것으로 보기에는 어려운 점이 있다. 왜냐하면 이 시기는 지속적인 경제성장이 진행되는 시기로서 노동현장에 투입되는 노동력의 규모가 노동조합원 수의 규모보다 빠른 속도로 늘어나고 있기 때문이다. 그리고 1987년의 민주화 운동에 편승하여 노동운동이 조직화되고 활력화 되었지만 자체적인 성장능력을 갖추지 못했다는 데도 원인이 있는 것이다. 그 외에도 노동조합 결성이나 조직화운동에 미치는 영향요소를 분석해 보면 다음과 같다.

첫째, 경제성장으로 인한 압축적 산업화는 제조업을 위축시키는 한편 서비스업의 팽창을 가져온다. 실제 제조업은 1990년에 들어오면서 감소하고 있고, 노동조합운동의 바탕인 제조업의 약화가 결국 노조운동의 약화로 전이된 것이다.

둘째, 우리나라는 기업별로 노동조합과 단체협약이 이루어지고 임금 등이 결정된다. 따라서 기업은 노동조합이 결성되는 데에 있어서 적대적이 되어 결성률이 저하될 수밖에 없는 것이다.

셋째, 기업이 아닌 국가나 사회가 제도를 통해 노동조합운동을 막는 경우도 있다. 국가에서 자본가에게 유리한 노동관계법을 제정하는 것은 자본가와 노동자 간의 힘의 균형(balance of power)을 무너지게 하는 것이다. 힘의 균형이 이루어졌을 때 노사관계는 대결(contestation)로부터 협상적인 관계(collective bargaining)로 나아갈 수 있는 것이다. 실례로 노태우 정부는 경제성장률이 1989년에 6.4% 정도로 떨어지자 노동정책을 산업평화란 미명 하에 억압적으로 전환하였다.

넷째, 우리나라는 공무원 등 공공부문의 노동운동을 금지하고 있고, 사적 기업부문에서도 자본가들의 노동시장의 유연성을 목적으로 정부나 국가에 압력을 가하고 있다는 것도 노동운동의 약화에 관련될 수 있다.

다섯째, 노동시장에서도 정치시장에서와 마찬가지로 지역에 따른 균열현상이 뚜렷하다는 것이다. 노동조합장이나 간부 선출 시 영호남이 경쟁하는 등으로 자체 내의 단결력이 낮아지게 된다는 점을 들 수 있다. 우리나라의 정당이 지역정당에서 이념정당으로 이행하지 못하고 대선과 총선을 거듭하고 있어 정치발전이 없듯이 노동조합에서도 자본가에 대한 세력 강화를 기도하고 결집된 투쟁력을 갖추는 단계로의 이행하는 과도기(between age)에 멈추고 있다고 볼 수 있다.

이상에서 거론한 요소들은 결국 노동자들이 세력화하지 못하게 하는 요인이 된다. 한국의 노동운동의 조건이나 노조 조직률은 다른 나라에 비해 매우 낮은 18% 수준을 넘지 못하고 있으며, 그나마도 공안정국 이후의 강경한 탄압으로 하락하고 있어 자기 발전적 노동운동의 잠재력이 크지 않다고 보아야 할 것이다. 노조의 형태도 기업별 단위노조 형태로 강제되어 있는 것도 세력화를 막는 요인이 되는 것이다. 노태우 정부 시기의 기업별 노조 조직구조는 단위노조의 평균조합원이 236명, 상근 간부 평균 0.98명으로서 조직의 파편화와 영세성을 특징으로 하고 있다.[31] 이는 강권적인 국가와 권위주의적이고 가부장적인 기업주들에게 대응하는 조직형태로서의 약체성과 이에 더 나아가 노동자들이 정치적으로 세력화할 수 있는 조직기반의 약체성을 의미한다.

정치적 수준에서 노동자들이 세력화하는 데 실패하게 된 가장 결정적인 이유는 정치적 탄압이 법적 · 제도적 · 정치적 메커니즘을 통해 노동자들의 정치적 수준에서의 결합을 제약하는 핵심적 요소였기 때문이다. 한국에서의 국가는 서구에서의 강력한 반체제세력으로서의 노동자 계급에 대해 고도의 강권력을 행사하고, 재생산할 수 있는 제도적, 물질적, 이데올로기적 자원을 갖고 있다.[32] 그 주된 이유는 남북이 분단되어 있는 상태에서 자가 발전될 수 있는 힘의 헤게모니가 정부

31) 임영일, "정세변화와 노조운동의 과제", 『경제와 사회』, 1992, 가을호, p. 67.
32) 최장집, 『한국 민주주의의 조건과 전망』, 나남출판, 1996, pp. 346~347.

에 있어 왔다는 우리의 역사에서 찾을 수 있다. 이제 노태우 정부 시기의 노사분규에 관련한 자료 분석을 통하여 노동운동의 형태화를 보고자 한다. 1988년에는 노사분규(labor dispute) 건수가 1,873건으로 1987년의 3,749건에 비하면 절반 정도로 낮아진다. 이것은 우리나라의 노동운동의 형태가 시민사회의 한 축으로서 발전해온 것이 아니라 군사정부의 탄압에 대항하여 한꺼번에 욕구를 분출하였고, 그 결과 어느 정도 민주화가 이루어지자 조직력을 잃고 소강상태로 되었다고 할 수 있다. 거기에다 1989년 후반기부터는 경기가 하락하자 정부의 유화정책이 강경 정책으로 회귀한 것의 결과이기도 하였다.

1992년의 노사분규 건수는 235건으로 급락하였으며, 참가인원도 1988년의 293천 명이 105천 명으로 급격히 감소하고 있는 것이다. 노사분규로 인한 근로손실일수(working days lost)도 1988년에 5,400,837일에서 1992년에는 1,527,612일로 줄어들고 있다<표 4-8>.

▌표 4-8▐ 노동운동의 형태(1988~1992) (단위 : 건, 명, 일)

구 분	1988	1989	1990	1991	1992
노사분규건수	1,873	1,616	322	234	235
참가 인원	293,455	409,134	133,913	175,089	105,034
근로손실일수	5,400,837	6,351,443	4,487,151	3,271,334	1,527,612

자료 : 노동부, 『노동통계연감』, 각 년도 재작성.

이처럼 노태우 정부는 노동운동의 급상승과 급락, 그리고 안정을 경험하는 시기가 되고 있어 노동복지 분야의 정책 환경 요소로 뿐만 아니라 사회복지정책결정의 전반적인 영향요소로서 작용하고 있음을 말해주고 있다.

2. 김영삼 정부 시기

1) 경제성장 과정

한 나라의 경제 · 사회발전은 그 나라의 국가운용체제에 영향을 받게 되고 그 체제를 운영하는 지도자의 리더십이 작용하게 마련이다. 노태우 정부가 민주적 정치논리와 민주형의 리더십으로 그 동안 성장위주의 경쟁에서 탈락한 사회계층(social class)에 대한 복지제도가 마련된 시기였다면, 김영삼 정부는 개혁적 정치논리와 세계화의 정책이념으로 인한 사회복지의 정체기라고 할 수 있다.

역사적으로 경제의 발전이 사회복지 성장에 직접적 전제조건이 된다는 상관관계는 증명되었다고 하지만 우리나라의 경우는 다소 다르게 설명이 되어야 할 것이다. 김영삼 정부 시기인 1995년에는 국민 1인당 소득이 1만 달러가 달성되었고, 1996년에는 선진국 클럽이라고 불리는 OECD 29번째 회원국이 되었지만 노태우 정부 시기의 복지우선주의의 정책이념은 오히려 퇴조하게 되는 것이다.

서구의 복지국가가 복지재정수요의 위기로 실패하여 복지국가의 퇴조를 가져왔다면 우리나라의 경우는 사회복지제도만 정비해 둔 체 제대로 재정확대를 해보지 못한 상태에서 둔화가 이루어진 것이다. 이것은 서구국가들이 시민의 오랜 투쟁과 국가와 시민체제간의 복지에 대한 합의가 복지국가를 탄생시켰다면, 우리나라는 정치적 민주화에 힘입어 단기간의 욕구분출만 있었을 뿐 기간을 두고 국가와 시민 간의 공고한 합의가 이루어지지 않았다는 데 원인하는 것이다.

서구의 경우 세계2차 대전 이후 지속된 경제성장기가 1970년대 후반부터 저성장 시기를 경험하여 1980년대에는 대처리즘이나 레이거노믹스(Reaganomics) 등 신우익(New Right) 사상이 우위에 서게 되었다는 점에 견주어 보면 우리나라는 약 30년에 걸친 압축경제성장의 파이가 사회복지의 긍정적 환경변수로 작용하는데 한계성을 노출하고 있다고 보아야 할 것이다. 그리고 그 한계성의 배경 역시 우리나라만의 경제성장 과정의 특성에서 찾을 수 있다. 즉, 관세무역 일반협정(GATT)체제 하에서의 개발도상국으로서의 우호적인 무역조건을 인정해주는 상태에서의 성장이었고, 새로이 대두된 세계무역기구(WTO)체제는 더 이상 한국을 유리한 경제 질서에 두지 못하게 된 것이다.

이렇듯 문민정부가 1987년을 분기점으로 하는 민주화의 결정으로 이루어졌다고 한다면, 5년간의 임기 기간은 세계경제체제의 변화와 국가주도의 체제이데올로기가 또 다시 경제우선주의의 체제이데올로기가 재 성립되게 하는 시기로 볼 수 있다. 물론 김영삼 정부는 재임기간에 '삶의 질'향상이라는 슬로건 식의 복지이데올로기를 생성하고 선언적으로 구가했지만 근본적으로는 소위 생산적인 사회복지창출에 원용한 것에 불과한 것이다.

이 시기의 복지국가에 대한 논의로서는 영국의 조절이론가인 제솝(Jessop)[33]의 연구를 들 수 있는데, 이른바 복지국가에서 근로국가(workfare state)로의 이행이라는 견해에서도 이러한 흐름은 나타난다. 즉, 제솝은 대량생산의 포디즘으로부터 다품종 소량생산과 차별화 된 소비로 특징 지워지는 포스트포드주의로의 축적체제변화에 대응한 조절양식의 변화를 분석하여 케인즈주의적 복지국가에서 슘페터주의적 복지국가(Schumpetetaian work state)로 조절체제가 이행한다고 말하고 있다.

김영삼 정부 시기의 국내외적 흐름에 기초하여 주요경제 동향을 정리하고 각 연도의 정부예산 편성을 부문별로 파악하여 경제성장과정이 사회복지정책에 어떻게 영향을 주어 정형화되고 있는지를 보면 다음과 같다.

(1) 경제동향

김영삼 정부가 시작되는 1993년의 세계경제는 1989년 이후 지속된 경기침체로 2.0% 정도의 성장률을 나타내었다. 국내경제는 사정활동 강화 및 각종 경제제도 개혁 등 경제의 불확실 요인 증대로 인한 단기적인 경제위축에도 불구하고 임금, 금리, 환율 등의 안정으로 인하여 5.5%수준의 성장률을 보인다. 1994년에는 GDP 기준으로 8.3% 정도의 성장률을 보이고 있어 완만하나마 경기회복추세에 있었다. 물가도 농산물 가격은 불안요인으로 있으나 공산품 가격은 소비심리 위축으로 인

33) B. Jessop, "The Welfare State in the Transition From Fordism to Post-Fordism", *The Politics of Flexibility,* edited by Jessop et al. Aldershot Edward Elgar, 1991.

한 안정세를 보이게 된다. 순무역수지도 1993년에 이어 흑자상태가 되었고, 1995년에 접어들어서도 8.9% 정도의 성장세를 유지하게 되나 소비량은 소매를 중심으로 상승기미를 나타내었다.

이러한 추세는 1996년에 이르러 경제성장률이 6.8%로 떨어지고 반면에 소비량이 소매의 경우는 지속상승했지만 도매 판매량이 급격히 줄어들어 전체적으로 7.0% 정도로 낮아졌다. 1997년도 4분기에는 1.9%로 떨어지는가 하면 국제통화기금(IMF) 관리체제로 들어가면서부터 마이너스 소비량을 보이고 있다.

김영삼 정부 시기를 대상으로 한 주요 경제지표를 살펴봄으로써 국내경제 성장과정의 맥락을 파악하면 다음과 같다.

첫째, <표 4-9>에서 보는 바와 같이 국내총생산(GDP) 및 국민총생산(GNP) 증가율의 경우, 1993년에 각각 2,671,460억 원과 2,655,179억 원이 김영삼 정부 마지막 해인 1997년에는 각각 4,209,867억 원과 4,160,179억 원으로 증가하고 있다. 이것을 불변가격의 경제성장률로 보면 1993년에 국내총생산 증가가 5.5%로서 노태우 정부 말기보다 다소 높은 증가율을 보였지만 1997년에는 5.0%로 감소하였다.

▎표 4-9 ▎ 국민소득과 경제성장 지표(1993~1997)

연도	GDP		GNP		1인당 GNP		경제성장률(%)
	억 원	억 $	억 원	억 $	억 원	억 $	GDP
1993	2,671,460	3,328	2,655,179	3,308	6,008	7,484	5.5
1994	3,059,702	3,807	3,037,726	3,780	6,805	8,467	8.3
1995	3,519,747	4,565	3,489,793	4,526	7,739	10,037	8.9
1996	3,898,124	4,844	3,864,382	4,802	8,485	10,543	6.8
1997	4,209,867	4,426	4,160,179	4,374	9,046	9,511	5.0

자료 : 한국은행, 『국민계정』각 년도 재작성.

둘째, <표 4-10>에서 대외거래를 나타내는 국제수지를 보면 1993년에 전체 수지가 384백만 달러였으나 1994년에는 －4,530백만 달러로써 1992년과 비슷한 수준으로 악화되었다. 그리고 1995년에 이르면 －8,947백만 달러에 이르렀다가 1996년에는 급격히 악화되어 －23,716백만 달러에 달하였다.

❙표 4-10❙ 경상수지 기준 국제수지 현황(1993~1996) (단위 : 백만 $)

연도	경상수지			
		무역수지	무역외 수지	이전거래(순)
1993	384	7,860	- 1,966	491
1994	- 4,530	- 3,145	- 1,989	603
1995	- 8,947	- 4,746	- 3,640	- 560
1996	- 23,716	- 15,306	- 7,645	- 765

자료 : 한국은행, 『경제통계연보』, 『국제수지』 각 년도 재작성.

(2) 정부예산구성

정부의 일반예산이 사회복지정책의 재원으로서 왜 중요한가에 대해서는 여러 가지 측면에서 논의할 수 있겠지만 크게 다음과 같은 세 가지의 이유로서 설명할 수 있다.

첫째는 정부의 일반예산을 통한 재원마련이 다른 재원에 비하여 사회복지정책이 추구하는 평등-소득재분배-사회적 적절성을 이루기가 용이하다는 것이다. 왜냐하면 정부예산은 일반조세로 구성되기 때문에 누진률을 적용하여 소득이 높은 사람이 조세부담을 많이 하게 되기 때문이다.

둘째는 정부의 일반예산으로 구성된 재원은 다른 재원들에 비하여 사회복지정책의 대상을 확대할 수 있고, 급여내용의 보편성을 이룰 수 있다. 즉, 사회보장성 준조세인 보험료 등을 낸 사람에게만 적용되는 사회보험 부문은 보험료를 납부할 수 있는 여건과 자격이 되는 사람만 나중에 급여를 받게 되지만 그렇지 못한 열등한 계층이나 집단은 급여대상에서 제외될 수밖에 없는 것이다. 그러나 일반조세를 통해 마련된 일반예산은 개인이나 집단 간의 차별성이 없이 적용될 수 있는 것이다. 일정한 사회적 욕구(social needs)가 있는 곳에 정책이나 서비스를 투입할 수 있는 것이다.

셋째는 재원의 안정성과 지속성에 있어서도 정부의 예산재원이 타 재원에 비해 우월한 위치를 점유한다. 민간부문의 기여금이나 기타 재원은 공공부문의 예산에 비해 덜 안정적이고 재원의 규모에서도 변동이 심할 수밖에 없는 것이다. 이에 반해 정부의 일반예산을 바탕으로 하는 사회복지재원은 안정적이고 지속적으로 정책을 집행할 수 있게 해준다. 흔히 말하는 복지국가의 위기현상도 경기침체 등으로 조세의 징수가 원만하지 못한 데 원인하고 있지만 여전히 정부의 공권력으로 재원을 획득할 수 있다는 측면에서는 민간재원과 비교할 바가 아닌 것이다. 심지어 기여금에 기초하는 사회보험 정책에서조차도 대부분의 복지선진국의 경우 정부의 일반예산으로 지원하고 있는 것으로 보더라도 정부의 일반예산은 사회복지정책의 재정불안정을 해결하는 최후의 보루가 되는 것이다.[34)]

정부예산 중에서 사회복지부문의 예산을 경제개발부문이나 방위비 부문과 비교함으로서 김영삼 정부 시기의 사회복지정책 이행 정도를 분석하면 다음과 같다.

첫째, 사회복지부문의 예산을 사회보장 및 복지부문으로 획정하여 보면 45,770억 원에서 김영삼 정부의 중반기인 1995년에는 63,620억 원으로 상승하였다가 1997년에는 110,130억 원으로 상승하였다. 이것을 전체에서 차지하는 비율로 보면 11.48%에 이르며, 노태우 정부 마지막 연도인 1992년의 9.26%에 비하면 2.14%가 상승한 것이다.

둘째, 경제개발부문의 예산을 주택건설 및 지역개발사업과 경제사업으로 구분하여 보면, 전자의 경우 1997년에 75,660억 원으로 전체예산의 7.9%이며, 후자의 경우는 244,490억 원으로 25.5%가 된다. 따라서 전체적으로는 320,150억 원으로서 사회복지 부문예산에 비하여 약 3배의 예산을 편성하고 있다.

셋째, <표 4-11>에서 보는 바와 같이 방위비 부문예산은 1993년에 90,410억 원에서 1997년에는 140,490억 원으로 증가되었다. 이것은 전체예산 958,730억 원의 14.65%로서 노태우 정부 마지막 년도인 1992년의 19.34%에 비해 4.6%가 감소된 것이다. 이러한 감소추세는 노태우 정부 후반기부터 지속된 현상이나 사회복지비와 비교했을 때는 3.17%가 높은 것이다.

34) 송근원 · 김태성, 전게서, pp. 323～324.

표 4-11 정부예산 기능별 구성(1993~1997) (단위 : 억 원, %)

연도	구분	계	일반공 공행정	방위	교육	보건	사회 보장 및 복지	주택 및 지역사회 개발	경제 사업	기타
1993	세출액	490,470	46,860	90,410	96,450	4,380	45,770	33,270	97,450	75,870
1994		601,250	57,450	100,560	109,720	3,660	59,320	47,170	135,210	88,170
1995		710,520	69,530	111,250	127,650	5,120	63,620	60,140	176,760	95,460
1996		838,410	78,470	125,530	144,350	6,820	78,840	76,110	219,650	108,640
1997		958,730	97,490	140,490	168,700	8,320	110,130	75,660	244,490	113,450
1993	구성비	100.0	9.6	18.4	19.7	0.9	9.3	6.8	19.9	15.5
1994		100.0	9.6	16.7	18.2	0.6	9.8	7.8	22.4	14.7
1995		100.0	9.8	15.7	18.0	0.7	9.0	8.6	24.9	13.4
1996		100.0	9.4	15.0	17.2	0.8	9.4	9.1	26.2	13.0
1997		100.0	10.2	14.7	17.6	0.9	11.5	7.9	25.5	11.8

자료 : 재정경제원, 『한국의 재정통계』 각 년도 재작성.

이것을 일반행정비 및 기타 목적비를 제외하고 국민 1인당 및 GDP를 대비하여 기능별로 보면 다음과 같다.

첫째, 사회보장 및 복지기능 예산은 1993년에 국민 1인당 10,389천 원이 1997년에는 23,946천 원으로 증가하였고, 비율로는 1.7%에서 2.6%로 상승하였다.

둘째, 주택건설 및 지역사회개발 기능예산은 1993년에 7,553천 원이 1997년에 16,451천 원으로 증가하였고, 비율로는 1.1%에서 1.8%로 증가하고 있다. 이것은 노태우 정부 시기의 하향추세가 다시 상향추세로 전환된 것이다. 경제사업기능 예산은 1993년에 22,119천 원이 1997년에는 53,160천 원으로 증가하였고, 비율로는 3.6%가 5.6%로 상승한 것이다. 이것을 노태우 정부와 비교하여 보면 경제부문의 예산편성이 강화된 것이다.

셋째, 방위비 기능예산은 1993년에 20,521천 원이 1997년에는 30,681천 원으로 증가하였고 GDP 대비율은 3.4%에서 3.3%로 감소하고 있어서 노태우 정부 이후의 감소추세가 지속되고 있음을 알 수 있다. 따라서 전반적으로 보면 방위비 기능예산은 총액부문에서는 상당액이 증가하고 있지만 GDP 대비율로는 감소하고 있고, 주택건설 및 지역사회개발 기능예산과 사회보장 및 복지기능 예산은 노태우 정부 이후 지속적으로 늘어나고 있어서 자본축적 위주의 자본주의보다는 사회적 정당성을 염두에 둔 정책이행으로 볼 수 있다<표 4-12>.

❙표 4-12❙ 국민 1인당 및 GDP 대비 기능별 예산(1993~1997) (단위 : 천 원, %)

연도	구분	총세출	방위	교육	보건	사회보장 및 복지	주택건설 및 지역사회개발	경제 사업
1993		111,328	20,521	21,893	995	10,389	7,553	22,119
1994	1	135,256	22,620	24,682	824	13,344	10,612	30,416
1995	인	157,567	24,670	28,309	1,136	14,107	13,559	39,199
1996	당	184,083	27,562	31,694	1,497	17,310	16,711	48,227
1997		208,459	30,681	36,681	1,809	23,946	16,451	53,160
1993	G	18.4	3.4	2.8	0.2	1.7	1.1	3.6
1994	D	19.7	2.2	2.7	0.1	1.9	1.4	4.4
1995	P	20.2	3.2	3.6	0.1	1.8	1.7	2.7
1996	대	21.5	3.2	3.7	0.2	2.0	2.0	5.6
1997	비	22.8	3.3	4.0	0.2	2.6	1.8	5.8

자료 : 재정경제원, 『한국의 재정통계』 각 년도 재작성.
주) 일반공공행정, 분류불능 및 기타 목적비는 제외.

여기서 사회보장 및 복지예산을 일반회계 예산기준으로 보면 1993년에 24,150억 원이었던 사회보장예산이 1997년에는 42,070억 원으로 상승하였다. 노태우 정부 시기의 시작 연도인 1988년의 사회보장예산이 8,200억 원이 마지막 연도인 1992년에 약 3배인 24,190억 원으로 상승한 것과 비교하면 다소 낮은 비율이나 1997년에는 1993년의 174%가 증가 편성된 것이다. 그리고 실제 빈곤층을 대상으로 하는 급여예산인 공공부조부문의 예산도 김영삼 정부 초기보다 말기에는 급격한 상승률을 보이고 있다. 그러나 이러한 경향은 노태우 정부 시기에도 1991년과 1992년 사이의 공공부조예산 편성액이 급증하고 있음을 알 수 있다.

이것은 사회복지정책의 이행이 정권후기에 급진전되는 것으로 볼 수 있으나 사회복지가 정권교체기에 여당세력의 선거용 대책으로, 혹은 지지세력 확보 차원으로 다루어질 수 있음도 간과할 수 없는 요인이 된다. 특히 공공부조 예산의 경우는 노태우 정부 시기의 상승률이 147.9%인 반면 김영삼 정부 시기의 상승률은

187.3%로 나타나고 있다. 그리고 빈곤층을 대상으로 하는 공공부조나 사회복지서비스 예산이 아닌 기타 복지예산의 경우는 노태우 정부 시기가 431%가 상승하고 있음에 비해 김영삼 정부 시기는 157%가 상승하는 데 그쳤다.

이것을 종합적으로 분석하면 복지이행기로 볼 수 있는 노태우 정부 시기는 민주화와 함께 노정된 일반 사회복지 욕구의 수렴에 따른 예산이 자연스럽게 상승하였다고 본다면, 김영삼 정부 시기는 사회보장 전체예산의 증가율 보다 빈곤층을 대상으로 급여되는 재정인 공공부조와 사회복지서비스 부문의 예산이 정권말기에 급상승하고 있는 것이다. 즉, 지배블록 체제인 여당세력이 체제유지를 위해 빈곤층을 대상으로 선심성 예산편성의 소지의 근거를 노정하고 있다는 것이다 <표 4-13>.

▌표 4-13▐ 일반회계 기준 사회보장예산 편성(1993~1997) (단위 : 십억 원)

연도	정부예산액	사 회 보 장 예 산			
		계	공공부조	사회복지 서비스	기타
1993	38,050	2,415	488	487	1,440
1994	43,250	2,614	539	479	1,596
1995	51,881	2,925	574	623	1,728
1996	58,823	3,529	713	839	1,977
1997	66,706	4,207	914	1,027	2,266

자료 : 보건복지부 기획예산과 내부자료, 재경원, 『예산개요 참고자료(각 년도)』 재작성.

그리고 사회보장, 공공부조, 사회복지서비스 예산을 전체 정부예산과 대비하여 보면, 전체 사회보장예산은 1993년과 1997년에 공히 6.3%의 비율을 차지하고 있다. 1997년의 공공부조예산과 사회복지서비스 예산은 각각 1.4%, 1.5%에 해당한다. GDP와 대비한 김영삼 정부 시기의 사회보장예산은 0.9%, 공공부조예산은 0.2%, 사회복지서비스 예산은 0.2% 정도에 머무르고 있어서 이것은 선진자본주의국가에서의 복지국가이행체제를 우리나라 상황에서 논의한다는 것은 무리가 있음을 재확인 해준다고 할 수 있다<표 4-14>.

❙ 표 4-14 ❙ 일반회계 기준 사회보장예산 구성비율(1993~1997) (단위 : %)

연도	정부예산 대비			GDP 대비			사회보장예산 대비	
	사회보장	공공부조	사회복지서비스	사회보장	공공부조	사회복지서비스	공공부조	사회복지서비스
1993	6.3	1.3	1.3	0.9	0.2	0.2	20.2	20.2
1994	6.0	1.2	1.1	0.9	0.2	0.2	20.6	18.3
1995	5.6	1.1	1.2	0.8	0.2	0.2	19.6	21.3
1996	6.0	1.2	1.4	0.9	0.2	0.2	20.2	23.8
1997	6.3	1.4	1.5	0.9	0.2	0.2	21.7	24.4

자료 : 보건복지부 기획예산과 내부자료, 재경원,『예산개요 참고자료』각 년도 재작성.

2) 자본가 계층

김영삼 정부 시기의 자본가 세력은 국가와 여당 그리고 자본가 계급으로 구성되는 지배블록으로서의 위치에서 역동적인 변화과정을 겪었다. 즉, 노태우 정부 이후의 지속된 민주화이행과정에서 정부-자본세력 관계는 재벌규제나 경제개혁을 통하여 자본가 세력의 시스템을 개혁하려는 정부와 거대한 자본력과 경제민주화, 국제화 및 세계화의 추세를 자본가 세력의 자율성을 증대시키려는 힘의 장력이 긴장과 갈등을 일으키게 되는 시기가 되는 것이다.

정부수립 이후 국가주도의 경제발전 모델에서 국가의 부(wealth)도 축적이 되었지만 민주화 이전 약 25년 간 정경유착관계에서 급성장한 재벌중심의 자본가 세력은 더 이상 정치세력의 우호세력만은 아니었으며, 성장의 배경이 되었던 정부의 개혁이나 규제에는 반기를 들게 된 것이다. 정부 역시 재벌중심으로 경제력이 집중된 경제체제의 변혁의 필요성은 있었으나 전체적으로는 국가주도적인 경제개발에서 민간주도적인 체제로 전환이라는 흐름에서 이중적인 부담을 안게 되는 시기라고 할 수 있다.

이것은 일제강압에서 해방된 후 미군정 시기를 통해 자본주의를 도입한 정부가 경제성장에 치중한 나머지 수십 년 간 자본가의 편에서 정책을 추진해온 결과물이기도 한 것이다. 서구자본주의가 노동자와 자본가 사이의 투쟁과 협약으로 경제체제를 복지자본주의체제로 발전시켜왔다면 우리나라는 적어도 민주화 이전인

제5공화국까지는 복지주의(welfarism)보다는 자본주의(capitalism)에 국가정책의 방향(orientation)을 두어온 것이다. 제5공화국 후반기에서 시작된 정치체제의 민주화 열기는 노동세력이나 시민사회 계급의 분출되는 욕구를 수렴하지 않을 수 없고 차츰 복지주의 영역이 확대되는 시기가 되는 것이다. 따라서 정부는 경제자유화보다는 사회형평성 유지에 보다 관심을 가져야 하는 시간의 우선성이 필요했다는 것이다.

특히 노태우 정부가 1990년에 재벌의 비업무용 부동산 강제매각 조치를 시도하여 기업들의 대외경쟁력을 제고시키고 부동산 가격의 상승을 막으려고 했지만 비업무용 부동산의 판정기준, 매각기준, 매각방법 등을 두고 법정싸움까지 가기도 하는 등 논란이 극심하였다. 급기야 현대그룹의 총수인 정주영이 1992년에 국민당을 창당하여 3 · 24총선에서 31명의 국회의원을 당선시키고, 스스로 12월 18일 대선에 출마하기도 하게 되는 대립국면이 오게 되는 것이다. 결국 곧바로(1993년 2월 9일) 정계은퇴를 선언하여 재벌당이 지속되지는 않았지만 자본가 세력은 이미 국가와 내립관계로 들어선 것이었다. 대선 국면에서 여당세력으로 출마했던 김영삼 후보는 초창기부터 '재벌해체론'을 거론하기는 했지만 결국 그 개혁과정은 순탄하지 못했던 것이다.

김영삼 정부 시기의 자본가 계급의 시스템을 정부체계와의 관계에서 세부적으로 분석하면 다음과 같다.

김영삼 정부 시기동안의 경제성장률은 5～6% 정도를 기록하고 있다. 이것은 노태우 정부 말기 시기부터 시작된 감속경제이행기의 지속이라고 보아지지만 30년 이상이나 소수기업 중심의 경제정책이 불러온 결과물이기도 한 것이다. 고도 성장기에는 대기업들이 제조업을 바탕으로 자본을 축적해왔지만 민주화 이행기에 시작된 물가인상률과 임금상승률은 기업들이 생산관계에서의 부의 축적을 도외시하고 부동산 투기를 통한 이익추구에 매달리게 하는 도덕적 해이(moral hazard)를 가져온 것이다. 재벌의 과도한 부동산 매입은 부동산 가격의 급등을 초래하고 이로 인한 엄청난 불로소득은 소수의 재벌들에게만 집중되어 임노동자들은 근로의욕이 떨어지는 사회문제로 발현되는 것이다.

김영삼 정부 시기의 우리나라의 경제력 집중현상을 보면 현대, 삼성, LG, 대우,

선경 등 5대 재벌이 소유한 계열회사 수는 30개~80개에 달하고 있고, 매출액도 30조 원에서 80조 원에 달하고 있다. 그러나 이들 재벌회사의 자기자본비율은 20~25%에 머무는 수준이다. 따라서 삼성을 제외한 나머지 4대기업은 400%전후의 높은 부채비율을 나타내고 있다. 1999년 4월 5일에 한국개발연구원(KDI)이 내놓은 '외환위기 이전 재벌기업의 과잉투자에 대한 실증분석'보고서에 따르면 지난 1992~1997년 기간 중 5대재벌기업의 유형고정자산 대비 투자율은 약 38%로 6대 이하 그룹의 26%, 독립기업의 27% 등에 비해 10%포인트 이상 높았다. 또 다른 기업들은 불확실성이 일정수준 증가하면 투자를 약 0.9포인트 줄였으나 같은 상황에서 5대 재벌은 5%포인트 가량 증가시킨 것으로 나타나 5대재벌 투자가 사후적으로 잘못된 것으로 판명될 경우 정부가 구제해 줄 것이라는 기대 하에 위험한 사업에 과잉투자 했다는 가설을 뒷받침하고 있다고 보고 있다.

한편 한국에서 대규모 기업집단을 중심으로 30대 기업으로 지정한 것은 김영삼 정부 출범 이후인 1993년부터 공정거래위원회가 주관하고 있다. 그 목적은 대기업의 자본집중현상을 막기 위하여 공정거래위원회가 규제할 수 있도록 한 것이다. 즉, 채무보증해소, 상호출자금지, 계열금융기관의 의결권행사 금지이다. 이러한 규제조치는 김영삼 정부 시기를 거치는 동안 상당부분 완화되기는 한다. 세계화를 경제 이데올로기로 받아들인 상황에서 국내 대기업만을 대상으로 규제하는 것은 의미 없는 일이라는 인식과 30대 그룹지정 근거도 기업의 경쟁력보다는 부채를 포함한 자산총액을 기준으로 그 순위가 결정되고 있고, 이들 기업의 상당수는 1985~1988년 사이에 '산업합리화'조처에 의해 투자손실보호가 있었던 기대가 김영삼 정부에까지 이어져 왔다고 보아진다.

이것을 1997년을 기준으로 볼 때는 5대 재벌기업이 평균 52.8개의 계열기업을 거느리고 있고, 30대 재벌기업으로 확대하면 평균 27.4개의 계열기업을 두고 있다. 30대 재벌기업의 영위 업종 수는 한국표준산업 분류 그 단위기준으로 1994년에 19.9개로 증가했다. 5대재벌기업의 경우도 1994년에 평균 42개의 계열사로 30.4개의 업종에 종사하고 있는 것으로 나타난다.[35)]

35) 정진영, "민주화 이후-재벌관계의 변화 : 정부우위에서 재벌우위로", 『한국 민주주의 10년』, 세종연구소, 1998, p. 53.

이처럼 재벌기업의 경제력 집중은 극소수 특권층을 출현케 하고 경제민주화와 자유 경쟁적 시장 경제 질서의 확립을 어렵게 하는 주된 요인이 되는 것이다. 뿐만 아니라 국가는 자본의 축적과 병행하여 사회적 정당성을 추구하는 것이 복지자본주의 정체인 만큼 자칫하면 기업이 단합하여 국가의 권력을 약화시키게 되는 결과에까지도 이를 수 있는 예측이 가능하다. 물론 이러한 가설의 설정은 경험적으로 증명되기는 쉽지 않는 것이나 독과점적 시장구조와 내부거래를 통하여 경제적 이윤추구에만 경제정책이 집중될 소지가 있는 것이다. 이렇게 될 경우 경제적 문제는 곧바로 사회・경제적으로 심각한 문제를 일으키고 사회병리현상으로 대두될 것이라는 예측은 가능한 것이다.

한 나라의 자본가세력의 구조를 파악하기 위해서는 산업구조의 변화를 파악함으로써도 가능하지만 우리나라와 같은 신흥공업국들은 국가지원으로 형성된 몇몇 대기업의 주요지표를 통해서도 쉽게 접근이 가능한 것이다. 앞에서 우리나라의 5대 재벌이 차지하는 주요경제지표를 보아도 이들이 국민경제에서 차지하는 비중이 압도적이라는 것을 충분히 알 수 있지만 30대기업이나 50대기업이 차지하는 경제지표를 보게 되면 경제력 집중문제는 더욱 자세히 드러나게 된다.

1996년 한 해 동안 30대재벌의 자산총액은 411.5조 원, 매출액은 378.2조 원, 부가가치 총액은 57.0조 원이었다. 이것은 같은 해 우리나라의 GDP가 대략 253.8조 원이었고 정부의 일반예산이 58.0조 원이었다는 점을 감안한다면 그 규모를 짐작할 수 있다. 그리고 30대재벌 중에서도 5대재벌이 차지하는 비중은 자산총액 기준으로는 58.1%, 매출액은 67.3%, 부가가치는 77.5%이였다. 현대와 삼성의 경우는 1996년의 매출액이 각각 69.7조 원과 71.1조 원이었기 때문에 정부의 예산보다도 더 컸다.[36)]

3) 노동자 계층

서구복지자본주의국가의 역사는 산업민주주의를 통한 삶의 질(Quality of Life)

36) 상게논문, p. 50.

의 향상의 역사라고 규정할 수 있다. 모름지기 국가발전은 일정한 영토를 기초로 한 노동과 자본이 양 축이 되어 발전과정을 이행해 나간다고 볼 때 노동자와 자본가 사이의 적정한 시스템 유지는 필수적인 조건이 되는 것이다. 서구의 역사에서도 로버트 오웬(Robert Owen)과 같은 자본가가 노동자를 대상으로 산업복지 차원의 시혜를 한 경우도 있으나 노동자들이 단결하여 그들의 기본권을 획득한 경우가 대부분의 근대 복지국가의 역사이다.

김영삼 정부 역시 경제적으로는 '세계화'의 이데올로기를 갖고 있었지만 사회복지적으로는 '삶의 질 향상'의 이중의 이데올로기를 제시하고 있다.[37] 따라서 문민정부의 이데올로기는 경제적 성장을 통한 삶의 질 향상에 있다고 볼 수 있다. 이러한 사상은 자유민주주의 사상의 근본적인 형태이다.

20세기 초반에야 전제군주정치에서 개화사상이 나타나기 시작했던 우리나라는 자유주의 사상이 움트기도 전에 일제강점기체제로 유입됨으로써 자본주의의 정상적인 발전이 애초부터 통제되었고, 해방 이후에도 미국에 의해 자본주의가 이식됨에 따라 정상적인 산업민주주의 과정을 거치지 못하게 된다. 정부수립 이후에도 줄곧 정치시장이 강압적으로 노동시장을 억압하고 있어서 산업민주화의 이행기는 군사정부의 몰락과정의 시기에까지 잠복할 수밖에 없었던 것이다.

산업민주화의 이행기는 1987년 민주화 과정, 1993년의 노사관계 개혁과정에서 시작되었다고 할 수 있다. 우선 산업민주화가 노동자계급의 시스템 형성에 바탕이 되므로 산업민주화에 대한 논의를 개괄적으로 보면 다음과 같다.

첫째, 노동은 작업장을 조직화하여 노동조합을 결성하였고, 노동조합을 통하여 임금과 노동조건의 향상을 모색해왔다는 것이다. 조직화의 유형은 시대나 나라에 따라 각기 다르지만 노동은 항시 유리한 조건을 획득하기 위해 조직화해왔다는 것이다.

둘째, 노동은 정치세력화 될 때 산업민주화가 모색될 수 있다는 논의를 들 수 있다. 대표적으로 영국에서의 노동당은 스스로 정권을 획득하고 사회민주주의적인

37) 1995년 3월 6일에서 12일까지 Denmark의 Copenhagen에서 열린 사회개발세계정상회의에서 김영삼 대통령은 삶의 질(QOL)에 대한 선언을 주창하고 있다. 그리고 같은 해 3월 23일 대통령비서실을 통하여 발표되었다.

정치체제를 추진하고 있고, 서유럽 각 국에서도 사회당 혹은 사회민주당이 노동세력의 지지를 업고 정권을 유지하거나 창출하고 있음을 볼 수 있다. 그 원인은 정치체제가 노동시장체제를 규제할 때 정치적 이념이 작용하게 될 것이기 때문이다.

김영삼 정부 시기 동안의 산업민주주의화 이행과정에서의 노동자계급 시스템을 노동자세력의 구조와 노동운동 형태를 통하여 분석하면 다음과 같다.

(1) 노동자 세력

앞에서의 논의에서도 보았듯이 노동자들은 노동조합(Union)을 통하여 세력화하게 된다. 이 노동조합은 사회복지향상의 독립변수(independent variable)가 될 수 있다는 다원주의적 시각과 반대로 국가나 정부가 노동조합을 통제하거나 지배블록체제 유지를 위한 동원세력, 즉 어용 세력화하여 수동적 위치로 전락시킨다는 조합주의적 시각으로도 분석될 수 있다. 즉, 기존의 전통적 다원주의 시각이 권위주의 정부 하에서 노동조합이 국가에 의해서 조직되고 강제되고 통합되는 현상을 파악하는 데는 한계가 있다는 측면에서 조합주의적 접근이 대두되었다고 할 수 있다.[38]

우리나라 역시 자유당정권하의 대한노총이 어용화가 되었고, 5 · 16군사정부에 의해 한국노총이 결성되었다고 본다면 후자의 분석방법이 타당성을 확보할 수 있을 것이다. 뿐만 아니라 1930년대 유럽의 파시스트 당원들이 노조대표로 임명된 것과는 분명한 차이가 있지만 30년 간 지속된 경제성장정책에서 노동자세력은 자율성의 제한을 받아온 것이 사실이다.

노태우 정부 시기 동안의 노동조합 조직률이 1987년의 6월 항쟁을 거점으로 하여 폭발적인 확대를 보였다면 김영삼 정부 시기는 노동조합조직의 정체기로 볼 수 있다. 김영삼 정부 첫해인 1993년의 '전국노동조합대표자회의'나 1995년의 '민주노총' 출범은 노동조합의 조직적 변화를 가져온 사건이기도 하지만 전체적으로는 노동조합 조직률이 감속 이행되고 있다. 즉, 1992년까지만 해도 16-17%의 조직률을 보였지만 1993년에는 15.6%, 1995년에는 13.8%, 급기야 1997년에는

38) 안병영, 전게서, p. 406.

12.2%로 감소하였다. 기업단위의 노동조합 개소 수도 1992년에는 7,527개소였으나 1993년에는 7,147개소, 1995년에는 6,606개소, 1997년에는 5,733개소로 줄어들고 있다<표 4-15>.

┃표 4-15┃ 노동조합 조직률 현황(1993~1997) (단위 : 개소, 천 명, %)

구 분	1993	1994	1995	1996	1997
노동조합 수	7,147	7,025	6,606	6,424	5,733
노동조합원 수	1,667	1,659	1,615	1,599	1,484
노동조합 조직률	15.6	14.5	13.8	13.3	12.2

자료 : 노동부, 『노동통계연감』 각 년도 재작성.

이러한 현상은 1987년의 민주화열기에 의해 노태우 정부의 노조형성이 급속히 증가한 이후 그동안 노조결성이나 운영에 경험이 없던 노조가 와해되었거나 어느 정도 근로여건이 향상됨으로써 노조 스스로가 해체하게 되었다고 볼 수 있다. 또 한편으로는 정치체계의 유화현상으로 일단 주도권을 획득한 노동세력이 국가와 기업(자본가 세력)이 신경제5개년계획의 일환으로 노동정책에도 강경 노선으로 회귀함으로써 노동세력이 약화될 수밖에 없었다고 할 수 있다. 그리고 총체적으로는 개별기업이 산발적으로 노동운동을 전개하던 노조체제가 서서히 전국적인 조합체제로 전환됨에 따라 질적인 변화과정을 겪게 되는 시기라고 할 수 있다.

(2) 노동운동

1987년의 노동자 대 투쟁에서 출발된 한국의 민주주의 이행은 새로운 복지자본주의의 이행단계의 시작임은 앞에서도 지속적으로 분석해온 흐름이다. 그리고 복지자본주의체제의 두 가지의 목적인 국가자본의 축적과 사회적 정당성의 확보는 국가-자본-노동의 3주체와 일반 시민사회체제가 역동적 관계(dynamic relation)에서 가닥이 잡혀지게 되는 것이다.

김영삼 정부 시기의 노동운동의 형태는 노동자세력이 중심이 되어 자본축적의 효율성(efficiency)과 정당성 확보의 효과성(effectiveness)이라는 양대 이념의 실천역사였다고 할 수 있다. 대부분의 서구사회의 경우 노사대립의 관계에서 적절한 타협을 통하여 그들만의 복지모델을 구성해온 것을 보더라도 노동운동의 형태 구축은 임금, 고용, 물가, 사회보장 등 다양한 사회적 이슈가 교섭될 수 있는 기반 형성 작업이라고 볼 수 있는 것이다.[39] 그러면 1993년부터 1997년까지의 한국에서의 노동운동의 형태는 어떠한 과정을 거치게 되는지를 세부적으로 분석하기로 한다.

우선 김영삼 정부 초창기에는 노태우 정부 시기의 산발적이고 투쟁적이던 형태에서 계급정치의 한 축으로서 노동자세력이 재정립되는 변화를 가져온다. 이것은 1992년부터 확산된 한국적 노사관계 형성에 대한 노 · 사 · 정 간의 인식의 합일에서 비롯된 것이다. 노태우 정부 시기의 노동운동이 폭압적이고 전제적인 노사관계를 허물어나가는 대 투쟁의 역사였다면 김영삼 정부의 출범은 민주노조 내부에도 전노협 중심의 전투적 대중동원 투쟁노선에 대한 노동계급 내 헤게모니(intra- class hegemony)의 변동이 오게 했던 것이다. 이 시기는 제조업 중심에서 벗어나 비제조업과 대기업 및 사무직 노조로 연내한 전국노동소합대표자회의(전노대)가 1993년에 출범하게 된다. 이것은 1995년 11월에 출범한 민주노총의 전신이 되는 것으로 온건성격의 노조운동으로의 전환을 의미하게 된다. 그러나 이러한 노동자세력의 변신은 자율적 전환이라고 하기보다는 선진국형 감속경제 이행기에 접어든 국가와 자본가 세력의 압력에 대한 대응형태였다고 할 수 있는 것이다.

둘째는 한국노총에 이어 제2의 노총이라고 할 수 있는 민주노총 출범 이후의 변화과정이다. 이 민노총의 출범은 이러한 내부적인 전이과정을 거쳐 왔지만 외부적인 영향요소의 파악이 필요한데, 바로 1993-1994년에 한국노총을 중심으로 이루어진 이른바 '노 · 경 총합의' 실험의 실패가 그것이다. 김영삼 정부는 1993년과 1994년에 각각 85억 원과 75억 원이라는 막대한 국고보조금을 어용 한국노총에 지원하고 있다. 이 당시 노동관계 행정 관료들은 온건한 한국식 노사관계를 구축하여 유사 사회조합주의(pseudo-societal corporatism)의 실험을 한 것으로 볼 수

39) 서구복지자본주의국가는 노동과 자본 간의 사회 코프라티즘(societal corporatism)체제의 역사적 과정에서 성립된 것이다. 즉, 노동과 자본 간에 사회적 타협의 구도가 먼저 형성되고 노사관계의 모델이 복지국가의 모델로 전이되는 경로를 거치고 있다.

있을 것이다. 1995년 11월 공식 출범한 민주노총은 당시 모두 861개소 노조, 41만 8,154명의 가입조합원을 지니고 있었다. 이후 민주노총의 조직은 꾸준히 확대되어 대략 50만 정도의 조합원 규모로 성장해왔고, 이러한 조직 확대의 추세는 앞으로도 계속될 것으로 보인다. 조직규모에서는 전체조직 노동자의 약 ⅓, 전체 노동자의 약 5%에도 미달하는 소수파 노조이긴 하지만, 민주노총은 매우 강력한 노조 조직이다. 동시에 민주노총은 그 운동의 기조를 이른바, '국민과 함께 하는 노동운동'으로 정리해가고 있었으며, 실제로 활동의 초점도 임단투 중심의 대중동원투쟁에서 여론에 호소하는 '사회개혁투쟁'쪽으로 방향을 옮겨가고 있었다. 사회개혁투쟁은 전노대 시절인 1994년부터 제기되기 시작한 것이지만, 민주노총은 준비위원회 시절인 1995년도에 이를 의료보험제도의 개선, 국민연금제도의 운영개선, 세제 및 재정개혁, 재벌규제 강화의 네 가지를 정돈하여 제기하였다.40)

셋째는, 1996년과 1997년의 총파업 국면이다. 1996년에 김영삼 대통령의 전격적인 '노사관계 개혁 선언'에 의해 구성된 노사개혁위원회는 세계화의 경제 환경에서 고효율(high performance)의 협조적 노사관계모델을 한국경영자총연합회(경총)와 노동자세력에게 제시하게 된다. 그러나 이것은 협상과정에서 경총을 협상 파트너에서 배제시켰고, 노동조합으로부터도 기업 종속적인 기업별 노조와의 협조적 관계를 요구하고 있어 호응을 얻지 못했다. 결국 1996년 말에 노개위의 개혁안들이 노동법 전면개악과 국회 날치기 통과사태를 불러온 것이다.

이것은 한국의 국가와 자본가계급이 노동자세력을 하나의 계급으로 인정하지 않으려는 기업 코프라티즘(enterprise-corporatism)에 귀착되어 있음을 재확인해주는 사건이었다고 할 수 있다. 그리고 1980년대부터 시작된 세계화, 신자유주의 등의 이데올로기가 범세계적으로 노동세력을 변화시키고 있는 시대적 단상에서도 여전히 노동세력은 사회정책 결정의 주요 파트너적인 역할을 맡아야 함을 말해주는 것이었다고 할 것이다.

실제적으로 김영삼 정부 시기의 노사분규에 관련한 자료 분석을 통하여 경험적 노동운동의 형태를 보면 1993년에는 144건의 노사분규가 있었다. 이것은 1992년

40) 임영일, "노사관계 민주화의 조건과 전망", 『한국사회와 민주주의』, 나남출판, 1997, pp. 342~344.

의 235건에 비해 급속히 감소한 것이며, 1994년에도 121건으로 비슷한 감소현상을 보여주고 있다. 그리고 민주노총이 출범한 1995년에는 88건으로 더욱 감소하는 추세로 들어선다. 노사분규로 인한 근로손실 일수도 1993년의 1,308,326일에서 1997년에는 444,729일로서 ⅓수준으로 급락하고 있다. 이러한 현상은 노태우 정부의 노동운동이 고도성장기의 잔 열기를 바탕으로 시작된 시기라면 김영삼 정부 시기는 이미 경제침체기 내지는 감속 이행기에서 일시적으로 후퇴했던 국가-자본계급의 적극적인 방어 국면이 있었음을 말해주는 것이다.[41] 그리고 투쟁중심의 노동운동이 일반 시민사회로부터의 지지를 받지 못함으로써 이른바 사회적 합의 도출에 실패한 것에도 기인한다고 보아진다<표 4-16>.

❙표 4-16❙ 노동운동의 형태(1993~1997) (단위 : 건, 명, 일)

구 분	1993	1994	1995	1996	1997
노사분규 건수	144	121	88	85	78
참가 인원	108,577	104,339	49,717	79,495	43,991
근로손실 일수	1,308,326	1,484,368	392,581	892,987	444,720

자료 : 노동부, 『노동통계연감』 각 년도, 통계청, 『한국통계연감』 각 년도 재작성.

제3절 1990년대의 시민사회 환경

사회복지정책의 환경으로써 시민사회(civil society)는 앞에서 분석한 정치 · 경제적 환경과 함께 사회복지제도형성과 구성요소인 노동자세력과는 중첩(over-rap)이 되는 부문이 없지 않으나 세부적 차원에서는 그 영역을 달리한다. 노동자 세력이 국가-자본의 한 축과 상대적인 축으로써 사회복지정책에 영향을 미쳐왔다면,

41) 정부의 노동법개정과 노사개혁위원회의 개혁안에 대해 30대 재벌의 기조실장회의를 통해 전경련은 정부에 압박을 가했으며, 정부는 신경영 전략에 동조한 것이 총파업의 직접적 원인이었다.

시민사회는 자본가와 빈민층의 중간계급(middle class)의 위치에서 역할을 하게 되는 것이다.[42] 일반적으로 이 중간계급은 중산층으로 불리며, 조세부담층이 되므로 사회적 합의나 여론형성의 주체가 되는 계층이다. 다시 말해서 매개적 계층에 속하며 지배블록인 국가사회와 시민사회라는 양대 축의 한 축을 담당하게 된다.

여기서 우선 시민사회의 형성과 한국의 시민사회체제의 흐름에 대하여 개괄적으로 논하면 다음과 같다. 시민사회가 어느 시기에 형성되었는가는 근본적으로 정치체계와 경제체계와의 관련성에서 다루어져야 할 것이다. 먼저 정치체계와 관련해서는 시민사회가 정치세력과는 별개로 자유로운 집단적 조직을 하고 행동을 하게 되었느냐 하는 관점이고, 경제체계와 관련해서는 자본주의적 발전이 언제 시작되었는가의 규정에 따라서 달라질 수 있는 것이다.

따라서 한국 시민사회의 형성을 구한 말까지 소급하여 신분구조의 해체와 새로운 직업을 중심으로 생겼다는 것에서부터 1987년 6월 노동자, 민중의 대 항쟁 이후에 시민사회가 제대로 형성되기 시작했다는 견해까지 다양한 견해들이 있다. 경우에 따라서는 일제식민지 시기를 벗어난 미군정 시기에 노동운동이 많았다는 점을 들어 중간적 입장에서의 견해도 없지 않은 것이다. 그러므로 여기서는 그 발생 시기의 타당성을 논하기보다는 실제로 시민사회로서의 중간계급이 밖으로 구체화한 사회운동이나 시민운동의 흐름을 바탕으로 하여 사회복지정책의 영향요소로서의 위치를 확인하고자 한다.

우선 복지자본주의체제 하의 시민사회를 논하는 것이 이 글의 취지라는 점에서 한국에 자본주의체제가 도입되고, 우리 정부가 수립된 1948년 이후의 시기를 논하고자 한다. 1960년대와 1970년대는 시민운동이 주로 재야운동과 사회운동 형태로 이루어졌고 학생운동과 종교운동의 형태도 있었다. 이것은 한국사회가 반공이데올로기를 중심으로 정치 · 경제체제를 구축하고 있었다는 점에서 노동운동이

---

42) 한국에서 중간계급이 주목을 받기 시작한 것은 1980년대 후반에서 시작된다고 할 수 있다. 제5공화국 시기까지는 군부세력 약 65만, 예비군세력 약 400만이 선거에도 상당한 영향을 미치는 것으로 보았지만, 노태우 정부에 접어드는 대선을 앞둔 시기에는 사회적 혼란을 겪고 있던 중산층이 중요한 변수로 등장하고 있다. 1985년에 경제기획원에서 대통령에게 제출한 "중산층육성계획"은 이 당시의 지배블록이 중간계급을 인식하게 되었다는 단면을 보여주고 있다. 이러한 의미에서 중간계급은 기본적으로 지배블록의 연합성원으로 작용한다.

나 사회 분배적 운동은 탄압의 대상이 되었기 때문에 산업화 과정에서 자연적으로 성장한 시민세력이 무정형으로 성장하는 시기였고 그 일부가 학생운동이나 종교운동으로 나타난 것이다.

1980년대에 들어오면서 조직화되고 정치화된 노동운동은 중간계급이 노동자세력과 연합된 정형물이었다. 1970년대 이후부터 비정치적인 영역인 재야세력으로 결집한 중간계급의 행동세력은 노동자세력을 원조세력으로 하여 군부정권에 대항하는 민주화운동을 전개한 것이다. 1987년에 이르러 노동항쟁형태로 나타날 때까지만 해도 중간계급과 노동계급은 그렇게 뚜렷한 활동의 영역을 별도로 갖지 못하였던 것이다. 그러나 1989년의 '경제정의실천시민연합', 1993년의 '환경운동연합', 1994년의 '참여민주사회시민연대'가 결성되면서 시민운동은 시민사회 내의 중간계급을 중심으로 영향력을 확대해왔다.

시민사회의 이러한 분화는 시민사회의 지형이 1987년 이전의 '국가 대 시민사회'의 단일한 대결구도에서 '국가와 시민사회'의 다층적인 대결구도로 이행했음을 의미한다. 다시 말해 억압적인 군부 독재 하에서 시민사회 내의 다양한 세력들은 정치적 민주화를 이슈로 국가에 대한 저항에 광범위한 연대를 이루었지만, 절차적 민주주의 제도가 도입되면서 시민사회와 사회운동은 민주화의 주체, 방법, 전략에 따라 내부적으로 분화하였다. 우리 사회의 경우 피지배블록 내부의 급진파는 기존의 민중운동을 고수하는 반면, 온건파는 시민운동을 선호하는 경향이 두드러졌다. 뿐만 아니라 주변부 포드주의 축적체제의 확립과 이와 연관된 정치적 개방은 이제까지의 사회운동에서 비교적 간과되어온 환경, 교육, 여성, 지방자치, 의료, 인권 등 사회문제에 대한 관심을 제고시켰다. 이에 따라 이러한 이슈들을 담당하는 다양한 시민단체들이 결성되기에 이르렀다.[43]

여기서는 사회복지정책의 환경으로서의 시민사회체계의 이행과정을 분석하는데 목적이 있다. 따라서 한국 복지자본주의체제에서의 시민사회가 차지해온 전체 영역, 즉 정책결정에 미친 모든 영역의 활동이나 경향을 분석하는 것이 아니라 사회복지정책의 환경이 될 수 있는 영역에만 관심을 두었다.

43) 김호기, 『한국의 현대성과 사회변동』, 나남출판, 1999, pp. 278～279.

시민사회가 사회복지정책에 영향을 미친 시스템은 민주화행동에 어떻게 역동적으로 작용하고 있는가하는 분석이 우선되어야 할 것이다. 왜냐하면 우리나라의 자본주의 발달사는 크게 두 기간으로 구분할 때 1980년대 말까지의 자본축적 우선의 체제와 1990년대 이후의 사회적 정당성 확보차원의 체제국면이 되는 만큼, 그 체제의 전환점(turning point)인 1990년대 초반까지의 민주화 이행기의 역할이 바탕이 될 수 있기 때문이다.

이와 같은 인식은 정치적 환경의 분석에서도 이미 다루어져 온 것이나 시민사회라는 성격은 권위적이고 억압적인 체제 이행기에는 정치 · 경제체제에 묻혀 그 존재성이 드러나지 않지만 민주적 이행기에는 곧바로 뚜렷한 구성체로서의 역할을 맡게 되기 때문이다. 다시 말하면 일반적으로 한 국가의 체제변화를 정치-경제체제로 이원화하는 것은 제3세계나 후발자본주의국가의 초창기 역사 분석에서는 타당한 접근이 될 수 있으나 그렇지 않은 현대자본주의국가에서는 시민사회체계가 그 양대 축의 매개적 위치에 자리 잡음으로써 삼각(tri-angle)체제로 분석이 되어야 한다는 것이다.

고대국가체제가 근대국가체제로 이행하면서도 이러한 경향은 뚜렷이 나타난 것이다. 국가와 자본 세력은 외형적으로는 별개의 체계로 보일 수 있으나 이들은 지배블록체제를 상호보완적으로 구축하고 있다는 특성관계로 정 · 경 유착의 굴레를 유지해왔다면, 시민사회체계는 근본적으로 지배블록의 대상이 되거나 외부체계로서 발전해왔기 때문이다. 그리고 시민사회가 하나의 독립체로 정형화되는 것은 대부분 투쟁과 갈등을 통한 이행과정, 즉 민주화행동이 전제가 되기 때문인 것이다.

1. 노태우 정부 시기

1) 민주화 운동

국가와 경제사회 사이에서 양자를 매개하는 시민사회는 정치적 · 윤리적 여론

형성이 이루어지는 장(場)이자 일상적인 소비가 이루어지는 영역이다. 시민사회가 이렇게 이중적인 성격을 갖고 있고 또한 자본주의 발전에 상응하여 성장하는 한, 억압적인 국가기구에 기반한 국민대중에 대한 지속적인 지배는 불가능하게 된다. 포드주의 축적체제의 확립은 경제적으로는 실질임금의 상승에 따라 노동자계급의 물질적 토대를 개선하는 동시에 민주주의로의 이행에 적합한 세력균형을 창출하며, 정치적 · 이데올로기적으로 기존의 계급갈등을 민주주의 제도 및 절차 안으로 포섭하는 헤게모니 프로젝트를 수반한다. 시민사회는 바로 이러한 헤게모니 프로젝트가 추진되는 구체적인 공간이다.44)

이러한 관점은 시민사회의 민주화 행동을 말해주는 것이 된다. 이 민주화 행동은 시민사회가 개별사회 이슈에 대응하여 캠페인을 벌이는 시민운동의 전제조건이 된다. 그렇다고 모든 시민운동에 민주적 행동이 시간적 우선성으로 배치되어야 하는 것은 아니다. 앞에서 논의한 바와 같이 권위주의체계가 민주주의적 체계로 이행되는 시기에는 두 가지의 요인 중에서 민주화 행동이 독립변수가 되겠지만 이미 민주화가 이행되고 있거나 민주화가 이루어진 사회에서는 개별적인 시민운동이 이슈별로 독립적으로 전개될 수 있는 것이다.

노태우 정부 시기의 시민사회가 전개한 민주화 행동은 이러한 의미에서 제5공화국의 시기와는 다른 국면이 전개된다. 일단 노태우 정부의 성립단계가 시민들의 폭발적인 민주화운동에 의해 구축되었다고 본다면 노태우 정부 성립 이후 시기는 시민사회가 헤게모니를 어느 정도 획득한 상태에서 진행되었다고 할 수 있다.

따라서 여기서는 일단 헤게모니를 획득하고 체계화하는 과정을 분석하는 것이 오히려 타당성을 찾을 수 있을 것이다. 즉, 민주화 운동에 참여한 시민단체가 정치세력화 되는 과정을 살펴보는 것이 민주화운동의 목적달성의 상태를 가늠할 수 있는 대안이 될 수 있는 것이다.

시민사회는 그 자율성을 어느 정도 확보했다고 하더라도 여전히 국가나 정치체제에 대해서는 미약할 수밖에 없는 존재이다. 민주주의의 발전이 시민운동에 의해서만 이루어지는 것이 아니라 정치체제 내부의 민주적 질서를 구축함으로써도

---

44) 김호기, 전게서, p. 274.

달성될 수 있는 만큼 시민사회세력이 정치세력으로 집산됨으로써 정책결정에 적극 기여할 수도 있기 때문이다.[45] 이것은 주로 정치적 시민운동에 의해 가능한 것이다. 이 정치적 시민운동은 정치개혁과 경제개혁의 형태로 결실하게 되는 것이다.

첫째, 정치제도의 개혁으로서는 지방자치제의 실시를 들 수 있다. 1961년의 군사정부수립 이후 중단된 지방자치제도가 30년 만에 부활된 것이다. 중앙집권체제가 권위주의체제의 상징이라면 민주주의체제의 구체화는 지방분권체제라고 할 수 있는 것이다. 지배관할구조가 억압적이고 권위적인 체제에서 협약민주주의 구조로 바뀌게 된 것이다.

둘째, 경제제도의 개혁으로서는 경제정의의 실현을 위한 시민운동이 어떻게 결정화되는가의 과정분석이 있어야 한다. 경제정의 실현의 핵심은 금융거래의 실명화를 통한 음성 불로소득을 방지하는 것이 기본이 된다. 그러나 노태우 정부에서의 금융실명제는 1988년 10월에 대통령 공약사항으로 1991년부터 실시하겠다고 하였지만 물가상승과 경기침체, 음성적 자금의 해외도피 가능성이나 부동산 투기 등의 사유를 들어 1990년 4월에 유보하는 것으로 발표하기에 이른다. 이 금융실명제와 더불어 경제정의 실현에 밀접한 개혁대상은 부동산 실명거래제도이다.

우리나라 역사상 가장 심각한 부동산 투기현상이 1980년대 후반과 1990년대 초반에 일어났다고 보면 금융실명제 이상으로 시급한 사회문제였다고 할 수 있다. 이에 노태우 정부는 택지소유상한에관한법률과 개발부담금을 부과할 수 있는 개발이익환수법, 개인의 과다토지소유의 방지를 위한 토지초과이득세법을 제정하게 된다. 이중 지방정부가 직접 관리한 '택지소유상한에관한법률'에 의한 택지소유초과부담금이나 개발부담금은 토지공개념제도의 정착을 시도한 것이다. 실제 1993년 경제기획원의 『경제백서』 자료에 의하면 초창기인 1990년과 1992년 사이에 약 일천억 원 정도를 부과하고 있는 것으로 나타난다.

---

45) 시민운동은 주로 정치질서와 자본주의 개혁으로 합리적인 자본주의적 경제 질서의 수립 및 일상생활과 직결된 여러 문제의 해결을 목적으로 시도된다. 이때 합리적 자본주의적 경제 질서수립과 정치질서 수립을 위한 것은 '정치적 시민운동'으로 나타나고 일상생활에서 제기되는 사회문제의 해결을 시도하는 운동은 '비정치적 시민운동'으로 나타난다.

2) 중간계급의 변화

앞에서 분석해왔듯이 중간계급은 산업노동자세력과 가까이 있으면서도 고도성장기에는 수혜자 입장의 유리한 위치를 차지하고 침묵하는 성향이 강한 계층이다. 우리나라의 경우도 제3공화국에서 제5공화국 시기에는 자유민주주의를 선호는 하지만 권위주의체제에 대항세력으로 대두하지는 않는다. 단지 도시를 중심으로 야당 국회의원을 많이 선호함으로써 정치적 성향을 노정하는 수준에 머무르고 있다. 이 중간계급은 노동계급에 비해서는 상대적으로 규모가 작지만 경제성장기에 그 성장률이 높아진다. 구해근[46]은 한국 등 동아시아의 신흥공업국들에서 신중간계급은 자본가계급과 노동계급의 등장과 더불어 혹은 그보다 앞서 커다란 세력으로 등장하였기 때문에 어떠한 계급도 신중간계급에 대해 이데올로기적 조직적 헤게모니를 효과적으로 발휘할 수 없었다고 지적하고 있다.

노태우 정부 시기의 중간계급을 통계청의 『사회통계조사』나 『가구소비실태조사』에서 나타나고 있는 소득 10분위별 소득 분포를 기준으로 보면 노태우 정부의 출범연도인 1988년에 시부(市部)의 중산층의 소득은 31.96%를 차지하였다.[47] 이것을 제5공화국 시기인 1985년의 31.81%와 비교하면 0.15%가 상승한 것이다. 그리고 같은 조사에서의 상위층의 소득 분포는 1988년에 12.73%로서 1985년의 11.52%에 비하면 1.21%가 늘고 있어 중산층의 소득증가율보다 앞선다. 마찬가지로 하위계층의 1988년도의 시부(市部)의 소득은 55.31%이며 1985년의 56.87%에 비하면 1.56%가 줄어들고 있어 계층 간의 빈부격차가 확대되고 있음을 알 수 있다 <표 4-17>.

뿐만 아니라 통계청의 『도시가계연보』에 나타나는 도시근로자 소득 10분위별 분포에서도 1990년의 34.6%에서 1992년에는 35.4%로 중산층의 소득이 늘어나고 있음을 알 수 있다.

---

46) 구해근, "한국의 중간계급, 민주화, 그리고 계급형성", 『남북한 정치의 구조와 전망』, 도서출판 한울, 1994, pp. 185～187.

47) 여기에서 중산층이라 함은 총 10분위 중 중위 4분위(4-7분위)를 의미하며, 나머지 상위 3분위(1-3분위)는 상위계층, 하위 3분위(8-10분위)는 하위계층을 말한다.

| 표 4-17 | 10분위별 중산층 시부 소득 분포(1988년 기준) (단위 : %)

연도	상위층				중산층					하위층			
	계	1분위	2분위	3분위	계	4분위	5분위	6분위	7분위	계	8분위	9분위	10분위
1985	11.52	2.26	4.05	5.21	31.81	6.16	7.25	8.48	9.92	56.87	11.94	15.53	29.40
1988	12.73	2.80	4.46	5.47	31.96	6.39	7.35	8.43	9.79	55.31	11.64	14.58	29.09

자료 : 통계청,『사회통계조사』,『가구소비실태조사』각 년도 재작성.

3) 사회복지운동

1987년의 민주화항쟁은 1960년대 이래 산업화와 경제성장 제일주의를 이유로 정책결정의 우선순위에서 밀려왔던 사회제도의 개혁을 가져왔다. 앞에서 본 정치사회의 개혁이나 경제사회의 개혁을 포함한 사회복지정책의 내용적 측면에 보다 밀접하게 영향을 미칠 수 있는 사회복지운동을 살펴보고자 한다. 물론 이러한 사회제도의 개혁이 민주화운동의 직접적 결과물이라고 하기에는 제한점이 있지만 1987년의 민주화 운동에 시민사회세력이 변화 내지는 전환의 단초를 제공한 것은 사실이다.

특히 시민사회세력은 사회복지제도의 개선과 향상을 위하여 자주적 활동을 하게 된다. 즉, 사회행동화 함으로써 정치세력과 자본가세력을 우호세력화 할 수도 있고 권력의 장(field of power)에서 압력을 가할 수도 있다는 측면에서 사회복지운동은 커다란 의미를 갖는다.

그리고 정치개혁이나 경제개혁은 어쨌든 시민사회세력이 압력단체를 구성하거나 무정형의 사회운동(social movement)을 통하여 정치세력과 자본가 세력이 변형하도록 우회적인 방법에 의해서 획득될 수 있는 방안인 반면 사회복지운동(social welfare movement)은 사회복지정책의 대상자인 클라이언트나 시민사회계층(중간계급)의 집합행동(collective behavior)의 목적이 당초부터 사회복지정책의 개선이라는 단일목표를 두고 이루어진다는 특징이 있다.

사회복지운동은 타 부문 사회운동에 비해 저조한 수준에 있다. 그리고 내용과 조직에 있어서도 많이 뒤떨어져 있지만, 매우 급속하게 관심의 초점으로 부각되고 있는 운동이다. 사회복지운동은 사회구성원의 삶의 질을 높이기 위한 목적의식적이며 조직적인 활동이다. 즉, 인간으로서의 삶을 보장하기 위한 운동으로서, 사회복지라는 목표를 달성하기 위해 사회복지 대상자뿐만 아니라 노동자, 넓게는 모든 국민들이나 사회복지전문가가 주체적인 참여와 행동을 통하여 의식적으로 추진해가는 사회운동을 뜻한다고 할 수 있다.[48]

1990년대의 사회복지운동의 흐름을 보면 다음과 같이 정리할 수 있다. 우선, 민주화운동에서 접목된 사회복지운동은 1990년대에 접어들어서 다양한 방향으로 발전하기 시작한다. 1988년의 장애인올림픽에서 장애인에 대한 시민의식이 고양되자 장애인문제, 노인문제가 새로이 이슈로 등장했고, 1980년대부터 관심이 고조된 산업재해 노동자복지운동과 노동조합운동이 노동자세력과 공유된 공간에서 활발히 이루어졌다. 그리고 경제정의실천시민연합과 참여연대 등의 온건시민세력이 사회복지운동에 참여하기에 이른다.

1990년대 사회복지운동의 또 다른 특징은 운동의 내용이 부분별 요구운동에서 복지예산확대 등 정책지향의 근본적 개혁을 요구함과 동시에 사회복지정책을 규율하는 복지입법들을 개정하거나 법 내용의 실현을 사회적으로 추구하고 있는 점이다.[49]

노태우 정부 시기의 주요사회복지 운동의 사례를 통하여 세부적 분석을 하고자 한다. 사회복지제도 개혁과 관련, 노태우 정부에서 나타난 주요한 제도상의 변화로는 1989년 7월 의료보험의 전 국민확대와 1988년 1월 국민연금제도의 실시를 들 수 있다. 노태우 정부의 사회복지정책은 제도의 개혁측면에서 상당한 진전이 있었고, 외형상으로도 사회복지제도의 기본적인 틀을 갖추어 가고는 있지만, 내용적인 측면과 복지서비스의 질적인 측면에서는 많은 문제점과 한계를 지니고 있었다.[50]

---

48) 남세진, 조홍식, 전게서, p. 408.

49) 한국사회복지학연구회 편, 『상황과 복지(창간호)』, 인간과 복지, 1996, p. 154.

50) 박길성 · 윤상우, "민주화와 사회제도의 개혁", 『한국사회와 민주주의』, 나남출판, 1997, p. 158.

1991년에 이르면 이러한 문제의 구체화를 의미하는 사회복지예산 확보운동이 일어난다. 노태우 대통령의 선거공약사항으로 제시했던 전국 시범 보건복지사무소 확대설치와 사회복지전문요원 확대채용에 따른 예산편성이 1992년도 당초 예산에 편성되었다가 삭감되는 사례에 대한 대응이었다. 1991년 가을 정부의 사회복지예산 삭감안이 보도되자마자, 곧 이어서 동년 10월 22일에 한국사회사업(복지)대학협의회, 한국사회복지학회, 한국사회복지사협회 등 세 기관의 연합행사로 대토론회와 공청회가 열렸고 국회의사당 앞에서의 시위로까지 이어진다. 물론 이 과정에서 사회복지학 계열 전국 대학생들도 공동대책위원회를 구성하고 국회 앞 시위와 농성을 주도함으로써 전형적인 사회행동 내지 사회운동의 형태를 띠었다. 이것은 의식화 → 집단화 → 행동화의 단계에서 지역주민의 참여를 통한 사회행동을 강조하는 자원동원론의 입장에서 설명될 수 있다.[51] 여기에서 사회행동은 로드만(Rothman)이 체계화한 지역사회조직사업의 세 가지 유형인 지역사회개발(locality development or community development), 사회계획(social planning), 사회행동(social action)의 한 형태에서 변화를 추구하는 운동인 것이다.

이러한 변화는 종래의 정부주도의 사회복지정책의 수행자로서의 역할을 담당하던 사회복지계가 시민사회의 중간계급적인 역할의 자구적 모습을 보여준 사례였다고 보아진다. 1992년에 들어서는 지역의료보험조합 등의 8개 복지관련 단체들이 예산편성이 시작되는 9월에 공동대책위원회를 구성하여 조직적인 예산확보운동을 전개하기도 하였다.

51) 사회운동의 형태에 관한 논의는 크게 두 가지 정도로 나누어지는데, 1970년대 중반을 전후해서 미국에서는 자원동원론(Resource Mobilization)이 유럽에서는 신사회운동론(New Social Movement)으로 전개된다. 신사회운동에 대한 서구사회의 흐름은 Herbert Kitshelt, 1989, *The Logic of Party formatio*n, Cornell Univ. Pr. : 스트레트낙 · 카프라, 1990, 『녹색정치』, 정신세계사 참조.

2. 김영삼 정부 시기

1) 민주화 운동

여기에서도 시민사회가 정치 · 경제사회에서 일단 헤게모니를 획득하고 체계화하는 과정을 분석하고자 한다. 이것은 민주화 행동이 정치세력화 되고 정치적 시민운동의 형태로 이행된다는 분석이 바탕이 되는 것이다.

첫째, 김영삼 정권 5년 임기의 후반기인 1995년 6 · 27지방자치제 선거에서는 집권여당이 크게 패배하는 결과로 나타난 이후 시민운동세력은 김영삼 정부로 하여금 '역사 바로 세우기' 정치국면으로 접어들게 한다. 즉, 노태우 전대통령의 비자금폭로사태가 있자 수뢰혐의로 구속하고 12 · 12군사반란을 김영삼 정부 초기에는 '하극상에 의한 군사쿠데타 사건'으로 규정하면서도 책임자 처벌을 미뤄오다가 5 · 17내란사건과 아울러 전두환 전 대통령을 구속하기에 이른다.

이것을 일부에서는 김영삼 정부가 시민사회의 압력에 상관없이 지방자치제 선거의 패배 국면을 벗어나기 위한 전략이었던 것으로 보는 관점도 있지만 노태우 정부가 지방자치제를 정치개혁의 산물(output)로 내놓았다면 김영삼 정부는 시행과정에서 착오(trial & error) 내지 실패의 국면을 맞게 된 것이다. 이러한 실패의 국면에 시민운동세력이 과거사 정리차원의 개입이 이루어졌다고 보면 김영삼 정부에서는 시민운동세력과 기존 정치세력의 의기투합방식 헤게모니의 형성을 찾아볼 수 있다.

둘째, 경제제도의 개혁으로서는 금융실명제, 토지 공개념 제도, 경제력 집중억제책들을 들 수 있다. 이 세 가지의 개혁은 시민운동단체가 지속적으로 요구해오던 사안들이었다. 금융실명제는 과거 성장 일변도의 정책에서 가명이나 무기명 등의 금융거래가 묵인되어왔고 이로 인하여 계층 간 소득과 조세부담의 불균형이 심화되었고 지하경제에서 부(富)를 축적해온 자본가에 대한 시민들의 신뢰감이 떨어지게 됨에 따라 시도된 개혁이다. 금융실명제는 말 그대로 금융거래는 실명으로 해야 한다는 원칙론에 불과한 것이지만 분배적 정의 차원의 사회복지실천에

는 가장 근간이 되는 것으로 보아진다.[52)]

'금융실명거래 및 비밀보장에 관한 긴급재정 경제명령' 형식으로 이루어진 금융실명제 제도개혁이 가능할 수 있었던 이유는 무엇인가를 볼 때 당시의 정치상황적 여건으로 보기에는 한계가 있다. 근본적 원인은 1987년 이후 제한적인 형태로나마 '탈권위주의적 정치과정' 속에서 더욱 확대된 절차적 민주주의의 확보와 각 부문에 상존하고 있는 권위주의적 제도의 민주화에 대한 시민사회의 열망과 욕구가 확대되고, 부문별 사회운동조직과 다양한 시민사회운동세력이 급속하게 형성・발전된 데서 기인한다고 할 수 있다.[53)]

2) 중간계급의 변화

노태우 정부에서 시민사회의 중추적 역할을 보였던 중간계급은 김영삼 정부에 들어와서도 꾸준한 성장세를 지속하였다. 1990년대는 시민운동의 시대라고 할 만큼 시민운동이 급속하게 성장하는 기초세력은 바로 중간계급들의 참여와 관심의 증대에 있는 것이다. 1993년 10월에 시사저널이 정치인, 관료, 학자, 기업인 등 전문가집단 1,500명을 대상으로 실시한 여론조사에서 응답자의 45%가 경실련을 가장 영향력 있는 단체로 꼽았다. 이것은 정치세력의 실체인 여당과 자본가세력의 실체인 전경련보다도 시민사회세력의 크기가 더 클 수 있다는 것을 증명하는 것이다.

1994년에 창립된 참여연대도 부패방지와 국민생활 최저선 확보, 소액주주 권리찾기 운동으로 영향력을 확대하고 있고 여성운동단체들도 성폭력방지법 제정 및 공무원임용 및 승진 시 여성할당제 등을 통하여 시민운동 내지는 비정부기구(NGO) 운동을 이끌어 나가고 있다. 이들 단체의 대표자들은 정치권으로 영입되기도 하고 1995년 6・27지방자치단체 4대 동시선거와 1996년 4・11총선에서 후보로서 어느 정도 선전하기도 했지만 지역주의의 한계를 극복하지는 못하였다.

---

52) 금융실명제는 제5공화국 시기인 1982년 12월에 '금융실명거래에관한법률'을 제정하였지만 유보되었고, 노태우 정부 시기에도 1991년부터 실시하기로 하였지만 유보된 것으로 외양적으로는 경제성장에 대한 우려가 주된 이유였으나 정치권과 자본가 세력들의 영합에 의해 연기된 것이며, 1993년 8월 12일 대통령 긴급명령에 의해 11년 만에 제도화된 것이다.

53) 김세중, "헌정주의제도화 평가와 과제", 『한국사회와 민주주의』, 나남출판, 1997, p. 144.

때로는 지역주의적인 시민운동으로 변이되어 시민단체 간의 긴장과 갈등의 조짐도 노출하였다. 이러한 경우 정치세력은 시민세력을 그들의 정략적 목적에 이용하기도 한다. 1996년의 대구의 위천공단 지정문제를 둘러싸고 부산시민단체들은 낙동강 수질오염을 이유로 대구의 공단개발지지 시민단체와 충돌하게 되는 것이 그 사례가 된다.

이처럼 우리 사회의 시민운동은 우리 사회를 움직이고 있는 주요 집단으로서 중간계급을 정형화시키고, 특정사안에 대한 여론 형성에 상당한 영향력을 행사하고 있는 것으로 보인다. 시민운동의 주체로서의 중간계급의 역할은 사회의 공공신(公共善)을 추구하는 개혁적이고 점진주의적인 운동을 부각시킴으로써 어느 정도 성공을 거둔 것으로 판단된다.[54)]

노태우 정부의 분석에서와 마찬가지로 통계청의 『사회통계조사』와 『가구소비실태조사』에서 나타난 10분위별 소득 분포도를 보면 다음과 같다. 1993년의 중산층의 소득은 시부(市部)를 기준으로 할 때 34.8%를 점유하고 있다. 그리고 1996년에는 35.69%로 상승하고 있다. 이것은 노태우 정부 시기인 1988년의 31.96%에 비하면 지속상승의 흐름을 보이고 있다. 그리고 1993년과 1996년의 하위층의 소득비율은 각각 51.49%와 50.02%로서 1988년의 55.31%에서 지속적으로 감소추세에 있음을 보여준다.

상위층의 같은 기간 소득비율도 각각 13.71%와 14.31%로서 노태우 정부 시기와 비교해서 꾸준히 증가하고 있음을 알 수 있다<표 4-18>.

▌표 4-18▐ 10분위별 중산층 시부 소득 분포(1993~1996) (단위 : %)

연도	상위층				중산층					하위층			
	계	1 분위	2 분위	3 분위	계	4 분위	5 분위	6 분위	7 분위	계	8 분위	9 분위	10 분위
1993	13.71	2.90	4.80	6.01	34.8	7.04	8.07	9.20	10.49	51.49	12.25	14.93	24.31
1996	14.31	2.98	5.05	6.28	35.69	7.30	8.37	9.40	10.62	50.02	12.28	14.68	23.06

자료 : 통계청, 『사회통계조사』, 『가구소비실태조사』 각 년도 재작성.

54) 상게서, p. 241.

이것은 국제통화기금(IMF) 관리체제가 시작되는 1997년 말 직전까지 이어지고 있다. 국제통화기금(IMF) 관리체제가 시작된 이후의 시기의 중간계급의 변화는 이러한 경향이 역으로 이행되는 상황에 접하게 되지만 이 글에서는 분석대상이 아니다.

단지 경기상승기와 감속경제이행기에서 우리 사회의 중간계급은 하위계급과는 다른 궤도를 따라 이행하였고 상위계층 역시 점진적으로 증가하고 있어서 사회계층 구도가 불안정하게 되는 국면이 김영삼 정부에도 지속되었다고 분석할 수 있다.

3) 사회복지운동

김영삼 정부의 사회복지운동을 사회운동의 생애주기이론에 맞추어 분석해보면 형식화 단계에 속하는 시기라고 볼 수 있다. 즉, 사회운동의 한 갈래로서 사회복지운동이 미약하나마 안정된 조직의 형태로 발전되며, 특정한 운동과정이 진행되는 시기라는 것이다.[55] <참여민주사회와 인권을 위한 시민연대>라는 명칭으로 출발한 소위 참여연대는 사회복지위원회를 구성하고 1994년 12월에 '국민생활최저선 확보운동'을 전개하기로 선언한 것은 그 예가 된다.

제1차 경제개발 5개년 계획이 시작되었던 1962년의 우리나라는 1인당 GNP가 87달러에 불과했으나 1995년에는 1인당 GNP도 1만 달러를 넘어서게 되어 절대빈곤층은 현저히 감소되었지만, 공공부조의 수준에서는 논란이 있었던 것이다. 매년 그 해 물가상승률과 새해예산에 맞추어 정부가 최저생계비를 정하고 있는 생활보호수준에 대한 이의제기 운동으로 규정할 수 있는 사회복지운동이었다. 참여연대가 국민최저생활 확보운동을 하기 전의 사회복지대상자가 제기한 사회복지운동의 형태로 생계비 적정여부에 대한 헌법소원 청구가 선행되었다는 것도 김영삼 정부 시기의 또 다른 특징이다. 1994년 2월 22일 서울 중구 중림동 305번지

---

55) 터너(Turner)가 1957년『집합적 행동(Collective Behavior)』에서 말한 사회운동의 생애주기(life cycle)란 예비단계, 민중화단계, 형식화단계, 제도화단계로서 우리나라는 노태우 정부 시기가 민중화단계였다면, 김영삼 정부 시기에는 어느 정도 형식화단계를 거친다고 보아진다.

에 거주하는 심창섭(당시 88세)·이금순(당시 82세) 노인이 한국사회복지정책학회의 이남진 변호사를 통해 헌법소원을 청구하였는데, 그 주요 골자는 1994년도의 생계보호 기준액이 최저생계비에 못 미쳐서 인간다운 생활을 할 권리와 행복추구권을 침해한다는 것이었다.

참여연대 사회복지위원회가 국민생활최저선 확보운동의 구체적인 추진을 위하여 정책대안의 연구와 제안에서부터 여타의 사회단체들과 연대하여 시민행동을 벌이게 되는데 이 당시의 활동 중 몇 가지 분야를 들면 다음과 같다.[56]

첫째, 국민최저생활선 확보를 위한 국민캠페인과 조직화 운동이다. 참여연대는 이를 위하여 1995년 1월부터 한겨레신문을 통하여 16주에 걸친 '삶의 질을 높이자'라는 시리즈를 매주 연재하였다. 그리고 '사회복지학교'를 열어 일반인이나 사회복지학과 학생, 시민단체회원들을 대상으로 사회복지에 대한 인식도를 고양시켰다. 이러한 사회복지운동은 우리나라도 동원적인 사회운동뿐만 아니라 신사회운동의 형태의 시민운동이 자리 잡게 하는 전조가 된다고 볼 수 있다. 이러한 신사회운동의 직접적인 영향으로 보기에는 한계점이 있지만, 김영삼 정부는 1995년 3월에 대통령이 『삶의 질의 세계화』선언을 하게 된다.[57] '삶의 질'의 세계화는 복지선진국의 경험으로부터 교훈을 얻고 우리의 전통적 가치관의 융화를 통해 경제성장의 기조 하에서 복지를 향상시키려는 상호보완적이면서도 상승적인 관계에서 비롯된다는 것이었다고 할 수 있다. 즉, 그렇게 함으로써 예방적이고 생산적인 복지공동체(productive welfare community)를 구축할 수 있다는 관점이었다.

둘째, 사회복지와 관련된 문제를 공익소송을 통하여 낙후된 삶의 질을 향상시킨다는 운동방식을 취하고 있다. 이것은 국가의 사회복지정책을 변화시킬 수 있는 유력한 수단의 하나이다. 주된 내용으로서는 연금기금을 공공자금관리기금으로 전용함에 따라 손해배상 요구, 직장의료보험보다 높은 지역의료보험의 보험료 부과의 부당성, 그 당시 65세-70세 노인들의 노령수당(현 경로연금) 배제지침의 위법성에 대한 시정요구였다.

셋째, 사회복지 관련법 개정을 위한 연대운동이었다. 사회복지정책은 법에 의

---

56) 한국사회복지학 연구회 편, 전게서, pp. 157～158.

57) 대통령 비서실, 『삶의 질의 세계화를 위한 대통령의 복지구상』, 1995. 3. 23. 자료.

해서 구체화되고, 그 법에 의해 행정이 이루어진다고 본다면 당연히 법개정운동은 필요한 부문이 된다고 보아진다. 1995년 10월 20일에 참여연대는 한국노인문제연구소, 한국노인의 전화 등 전국의 42개 시민사회단체와 노인복지단체들과 연대하여 '노인복지법 개정을 위한 공동대책 위원회'를 결성하고 기자회견을 열었다.

이것은 그 해 9월 23일 참여연대가 주관한 '노인복지법과 생활보호법 개정을 위한 공청회'를 계기로 관련단체들이 모여 노인복지의 실질적 확보를 위한 운동의 주체가 되어야 한다는 인식의 결과물이었던 것이다.[58]

58) 국민생활최저선 확보운동은 국제통화기금(IMF) 관리체제에 접어든 1998년에는 국민최저생활보장운동으로 거듭나게 된다.

제5장

사회복지정책 내용의 이행

제1절 1990년대의 공공부조

소득보장정책으로서의 공공부조는 사회복지정책이 발달해오는 과정에서 가장 우선되는 분야이다. 근대적 의미를 가진 공공부조제도의 법적인 근원이라고 한다면 1601년 영국의 빈민법이 있을 것이고, 우리나라는 제3공화국 시기인 1961년 12월 30일에 법률 제913호로 제정 공포된 생활보호법과 일제강점시대인 1944년 3월 1일에 제정 공포된 조선구호령을 들 수 있다.

대한민국의 공공부조 시초는 1948년 우리나라 제헌 헌법 제19조에 "노령, 질병, 기타 근로능력이 없는 자는 법률이 정하는 바에 의하여 국가의 보호를 받는다."라는 규정에서 출발했다. 그러나 1950년대에 들어와서 약 3년 간 한국전쟁이 있었고 제1, 2공화국 시기는 전재민 응급구호와 한해 대책 등으로 주로 외국 원조에 의한 구호정책으로 전환된다. 1950년 8월 4일에 제정 · 공포된 '피난민 수용에 관한 임시조치법'과 이미 있었던 일제강점기의 '조선구호령'이 공공부조 관계 법령으로서 집단수용방식의 구호사업(indoor relief)에 적용되었다. 그리고 미국의 잉여 농산물의 처리 방안으로 마련된 미 공법 480(Public Law 480)에 의한 지원과 그 외에도 서구 각 국의 원조 금품과 외국 민간봉사단체들의 지원이 우리나라 초기 사회복지정책의 바탕이 된다.

1961년부터 시작된 박정희 군사정부는 제3, 4공화국 시기인 1979년까지 약 18년에 걸쳐 직접적 생활보호보다는 국민경제 전반의 고도성장을 목적으로 '자본축적'의 국가기능에 치중하여 절대적 빈곤의 해소를 가져온다. 1980년에 과도 정부인 최규하 대통령을 거쳐 출발한 제5공화국의 전두환 정부는 '복지사회의 건설'이라는 국정지표를 세우고 1987년까지 자본축적의 지속에 바탕한 '사회정의'실천의 기초를 다지는 시기가 된다. 우리나라의 복지국가 정착 시기로 보아진다. 1988년에 민주적 절차에 의해 출범한 노태우 정부는 사회 전반적인 민주화 이행과정에 힘입어 노동자의 권익보호 등 명실 공히 복지이행기에 접어들었고 1992년까지 생활보호를 중심으로 팽창기를 보인다.

1993년에서 1997년까지의 김영삼 정부는 그 당시 전 세계적 흐름이었던 경제성장의 침체기에 들어선다. 이미 선진자본주의국가는 1970년대 후반부터 신보수주의에 의한 복지 재정 축소 움직임이 있었지만 후발자본주의국가인 우리나라는 20년이 늦은 이 시기에 경기상승 국면이 둔화된 것이다. 따라서 사회복지정책의 이행도 정체화 되기에 이른다. 그리고 1998년 국제통화기금(IMF) 관리체제하에 출범한 김대중 정부 시기에는 경제위기로 인한 실직빈곤층문제가 이슈가 된다. 그 결과 기존 생활보호대상자와는 별개의 대상으로 '한시적 생활보호대상자'로 책정 보호하는 등의 사회안정적인 공공부조정책이 대두되는 것이다.

공공부조와 관련된 법률은 생활보호법과 의료보호법이 중심이 된다. 그 외에도 재해구호법, 의사상자보호법, 국가유공자예우및지원에관한법률 등이 있으나 여기에서는 제외하기로 한다. 그리고 양 법에 의해 행정적으로 인정된 빈민인 생활보호대상자에게 제공되는 급여는 크게 볼 때 다음에서 분석되는 4가지 세부 프로그램으로 이루어진다. 이 네 가지 유형 외에도 해산보호, 장제보호가 있으나 대상

자가 미미한 수에 그치고 있으므로 별도의 부문으로는 분석하지 않는다.[1)]

1. 생계보호(급여)

1) 노태우 정부 시기

(1) 급여대상

국민기초생활보상제도에서는 급여대상자의 명칭구분이 없어졌으나 1990년대의 생활보호제도에서의 생활보호대상자는 거택보호대상자, 시설보호대상자, 자활보호대상자로 구분된다. 여기서 생계보호정책의 급여대상자는 거택보호대상자와 시설보호대상자가 된다. 생계보호프로그램은 생활보호정책의 근간이 되는 프로그램이므로 대상자의 구분 및 보호 내용을 노태우 정부 시기를 기준으로 구분하여 보면 <표 5-1>과 같으며, 자활보호대상자는 거택보호대상자나 시설보호대상자와는 달리 생계보호대상에서는 제외되었다.

그리고 이들에 대한 선정 기준과 전국 단위 생활보호대상자 수를 보면 다음 <표 5-2>와 <표 5-3>과 같다. 먼저 생활보호대상자 선정기준은 1991년까지 완만하게 상승하나가 1992년이 되면 소득과 재산기준이 상당한 상승률을 보인다. 즉, 소득기준은 초기의 2배 정도로 재산기준은 3배 정도로 상승한 것이다. 그런데 생활보호대상자 수에 있어서는 노태우 정부 직전 연도인 1987년에 총인구의 5.6%에서 1992년이 되면 5.0%인 2,176천 명으로 줄어들게 되는데, 이는 1987년부터 배치되기 시작한 사회복지전문요원[2)]들의 자산조사의 전문성에 의한 요인과 국내 건설

1) 해산보호는 노태우 정부 시기에는 의료보호법에서 보호를 받았고, 김영삼 정부인 1997년에 들어와서 생계비차원에서 '해산보호비'명목으로 100,000원을 신설하였고, 장제보호는 제5공화국 시기인 1987년에 생계비차원에서 '장제보호비'명목의 110,000원을 신설하였다. 이러한 보호의 개념은 2000년대의 국민기초생활보장제도에서는 보장의 개념으로 전환되었고 세부 프로그램도 '급여'로 명칭변경이 되었다.

2) 이 당시에는 별정직으로 보임되었으나 일반직으로 전환된 이후에는 사회복지전담공무원으로 통칭된다.

경기 등의 호황으로 빈곤층의 월 소득이 높아진 것에 기인하는 것으로 볼 수도 있다. 그러나 대상자 선정의 자산기준을 높게 책정하여 대상자를 인위적으로 축소한 것으로 분석되어진다.

❙ 표 5-1 ❙ 생활보호대상자의 구분 · 보호 내용(1992년 기준)

구 분	요 건	보호 내용
거택보호대상자 (생활보호법시행령 제6조 제1호)	생활보호대상자로서 • 65세 이상 노쇠자 • 18세 미만 아동 • 임산부 • 폐질 또는 심신장애로 인하여 근로능력이 없는 자 등으로 구성된 가구 또는 이들과 50세 이상의 부녀자로만 구성된 가구	• 생계보호 • 의료보호 • 교육보호 • 자활보호 • 해산보호 • 장제보호
시설보호대상자 (생활보호법시행령 제6조 제2호)	생활보호대상자에 해당하는 자로서 주거가 없거나 주거가 있어도 그 곳에서는 보호를 행할 수 없어 보호 시설에 수용된 자	상 동
자활보호대상자 (생활보호법시행령 제6조 제3호)	생활보호대상자 가구로서 거택 및 시설 보호대상자 가구가 아닌 가구의 가구원(근로 능력자를 가진 생활보호대상가구)	• 의료보호 • 자활보호 • 교육보호

자료 : 보건사회부 생활보호과, 『생활보호대상자 조사 지침서(1992)』.

❙ 표 5-2 ❙ 생활보호대상자 책정 기준(1988～1992)

구 분	대상자	1988	1989	1990	1991	1992
월소득 (1인당)	거택보호	4.4	4.6	4.8	5.5	8
	자활보호				6.5	10
재산액 (세대당)	거택보호	320	340	340	600	1,000
	자활보호					

자료 : 보건사회부, 생활보호과 내부자료, 『보건사회백서(1994)』.
주) 1987년부터 월소득 및 재산액에 대한 지역 구분 및 경작지 기준 폐지함.

| 표 5-3 | 생활보호대상자 수(1988~1992) (단위 : 천 명, %)

구 분	합계	거택보호	시설보호	자활보호	총인구 대비
1988	2,310	312	75	1,917	5.5
1989	2,353	341	79	1,933	5.6
1990	2,256	340	81	1,835	5.3
1991	2,246	338	82	1,826	5.2
1992	2,176	338	83	1,755	5.0

자료 : 보건사회부 생활보호과 내부자료, 『보건사회백서(1994)』.

(2) 급여재원

사회복지정책의 관건은 어떻게 재원을 조달하는가라는 문제에 있다고 볼 수 있다. 따라서 재원의 형태와 구조를 분석하는 것은 복지정책의 내용분석에 있어 가장 중요한 부문이 된다. 생계보호비는 거택보호대상자와 시설보호대상자에게 급여된다. <표 5-4>에서 볼 수 있는 바와 같이 1988년도 거택보호대상자와 시설보호자의 1인당 월 평균 지원액은 의료비 · 교육비를 포함한 평균 금액이 29,900원과 46,000원으로 시설보호비가 훨씬 높았으나 1992년에는 49,000원, 55,000원으로 차등이 좁혀들게 된다. 이것은 노태우 정부 시기의 민주화의 이행과 함께 급여대상자들의 힘이 간접적으로 급여내용에 영향을 미친 것으로 분석된다. 1995년에는 거택보호생계비가 오히려 높아졌다. 그리고 생계보호와 관련되는 장제보호비는 거택과 시설보호자 사망 시에 지급되는 급여로서 1987년에 사체 1구당 11만 원씩 지급하다가 1989년에 13만 원으로 인상하였다.

| 표 5-4 | 1인당 월 평균 생계비 수준(1988~1992) (단위 : 원)

구 분	1988	1989	1990	1991	1992
거택보호	29,900	35,643	39,000	43,000	49,000
시설보호	46,000	46,000	48,000	52,000	55,000

자료 : 보건사회부, 『보건사회백서(1994)』.
주) 의료비, 교육비가 포함된 평균금액이며, 해산보호비와 장제보호비는 제외됨.

이러한 생계비와 장제보호비 부담률은 국가가 80%, 지방정부가 20%이며, 서울의 경우에는 국가부담 50%, 지방정부부담 50%로 규정되어 있다. 그러나 지방정부는 중앙정부가 정한 급여 이외의 추가급여액을 지급하는 사례가 시・도마다 나타나고 있다. 즉, 실제의 생활보호예산 전체급여액을 볼 때는 지방정부의 재정부담률이 상승하게 되는 결과를 가져온 것이다. 1988년에 국가 64.2%, 지방 35.8%이던 것이 1992년에는 각각 55.1%, 44.9%로 변동되고 있음을 보아도 그러하다. 이것은 전국적으로 통일된 급여기준인 중앙정부의 일정기준을 유지하면서도 지방자치제로 인하여 별도의 사업을 추진하였기 때문이다. 정치적인 지방자치제 실시가 직・간접적으로 정책 내부요인에 영향을 미치고 있음을 말해 주는 것이다. 그리고 중앙정부인 보건사회부 예산을 보아도 생계보호에 소요되는 전체예산이 1988년에 2,110억 원에서 1992년에는 2,610억 원으로 점증하고 있음은 지방자치제 이후의 지방정부로부터의 예산증액의 요구가 반영되었음을 알 수 있다<표 5-5>.

❙ 표 5-5 ❙ 생계보호 예산(1988～1992) (단위 : 억 원)

구 분	1988	1989	1990	1991	1992
생계보호	2,110	2,256	2,351	2,506	2,610

자료 : 보건복지부, 『보건복지통계연보(1995)』 및 보건복지부 생활보호과 내부자료.

이것은 생계비 지원 수준을 합리적인 계측조사에 의한 것이 아니라 행정공무원에 의해 관료점증주의적으로 조정해온 것에 기인하는 것으로도 볼 수 있는 것이다. 따라서 지방정부는 낮은 보호수준을 감안하여 특수시책을 마련하여 추가급여를 선택한 것으로 교차분석이 될 수 있다.

(3) 급여전달체계

사회복지정책에 있어서 전달체계는 사회복지정책대상자에게 적절한 복지 급여를 제공하기 위해 대상자를 선정하고 급여의 내용과 방법을 결정하는 인력과 기구망으로써 중요시된다. 그중에서 생계보호정책의 수립 단계에서부터 수혜대상자에 이르기까지의 실천과정에 필요한 제도적 환경으로써 전달체계는 정책의 투입과 산출, 그리고 재투입을 위한 환류 장치로써 확립되어야 한다. 다시 말해서 사회복지정책에 있어 전달체계는 사회적 급여에 있어서 어떻게 할당을 하느냐의 문제, 즉 할당의 방식에 관한 여러 전략들 중의 선택과 관련된다.

사회복지전달체계가 대상자들의 잠재능력을 개발하고 사회구성원으로서 순기능을 할 수 있도록 하기 위해서는 ① 평등성(equality) ② 포괄성(comprehensiveness) ③ 대상자 참여(client participation) ④ 전문성(specialization) ⑤ 지속성(continuity) ⑥ 책임성(accountability) ⑦ 접근 용이성(accessibility) ⑧ 지역사회 참여(community participation) ⑨ 조사 및 연구(survey and study)의 원칙 등이 지켜져야 한다.[3] 우선 노태우 정부 시기의 생계보호기구 현황을 중앙과 지방으로 구분으로 보면 <그림 5-1>에서와 같다. 여기서 생활보호과는 1990년 11월 14일 직제 개편으로 '사회복지심의관' 소속으로 바뀌었다.

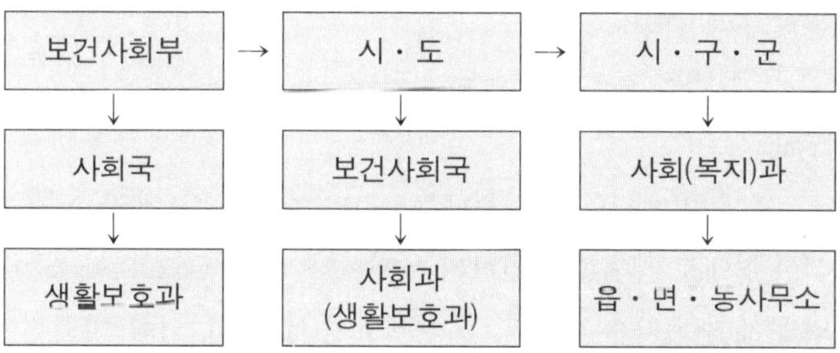

주) 1990.11.14 직제개편으로 사회국이 '사회복지심의관'으로 변경됨

<그림 5-1> 생계보호전달체계(1989년 기준)

그리고 이 시기의 인력 현황을 보면 중앙과 시 · 도 및 시 · 군 · 구의 사회복지 인력은 대부분 일반 행정직과 일반 별정직으로 구성되어 있었다. 그러나 정부는 1986년 9월의『국민복지증진대책』의 일환으로 1987년부터 연차적으로 저소득 밀집지역을 중심으로 하여 읍 · 면 · 동 단위에 사회복지사 3급 이상의 자격을 가진 사회복지전문요원을 배치하기 시작하였다. 세부적으로는 1987년 7월에 서울

3) 정덕규, 사회복지전달체계의 paradigm에 관한 연구, 대구대학교 박사학위논문, 1997, pp. 17~23.

을 제외한 5개 직할시에 49명, 1988년 2월에 서울에 35명, 1990년 6월에 서울에 12명 등 96명을 배치하였으며, 1990년도 말에는 324명, 1991년에 1,676명, 1992년 12월에는 481명을 배치하여 총 2,481명이 근무하게 된다. 그 외 노태우 정부에서는 대도시에 복지사무소 설치를 계획하게 되지만 김영삼 정부에서 보건복지사무소로 명칭이 바뀌어 설치되었다.

한편 사회복지전문요원의 배치와 관련하여 중요한 것은 생활보호대상자 선정방식의 변화를 들 수 있다. 정부는 1989년까지만 해도 생활보호대상자 선정은 직권조사방식을 채택하여 주로 통·반장과 이장의 판단과 정실에 따라 좌우되는 경우가 많았다. 그러나 보건사회부는 1991년도 생활보호대상자조사부터는 신청보호방식을 도입하게 되는데 이것은 1990년도부터 사회복지전문요원을 대폭 배치하겠다는 의지를 보여준 것으로 분석된다. 왜냐하면 신청보호는 빈민들의 직접 신청을 받아 그들의 생활실태, 즉 자산조사를 과학적으로 할 수 있는 전문 인력의 확보가 우선하기 때문이다.

(4) 급여형태

생계보호정책에 있어서의 급여형태는 소비자이자 수요자인 복지대상자에게 정부가 어떠한 형태로 급여할 것인가의 문제이다. 즉, 현금으로 할 것인가, 현물로 할 것인가의 문제가 된다는 것이다. 그 외에도 증서, 기회, 권력, 사회적 서비스, 감면 등의 급여 형태에 따른 정부나 납세자 입장과 복지클라이언트 입장의 논의가 있을 수 있다.

노태우 정부에서는 서구복지국가들과 마찬가지로 대부분의 사회복지 급여를 현금으로 하고 있다. 특히 공공부조정책의 경우는 현금서비스가 주종을 이루고 있다. 현가 기준으로 생계보호비 내용을 보면 부식비 기준으로 거택보호자는 1988년도의 경우 세대주 기준으로 1일 320원에서 1992년에는 1일 600원으로 상승한다. 시설보호자의 경우는 1988년 430원에서 1992년에 600원으로 상승하고 있는 것으로 보아 노태우 정부 시기에는 생계보호 내용이나 수준에서 점증했던 시기로 평가된다<표 5-6>.

❙표 5-6❙ 생계보호 내용(1988~1992) (단위 : 원)

구 분		1988	1989	1990	1991	1992
거택보호	백미(인/일)	341g	좌동	좌동	10kg(인/월)	좌동
	정맥(인/일)	85g	좌동	좌동	25kg(인/월)	좌동
	부식비					
	세대주/일	320	400	500	550	600
	세대원/일	40	45	110	200	400
	연료비(세대/일)	392	415	513	좌동	좌동
시설보호	백미(인/일)	456g	좌동	좌동	좌동	좌동
	정맥(인/일)	114g	좌농	좌동	좌동	좌동
	부식비(인/일)	430	450	500	550	600
	연료비(인/일)	45	50	좌동	좌동	좌동
	피복비(인/일)	39,600	42,500	43,600	46,040	47,420

자료 : 보건사회부, 『보건사회백서(1994)』.

이 외의 노태우 정부 시기의 생활보호자를 위한 급여형태를 보면 1989년 1월 1일부터 시행된 주민세 비과세 형태를 들 수 있다. 지방세법 제174조 제1항의 규정으로 개인 균등할 주민세 5,000원을 비과세 형식으로 감면해주고 있는 것이 특징적이다.

2) 김영삼 정부 시기

(1) 급여대상

생활보호대상자는 생활보호법 제6조 제1항의 규정에 의해 보호의 종류 및 보호내용을 달리하고 있다. 김영삼 정부 시기에도 노태우 정부 시기와 마찬가지로 3가지의 유형으로 구분되어 보호를 받는다. 즉, 거택보호대상자, 시설보호대상자, 자활보호대상자로 나누어지는데, 이러한 세 유형은 근로능력의 유무와 재산 정도에 따라서 선정되어진다. 그리고 생활보호대상자가 충족시켜야 할 요건은 노태우 정부 시기의 요건과 같다. 생활보호대상자 중 거택과 시설보호대상자에게는 매월 일정액의 생계비를 지급하여 최저생계를 보장하고, 자활보호대상자에게는 자활을 목적으로 한 의료보호나 자녀교육보호 등의 급여를 하게 된다.

생활보호대상자 조사는 생활보호법 규정에 의거하여 매년 9월에 일제조사를 실시하여 그 해의 경제성장률, 일반물가상승률, 생계비지출상승률 그리고 연구기관의 연구조사 결과를 바탕으로 12월 초에 이듬해의 책정 기준을 결정하도록 되어 있다.

❙표 5-7❙ 생활보호대상자 책정 기준(1993~1997) (단위 : 만 원)

<table>
<tr><th>구분</th><th>대상자</th><th>1993</th><th>1994</th><th>1995</th><th>1996</th><th>1997</th></tr>
<tr><td rowspan="2">월소득</td><td>거택보호</td><td>13</td><td>16</td><td>19</td><td>20</td><td>21</td></tr>
<tr><td>자활보호</td><td>14</td><td>17</td><td>20</td><td>21</td><td>22</td></tr>
<tr><td rowspan="2">재산액
(세대당)</td><td>거택보호</td><td rowspan="2">1,300</td><td>1,700</td><td rowspan="2">2,500</td><td>2,500</td><td>2,600</td></tr>
<tr><td>자활보호</td><td>2,000</td><td>2,700</td><td>2,800</td></tr>
</table>

자료 : 보건복지부, 보건복지백서(1998).
주) 1991년부터 거택 · 자활의 소득기준이 구분됨.

<표 5-7>에서 시설보호가 아닌 거택, 자활보호대상자의 선정기준을 보면 김영삼 정부 전년도인 1992년부터 책정 기준이 높아져서 1997년에 이르면 거택보호자의 경우 월 소득(1인당) 21만 원, 재산(세대당) 2,600만 원에 이른다.

이것은 생활보호대상자 수에 직접적으로 영향을 미치는 요인이 된다. 이상과 같은 기준은 기본적으로 가족부양의 책임원칙 아래 노동능력의 유무 및 소득과 재산을 기준으로 거택보호와 자활보호를 나누고 있으나, 결정적인 것은 노동력의 유무인데 이것은 '자유주의적 빈곤관'의 일면을 보여주는 것이다. 즉, 노동능력이 있는 자에 대해서는 자조를 강조하며 스스로 극복하도록 하는 것이며, 최악의 극빈층만 보호하겠다는 것이다.[4)]

생활보호대상자 수는 김영삼 정부 전년도인 1992년에 총인구의 5.0%에서 1997년 1월 기준으로 전 국민 45,991천 명의 3.1%인 1,414천 명으로 감소했다<표 5-8>.

---

4) 김형식 · 이재완, "김영삼정부의 빈곤정책의 성격 : 공공부조", 중앙대 『사회과학연구 제8집』, 1995, p. 160.

❙ 표 5-8 ❙ 생활보호대상자 수(1993~1997) (단위 : 천 명, %)

구 분	합계	거택보호	시설보호	자활보호	총인구대비
1993	2,001	338	83	1,580	4.6
1994	1,902	320	81	1,501	4.3
1995	1,755	307	78	1,370	3.9
1996	1,506	296	76	1,134	3.3
1997	1,414	297	77	1,040	3.1

자료 : 보건복지부, 『보건복지백서(각 년도)』, 『생활보호대상자 분석(각 년도)』.

이것은 매년 대상자 선정기준을 상향조정해온 것과 자활보호대상자의 수가 줄어들고 있는 것에 기인하는 것이지만 보편주의가 아닌 선택주의가 강화된 측면이 있다.

1997년도 보건복지부의 『생활보호대상자 현황분석』에 의하면 전체 생활보호대상자 1백 4만 8천 명 중 거택보호대상자는 단독세대 등 1인 가구가 68.5%, 2인 가구가 16.6%로서 평균가구원 노인수가 1.56명이다. 자활보호대상자는 2.65명이며, 1인 가구는 약 30% 정도이고 4인 이상 가구도 28%를 차지하였다. 이것은 자활대상자 가구에는 근로능력이 있는 가구원이 포함되어 있다는 것을 말해준다. 그리고 1997년도의 생활보호대상자 책정과정을 보면 4만 4천 가구가 새로이 책정되고, 5만 6천여 가구가 보호에서 탈락되어 전체적으로는 약 1만 2천여 가구가 감소하였다. 그러나 이것은 대부분 자활보호대상자가 탈락한 경우이고 거택보호자의 경우는 약 6천여 가구가 증가하고 있다. 이것은 생활보호대상자 책정규정에서 1997년부터 부양의무자가 호적상에 있더라도 부양을 기피하거나 거부하는 경우에도 특례규정을 두어 선정이 가능하도록 한 것에서 주된 요인을 찾을 수 있다.

(2) 급여재원

사회복지정책에 있어서 사회복지재정 확보는 급여대상, 급여형태, 전달체계와 함께 중요한 요소가 된다. 따라서 한 국가의 사회복지수준을 평가하는 데는 가장 먼저 그 나라의 사회복지재정규모가 판단기준이 되기도 한다. 공공부조에 있어서 생계보호에 소요되는 재원은 가장 기초가 되는 분야이며, 그 수준을 보면 1993년에는 거택보호대상자 1인당 월 56,000원, 시설보호대상자는 57,000원을 지원하고 있다. 이것이 1994년에 이르면 65,000원으로 동일해지게 되며, 1995년부터는 오히려 거택보호생계비가 높아져서 김영삼 정부 마지막 연도인 1997년도에는 거택보호비가 133,000원, 시설보호가 108,000원에 이르고 있다<표 5-9>.

이것은 시설보호자보다는 거택보호자는 지역사회에 거주하면서 정치적 행위나 단결행위가 가능함으로써 정치체계에 압력요소로 작용할 수 있음을 나타낸다고 분석할 수 있다.

❙표 5-9❙ 1인당 월 평균 생계비 지원 수준(1993~1997) (단위 : 명)

구 분	1993	1994	1995	1996	1997
거택보호	56,000	65,000	78,000	107,000	133,000
시설보호	57,000	65,000	72,000	92,000	108,000

자료 : 보건복지부,『보건복지백서(각 년도)』.
주) 생계비, 의료비, 교육비 포함.

그리고 노태우 정부 시기에 의료보호차원에서 '분만비' 명목으로 급여되던 출산비용이 1997년부터 '해산보호비'의 명목으로 신설되어 출산 시에 100,000원씩 지급된다. 사망 시에 지급되는 거택보호자 장제비도 1993년도에 250,000원을 급여하다가 1994년에 300,000원으로 인상하고 1996년부터는 500,000원(1구당)으로 높여서 급여하게 된다. 그러나 해산보호비와 장제보호비는 그 대상자가 극히 소수에 불과하므로 실제 제정규모에 비해 선언적이며 정치적 목표달성에 기여할 수 있는 측면으로 분석된다.

여기서 거택보호대상자와 시설보호대상자의 생계비 지원 기준을 상세히 살펴보면 <표 5-10>과 <표 5-11>에서 보는 바와 같이 지방자치제 실시 이후 지방정부가 추가 지원을 하고 있어서 대구광역시의 경우를 사례로 보면 1997년도의 1인당 월 보호수준이 정부가 국고보조사업기준으로 정한 기준 액보다 상당금액이 상회하고 있음을 알 수 있다.

┃표 5-10┃ 대구광역시 거택보호대상자 생계비 수준(1993~1997) (단위 : 원)

구분	지원 기준	1993	1994	1995	1996	1997
1인당 월 보호수준		64,500	73,500	86,500	118,500	150,640
정부 지원	1인당 월 보호수준	56,000	65,000	78,000	107,000	133,000
	백미(인/월) : 10kg	10kg	10kg	12,988	13,063	17,050
	정맥(인/월) : 2.5kg	2.5kg	2.5kg	1,230	1,305	1,435
	부식비(인/일) - 세대주 - 세대원	700 -	820 -	1,020 1,020	1,339 1,339	1,406 1,406
	연료비(가구/일) : 연탄 2.5장	563	675	750	875	1,200
	피복비(인/년)	-	-	49,790	85,130	90,940
	생활용품비(가구/월)	-	-	-	-	10,000
	해산보호비(회/인)	-	-	-	-	100,000
	특별위로비(가구/년2회) 백미 26.875kg×2회	-	-	25,600	70,200	91,640 (회/45,820)
	월동대책비(인/년)	-	-	47,000	72,300	80,000
	장제비(1구 당)	250,000	300,000	300,000	500,000	500,000
시비 추가 지원	1인당 월 보호수준	8,500	8,500	8,500	11,500	17,640
	부식비(인/일)	200	200	200	300	400
	피복비(인/년)	30,000	30,000	30,000	30,000	40,000
	자녀교통비(인/일)-월20일	-	-	-	540	540

자료 : 대구광역시 복지정책과 내부자료.

주 1) 피복비는 기본금+런닝류(인/년) 4벌+동내의(인/년) 1벌 가액.

2) 시비추가지원비는 각 시 · 도 별로 차이가 있으며, 국고보조사업의 부담분이 아님.

❙표 5-11❙ 대구광역시 시설보호대상자 생계비 수준(1993~1997) (단위 : 원)

구분	지원 기준	1993	1994	1995	1996	1997
1인당 월 보호수준		65,170	73,170	80,170	102,625	123,500
정부 지원	1인당 월 보호수준	57,000	65,000	72,000	92,000	108,000
	백미(인/일) : 456g	456g	456g	592	596	777
	정맥(인/일) : 114g	114g	114g	56	60	65
	부식비(인/일)	700	820	1,020	1,339	1,406
	연료비(인/일)	50	50	65	70	79
	피복비(인/년)	49,790	49,790	49,790	85,130	90,940
	특별위로비(인/년2회) 백미 8kg×2회	-	-	20,760	20,900	27,280 (회/13,640)
	월동대책비(인/년)	-	-	-	72,300	-
	장제비(구당)	250,000	300,000	300,000	500,000	500,000
시비 추가 지원	1인당 월 보호수준	8,170	8,170	8,170	10,625	15,500
	부식비(인/일)	200	200	200	300	400
	피복비(인/년)	25,000	25,000	25,000	30,000	40,000

자료 : 대구광역시 복지정책과 내부자료.

주 1) 피복비는 기본금+런닝류(인/년) 4벌+동내의(인/년) 1벌 가액.

2) 시비추가지원비는 국고보조사업의 부담분이 아니며, 대구시가 별도로 부담함.

3) 장제비는 월보호수준에 포함되지 않으며, 현금급부를 하는 것이 적당하지 않을 경우는 현물급부를 할 수 있도록 함.

세부적으로는 거택보호자의 생계비는 정부기준인 133,000원보다 17,640원이 높은 150,640원이며, 시설보호자의 생계비는 정부지원 기준 108,000원보다 15,500원이 더 높은 123,500원에 달하는 것으로 나타나고 있다.

이러한 사회복지정책의 현상은 정치체계의 변동에서 오는 외부요인이 내부요인으로 연결된 측면을 여실히 보여준다고 할 것이다. 일찍이 페비안주의자들이 민주주의를 사회복지 발달의 가치로 삼고 있지만 우리나라의 경우도 지방자치제 실시 이전에는 찾아보기 힘든 현상이 자치제의 태동과 함께 적극적으로 현상화되었던 것이다. 그리고 정책내부 요소로 보건데도 1995년도의 경우 보건사회연구원이 산성한 대도시 1인당 최저생계비는 253,500원이 되고 있지만, 거택보호비는 78,000원에 불과하여 대상자 수와 급여액의 제한요소가 되고 있다.

이것은 빈곤자들의 보호수준이 노동자들의 최저임금수준보다는 높지 않아야 한다는 영국 초기 구빈법의 열등처우의 법칙을 적용하고 있는 것으로 분석할 수 있다.

<표 5-12>에서 지방정부의 추가지원(특별지원) 내역을 개별적으로 보면 대구광역시의 경우는 부식비, 피복비, 자녀교통비를 특별사업으로 김영삼 정부 시작연도인 1993년에 369백만 원을 지원하였고 1997년에는 2,408백만 원을 지원하였다.

그리고 <표 5-13>에서 생계보호 예산의 전체규모를 보면 김영삼 정부 첫해에는 2,579억 원으로서 1992년보다 오히려 낮아졌으나 1994년부터 높아져서 1997년에는 4,357억 원에 이르고 있다. 이것은 1인당 생계비 지원 금액이 1993년도에 비해서 두 배 이상 높아진 것에 기인하는 것이다. 이렇듯 생계비 지원 금액이 집권후반기에 급격히 향상된 것은 차기 대선과 총선을 대비한 정치적 환경요인이 내재하고 있다고 보아진다.

｜표 5-12｜ 대구광역시 시비 특별지원 내역(1993～1997)

<table>
<tr><th rowspan="2">사업명</th><th rowspan="2">대상</th><th colspan="2">1993</th><th colspan="2">1994</th><th colspan="2">1995</th><th colspan="2">1996</th><th colspan="2">1997</th></tr>
<tr><th>기준</th><th>지원액</th><th>기준</th><th>지원액</th><th>기준</th><th>지원액</th><th>기준</th><th>지원액</th><th>기준</th><th>지원액</th></tr>
<tr><td rowspan="2">부식비
(인/일)</td><td>거택</td><td rowspan="2">200
원</td><td rowspan="2">202
백만 원</td><td rowspan="2">200
원</td><td rowspan="2">418
백만 원</td><td rowspan="2">200
원</td><td rowspan="2">439
백만 원</td><td rowspan="2">300
원</td><td>770
백만 원</td><td rowspan="2">400
원</td><td>1,030
백만 원</td></tr>
<tr><td>시설</td><td>659
백만 원</td><td>718
백만 원</td></tr>
<tr><td rowspan="2">피복비
(인/년)</td><td>거택</td><td>30
천 원</td><td rowspan="2">167
백만 원</td><td>30
천원</td><td rowspan="2">172
백만 원</td><td>30
천 원</td><td rowspan="2">181
백만 원</td><td>30
천 원</td><td>211
백만 원</td><td rowspan="2">40
천 원</td><td>282
백만 원</td></tr>
<tr><td>시설</td><td>25
천 원</td><td>25
천 원</td><td>25
천 원</td><td>30
천 원</td><td>181
백만 원</td><td>196
백만 원</td></tr>
<tr><td>자녀
교통비
(인/일)</td><td>거택</td><td></td><td></td><td></td><td></td><td></td><td></td><td>540
원</td><td>139
백만원</td><td>540
원</td><td>182
백만 원</td></tr>
<tr><td>계</td><td></td><td></td><td>369
백만 원</td><td></td><td>590
백만 원</td><td></td><td>620
백만 원</td><td></td><td>1,960
백만 원</td><td></td><td>2,408
백만 원</td></tr>
</table>

자료 : 대구광역시 복지정책과 내부자료.
주) 자녀교통비는 중 · 고생 자녀가 있는 가구에 해당됨.

｜표 5-13｜ 생계보호 예산(1993～1997) (단위 : 억 원)

연 도	1993	1994	1995	1996	1997
생계보호비	2,579	2,644	2,727	3,606	4,357

자료 : 보건복지부, 『보건복지통계연보(각 년도)』.

(3) 급여전달체계

전달체계는 대상자에게 정해진 재화나 서비스를 제공하기 위한 조직이라고 말할 수 있다. 이렇게 보면 전달체계는 정책급여의 대상자를 선정하고 그들이 원만히 급여를 받도록 하는 기구와 인력체계로 나누어질 수 있는 것이다. 적절한 복지급여를 위해서는 효율적인 전달체계를 필요로 하는 것이므로 마치 인체에 있어서 동맥의 역할과도 유사한 조직인 것이다. 사회과학자들이 보는 조직관을 보면 일견 같은 맥락의 의미를 찾을 수 있다. 웨버(Weber)[5]는 “조직이란 목표가 있는 목

5) Max Weber, *The Theory of Social and Economic Organization*, translated by A. M.,

표달성을 위한 권위의 계층화와 분업이 존재하며 구성원들 사이에 질서와 상호작용이 유지되고 구성원들의 생과 사를 초월하는 실체"라고 말한다. 셀즈닉(Selznick)[6]은 "조직이란 하나의 적응적인 사회적 구조"라고 말하고 있으며, 버나드(Barnard)[7]도 "조직이란 두 사람 이상에 의한 의식적인 조정활동이나 노력의 체계"라고 보고 있다.

우선 김영삼 정부 시기의 생계보호전달체계의 기구를 보면 <그림 5-2>에서와 같다.

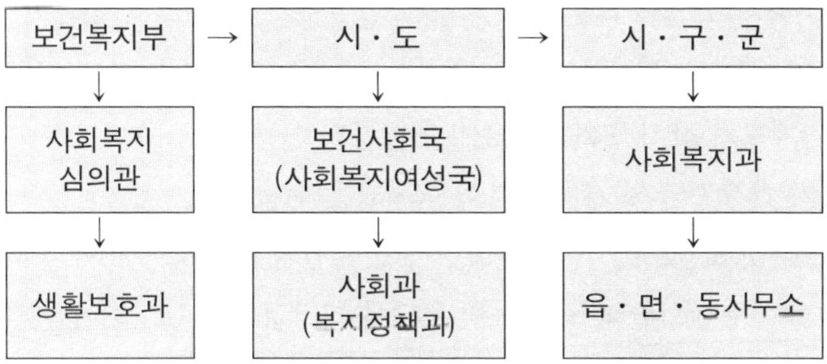

주) 보건복지부는 정부조직법개정으로 1994. 12. 23에 보건사회부에서 개편됨.

<그림 5-2> 생계보호전달체계(1997년 기준)

그런데 김영삼 정부 시기의 사회복지전달체계 중 특이한 것은 <그림 5-2>에서와는 별개로 1995년부터 전국 5개 시 · 군 · 구에 시범보건복지사무소를 운영하게 된 것을 들 수 있다.

생계보호와 관련한 사회복지인력체계를 보면 가장 먼저 읍 · 면 · 동사무소에서 사회복지사 자격을 갖추고 최 일선에서 근무하는 '사회복지전문요원'을 들 수 있다. 이들은 1987년 이후 제한 경쟁시험을 거쳐 배치되기 시작하였으며 초창기

Henderson and T. Parsons N. Y : The Free Press, 1947, pp. 136～151.

6) Philip Selznick, *TVA and The Grass Roots,* University of Californian Press, 1953, quoted in Henry L.Tosi(ed)., *Theories of Organizations,* St. Clair Press, 1975, pp. 94～95.

7) Chester I. Barnard, *The Function of the Executive,* Cambridge : Harvard University Press, 1939, p. 73.

는 생활보호업무를 위주로 하였으나, 점차 사회복지서비스 분야의 업무까지 담당하게 됨에 따라 업무의 과중과 전문성의 발휘에 장애를 받게 된 것이 이슈가 되기도 하였다. 당초 노태우 대통령이 6 · 29민주화선언 3주년 기념일인 1990년 6월 29일에 『국민과의 대화』에서 1992년까지 전국 읍 · 면 · 동에 4,000명을 배치하겠다고 하였지만 1992년까지는 2,491명이 배치되었다. 그 후 1994년에 519명이 증원배치 되어 총원 3,000명이 된 이후는 이직으로 인한 결원만 별정직으로 채용하는 정도였다.

이것은 1992년 12월 26일에 '지방공무원임용령'이 개정되어 일반직 내에 사회복지직렬이 신설되었기 때문이기도 한데 김영삼 정부 내내 사회복지전문요원의 충원이 동결되는 원인이 되었다고 할 수 있다. 일반직으로 전환하거나 신규임용될 수 있는 제도적 장치가 마련되었지만 별정직 신분으로 유지되었던 요인으로는 여러 가지가 있겠으나 몇 가지로 분석하면 다음과 같다.

첫째, 외부적 요인으로서는 사회복지전문요원의 인건비가 80% 정도가 국비부담으로 있어 지방직화할 경우 인건비 부담을 지방정부가 부담해야 한다는 재정경제원의 논리와 지방공무원 임용령 개정에도 불구하고 실제 인사규칙 등의 개정을 하지 않는 내무부와 지방자치단체의 태도를 들 수 있다. 이러한 요인은 1999년 12월에 사회복지전문요원이 일반직인 '사회복지직(사회복지전담공무원)'으로 신규임용됨으로써 일단락된다.

둘째, 내부적 요인으로는 행정직 위주의 지방공무원조직에 중간계급인 별정 7급으로 배치됨에 따른 내부적 갈등요인이 있다. 일반직의 배타성과 사회복지전문요원의 부적응의 예라 할 수 있을 것이다. 따라서 김영삼 정부 시기의 생활보호 인력체계는 읍 · 면 · 동 단위의 최일선 인력은 사회복지전문요원과 일반직이 공존하면서 보건복지부에서 광역시 · 도를 거쳐서 시 · 군 · 구에 이르는 일반직 공무원이 체계를 이루고 있다.

(4) 급여형태

급여형태는 사회복지정책의 급여를 어떤 방식으로 할 것인가의 선택과정이라고 정의할 수 있다. 생계보호는 당초 주식(主食)의 경우 현물방식이 주류를 이루었지만 업무추진의 효율화와 공정성을 확보하기 위해 현금방식으로 전환된 것이다. 그것도 직접전달이 아닌 은행계좌를 통하여 입금 · 처리하는 방식이 주종을 이룬다.

<표 5-14>에서 현가화되는 생계보호비 내용을 보면 거택보호대상자는 세대주를 기준으로 한 부식비가 1993년에는 1일 700원에서 1997년에는 1,406원으로 대폭상승하게 된다. 시설보호자의 경우도 1993년의 1일 700원에서 1997년에는 1,406원으로 같은 상승률을 보이고 있다. 그리고 1995년부터는 거택보호자의 피복비를 신설하고 1996년에는 월동비도 신설하는 등으로 실제 지원 수준이 높아지는 요인으로 작용한다.

이것은 노태우 정부 이후 생계비의 현실화를 위한 정책이 지속되고 있음을 말해주는 것으로 볼 수 있다. 그러나 거택보호자들의 생활비에 가장 높은 비중을 차지하는 주거보조비가 없는 것이 한계가 될 것이다. 이것 역시 급여형태를 한정하고 있다는 측면에서는 선택주의를 나타내주는 것이다. 주거 급여는 2000년 10월에 시행된 국민기초생활보장제도에서는 급여의 한 형태로 명목화되었다.

▌표 5-14▐ 생계보호 내용(1993~1997) (단위 : 원)

구 분		1993	1994	1995	1996	1997
거택보호	백미(인/월)	10Kg	좌동	좌동	좌동	좌동
	보리쌀(인/월)	2.5Kg	좌동	좌동	좌동	좌동
	부식비					
	· 세대주/일	700	820	1,020	1,339	1,406
	· 세대원/일	700	820	1,020	1,339	1,406
	연료비(세대/일)	563	675	750	875	1,200
	피복비(인/년)	-	-	49,790	85,130	90,940
	월동비(인/년)	-	-	-	72,300	80,000
시설보호	백미(인/일)	456g	좌동	좌동	좌동	좌동
	보리쌀(인/일)	114g	좌동	좌동	좌동	좌동
	부식비(인/일)	700	820	1,020	1,339	1,406
	연료비(세대/일)	50	좌동	55	70	79
	피복비(인/년)	49,790	좌동	좌동	85,130	90,940

자료 : 보건복지부, 『보건복지백서(각 년도)』.

다음은 생계보호와 관련한 각종 감면형태와 사회적 서비스 형태의 급여를 보면, 감면형태는 1994년 10월 1일부터 TV수신요금을 면제해주는 것을 들 수 있다. 한국방송공사법 시행령 제20조에 의해 월 수신료 2,500원을 면제해주게 된 것이다. 그리고 1997년 9월 8일에 대한법률구조공단이 주관이 되어 조흥은행과 협약하여 생활보호대상자에게 무료법률구조사업을 해주는 사회적 서비스 형태의 급여가 있다. 조흥은행에서는 우선 10억 원을 출연하여 1997년 10월 1일부터 돈이 없어 소송을 못하거나 억울한 일을 당하지 않도록 무료서비스를 해주는 프로그램을 실시하게 된 것이다.

이러한 민간이 주관이 된 급여형태가 아닌 기초 자치단체 주관의 감면형태로는 쓰레기수거 수수료 감면형태와 쓰레기봉투 무료제공 형태가 있다. 1995년 1월 1일부터 시행된 이 감면형태는 해당수수료 감면 외에도 20ℓ 쓰레기수거용 봉투를 1인당 월 3매 정도를 무료로 급여해주고 있다.[8]

민간이나 지방정부가 중앙정부와는 별도로 잔여적 차원의 사회복지를 수행하고 있다는 측면에서 공공부조에 대한 정책 환경 체계의 적극적인 인식변화로 볼 수 있을 것이다.

2. 의료보호(급여)

의료보호는 생활보호 중에서 생계보호부문 다음으로 중요한 영역이 된다. 이것은 복지국가의 태동기라 할 수 있는 1880년대에 제정된 일련의 사회보험제도에서도 질병보험이 1883년에 최초로 독일에서 제정된 것으로도 알 수 있다. 뿐만 아니라 1834년의 영국빈민의 생활 상태를 공중위생 측면에서 조사한 후 제출한 『영국 노동 인구의 위생 상태에 관한 채드윅 보고서(Chadwick Report)』에서도 드러난다. 그리고 우리나라의 경우도 생활보호대상자의 선정기준에서 "폐질 또는 심신장애로 인하여 근로능력이 없는 자"를 범주에 넣고 있다.

8) '일반폐기물 관리 조례'와 '일반폐기물 배출방법 및 수수료 등의 부과징수에 관한 조례'에 의함.

생활보호정책으로서 의료보호의 기능은 빈곤과 질병의 악순환의 고리를 단절시키는 데 있다. 우리나라의 질병형태를 보면 1960년대까지만 해도 영양 상태 등과 관련이 있는 폐결핵 등이 주종을 이루다가 경제 성장이 어느 정도 이루어진 1980년대가 되면 고혈압, 암 등이 주요 사망원인으로 등장하게 된다.[9)]

의료보호제도가 우리나라에서 맨 처음 법제화된 것은 1961년의 생활보호법에서이다. 즉, 생계보호, 의료보호, 해산보호, 장제보호의 4가지 보호 내용을 두었다. 그러나 정부 재정 사정으로 생계보호 이외에는 연기되다가 1969년 11월 10일에 생활보호법 시행령이 제정된 후 국・공립 의료기관 무료 구호를 실시하였다.

1977년 1월 4일에 보건사회부령으로 '의료보호에관한규칙'을 제정하여 생활보호법 제5조 규정과 분리된 의료보호사업을 실시하게 된다. 1977년 12월 31일에는 의료보호법이 제정・공포되어 1978년 5월 23일에는 의료보호법 시행령이 제정되었고, 1978년 9월 1일에 시행규칙이 공포되었다.

따라서 '의료보호에관한규칙'이 폐지되고 의료보호법에 의한 의료보호가 1979년 1월부터 실시된다. 이 당시의 의료보호 2종 대상자의 입원진료비는 50%가 본인이 부담하고 50%는 정부지원이었다. 1982년 6월에는 시행령 및 시행규칙을 개정하여 중・소 도시 이하 지역 대상자에게 입원진료비의 본인 부담률을 50%에서 20%로 하향조정하고 1986년 1월부터는 의료보호 3종으로 불리는 의료부조대상자가 신설된다. 그러나 이 당시의 의료보호제도는 정부의 빈약한 재정으로 미비한 이행을 지속해오다가 1990년 이후 의료보호수가를 의료보험수가와 동일하게 하는 등으로 많은 발전을 가져오게 된다. 그리고 1991년 9월에는 시행규칙을 개정하여 분만비용을 지급하도록 하였다.[10)]

---

9) 중앙대학교 사회복지학과 편, 『한국사회보장제도의 재조명』, 한국복지정책연구소, 1992, p. 130.

10) 1991년 3월 8일에 의료보험법을 법률 제4353호로 개정함.

1) 노태우 정부 시기

(1) 급여대상

의료보호의 급여대상은 매년 보건사회부장관이 정한 기준에 따라 보호기관인 시장, 군수, 구청장이 신청자의 자산조사를 거쳐 기준에 적합한 자를 1종, 2종, 의료부조대상자로 구분하여 매년 책정한다<표 5-15>. 그리고 생활보호대상자 이외의 대상자는 별도의 체계에서 정해지고 있다.

▮표 5-15▮ 의료보호대상자 종별현황 및 책정기준(1992년 기준)

종별	대상자	인원 (천 명)	책정 기준	
계	전 인구의 5.2%	2,687	소득(인/월)	재산(세대)
1종	• 거택보호자 • 시설보호자 • 재해구호법에 의한 이재자 • 국가유공자, 인간문화재 • 월남귀순자, 의상자 및 의사자 유족 • 성병감염자 • 거택보호자와 유사한 자	692	• 80천 원 미만 • 전원 • 90천 원 미만 • 90천 원 미만 • 전원 • 전원 • 전원	1,000만 원 미만
2종	• 자활보호대상자	1,755	• 100천 원 미만	1,000만 원 미만
의료부조	• 자활보호대상자와 유사한 자	240	• 120천 원 미만	1,000만 원 미만

자료 : 보건사회부, 보건사회백서(1992).

주) 1992년부터는 의상자 및 의사자 유족이 1종에 포함됨. 의료부조는 1986년에 편입되었으나 1994년에 폐지됨.

연도별 의료보호대상자의 진료 실적을 보면 <표 5-16>에서와 같다. 여기에서 분석할 수 있는 것은 1991년이 되면 전체 인구의 5.8%인 2,879천 으로 급속히 감소하는 것이다. 특히 의료부조의 경우는 1991년에는 1990년에 비해 30% 정도에 지나지 않는다. 이것은 의료보호와 의료부조의 책정 기준이 극히 낮고, 전 국민 의료보험이 1989년에 확대 실시된 것이 요인이 되었다.

| 표 5-16 | 의료보호대상자의 진료 실적(1988~1992) (단위 : 천 명)

구 분	1988	1989	1990	1991	1992
보호대상자	4,290	4,246	3,930	2,879	2,687
• 1종	648	677	695	692	692
• 2종	1,917	1,844	1,959	1,827	1,755
• 의료부조	1,725	1,725	1,276	360	240
진료실인원	9,105	9,975	6,939	7,292	7,514
• 외래	7,915	8,382	6,683	7,127	7,359
• 입원	1,190	1,413	256	165	155

자료 : 보건사회부, 『보건사회백서(각 년도)』.

그리고 의료보호대상자들의 의료보호정책에 대한 인식의 제고와 건강관리에 대한 관심이 높아짐에 따라 의료보호 실적은 계속 상승 추세를 보이고 있다. 그리고 수진율(受診率) 및 진료 일수를 보면 이러한 현상은 더욱 뚜렷이 나타난다.

(2) 급여재원

보호대상자는 원칙적으로 모든 질병이나 부상에 대하여 진찰, 처치, 수술, 분만, 기타의 치료, 약제 또는 치료 재료의 급부, 의료시설에의 수용, 간호, 이송 등의 의료보호비를 받도록 하고 있다.[11] 그러나 다른 법령에 의해 국가로부터 보호를 받고 있는 경우, 자동차 손해배상이나 가해가 있는 진료 보상은 제외된다. 그 외에도 지정 진료, 보조기, 의수족, 의치, 의안, 보청기, 진단서 발급 비용도 마찬가지이다. 의료비의 부담은 1종 보호대상자와 2종 보호대상자 및 의료부조대상자 사이에 차등을 두고 있다. 즉, 입원의 경우 1종 보호대상자는 전액을 국가가 부담하지만 제2종과 의료부조대상자는 20%의 자부담을 하고 있다. 이것은 공공부조 본래의 취지와는 배치되는 규정이다.

의료보호사업에 소요되는 재원에 충당하기 위하여 각 시·도에 의료보호기금을 특별회계로 설치·운용하고 있는 바, 이 기금은 국고보조금이 서울은 50%, 지

11) 여기서 분만비용은 해산보호에 속하는 사항이나 1991년부터 의료보호비용에서 지급하도록 신설된 급여내용임.

방은 80%가 지원된다. 각 50%, 20%는 지방비 부담률이다<표 5-17>.

❙표 5-17❙ 의료보호기금 예산 현황(1988~1992) (단위 : 백만 원)

구분	1988	1989	1990	1991	1992
계	171,012	205,939	194,754	221,059	249,255
국고	129,168	155,325	151,274	172,955	193,399
지방비	41,844	50,614	43,480	48,104	55,916

자료 : 보건사회부, 『보건사회백서(각 년도)』.

기금의 운용체계는 의료 기관이 해당 시 · 군 · 구 의료보호 특별회계에 진료비를 청구하면 해당 시 · 군 · 구에서는 시 · 도 의료보호기금에서 보조받아 지출하는 형식이 된다. 이 외에도 의료보호수가는 급여재원 문제의 분석요인이 될 수 있다. 사실 1990년대 이전까지만 해도 의료보호수가와 의료보험수가의 차이로 전체 진료비에 차이가 있었다. 그러나 노태우 정부 3년 차인 1990년에 이르면 의료보험수가와 의료보호수가는 거의 일치하게 되고 1인당 의료보호예산도 1991년을 기준으로 할 때 76,800원으로 증가하였다. 이것은 1987년과 비교하면 약 3배에 달하는 수준이며, 전체예산에서도 2배 이상의 증가를 가져오게 하였다.

이러한 급여내용의 증가는 진료비 지급기일이 늘어날 정도로 재정압박을 가져왔지만 급여대상자들에게는 양질의 서비스를 공급하게 되어 적극적 평등(positive equality)의 이념이 구현된 것으로 볼 수 있다.

(3) 급여전달체계

의료보호의 전달체계는 <그림 5-3>에서 보는 바와 같이 생계보호와는 달리 보호대상자를 선정하는 기관과 진료서비스를 하는 기관이 다르다는 특징이 있다. 매년 의료보호대상자의 책정은 행정기관에서 하고 진료는 병원, 보건소 등에서 받기 때문이다.

먼저 의료보호대상자의 책정절차라 할 수 있는 전달체계를 보면 생계보호전달체계와 유사하지만 중앙정부의 경우는 보건사회부 보험관리과가 주무부서가 된다.

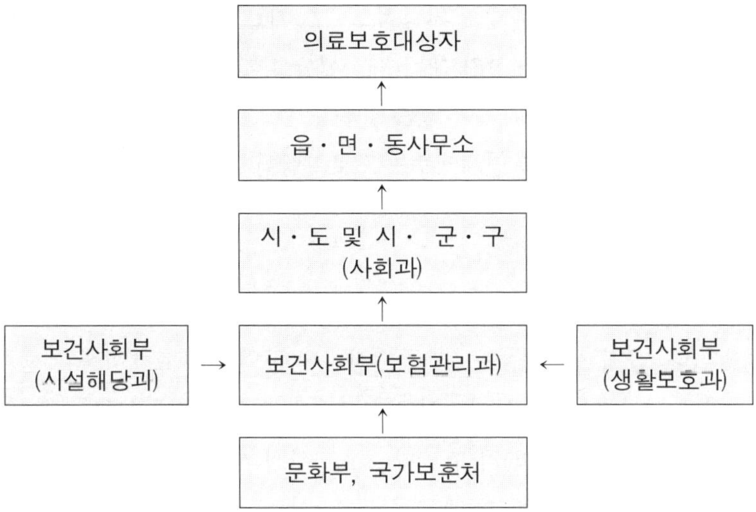

주) 문화부는 인간문화재, 국가보훈처는 국가유공자 업무를 소관함.

<그림 5-3> 의료보호대상자 책정 및 관리체계(1990년 기준)

진료체계는 <그림 5-4>에서 보는 바와 같이 의료보호법 제7조 및 동법 시행령 제6조에 의거 시 · 도지사는 의료보호자 수, 의료 기관의 분포 상황, 교통편의 등을 고려하여 총 57개의 진료 지구를 지정토록 하고 있다. 그리고 각 진료 지구마다 1차 진료기관을 보건기관이나 의원 급의 병원을 지정하고, 2차 진료기관은 병원이나 종합병원을 지정하며, 특수 질병에 대해서는 보건사회부에서 특수 진료기관을 지정토록 하고 있다.

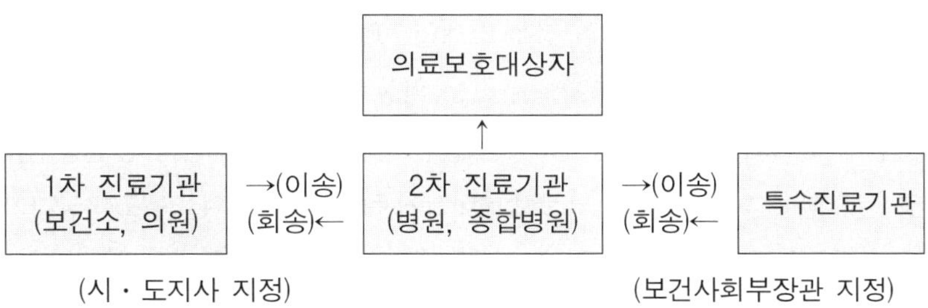

<그림 5-4> 의료보호대상자 진료체계(1990년 기준)

그러나 이러한 진료전달체계는 외형적으로는 의료보험 전달체계와 차별이 없지만 근본적으로 의료보호대상자 대다수는 생활보호대상자로서 가족 내에 부양의무자가 없거나 도움을 줄 가족이 없는 경우가 많으므로 의료보호대상자가 쉽게 진료기관의 서비스를 받도록 연계해주는 프로그램이 미진하였다고 할 수 있다.

(4) 급여형태

의료보호대상자에게 주어지는 급여형태는 생계보호급여와 마찬가지로 현금급여로 지급된다. 단지 생계보호는 개별 대상자에게 일정한 보호비를 은행계좌로 입금처리하게 되지만, 의료보호는 진료가 필요한 의료보호대상자가 의료기관을 이용하면 국가 부담분에 대하여 추후에 보호기관인 시 · 군 · 구에서 진료기관으로 지급하게 되어 있다.

이러한 급여유형은 영국의 공중보건서비스(NHS) 시행 당시에도 영국의사회의 반발을 가져왔지만 대부분의 선진복지국가가 채택하고 있는 것이다. 그리고 의료보호의 범위 내에 질병에 대한 급여만 규정되어 있고 질병을 사전에 예방할 건강진단 등의 형태가 없어 긍정적 차별차원의 기회제공이 되질 못하고 있다. 질병자에 대해서만 급여를 주는 것은 빈곤자는 질병자라는 낙인감(stigma)을 주므로 건전한 시민으로서 기능하도록 지원하는 급여범위의 확대도 필요한 것이다.

2) 김영삼 정부 시기

(1) 급여대상

의료보호급여대상자는 김영삼 정부 첫해인 1993년까지는 1종, 2종, 의료부조대상자로 구분되었다. 그러나 1994년부터는 의료부조대상자는 폐지되고 1종과 2종으로만 구분되어 보호되었다. 노태우 정부 시기에 차기 대선과 총선을 의식한 정치적 필요성에 의해 추가적 의료보호대상자로 선정했던 의료부조대상자가 김영삼 정부에서는 폐지되었고 그중의 일부 대상자는 의료보호대상자로 편입되기는 했으나 대부분은 사회보험영역인 의료보험체계로 이전된 것이다. 의료보호는 의료보호법에 의하여 급여되는 것이나 급여대상자의 대부분은 생활보호대상자와 중첩되고 있다. 따라서 매년 초에 급여대상자를 시 · 군 · 구에서 책정할 때에도 생활보호대상자 책정이 이루어지고 난 후에 곧바로 이어지게 된다.

김영삼 정부 시기가 종료되기 직전 해인 1996년도의 의료보호대상자 종별현황과 그에 따른 책정 기준을 보면 <표 5-18>에서 보는 바와 같이 대상자는 전 인구의 3.8%이며 총 1,740천 명이다.

▌표 5-18▐ 의료보호대상자 종별 현황 및 책정 기준(1996년 기준)

종별	대상지	인원 (천명)	책정 기준	
			소득(인/월)	재산(세대당)
계	전인구의 3.8%	1,740		
1종	• 거택보호자 • 시설보호자 • 재해구호법에 의한 이재자 • 국가유공자, 인간문화재 • 의사상자 및 의사자 유족 • 귀순 북한동포 • 성병 감염자	606	200천 원이하 대상자 전원 〃 〃 〃 〃 〃	2,500만 원 이하
2종	· 자활보호대상자	1,134	210천 원이하	

자료 : 보건복지부, 『보건복지백서(1996)』.

<표 5-19>에서 연도별 의료보호대상자의 진료 실적을 보면 보호대상자는 지속적으로 줄고 있으나 진료 건수와 진료 일수는 반대로 늘어나고 있음을 알 수 있다. 이것을 의료보호사업 첫 해인 1977년도의 진료 건수와 진료 일수와 비교하면 엄청난 증가를 나타내는 것이다. 1977년에는 대상자가 2,095천 명에 진료 건수 1,168천 건, 진료 일수 4,632천 일이었던 것이 1997년에는 대상자 1,642천 명에 진료 건수 8,030천 건, 진료 일수 90,768천 일에 달한다. 이는 진료 건수는 6.9배, 진료 일수는 19.6배의 증가세를 보여주는 것이다.[12)]

12) 보건복지부, 『보건복지백서(1998)』, p. 442 참조. 이러한 현상의 단적인 예는 일정규모 이상의 병원이나 종합병원의 장기입원환자의 상당수가 생활보호대상자로 충원되고 있으

특히 1997년도에는 1996년도보다 대상자수는 10만 명 정도가 줄었지만 진료 건수와 진료 일수는 오히려 늘고 있는 것은 의료보호 진료지정 진료기관의 확대와 장기간의 진료환자 증대에 기인하는 것으로 보아진다.

▌표 5-19▐ 의료보호대상자의 진료 실적(1993~1997) (단위 : 천 명, 천 건, 천 일)

구 분	1993	1994	1995	1996	1997
보호대상자	2,366	2,136	1,990	1,740	1,642
· 1종	666	635	620	1,740	602
· 2종	1,580	1,501	1,370	1,134	1,040
· 의료부조	240	-	-	-	-
진료 건수	7,527	7,231	7,222	7,282	8,030
· 외래	7,378	7,083	7,056	7,103	7,636
· 입원	149	148	166	179	394
진료 일수 (투약일수포함)	67,603	68,535	72,149	77,259	90,768
· 외래	64,480	65,423	68,517	73,230	80,612
· 입원	3,123	3,112	3,632	4,029	10,156

자료 : 보건복지부, 『보건복지백서(각 년도)』.

(2) 급여재원

공공부조예산 중 의료보호부문의 예산은 여타 부문의 예산과 달리 특별회계예산으로 편성되고 집행된다. 따라서 각 시 · 도는 의료보호기금을 설치 · 운영하고 있으며, 부담비율은 생계보호재정과 마찬가지로 국가부담 80%, 지방정부부담 20%이다. 단, 서울시의 경우는 중앙과 지방이 공히 50%를 부담하고 있다. 김영삼 정부 기간의 의료보호기금예산편성 현황을 보면 <표 5-20>에서 보는 바와 같이 1993년의 285,209백만 원에서 1997년에는 619,087백만 원으로 증가하고 있다. 이는 의료보호수가 인상과 보호대상자들의 진료 횟수가 늘어남에 따른 결과인 것이다.

며, 1인 진료 및 입원비가 1년에 1억 원을 초과하는 사례도 있었다.

의료보호기금은 지정된 의료보호기관에서 진료 실적에 따라 진료비를 기초자치단체를 통해 시 · 도 의료보호기금 관리 부서에 신청하면 지출하게 되는데 진료 후 적기에 지출되지 않고 2～6개월 정도의 공백이 있기도 하여 개별의료기관의 운영수입에 차질을 초래하기도 한다. 그러나 1980년대처럼 의료보험수가와의 차이로 인하여 진료자체를 기피하거나 진료수준이 떨어지는 사례는 일소되었다고 할 수 있다. 이것은 의료보호수첩 자체가 대상자들에게 수치심(stigma)을 주었던 1980년대에 비하면 대상자 스스로나 사회구성원들의 사회복지 프로그램 인식도가 개선된 것으로 분석할 수 있다.

표 5-20 의료보호기금 예산 현황(1993～1997) (단위 : 백만 원)

구 분	1993	1994	1995	1996	1997
계	285,209	388,884	378,077	447,074	619,087
국고	220,995	292,678	292,388	341,864	477,628
지방비	64,214	76,206	85,689	105,210	141,459

자료 : 보건복지부, 『보건복지백서(각 년도)』.

(3) 급여전달체계

의료보호의 급여전달체계는 생계보호의 전달체계와는 달리 이원화되어 있는 것이 특징이다. 즉, 의료보호대상자를 선정하는 것은 보호기관인 지방행정조직이 하고 진료는 의료기관의 조직이 맡고 있는 것이다. 그리고 생계보호나 교육보호 등은 일정한 시기에 급여를 미리 지급하지만 의료보호는 정부 부담분은 진료 후에 진료비용을 청구하는 체계를 갖고 있다. 먼저 의료보호대상자의 책정에 따른 전달체계를 보면 매년 보건복지부에서 정한 기준에 따라 자산조사(소득 · 재산)를 거쳐 1종과 2종으로 구분 책정하게 된다. 거택이나 시설보호 등의 생활보호대상자는 1종이 되며, 자활보호대상자는 2종으로 선정되는 것이다. 그러나 생계보호는 보건복지부의 생활보호과가 주무부서가 되지만 의료보호는 보험관리과가 의료보험업무와 같이 소관하고 있다. 마찬가지로 보호기관인 기초자치단체에 이르러서도 생활보호대상자 책정업무 담당과 의료보호담당은 대부분 분리되어 있다 <그림5-5>. 특히 시 · 도 단위의 행정조직에서는 소관과가 상호 다른 경우가 많다.

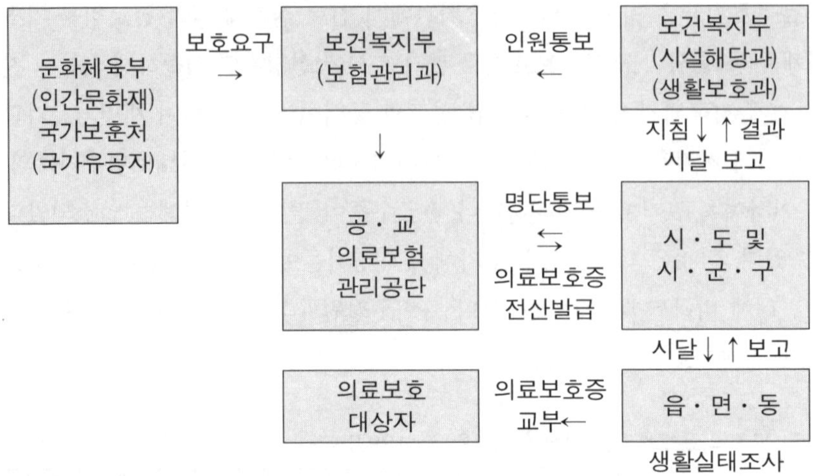

자료 : 『보건복지백서(1997)』 재작성.
주) 문화체육부는 1993. 3. 6 문화부와 체육청소년부가 통합 개편됨.

<그림 5-5> 의료보호대상자 책정 및 관리체계(1997년 기준)

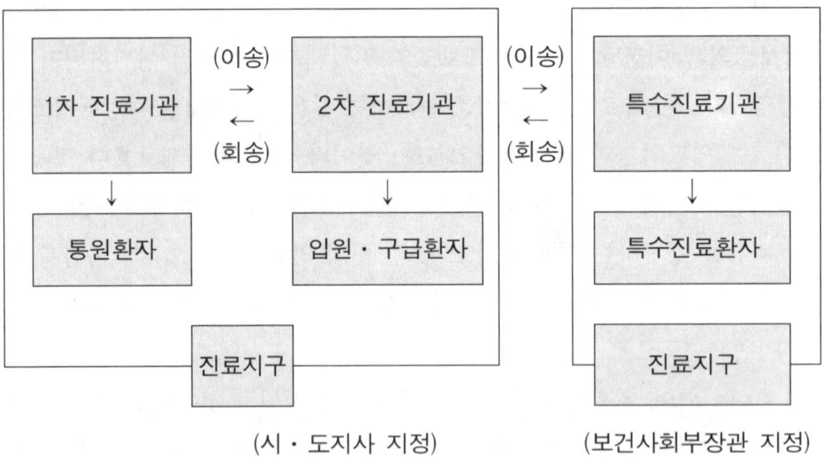

자료 : 보건사회부, 『보건사회백서(1994)』 참조 재작성.
주) 1차 진료기관은 보건기관·의원 급, 2차 진료기관은 병원·종합병원 급임.

<그림 5-6> 의료보호대상자 진료체계(1994년 기준)

<그림5-6>에서 보는 바와 같이 의료보호의 진료체계는 의료보호법 제19조 및 동법 시행령 제14조의 규정에 의거 시·도지사는 의료보호대상자, 의료기관의 분포상황, 교통편의 등을 참고로 하여 진료지구를 전국에 57개를 설정하고, 개별 진료 지역마다 1차 진료기관과 2차 진료기관을 지정하도록 하고 있다. 그리고 보건사회부장관은 1·2차 진료기관에서 치료가 어려운 특수질환 치료를 위해 특수진료지구와 진료기관을 지정하도록 하고 있다. 특수진료는 1·2차 진료기관을 거치지 않고 바로 진료를 받을 수 있도록 하고 있지만 전체적으로는 단계적 진료체계를 갖추었다.

(4) 급여형태

이러한 급여형태는 양방위주의 의료보호체계 외에도 김영삼 정부 시기인 1993년 1월 1일부터는 한의원 및 한방병원에 대해서도 의료보호진료기관으로 지정하여 저소득계층 급여형태 선택의 폭을 넓히게 되었다. 이것은 재화나 서비스 형태에 해당하지만, 적설한 현가화 과성이 수반되었을 때 서비스의 질이 향상되는 것이다. 그리고 김영삼 정부 시기의 의료보호 형태는 해산보호를 포함하고 있었는데 '분만보호'만을 실시하고 있을 뿐이지 보건복지부와 재정경제원 사이에 논란이 있었다. 결국 1997년에 가서야 '해산보호'명목으로 별도의 예산 계정이 생겼다.[13]

3. 교육보호(급여)

1) 노태우 정부 시기

(1) 급여대상

교육보호의 대상자는 취학 연령기에 있는 생활보호대상자가 된다. 노태우 정부

---

13) 보건복지부는 1995년에 『생활보호지침』을 개정하여 해산보호를 실시하자는 주장을 했으나 재정경제원은 총 28억 원이 분만보호비 명목으로 계상되어 있으므로 별도의 해산보호비를 신설하는 것을 반대하였다.

시기 동안은 초등(국민)학교까지는 의무교육으로서 교육비가 무상이므로 중 · 고등학생이 실제 대상자가 된다. 이러한 교육보호의 주된 목적은 생활보호대상자녀에게 사회가 요구하는 최소한의 교육기회를 제공하여 줌으로써 빈곤이 세습되지 않도록 하는 데에 있다. 교육보호의 최초 실시 시기는 1979년으로서 중학생 수업료 및 입학금 전액을 지원하여 왔으나, 중학교 졸업만으로 취업이 어렵다는 현실을 감안하여 1987년부터는 실업계 고등학교까지 확대하였고, 1989년도부터는 의료부조대상자의 자녀에까지 확대 지원하였다. 1988년의 교육보호대상자는 293,544명이었고 1989년에는 378,672명으로 급상승하고 있는 것은 여기에 원인한다. 그리고 1992년이 되면 250,489명으로 줄어들게 되는데 1970년대 후반의 산아 제한의 영향으로 전반적으로 취학 대상자가 감소한 것으로 분석된다.

그리고 무직 · 미진학 청소년을 대상으로 한 직업훈련의 급여대상자도 교육보호의 급여대상으로 볼 수 있다. 중 · 고생을 대상으로 한 교육비 지원이 빈곤세습의 방지대책이라면 직업훈련기회를 부여하고 기술을 익히도록 해주는 직업훈련보호도 저소득층 청소년이 빈곤에서 벗어나게 하는 방법이 될 수 있는 것이다. 특히 노태우 정부 시기에는 지방자치단체에서 청소년업무를 담당하는 부서에서 업무를 관장하였고 그 대상도 중 · 고교나 대학진학을 하지 못하고 있는 청소년을 대상으로 선발하였기 때문이다. 직업훈련대상자 보호실적은 노태우 정부 시기인 1992년까지는 계획인원이 시달되어 전국 시 · 군 · 구에서 입소인원을 채우기 위한 행정적 노력의 결과로 6공화국 전년도인 1987년의 6,346명이 1992년에는 12,327명으로 늘어난 것으로 보인다<표 5-21>.

▌표 5-21▐ 교육보호대상자 수(1988~1992) (단위 : 명)

구 분		1988	1989	1990	1991	1992
중 · 고생 보호		293,544	378,672	379,055	318,686	250,489
직업 훈련생 보호	계획	8,000	12,000	15,000	20,000	20,000
	수료	9,849	12,676	15,813	11,231	12,327
	취업(%)	8,113(82)	9,730(77)	11,389(72)	7,436(66)	5,901(48)

자료 : 보건사회부, 『보건사회백서(각 년도)』.
주) 1993년부터는 직업훈련은 노동부에 위탁 실시함.

(2) 급여재원

교육보호에 소요되는 재원은 중·고등학생 자녀에게 지급되는 학비전액과 무직·미진학 청소년을 중심으로 한 직업훈련생에게 지급하는 훈련준비금, 훈련수당, 식비, 가족생계비, 취업준비금에 관한 것이다.

무직·미진학 청소년을 위한 직업훈련비 지원 수준을 보면 <표 5-22>에서와 같이 훈련준비금에서 취업준비금에 이르기까지 체계화되어 있으나 지원액이 미약하다.

❙표 5-22❙ 직업훈련비 지원 수준(1991년 기준) (단위 : 원)

구 분	지원액	비고
훈련준비금(인)	20,000	1988년에는 식비 25,000원 가족생계비 22,000원임
훈련수당(인/월)	20,000	
식비(인/월)	30,000	
가족생계비(인/월)	30,000	
취업준비금(인)	50,000	

자료 : 보건사회부, 『보건사회백서(1991)』 재작성.

직업훈련생에게 급여된 재원을 보면 1989년에 6,506백만 원에서 1992년에는 10,240백만 원으로 늘어나게 된다. 이는 직업훈련이 6개월 미만의 단기훈련에서 1~2년간의 장기훈련위주로 바꾸어진 데 원인 한다<표 5-23>.

❙표 5-23❙ 직업훈련비 지원 실적(1989~1992) (단위 : 백만 원)

연도	1989	1990	1991	1992
금액	6,506	8,153	6,571	10,240

자료 : 보건사회부, 『보건사회통계연보(1993)』 재작성.

중·고생의 학비지원 내용은 각 연도별 지원대상자의 확대에 따라 차이가 있다. 1991년부터는 중·고등학생(고교는 실업고생만 해당) 전체학년에 대하여 학비전액이 지원되었다<표 5-24>.

| 표 5-24 | 중 · 고생 학비지원 내용(1988~1992)

구 분	지원 대상	지원 기준
1988	중학생 : 생활보호자녀 전학년 실업고생 : 시설보호자녀 전학년 거택보호자녀 1 · 2학년 면 이하 거주 자활보호자녀 1 · 2학년 읍 이상 거주 자활보호자녀 1학년	학비전액지원 〃 〃 학비반액지원
1989	중학생 : 생활보호 · 의료부조 자녀 전학년 실업고생 : 거택보호, 시설보호, 면 이하의 지역 자활보호자녀 전학년 읍 이상 거주 자활보호자녀 1 · 2학년 의료부조대상 자녀 1학년	학비전액지원 〃 〃 학비반액지원
1990	중학생 : 생보자, 의료부조자녀 전학년 실업고생 : 생보대상자녀 전학년 의료부조대상 자녀 1 · 2학년	학비전액지원
1991~1992	생활보호대상자, 의료부조자녀로서 중학교 및 실업계 고교생	학비전액지원

자료 : 보건사회부, 『보건사회백서(각 년도)』.

<표 5-25>에서 중 · 고생 학비지원으로 인한 교육보호비의 지원 실적을 보면 1990년에 의료부조대상 자녀에 대한 지원확대로 98,773백만 원으로 증가되었다가 1992년에는 오히려 81,784백만 원으로 감소하고 있는데, 이것은 산아제한정책의 결과로 학생 수가 줄어든 때문이다.

| 표 5-25 | 교육보호 지원 실적(1988~1992) (단위 : 천 원)

구분	1988	1989	1990	1991	1992
총사업비	55,108,031	85,135,716	98,773,767	88,749,191	81,784,881
국고	42,214,025	65,110,656	75,392,791	68,056,891	62,440,759
지방비	12,894,006	20,025,060	23,380,976	20,692,300	19,434,122

자료 : 보건사회부 생활보호과 내부자료.

(3) 급여전달체계

교육보호대상자인 취학연령기의 생활보호대상자에 대한 교육보호비의 전달체계는 이원화되어 있다. 우선 거택보호 및 자활보호자녀 그리고 의료부조대상 자녀 중에서 중・고등학생이 있을 경우는 읍・면・동의 생활보호담당직원을 통하여 매 학기 지원된다. 그리고 시설보호대상자 중에 중・고등학생이 있을 경우는 시・군・구에서 해당 사회복지시설장에게 보조금을 교부하면 시설에서 기타 학용품비와 수업료를 지원하게 된다. 따라서 읍・면・동사무소와 개별 시설(주로 아동시설)에서는 매년 10월까지 시・군・구를 통하여 익년도 입학 예정 인원과 재학생 수를 중・고등학생으로 구분하여 시・도에 제출하게 된다. 시・도에서는 교육보호예산을 확정・시달한다. 예산이 성립된 후에는 각 행정부서의 전달체계는 중・고등학교의 수업료 납입분기 전월까지 개별 클라이언트에게 지원이 될 수 있도록 전달체계간의 면밀한 협조체계를 유지하게 되는 것이다.

그리고 행정부서 내부 전달체계와는 별도로 교육부와 학교차원의 이중 지원이 있을 수 있으므로 교육청 및 관내 중・고등학교와의 업무 협조체계도 유지하여야 할 필요성이 따른다.[14] 그리고 직업훈련과 관련하여 전달체계를 보면 행정기구상으로는 중・고생 학비지원사업과 같은 전달체계를 가지고 있다. 단지 시・군・구에서는 사회(복지)과 내에서 생활보호담당자가 아닌 청소년 업무 담당자가 직무를 수행하는 경우가 많았다.[15]

(4) 급여형태

교육보호비의 급여형태는 선택원칙으로 볼 때 복합적인 형태의 혼합형으로 볼 수 있다. 매년 지역의 급(급지)별로 정해지는 수업료를 지급한다는 측면에서는 현금급여의 형태가 되겠으나 취학의 기회부여나 능력의 부여라는 측면에서도 볼 수 있다. 그리고 1980년 후반까지는 생활보호대상자 증명서를 발급받아 학교에 제출하면 학교에서 면제받는 형식도 취한 적이 있었다. 그러나 이러한 감면형태가 청

---

14) 문교부가 교육부(1990. 12. 27)로 명칭변경이 되었다.

15) 직업훈련업무는 1993년이 되면 '행정권한의 위임 및 위탁에 관한 규정'에 따라 노동부에 위탁・통합되고, 대상자도 청소년이 아닌 장년층이 늘어나게 된다.

소년기에 있는 급여대상자에게 수치심을 주게 된다는 여론으로 현금으로 직접 지급하게 된 것이다.

2) 김영삼 정부 시기

(1) 급여대상

생활보호대상자의 자녀는 열악한 교육환경으로 부모로부터 가난이 세습될 수 있다는 측면에서 미국에서도 조기교육(Head Start)제도를 실시하고 있다. 우리나라도 초등(국민)학교까지는 전체국민이 의무교육이 실시되어왔다. 그러나 중등교육법에 의한 중등학교와 고등학교는 저소득층에 속하는 자녀일 경우 정부지원 없이는 취학이 어려울 수도 있다. 이들이 성장하여 자립・자활할 수 있도록 학비를 지원해주는 프로그램의 급여대상자는 1979년의 교육보호실시 이후에 지속적으로 확대되어 왔으며, 김영삼 정부 시기에는 더욱 확대된다. 1996년에는 인문고생 자녀 중 상위 30%이내 성적 해당자를 급여대상으로 추가하였고 1997년도에 모든 생활보호대상자의 중・고생 자녀가 급여대상이 되었다<표 5-26>.

❙표 5-26❙ 중・고생 학비 지원 대상(1996~1997)

연도	지원 대상	비고
1996	인문계 고교생 자녀(상위 30% 이내 성적) 추가	1991년에는 중학생 및 실업고생으로 확대
1997	모든 인문계 고교생 자녀들로 확대	

자료 : 보건복지부, 『보건복지백서(1997)』 재작성.

그러면 김영삼 정부 시기 동안 교육보호비를 지원한 대상자 수를 보면 <표 5-27>에서 보는 바와 같이 지원대상의 확대에도 불구하고 1993년에 202,460명에서 1997년에는 141,487명으로 급감하고 있다. 이것은 1970년대 후반에 시작된 정부의 가족계획사업의 결과로 연소층이 전반적으로 줄었다는 것이 첫 번째 원인이 되며, 두 번째는 1989년에 의료부조대상자 자녀중학생에 대한 학비지원 확대로 급증한 이후 1994년 1월부터 의료부조대상자가 폐지됨으로써 그 해에 160,030명

❙ 표 5-27 ❙ 교육보호대상자 수(1993~1997) (단위 : 명)

연도	1993	1994	1995	1996	1997
지원인원	202,460	160,030	143,634	134,246	141,487

자료 : 보건복지부, 『보건복지백서(1998)』 재작성.

으로 줄어들게 된 것을 이유로 볼 수 있다. 그러나 사회 이데올로기적으로 보면 생활보호대상자 책정과 마찬가지로 지극히 선택적 기준을 적용하여, 자격요건을 갖추려면 비경제활동 인구집단의 자녀라야 하며, 실직자나 노동기회 상실자에게는 제한적이라고 할 수 있다.

그리고 노태우 정부 시기에 직업훈련대상자를 교육보호대상자에 포함 분석하였으나 김영삼 정부에서는 자활보호정책 분야에서 다루었다. 그 이유는 노태우 정부 시기까지는 주로 무직 · 미진학 청소년을 대상으로 직업훈련을 시켰지만 김영삼 정부 시기부터는 실업자나 기타 저소득층이 많이 늘어났으며, 업무도 노동부에서 통합실시를 하였기 때문이다. 뿐만 아니라 지방정부에서도 사회복지부서의 업무가 아닌 경제정책 분야의 부서 업무로 이관되었다. 따라서 직업훈련이 교육보호의 성격과는 거리가 멀어졌고, 자립, 자활정책의 관련영역으로 전환된 것으로 보는 것이 타당할 것이다.

(2) 급여재원

교육보호대상자에게는 생계보호예산과 마찬가지로 국고보조사업으로 편성된다. 즉, 국고부담이 80%이고 지방비 부담이 20%인데 그중 10%씩 광역자치단체와 기초자치단체가 분담하였다. 교육보호사업에 지원된 실적을 보면 1993년도에 72,877,617천 원에서 1997년이 되면 88,786,211천 원으로 증가한다. 전체 대상자 수가 급감하고 있음과 비교해보면 오히려 보호비용이 상승하고 있음을 알 수 있는데, 이것은 교육보호단가의 상승, 즉 수업료의 인상에 따른 것이다<표 5-28>.

| 표 5-28 | 교육보호예산 지원 실적(1993~1997) (단위 : 천 원)

구분	1993	1994	1995	1996	1997
총사업비	72,877,617	66,256,593	67,965,427	69,315,039	88,786,211
국고	55,144,014	49,894,213	51,181,042	54,098,941	60,355,657
지방비	17,733,603	16,362,380	16,784,383	15,216,098	28,430,554

자료 : 보건복지부, 『보건복지백서(1998)』 재작성.

교육보호단가보다는 일반 학생들과 동일한 급여를 받고 있어 의료보호단가 차이에서 대두되었던 차별성 문제는 없다. 그러나 수업료와 입학금에 해당하는 공교육비만을 지원해준다고 기회의 평등이 이루어졌다고는 볼 수 없을 것이다. 학원비, 보충수업비, 참고서 구입비, 교통비 등도 추가 지급되었을 때 동등한 교육기회 보장이 실현되는 것이다. 대구시의 경우 1996년부터 생활보호대상자 자녀교통비를 추가지급하고 있어 긍정적 차별성을 시도하고 있는 것으로 볼 수 있다.

(3) 급여전달체계

교육보호와 관련한 전달체계는 생계보호와는 달리 보호대상자 책정과 실제 급여의 전달체계는 같지만 수업료 액수의 책정은 교육부와 시 · 도의 교육청에서 담당하고 있어서 이원적인 전달체계를 갖고 있다.[16] 교육청에서 급지별로 정한 수업료를 시 · 도에 통보해주면 시 · 도에서는 시 · 군 · 구에서 중 · 고생별로 파악하여 제출한 인원수에 따라 전체소요예산을 확정하게 되는 것이다. 그리고 시 · 군 · 구에서는 4분기로 나누어 지원하게 된다. 좀더 상세히 살펴보면 <그림 5-7>에서와 같이 4가지 기구체계가 협조하여 지원하고 있다.

16) 급여의 전달체계도 거택보호대상자와 자활보호대상자의 자녀학비는 읍 · 면 · 동사무소에서 지급하고, 아동시설 등의 시설대상자는 시 · 군 · 구에서 시설장에게 교부하여 지급하고 있어 이원적 체계를 갖고 있다.

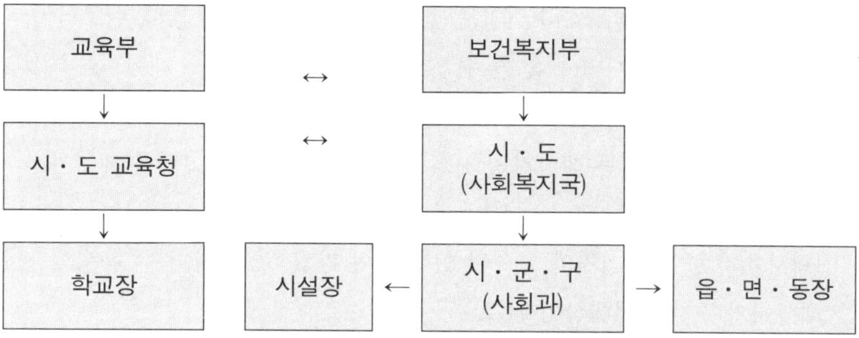

<그림 5-7> 교육보호 전달체계(1996년 기준)

(4) 급여형태

수업료(신입생의 경우는 입학금 포함)는 학비지원대상자의 학부모나 시설장에게 현금으로 지원하는데 매 분기 납기일 전에 계좌입금 처리토록 하고 있다. 그리고 학비지원대상자가 학비지원 중에 생활보호대상자에게 제외되거나 자퇴 · 휴학 등의 사유가 있을 때는 해당 분기까지만 지원하게 된다. 반대로 신규로 선정될 때에는 그 월이 속하는 분기의 다음 분기부터 수업료를 지급하게 된다. 그러나 일부 생활보호대상 가정의 경우 세대주 명의의 은행통장에 계좌 입금된 자녀의 학비를 타 용도로 사용하거나 혹은 학생이 학교에 납부하지 않음으로서 일선 학교로부터 과거와 같이 학교로 직접 지원하기를 원하는 사례도 발생하기도 하였다. 이것은 급여형태나 전달체계의 문제점에 기인한다고 분석할 수 있다.

4. 자활보호(급여)

1) 노태우 정부 시기

(1) 급여대상

자활보호는 생활보호의 최종적인 목표로서 저소득층이 빈곤에서 탈피하도록 하는 하나의 대응책이라고 할 수 있다. 노태우 정부 시기의 저소득층의 자립 · 자활사업은 자녀들의 교육보호나 직업훈련을 제외하면 생업자금융자, 취로사업, 대도시 영세민 지방 이주사업 등을 들 수 있다. 이러한 자활보호의 대상자는 거택보호자, 시설보호자, 자활보호자 등 전체 생활보호대상자가 해당된다. 그러나 시설보호(indoor-relief)를 받는 대상자는 시설 내의 기능습득 프로그램을 제외하면 자활할 수 있는 복지프로그램의 대상이 되기는 어렵다. 따라서 여기서의 급여대상은 거택보호자 중 자활의지와 능력이 있는 자와 자활보호대상자 두 유형의 생활보호대상자가 주된 급여대상이 된다.

생업자금융자대상은 소규모의 자본으로 가능한 자영업이나 농촌에서 경종농업 외의 특수농업을 하려는 저소득층이 된다. 생업자금융자는 1982년에 총 50억 원의 예산으로 총 2,664세대에 200만 원 한도 내에서(연리 10%, 2년 거치 3년 상환) 융자해온 것이 그 시작이 된다. 이것이 1987년에 이르면 융자 한도액이 300만 원으로 늘어나고(연리 8%, 5년 거치 5년 상환) 총 6,145세대에 지원하게 된다. 그리고 1989년부터는 한도액이 400만 원으로 확대되자 9,322세대에서 지원받게 되었고 이자율도 6%로 인하되었다. 그러나 1990년도와 1991년도는 지원 실적이 다소 부진하다가 1992년에는 총예산도 280억 원으로 증가하였고, 한도액 역시 500만 원으로 확대된다. 뿐만 아니라 정부의 생업자금융자심사조건의 완화 등으로 1992년에는 급격히 증가하여 총 8,006세대에 지원되었다.

취로사업 대상은 원칙적으로 생활보호대상자를 원칙으로 하나 각종 이재민, 수몰지역이주민, 계절적 실업자 등도 그 대상이 될 수 있다. 그러나 실제로는 사업비가 한정되어 있어 거택보호자인 노인, 장애인, 부녀자 등이 우선 참여대상이 되고 연간 취로일 수도 1~2개월에 불과했다. 1988년에 4,814천 명에서 1991년도에는 850천 명으로 감소하였다. 이것은 지방자치제 이후 중앙정부가 전반적인 업무이관 차원에서 취로사업도 이관되었으나 예산을 확보하지 못하여 오히려 역진현상을 보여주는 것이다.

대도시 저소득층 지방이주사업은 인구의 도시 집중화 현상을 막기 위한 대책으로 1982년 7월부터 추진되었다. 1988년에 357세대, 1989년에 117세대가 이주하였다. 그러나 희망가구의 감소와 취업 및 교육 기회의 부족 등 농·어촌 지역의 상대적으로 불리한 자활조건 등으로 이주 희망자가 감소함에 따라 1990년 1월부터 사업이 폐지되었다.17) 그리고 이 당시의 지방 이주사업에는 대상자들의 자발적 의지에 의한 이주사업의 진행보다는 대도시 생활의 부적응자들을 중심으로 한 정부의 의도적 추진이 많아 실패한 경우가 많으며, 농어촌 실정에 맞지 않은 사업을 하여 지원한 생업자금도 상환하지 못한 사례도 상당수 있었다. 그에 따른 정부 대책은 생활보호기금에서 대납해주고 결손처리하기도 했다.

정부가 빈곤자의 자활사업에 적극 개입하겠다는 시범사업이었으나 당초 목적과는 달리 급여대상자들의 도덕적 해이(moral hazard)와 정부정책의 신뢰감이 저하되는 결과를 가져온 것이다.

(2) 급여재원

저소득층을 위한 자활보호정책의 대표적 재원은 1989년에 폐지된 저소득층 지방 이주사업을 제외하면 생업자금융자 제도와 대도시 영세민 지방 이주사업에 생활보호기금의 지원 등이 있다. 그리고 일정기간의 직업훈련을 거치지 않고 저소득층의 유휴 노동력을 활용하는 취로사업에 소요되는 특별회계예산이 있다.

우선 생업자금 융자에 소요된 예산을 보면 1982년부터 1986년까지는 재정자금특별회계에서 매년 50억 원을 확보하여 농협과 국민은행에서 시 · 군 · 구의 추천을 받은 저소득층에게 대출해주게 하였다. 그리고 1987년이 되면 국민복지증진대책의 일환으로 융자 규모를 200억 원으로 대폭 확대하고 1988년에는 정부재정투융자 특별회계에서 200억 원의 자원을 별도 확보하게 된다. 지원 금액을 보면 1987년에는 124억 원 정도였으나 1989년에는 226억 원으로 급증하였고, 1992년에는 306억 원을 지원하게 되어 당초 예산이 부족하게 되기도 했다.

취로사업에 소요되는 예산의 확보는 1990년도까지는 중앙정부에서 일괄적으로 확보하여 추진해오다가 1991년부터는 지방정부가 자체 실정에 맞는 사업을 확보하여 개별적으로 소요 예산을 책정하는 체제로 전환하게 되었다.

1987년은 노태우 정부 출범 전년도로서 1986년도의 25,166백만 원에서 45,000백만 원으로 급격하게 상승하고 있는 것으로 보아 정치적 요인이 있는 것으로 보

17) 보건사회부, 『보건사회백서(1991)』, p. 235.

이며, 정권출범 이후인 1989년에는 23,446백만 원으로 사업비가 감소하고 있음도 그러한 분석을 뒷받침하는 것이다.

지방이주사업은 1987년까지는 이주비 80만 원을 지원하였으나 1988년부터는 120만 원으로 인상하고, 전출지 특별지원금 50만 원, 300만 원 한도의 생업자금을 융자하였다.

(3) 급여전달체계

자활보호정책의 주요 프로그램인 취로사업, 생업자금지원, 그리고 대도시 저소득층 지방 이주사업과 관련한 전달체계는 근본적으로 생계보호정책의 전달체계와 유사하다. 단지 취로사업과 대도시 저소득층 이주사업은 농 · 어촌을 중심으로 이루어졌기 때문에 대부분 일반 행정직 공무원들에 의해서 추진되어 배정된 소요예산을 적기에 지원하는 정도의 소극적 서비스에 머문 경우가 많았다고 할 수 있다. 그 예로서 취로사업의 경우는 농촌의 마을 안길 정비사업, 소류지 준설 사업, 소규모 교량설치사업 등의 비교적 기술적 전문성이 필요한 경우도 있었지만 자연부락의 새마을 지도자나 이장 등의 비전문가에게 일임하고 읍 · 면에서는 인건비만 정산하는 정도였다.

뿐만 아니라 대도시 저소득층의 사회문제 해결을 위한 지방 이주사업도 그 당시 적절한 욕구분석 없이 추진되어 자활의지가 있는 영세민이 선정되기보다는 얼마 정도의 생업자금 융자 혜택만 받고 중도 탈락하는 경우가 많았다. 그중에서 상당수는 자활보호대상자에서 이주 후 실패하게 되어 당초의 상환계획이 어렵게 되는 원인이 되었다. 단지 생업 자금 지원은 사전에 읍 · 면 · 동에 사업계획을 제출하여 검토를 거쳐 금융기관에서 대출하는 경로를 택하여 여타의 자활프로그램보다는 효과성이 높은 것이었다.

(4) 급여형태

자활보호사업의 경우도 급여형태는 대부분 현금지원을 통한 저소득층의 자립 · 자활에 맞추어져 있다. 생업자금이나 대도시 저소득층 지방 이주민에 대한 이주사업비지원은 새로운 사업과 장소에서 자활할 수 있는 기회의 부여라는 측면과 저리융자라는 측면에서는 일종의 감면형태로 볼 수 있다. 그리고 경노무가 가능한 생활보호대상자에게 취로사업을 시키고 노임을 지급하는 것은 단순히 공공부조의 대상으로 한정되기 쉬운 저소득층의 능력을 사회화시키는 또 다른 급여형태라 할 것이다.

2) 김영삼 정부 시기

(1) 급여대상

공공부조에서 자활보호가 차지하는 영역은 빈곤탈피를 위한 가장 적극적인 부문이 된다. 노태우 정부 시기에는 생업자금융자, 취로사업, 대도시 영세민지방이주사업이 주요한 사업이었으나 김영삼 정부에 들어오면 상당한 전환이 일어나게 된다. 이미 1990년도에 폐지된 지방이주사업 외에도 취로사업 역시 1990년부터 지방정부 차원의 소규모사업으로 축소되었기 때문이었다. 김영삼 정부 시기의 저소득층 자활정책으로서 생업자금융자사업은 노태우 정부의 연장선에서 추진되었고, 자활지원센터사업이 김영삼 정부의 자활보호사업으로 대두된 것이 특징이다.

생업자금의 융자는 생활보호대상자나 이에 준하는 저소득층이 일정한 사업계획을 제출하면 심사위원회에서 선정하게 된다.

융자조건을 보면 김영삼 정부 첫해인 1993년도에 한도액이 700만 원으로 향상되었고(연리 6%, 5년 거치 5년 상환) 총 5,537세대에 지원하게 된다. 이것은 노태우 정부의 마지막 연도인 1992년의 8,006세대와 비교했을 때 급격히 줄어든 것인데 융자조건을 다소 완화함에 따른 부작용과 당초 예산 280억 원이 부족하여 46억 원을 추가로 지원하게 되자 1993년에는 다시 융자심사조건 등을 강화한 결과로 보아진다. 1995년에 이르면 그간의 물가상승 등으로 인해 한도액을 900만 원으로 상향시켰으며, 1996년에는 1,000만 원으로 올리고 변동금리 연 6.5%를 적용하였다. 김영삼 정부 마지막 연도인 1997년에는 1,200만 원으로 올리고 연리 6%로 이자율을 내리게 되지만 지원 세대수는 2,801세대로 줄어들게 되는데 그동안 지원한 융자금의 회수 실적이 부진하고 사후관리상의 어려움 등으로 심사조건을 강화하게 된 것이 주요 요인이다.[18] 생업자금과 함께 저소득층에게 일정한 소득원을 제공하는 자활사업으로서 직업훈련사업을 들 수 있다.

노태우 정부 시기까지는 공공직업훈련사업을 각 부처에서 분산 실시해왔지만 1993년부터는 대통령령 제13823호에 의해 보건사회부의 직업훈련사업도 노동부에 위탁하여 실시하게 되었다. 따라서 1993년도부터는 연도별 훈련목표인원이 없으며 경기부진으로 인한 수료자의 취업률도 50% 정도로 떨어지게 된다. 노동부로 이관된 첫해에는 총 22,401명이 입소하여 15,331명이 수료하게 되지만 1994년부터는 급격히 감소하여 급기야 1997년부터는 보건복지부의 사업에서도 완전히 제외되기에 이른다. 이것은 노태우 정부 시기까지만 해도 무직 · 미진학 청소년을 대상으로 지방정부에서 입소를 권장하는 정책을 강화했지만 1990년대에 들어서는 진학률이 높아지자 청소년층의 입소가 줄어든 것으로 분석된다.

자활지원센터운영사업은 생활보호대상자나 저소득층의 자활 · 자립사업이 그동안 직업훈련이나 생업자금융자 등에 치중해온 결과 예산 투자의 비효율성과 사후관리부실로 기대효과가 미진하다는 평가에서 대안으로 시작된 사업이다. 자활지원센터사업은 1996년 6월부터 저소득층 밀집지역을 중심으로 전국 5개소(서울 3, 인천1, 대전1)를 설치하여 시범적으로 실시하였고, 1997년에는 5개소를 추가로 확대(서울, 부산, 대구, 광주, 경기) 설치하였다. 이것은 노태우 정부 시기에 전국에 급속하게 늘어난 사회복지관이 저소득층의 생산적 복지기능을 수행하지 못하고 있다는 평가의 결과와도 연계되어 있다.[19] 자활지원센터의 위탁 · 운영대상은 비영리법인이나 사회복지법인, 종교단체 등이 되며, 자활지원대상자는 생활보호대상자를 우선하되 저소득주민도 포함된다. 센터로부터 지원을 받고자 하는 개인 또는 공동사업체는 자활지원센터가 정하는 지원신청서에 사업계획서 등을 첨부하여 지원신청을 하여야 한다.[20]

---

18) 생업자금은 적용금리가 저율이고, 일정한 사업계획서만으로 대출이 가능하지만, 실제는 당초의 사업추진이 중단되거나 대출 후 이주하는 사례가 빈번하여 사후관리가 되지 않는 사례가 많은 사업이다.

19) 김영삼 대통령의 '삶의 질 세계화와 복지구상(1995. 3. 23)'의 발표문에서는 근로능력이 없는 취약계층에 대해서는 생계비지급을 통한 최저생활을 보장하되, 근로능력이 있는 저소득층에게는 자립지원프로그램을 제공하겠다는 '빈곤정책의 이원화'를 복지기조로 삼고 있다. 그리고 자활지원센터는 국민복지기획단에서 설립이 제안되면서 사회복지관 중심의 사업이 전환된 것이다.

(2) 급여재원

김영삼 정부 시기의 저소득층의 자활을 위한 사업에 소요되는 재원은 생산적 · 예방적 복지정책에 기초하여 비효율적이던 사업비를 줄이고 자활지원센터 등의 신규 사업에 소요되는 재원마련이 정책적 주안점이 되었다.

생업자금의 재원은 1982년에 재정자금특별회계에서 확보하여 김영삼 정부 첫 해에는 280억 원이 되었다. 이것이 1995년에는 360억 원으로 증가하였고 1996년부터는 490억 원을 확보하게 된다. 지원 실적을 보면 1993년도에는 1992년에 예산을 초과하여 지출하게 된 것에 영향을 입어 예산범위 내인 264억 원이 지원되었다. 1996년에는 386억 원이 지출되는 등 상승기미가 보였지만 1997년에는 305억 원으로 감소하였다.

자활지원센터(현 자활후견기관)는 생활보호대상자를 비롯한 빈민지역의 주민들이 일정한 공간에서 공동으로 작업을 하여 소득을 얻거나 자영 창업을 할 수 있도록 종합적으로 지원하는 보육센터(incubator center)역할을 하는 곳이다. 따라서 1996년에는 시범적으로 전국의 5곳에 시설을 설치하거나 장비를 보강하는 차원에서 사회복지법인이나 비영리법인 등에게 사업비 5억 원을 사회복지사업기금에서 지원하였다. 1997년에도 5곳을 추가 설치하게 됨에 따라 1개소 당 1억 원 정도의 설치비를 지원하였다. 그리고 이미 설치된 자활지원센터에 대해서는 사업내역에 따라 차등지원하고 있다. 이것은 1990년 후반부터 거론된 민간복지사업에 대한 평가의 필요성과도 연관되는 것으로 보아진다.

(3) 급여전달체계

자활 · 자립지원 대책의 급여전달체계는 생활보호전달체계에 속하는 만큼 생계보호의 전달체계에 맞추어져 있다. 생업자금지원체계는 노태우 정부 시기까지는 읍 · 면 · 동사무소에서 거택이나 자활보호대상자가 제출한 사업계획서를 검토하여 결정통지서를 융자기관에 통보하는 일원적 체계를 유지했다. 그러나 김영삼 정부 시기에 들어오면 1996년에 '자활지원센터'가 설치됨에 따라 1997년부터

---

20) 자활지원센터 운영지침 제8조.

는 자활지원센터의 장이 추천한 저소득층도 융자기관을 통하여 융자를 받을 수 있도록 되어 이원적 지원체계로 전환되었다.[21]

자활지원센터는 공동작업장을 중심으로 하는 자활프로그램체계와 자활지원센터 참여자들의 자활지원사업 참여로 인한 자녀교육 및 보육상의 문제를 해결해주기 위한 『청소년 자활지원관』 프로그램으로 나누어진다. 이 두 가지의 프로그램은 각기 별도로 체계를 가지지만, 형태는 자활지원센터 부설형태로 청소년자활프로그램이 운영되어진다.

그리고 <그림 5-8>에서와 같이 자활지원센터의 사업수행자 선정은 시・군・구에서 하고 시・도의 추천으로 최종지정은 보건복지부가 하게 된다. 그리고 지정된 자활지원센터의 운영에 대한 지도・감독은 시・군・구청장이 하도록 하고 있어 기존의 사회복지관 규정을 원용하고 있음을 알 수 있다.

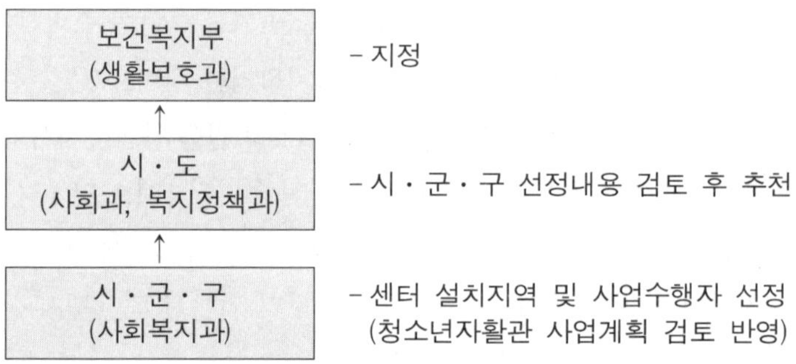

자료 : 보건복지부, 『생활보호지침(1997)』.

<그림 5-8> 자활지원센터 선정체계(1997년 기준)

김영삼 정부 시기에 설치된 자활지원센터의 현황을 보면 <표 5-29>에서 보는 바와 같이 총 10개소에서 청소년자활프로그램과 공동작업장을 운영하고 있다. 그리고 자활지원센터의 설립과 그 변화과정을 시기별로 정리해 보면 다음과 같다.

21) 융자기관은 국민은행과 농협이 되며, 6대 도시(서울, 부산, 대구, 인천, 광주, 대전)는 국민은행이 융자를 담당하고 6대 도시를 제외한 지역은 농협이 담당함.

❙ 표 5-29 ❙ 자활지원센터 설치 현황(1996~1997)

<table>
<tr><th>연도</th><th>기관명</th><th>소재지</th><th>중점 사업</th></tr>
<tr><td rowspan="5">1996</td><td>서울관악
자활지원센터</td><td>신림1동 1631-19</td><td>• 푸름환경청소용역
• 일용노동자를 위한 쉼터
• 나눔물산(봉제공장)</td></tr>
<tr><td>서울노원
자활지원센터</td><td>상계4동 111-340</td><td>• 청소용역
• 창업지원 : 우리 품새, 진성종합건축공사, 다솜공예사
• 고령자 취업알선</td></tr>
<tr><td>서울마포
자활지원센터</td><td>성산2동 595
(성산사회복지관)</td><td>• 단기적응훈련 및 취업알선
• 성산아름회 파출회원 조직
• 공동작업장</td></tr>
<tr><td>인천동구
자활지원센터</td><td>송림6동 12</td><td>• 부업, 자동차 배선감는 작업, 진공청소기 부속납품</td></tr>
<tr><td>대전동구
자활지원센터</td><td>성남 1동 189-16</td><td>• 인력정보신문
• 마을신문사업</td></tr>
<tr><td rowspan="5">1997</td><td>서울성북
자활지원센터</td><td>정릉동 16-4
(성북나눔의 집)</td><td>• 공동작업장(개량한복 봉제)
• 용역협동조합(건설일용직, 간병인, 보모 등)
• 사랑방 운영</td></tr>
<tr><td>부산사상
자활지원센터</td><td>모라3동 520-1
(모라종합사회복지관)</td><td>• 노인작업장(굴유생 부착기 조립)
• 장애인작업장(자동차부품 조립)</td></tr>
<tr><td>대구북구
자활지원센터</td><td>산격1동 724-12
(산격종합사회복지관)</td><td>• 무료직업안내
• 자활교육(주부, 고령자단기 적응 훈련)
• 창업지도(창업상담, 생업 자금융자)</td></tr>
<tr><td>광주남구
자활지원센터</td><td>봉선 2동 132번지
(인애종합사회복지관)</td><td>• 창업자활자립
• 가내부업알선
• 협동조합, 공동체 형성, 가정복지사업</td></tr>
<tr><td>경기광명
자활지원센터</td><td>하안3동 200번지
(하안종합사회복지관)</td><td>• 직업보도교육(제과 제빵, 한식조리사, 미용)
• 직업알선</td></tr>
</table>

자료 : 보건복지부, 생활보호과 내부자료 및 『보건복지포럼(1997. 7)』, p. 69 재작성.

- 1995. 3. 한국보건사회연구원의 “저소득층의 실태변화와 정책과제”에서 자활지원센터의 필요성 제기, 국민복지기획단 자활지원센터 설립 제안
- 1996. 6. 자활지원센터 출범(시범 5개소 실시)
- 1997. 6. 자활지원센터 6개소 추가 확대운영(11개소 시범 운영)
- 2000. 10. 국민기초생활보장법 제정으로 자활지원센터를 ‘자활후견기관’으로 명칭 변경
- 2004. 4. 자활후견기관 전국 총 232 개소 운영 및 광역자활지원센터 3개소 지정(인천 · 대구 · 경기)

이 외에도 직업훈련을 통한 자활지원체계는 1993년도부터 중앙정부에서는 보건사회부 소관에서 노동부 소관으로 바뀌었다. 이에 따라 시 · 도와 시 · 군 · 구에서도 대부분 경제정책관련 부서의 업무로 이관이 되었고, 이 과정에서 1996년에는 입소인원이 3,500명 정도에 머무를 정도로 정책의 관심에서 멀어지게 된다.

이상의 기구상 전달체계 외에 인력상의 전달체계를 보면 자활지원센터의 경우 직원의 보수지급은 사회복지관 직원보수규정에 맞추고 있지만, 청소년자활관을 제외한 여타 사업을 담당하는 직원은 사회복지사 자격이 없는 자라도 직원이 될 수 있도록 하고 있다. 기존 복지관의 대다수의 직원이 사회복지사인 점과 비교하면 특이하지만 당초 설치목적에서도 차별성을 찾을 수 있다.

(4) 급여형태

자활보호정책의 급여형태로는 그것이 현금급여가 되든, 현물급여가 되든 스스로 자활할 수 있도록 지원한다는 관점에서 보면 ‘능력 부여’의 형태가 될 것이다. 특히 자활지원센터는 자활지원신청이 있을 경우, 참여자의 사업수행능력 등을 고려하여 지원여부를 결정하게 된다. 다시 말해서 창업이나 직업보도교육에서도 보육의 개념에서 급여가 이루어진다고 분석할 수 있다.

제2절 1990년대의 사회복지서비스

사회복지서비스 분야는 사회복지정책 중에서 공공부조와 마찬가지로 중앙정부와 지방자치단체로 연결된 전달체계상에서 이루어진다. 대부분의 사회보험이 별도의 기구로서 전달체계를 유지하고 있는 것과는 달리 지방정부가 보호 및 실시 책임 부서가 된다는 특징이 있다. 공공부조로서의 생활보호는 자산조사를 기초로 한 광범위한 인적대상이 급여대상이라면 사회복지서비스는 개별적 사회계층을 대상으로 이루어지는 것이다. 따라서 여기서는 생활보호차원의 클라이언트를 제외한 대인서비스 영역이 분석대상이 된다.

우리나라의 경우 사회복지서비스 분야의 프로그램은 1980년대부터 제도적으로 정비되고 있으나 사회보험분야와 비교하면 여전히 약세에 있다. 내용에 있어서도 전체 국민을 대상으로 한 복지서비스는 초기 단계에 있고 시설보호차원의 프로그램이 주류가 된다. 1981년에 아동복지법, 장애인복지법, 노인복지법이 제정되고 1989년에는 모자복지법이 제정되는 등의 단계를 거쳐 노태우 정부 시기인 1991년에는 영유아보육법이 제정되었다. 따라서 1980년대와 1990년대 초반은 사회복지서비스의 제도적 정비기로 볼 수 있다. 이러한 입법에 의한 제도적 정비는 사회복지서비스 예산부문에도 특징화되고 있다. 보건복지부 예산의 10~12% 정도가 1990년대 전반의 사회복지서비스 부문 예산으로 편성되고 있는 것이 예가 될 수 있다.

1993년부터 시작되는 김영삼 정부는 1994년에 국민건강증진법, 1995년에 사회보장기본법, 정신보건법, 사회복지공동모금법, 여성발전기본법 등을 제정하여 사회복지서비스의 다양화를 시도하고 있다. 그러나 세계화와 개혁우선주의의 정책이념 하에 사회복지서비스는 오히려 정체되는 현상을 가져왔다. 그리고 1998년 이후의 김대중 정부에서는 1999년 1월 장애인복지법 개정, 12월의 국민건강보험법의 개정 등이 있었다. 이 시기는 외환위기극복을 위한 경제정책이 주류를 이루는 가운데 새로이 등장한 실직 노숙자에 대한 사회적 서비스가 이슈화된 특징을 갖는다.

다시 말하자면 1990년대 후반의 사회복지서비스 부문은 경제위기로 인한 과도

기적 단계에 있다고 할 수 있다. 경제영역에서의 생산력의 증대와 경제성장을 통한 전체 파이를 늘림으로써 사회복지는 해결될 수 있다는 이념이 바탕이 되고 있지만 실제는 빈곤층 외에도 실직자 등의 새로운 사회복지대상에 대한 서비스를 확대하게 되는 사회안정적 정책이 추진되는 상황이기 때문이다.

사회복지서비스 정책과 관련한 분야는 그 범주에 따라 다소 차이가 있다. 여기서는 아동복지서비스, 장애인복지서비스, 노인복지서비스, 여성복지서비스, 부랑인복지서비스 등의 다섯 가지 분야로 나누어 세부적으로 분석하였다. 대인서비스를 기준으로 할 때 청소년복지서비스 분야가 추가될 수 있겠으나 분석대상에서 제외하기로 한다. 그 이유는 청소년은 인생주기상 아동의 연장선상에 있으며, 정책 내용으로도 일반학생층 청소년이 있고 근로청소년이 있어서 사회복지서비스 차원에서와는 다소 다른 영역을 포함하고 있기 때문이다. 정부의 정책 부서 역시 문화부, 교육부, 노동부 등에서 개별적으로 담당하고 있어 별도의 분석방법이 요구되는 분야이다.

1. 아동복지서비스

아동복지서비스에 대한 이념은 아동을 어떻게 보고 어떻게 이해하느냐에 관계된다. 따라서 그 시대, 그 사회의 아동관(兒童觀)과 밀접한 관계가 있는 것이다. 아동기는 인생주기상 초기단계에 속하므로 대인서비스에 있어서도 가장 기초가 되는 부문이 된다. 고대 원시시대에는 수렵이나 채취에 의한 종족 내지 집단사회였던 만큼 아동은 개별적인 존엄성보다는 장정(壯丁)으로의 성장가능성에 가치가 주어졌다. 중세시대에 들어오면 서양은 신분사회와 종교사회의 영향으로 대다수의 아동은 농노의 자원으로서 취급되었고 우리나라 역시 신분이 낮은 계층의 아동은 같은 맥락에서 다루어졌다.

이것은 산업혁명 등으로 근대사회로 이행되면서 자본주의 이념 하에서 아동은 노동착취로부터 보호해야 할 대상으로 등장하게 된다. 1959년 11월 20일 제14차 UN총회에서는 『아동의 권리』를 선언하게 되어 아동복지향상의 기초를 마련하게 된다. 그리고 우리나라의 노태우 정부 시기인 1990년 9월에는『아동의 권리에 관한 국제협약』이 40개 국가의 비준을 거쳐 국제법으로 형성되게 된다.

1990년대의 우리나라의 아동복지와 관련한 법제적 측면을 보면 1991년 1월에 『영유아보육법』이 6세 미만(일부는 12세까지)의 탁아아동에 대한 법률로 제정되고 1993년 8월에는 일부 개정되었다.[22] 그리고 1999년 12월에는 아동복지법이 1990년의 국제협약을 고려하여 다소 보편주의적인 성향의 이념을 추가하여 전면 개정하게 되었다.

1) 노태우 정부 시기

(1) 급여대상

아동복지의 대상은 보편주의적 원리에 따른 것이냐 선택주의적 원리에 따른 것이냐에 따라 전체아동이 되기도 하고 요보호아동이 되기도 한다. 여기에서는 일반 아동을 포함한 전체아동을 대상으로 하기보다는 사회문제의 구체적 대상이 되는 요보호아동에 대한 서비스정책을 주로 분석하였다. 아동이라는 개념은 연령을 기준으로 한 미성숙단계의 인간을 의미한다. 우선 아동복지법상이나 관련법에서 성하고 있는 연령기준 대상을 보면 다음과 같다.

아동복지법상에서는 '18세 미만의 자'로 규정하고 있고 근로기준법에서도 "18세 미만의 자에게는 도덕상 · 보건상으로 위험한 사업에 사용치 못한다."라고 규정하고 있다. 그리고 민법에서는 20세 미만의 자를 미성년자로 보고 있다. 이러한 연령기준은 아동기와 연접해 있는 청소년기와도 관련됨으로써 논란의 대상이 될 수 있다. UN에서는 15세에서 24세 사이를 청소년으로 규정하고 있다. 우리나라의 경우 1990년을 기준으로 한 청소년인구는 남자 4,598천 명, 여자 4,225천 명으로서 우리나라 전체인구의 20.6%에 달하고 있다.[23]

---

22) 우리나라의 아동복지관련법은 1961년『아동복지법』이 제정된 것이 처음이며 1981년에 아동복지법으로 개정되어 제도가 정비된다.

23) 국제연합(United Nations)에서 발간한 청소년에 관한 통계 및 지표 1970～1990(Statistical Charts and Indicators on the Situation of Youth 1970～1990, New York ; United Nations Department of Economic and Social Development, 1992)에서는 전 세계 182개 국가를 대상

우선 한국보건사회연구원의 『한국의 보건복지지표』에서는 우리나라의 아동인구를 1990년도를 기준으로 13,704천 명으로 추계하고 있다. 우리나라 총인구 42,869천 명의 32%에 해당한다.

| 표 5-30 | 요보호아동 발생 및 보호 현황(1990~1992) (단위 : 명)

연도	계	발생 유형별				보호 내용별		
		기아	미혼모 아동	미아	가출아	시설 보호	위탁 보호	입양
1990	5,721	1,844	2,369	360	1,148	3,734	1,134	853
1991	5,095	1,610	2,020	188	1,277	3,414	999	682
1992	5,020	1,481	1,813	241	1,485	1,485	1,212	686

자료 : 보건복지부, 『보건복지통계연보(각 년도)』 및 보건사회연구원, 『한국의 보건복지지표(각 년도)』재작성.

그리고 요보호아동의 발생 및 보호 현황을 연도별로 보면 <표 5-30>에서와 같이 1992년 말 현재 5,020명으로 1990년도 말에 비하여 701명이 감소한 것으로 나타난다. 이것을 요보호아동이 자연 감소한 것으로 보기에는 무리가 있으며 오히려 정권 말기에 접어들면서 아동상담소에 근무하는 요원들의 단속 활동횟수가 줄어든 데 기인하는 것으로 분석된다.

여기에서의 보호 내용별 인원은 전체 보호대상자가 아닌 발생유형에 따른 조치결과인원이며 전체 아동복지서비스시설 등의 대상자는 제외된다. 이 밖에도 영유아보육법이 1991. 1. 14자로 제정 · 공포됨에 따라 보육대상아동도 아동복지서비스정책의 급여대상자 범주에 포함되어야 할 것이다. 한국행동과학연구소가 평균가구 소비지출의 50% 이하인 빈곤률 12.1%를 적용하여 산출한 저소득층 보육대상아동은 1990년을 기준으로 131천 명으로 나타났다. 그리고 일반아동 955천 명을 포함하면 총 1,086천 명에 이른다. 이것은 1990년대가 사회복지서비스 부문에서도 보편성을 도입하고 있다는 이념적 변화를 의미하는 것이다.

으로 조사 · 제시하고 있다.

(2) 급여재원

우리나라의 아동복지서비스 예산은 1991년의 『제7차 경제사회발전 5개년 계획』의 사회보장부문계획에 따르면 1990년도에 483억 원이며 이중 국고부담분은 315억 원으로서 65% 정도에 해당한다. 이것은 1989년의 162억 원에 비하면 급증한 것이다. 그리고 지방비는 128억 원으로서 26% 정도이며, 민간자체부담이 42억 원으로서 9% 정도이다. 아동복지서비스예산의 국고부담분은 보건사회부 전체예산 1조 1,391억 원의 2.8%에 해당하며 정부일반회계 세출예산의 0.1%에 불과하다. 세부내역별로 보면 아동복지시설 운영지원비가 전체 예산의 과반수에 가까운 약 4.2%로 대부분을 차지하고 있으며, 보육시설 운영지원 및 급식비 지원이 34%이고, 그 밖에는 시설 신축, 개축 및 장비보강사업, 소년소녀가장세대보호, 아동직업훈련 및 영농교육지원, 입양사업, 결연사업 지원비 등이 차지하고 있다.

그리고 시설운영비 중에서 자부담 비율은 사회복지사업법 제7조와 제12조에 의해 10~12%에 해당한다. 이것은 아동복지법 제27조 및 시행령 제13조의 비용의 보조항목에서도 규정되어 있다. 즉, '국가와 지방자치단체는 대통령이 정하는 바에 의한 비용의 전부 또는 일부를 보조할 수 있다'는 내용이 그것이다. 국가책임과 사회복지시설 운영자의 재원충당의 공동책임을 강조한 것이며 해석에 따라서는 국가는 예산의 범위 내에서 보조할 수도 있고 보조하지 않을 수도 있다는 소극적 의미를 가진다.

우리나라의 경우 아동복지시설이 사회복지시설 중 가장 먼저 시작된 사회사업이지만 대부분의 아동복지시설은 정부보조금에만 의존하고 자체부담금은 제대로 확보하지 못하는 실정이었다. 민간재원조달은 자체 수익사업보다는 단순히 후원금에 치중하고 있었고 지역에 따라 그 모금 실적도 차이가 심하다는 것이다. 실제로 아동복지시설의 경우 자체부담금의 비율이 최저 수입액의 20%기준에 미달하는 시설이 전체시설의 75%에 이른다. 이중에서 자체부담금을 확보하지 못한 시설이 4%이며 5% 미만인 경우가 20%, 10% 미만인 경우가 29.0%로 전체의 과반수 이상이 수입액 대비 자체 부담금이 10% 미만에 이른다. 특히 아동복지시설 중에서도 영아시설은 육아시설과 함께 자체보조금이 매우 낮은 시설인데, 영아시설의 경우 전체의 82.8%가 자체부담금이 전체수입액의 20%에 미달하고 있다. 더욱이 정부는 사회복지시설 경비의 80%를 보조하겠다고 하지만 실제로는 70.3%에 불과하다. 그중에서도 종사자의 인건비, 급식비, 수당 등과 같이 전문인력 채용과 직접적 관련이 있는 제반비용에 대한 시설자체부담은 시설의 전문적 서비스제공에 주요 장애요인이다.[24)]

그러나 보건사회부 예산과 아동복지서비스예산이 제5공화국 시기에 비해 증가비율이 높아지고 있어 이러한 복지욕구에 대응하기 위한 이행단계로 평가된다.[25)] 즉, 1991년에는 보건사회부 예산 14,628억 원의 3.4%인 498억 원이 아동복지예산이고 1992년에는 15,462억 원 중 4.2%인 647억 원이 아동복지예산으로 증가현상을 보여준다. 이것은 1991년 1월 14일의 영유아보육법 제정으로 보육서비스예산이 1992년에 455억 원이 편성된 것이 주요요인이다. 그리고 보육사업예산을 제외한 아동복지예산의 내역을 보면 <표 5-31>과 같다.

❙ 표 5-31 ❙ 아동복지예산 추이(1988~1992)

연도	1988	1989	1990	1991	1992
금액(백만 원)	14,103	16,209	31,504	19,645	21,855

자료 : 재정경제원, 『예산개요(각 년도)』.

노태우 정부 시기에 보육사업에 투자된 정부예산은 1990년에 191억 원, 1991년에 419억 원, 1992년에 616억 원으로서 상당한 증가세를 보이고 있다.

(3) 급여전달체계

노태우 정부 시기의 아동복지서비스 전달체계는 1991년의 영유아보육법 제정 이전의 내무부산하 '새마을유아원'이 '어린이집'이라는 새로운 체계로 전환된 것이 특징이 될 수 있다. 즉, 제5공화국 시기까지의 '탁아'이념이 이 시기부터 '보육(보호 + 교육)'의 서비스이념으로 전환된 것이다.

---

24) 중앙대학교 사회복지학과 편, 전게서, pp. 162~163.

25) 제5공화국 시기의 보건사회부증가비율은 정부총예산에서 '81년 2.18%, '82년 2.50%, '83년 2.72%, '84년 2.75%, '85년 2.89%, '86년 2.90%, '87년 3.27%를 차지하고 있다.

우선 보건사회부를 정점으로 하는 중앙 및 지방전달체계에서 아동복지서비스 기관 · 시설에 이르는 기구중심의 공적 전달체계를 보면 <그림 5-9>와 같다.

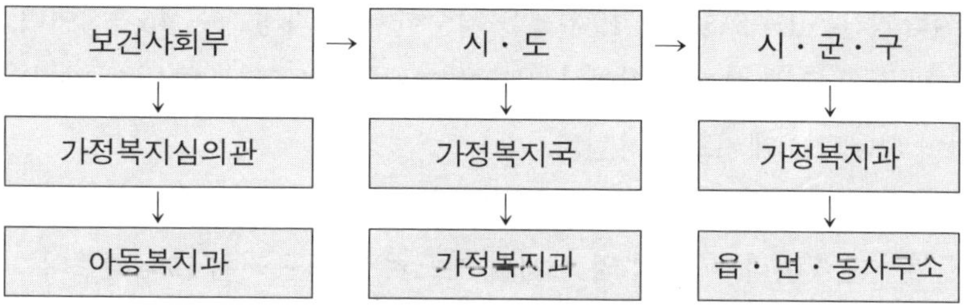

주 1) 1990년 11월 14일 대통령령 제13165호로 가정복지심의관으로 변경(당초 가정복지국).
2) 시 · 군 · 구가 관할하는 아동상담소체계가 별도로 있음.

〈그림 5-9〉 아동복지서비스 전달체계(1991년 기준)

그리고 아동복지서비스의 기본이 되는 아동복지시설의 현황을 보면 1988년에는 276개소에 25,901명이 수용되었고, 1989년부터는 점차 수용인원이 감소하고 있다<표 5-32>.

이것은 요보호아동을 시설이 아닌 지역사회 차원의 보호를 추진한 노태우 정부의 복지이념을 보여주는 것으로 보인다.

▌표 5-32 ▌ 아동복지시설 현황(1989～1992) (단위 : 개소)

연도	계	영아	육아	직업보도	기타
1989	280 (24,531)	38 (2,682)	224 (20,969)	9 (442)	9 (438)
1990	278 (23,450)	38 (2,388)	223 (20,147)	7 (444)	10 (471)
1991	279 (22,327)	38 (2,326)	221 (19,007)	7 (429)	13 (565)
1992	278 (21,293)	38 (2,240)	219 (18,046)	8 (430)	13 (577)

주 1) ( )내서는 수용인원임.
2) 기타는 자립지원, 교호시설임.

한편, 정부는 1988년 5월부터 기아·미아 및 극빈 가정 아동을 시설에 수용 보호하는 대신에 가정위탁보호서비스를 인천과 광주 두 곳에서 시범 실시하게 된다. 위탁보호가정의 선정기준은 30~55세 일반가정으로 결혼 후 3년이 경과되어야 하며, 위탁기간은 1~5년이다. 1990년을 기준한 위탁 가정 수는 46가정이며, 아동 수는 68명 정도이다. 이것은 김영삼 정부를 거쳐 김대중 정부 초기의 가정위탁보호사업이 확대되는 계기로 작용한다.

우리나라의 보육사업은 1921년 서울의 태화사회관이 탁아프로그램을 개설함으로써 시작된 것이다. 이것이 몇 차례의 제도적 변화를 거쳐 1991년부터는 영유아보육법에 의한 보육시설로 일원화된다. 그 제도의 변화 중 직접적인 계기는 1987년 12월에 노동부에서 『남녀고용평등법에 의한 직장탁아제도』를 도입하였고, 1989년 9월에는 보건사회부에서 아동복지법에 의한 보육사업을 독자적으로 관리운영하게 된 것에 기인한다.

<표 5-33>에서 보는 바와 같이 1992년에는 보육시설이 급증하고 보육아동 수도 늘어나는 현상을 나타낸다. 이것은 우리나라 아동복지서비스의 획기적 발전을 의미하는 것이다.

| 표 5-33 | 보육시설 현황(1991~1992) (단위 : 개소)

구분	계	국·공립 보육시설	민간 보육시설	직장 보육시설	가정 보육시설
1991	3,630 (89,441)	503 (37,017)	1,127 (36,099)	19 (712)	1,931 (15,613)
1992	4,513 (123,297)	720 (49,529)	1,808 (57,797)	1,931 (15,613)	1,957 (15,203)

주) ( )내서는 아동 수임.

아동복지시설에 종사하는 전체 인원은 1989년에 3,543명이며 이중 보육사와 보조원이 1,985명으로 과반수 이상을 차지한다. 이처럼 아동복지시설이나 영유아보육시설에도 무자격자가 배치된 경우가 많음이 노태우 정부 시기인 아동복지인력의 전문성이 떨어지게 하는 주요 요인으로 작용하고 있다.

(4) 급여형태

사회복지정책의 내용변화 요인 중 급여형태 부문은 크게 보면 현물급여와 현금급여가 있다. 그러나 여기서는 두 가지 형태 외의 기회, 힘의 부여, 사회적 서비스 등의 형태를 중심으로 분석하였다. 우선 아동복지시설의 영역과 연관된 부문을 보면 퇴소아동에 대한 취업알선서비스가 있다. 시설아동은 18세가 되면 시설에서 퇴소하게 되는데, 퇴소아동은 대부분 취업이 되었다고 하더라도 숙소마련 등이 어렵게 된다. 이러한 문제점에 대한 대책으로 1990년도 말 기준으로 서울, 부산, 인천, 대전, 전북, 경남 등 6개소에 자립생활관을 설치운영하고 있다.

이 밖에 <표 5-34>에서 보는 바와 같이 부모의 사망, 질병 등 가정의 해체로 인하여 발생한 20세 이하의 소년소녀가장세대 서비스 형태가 있다. 노태우 정부 시기는 이들 아동에 대해서 시설입소를 지양하고 소년・소녀가장세대로 지정보호하고 지역사회인사와의 결연이나 별도의 학용품비 등을 지원하는 등의 서비스를 하고 있는 것이 특징이다.

▌표 5-34▌ 소년・소녀가장세대 현황(1988~1992) (단위 : 세대, 명)

연도	세대수	전세대원					
		계	미취학	초등생	중학생	고교생	기타
1988	6,901	14,416	350	3,735	4,200	2,578	3,553
1989	6,537	13,633	195	3,522	3,970	2,782	3,164
1990	6,696	13,778	142	3,593	4,009	2,998	3,036
1991	6,902	14,081	121	3,650	4,093	3,374	2,927
1992	7,089	14,293	136	3,521	4,404	3,622	2,646

자료 :『보건사회백서』및『보건복지통계연보(각 년도)』.

그리고 국내입양활성화를 위해서 입양가정에 대해서는 1988년부터 부양가족수와 관계없이 소득세 인적공제혜택을 부여하고 있다. 1989년 11월에는 양부모자격기준도 완화하여 실시하고 있는 바, 연령 면에서 종전 45세 이하에서 50세 이하로 상향조정하고, 결혼 후 3년 이하라도 불임의 경우에는 입양할 수 있도록 한 것

❙ 표 5-35 ❙ 국내입양 건수(1988~1992) (단위 : 명)

계	1988	1989	1990	1991	1992
8,274	2,324	1,872	1,647	1,241	1,190

자료 : 『보건사회백서(각 년도)』.

이 그것이다. 이것은 국내입양 건수[26]의 확대를 위한 대책과 관계가 있는 것으로 본다<표 5-35>.

이렇듯 아동복지시설의 전달체계에서 벗어나는 18세 이후의 아동에 대한 취업 알선이나 지역사회 내에서 소년·소녀가장세대로 지정하여 공공부조정책과는 별개로 추가적 서비스를 전달하는 것은 급여형태의 선택원칙으로 보면 힘의 부여나 사회적 서비스 형태로 볼 수 있다. 특히 미혼모 등의 아동을 입양하는 서비스형태는 시설수용의 형태라는 또 다른 기회의 부여를 의미하는 것으로 분석된다.

2) 김영삼 정부 시기

(1) 급여대상

아동복지서비스 급여의 대상은 기본적으로 모든 아동이 된다. 특히 아동기는 정신적으로나 신체적으로 미성숙하고 발달단계에 있으므로 누구나 문제점을 안고 있다. 그러나 사회복지정책의 서비스 대상에서는 전체아동이 되기에는 한계가 있다. 왜냐하면 일반적으로 아동의 사회문제는 빈곤이나 실업에서 연유하는 아동유기나 편부모가정, 빈민지역, 유흥가 등과 같은 사회해체현상, 그리고 아동비행, 흡연 및 약물중독 등의 사회부적응으로 인한 일탈현상과 상관되어 발생하기 때문이다. 사회문제의 대처방안이 사회복지정책이라고 본다면 일단 사회문제로 유발될 수 있는 요보호아동이 서비스의 대상이 될 수 있는 것이다.

우리나라의 아동복지정책이나 서비스의 근간이 되는 아동복지법이나 관련법령에서도 기아나 가출 부랑아 등의 요보호아동에 초점을 두고 있다.[27] 사회복지

26) 국외입양 건수는 1989년 4,191명, 1990년 2,962명, 1991년 2,197명, 1992년 2,045명으로 국내입양건수의 2배에 달하고 있다.

서비스의 대상으로 삼고 있는 우리나라의 전체아동인구의 추이를 보면 1970년대에는 전체인구의 50% 정도에 달하던 것이 1980년대 초반에 이르면 40% 정도로 줄어든다. 이것은 새마을운동의 일환으로 가족계획사업이 1970년대 후반부터 활발히 추진되어온 결과로 보아진다.

통계청의 장래인구추계(1991)에서는 1990년의 전체인구 4,286만 9천 명의 34.1%인 1,462만 명을 나타내고 있으며, 1996년의 장래인구추계에서는 1997년에 전체인구 4,599만 명의 27.7%인 1,276만 명으로 추계하고 있다. 이중 요보호아동 수는 일반적으로 전체아동 수의 5% 정도로 보고 있다.

그리고 아동복지의 실제 대상이 된다고 볼 수 있는 요보호아동의 발생유형과 조치결과를 보면 <표 5-36>에서 나타나는 바와 같이 1993년에 총 4,451명이던 것이 1997년에 이르면 6,734명으로 지속적으로 늘어나고 있는데 요보호아동 발생건수를 보면 1993년에는 미혼모아동 – 기아 – 가출아 순이었으나 1997년에는 가출아 – 미혼모아동 – 기아 – 미아 순서로 구성비가 변화하고 있음을 알 수 있다.

▌표 5-36▐ 요보호아동 발생 및 보호 현황(1993~1997) (단위 : 명)

연도	계	발생유형별				보호 내용별			
		기아	미혼모 아동	미아	가출아	시설 보호	위탁 보호	입양	소년 · 소녀 가장
1993	4,451	1,330	1,904	137	1,080	2,940	943	568	-
1994	5,023	1,386	1,781	192	1,664	2,953	927	760	383
1995	4,576	1,227	1,285	149	1,915	2,819	505	472	780
1996	4,951	1,276	1,379	189	2,107	3,161	727	479	584
1997	6,734	1,372	1,833	342	3,187	3,917	1,209	898	710

자료 : 보건복지부 보육아동과 내부자료.
주) 1993년의 보호 내용 중 소년 · 소녀가장 보호 자료는 없음.

27) 1961년 12월 30일 제정된 아동복지법이 1981년 4월 13일 법률 제3438호로 전문개정된 아동복지법 제2조에서는 "요보호아동이라 함은 아동이 그 보호자로부터 유실 · 유기 또는 이탈된 경우, 그 보호자가 아동을 양육하기에 부적당하거나 양육할 능력이 없는 경우 또는 기타의 경우에 이 법에 의하여 보호를 받을 아동을 말한다."라고 정의하고 있다.

특히 가출아동은 1994년부터 급속하게 증가하고 있는데, 이것은 가족해체나 가족간의 유대감 상실에서 오는 결과로 볼 수 있다. 특히 1997년의 가출아동 발생이 3,187건으로 증가하고 있는 것은 경제위기로 인한 국제통화기금(IMF) 관리체제에 들어선 환경적 측면을 설명해주고 있다.

(2) 급여재원

우리나라의 사회복지정책은 겨우 제도적 단계이고 과감한 실천적 단계라고는 할 수 없다. 그 이유로서는 개발도상국의 일반적인 예에서 찾아볼 수 있는 바와 같이 예산투자의 우선순위가 경제개발촉진을 위한 정부투자소요의 증대로 세출규모의 증가를 들 수 있다. 오늘날의 사회복지정책은 지극히 경제정세에 따라 좌우되는 실정이라는 점이다.[28)]

1995년도를 기준한 아동복지예산은 <표 5-37>에서 보는 바와 같이 총 116,092백만 원이며, 이중 생계보호예산인 시설보호예산이 27,637백만 원이다. 그리고 아동 건전육성 예산이 4,949백만 원이며, 영유아보육시설에 소요되는 사업비가 83,406백만 원으로 편성되어있다. 이것은 영유아보육법이 시행되기 전인 노태우 정부 시기인 1989년의 아동복지서비스예산 16,209백만 원에 비교하면 괄목할만한 성장추세를 보이고 있다. 그러나 국가 전체예산에서 사회복지서비스 예산이 차지하는 비율은 1% 미만에 머물고 있는 실정이며, 전체 사회복지예산도 GNP의 2%수준에 있다.[29)]

❙ 표 5-37 ❙ 일반회계 아동복지예산(1995년 기준) (단위 : 백만 원)

구분	계	시설보호	아동건전육성	보육사업
금액	116,092	27,637	4,949	83,406

자료 : 보건복지부 아동복지과 내부자료.

28) 이계탁, 『복지행정학 강의』, 나남출판, 1994, p. 291.

29) 1997년도의 전체 사회복지예산은 2,851,166백만 원으로 정부예산 67,578,600백만 원의 4.2% 정도이다.

김영삼 정부 시기의 아동복지 급여 재정의 변화는 아동복지시설의 확충이나 보호수준의 향상에서 비롯되는 변화는 극히 미미한 수준이다. 그러나 보육시설 확충에 따른 보육사업예산은 뚜렷하게 증가하고 있는 것이 특징이다. 이는 1991년의 영유아보육법의 시행으로 과거 내무부 산하의 새마을유아원이 보건사회부 소관으로 이전된 뒤 '어린이집'으로 탈바꿈한 데에 원인하는 것이다. 기존 시설의 현대화와 신규시설의 건축 및 기능보강에 상당한 재정을 투자한 결과이기도 하다.

보육사업에 투자한 예산은 김영삼 정부 첫해인 1993년도에 985억 원, 1994년도 1,188억 원, 1995년도 1,774억 원, 1996년도 2,376억 원으로서 연평균 40% 징도의 증가를 보이고 있다. 1997년도에는 2,917억 원의 정부예산과 직장 및 민간 보육시설설치를 위한 시설자금 융자로 국민연금기금 2,000억 원 등의 총 4,917억 원을 투자하였다. 정부가 지원하는 보육사업의 비용은 국가와 지방자치단체가 공동으로 부담하고 있으나 지방자치단체의 부담이 점차 늘어나고 있다. 이것은 김영삼 정부 후반기인 1995년부터 어린이집을 개설하고자 하는 신청자가 급증하였고 지방자치제인 정치체제에서 민선 단체장들도 선거를 의식한 정책추진이 많아진 것도 환경적 요인이 된다.

(3) 급여전달체계

노대우 정부의 후반기인 1991년의 영유아보육법 시행은 아동복지전달체계에서도 많은 변화를 가져오게 한다. 즉, 노태우 정부가 과거 전문화되지 못했던 아동복지시설에 대하여 영아, 육아, 직업보도, 교호시설 등으로 영역별로 전문화시켰다면 김영삼 정부 시기에는 기존의 아동복지시설을 중심으로 지원되던 전달체계에 보육시설을 추가하여 이원화시키고 있는 것이 특징이다. 먼저 중앙정부로부터 지방정부에 이르는 복지행정기구상의 전달체계를 보면 <그림 4-10>과 같다.

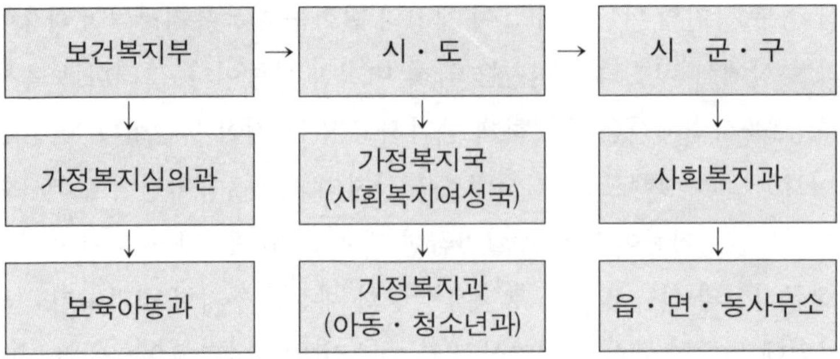

주 1) 보건복지부의 보육아동과는 1997.5.22 직제 개편으로 명칭변경(당초 : 아동복지과).
2) 시 · 군 · 구 단위의 과부서 명칭은 김영삼 정부 시기 동안 각기 다른 명칭으로 사용됨 (예 : 복지행정과).
3) 시 · 군 · 구 관할 아동 · 청소년 상담소가 별도로 있음.

<그림 5-10> 아동복지서비스 전달체계(1997년 기준)

이러한 정부행정조직과 밀접한 관계에 있는 아동복지서비스 민간전달체계는 <표 5-38>과 <표 5-39>에서와 같이 아동복지시설체계와 보육시설체계로 구분할 수 있다.

먼저 아동복지법(1989)에 규정된 시설은 아동상담소, 교호시설, 아동입양위탁시설, 정서장애아시설, 자립지원시설 등이 있다. 그리고 이 당시의 영유아보육법에서 정하고 있는 보육시설은 4가지로 구분되는데, 국 · 공립 보육시설, 민간보육시설, 직장보육시설, 가정보육시설이다. 김영삼 정부 시기의 아동복지시설 현황을 보면 1993년에는 278개소 20,194명이 수용되어 보호를 받았고 점차 감소하여 1997년에는 274개소 16,936명이 보호를 받고 있는 것으로 나타났다. 이처럼 아동복지시설의 수용인원이 감소하는 것은 노태우 정부 이후 지속된 소년소녀가장세대 보호서비스의 영향에 의한 것이다. 즉, 시설보호보다는 거택보호의 이념으로 흐르고 있음을 보여주는 것이다.

영유아보육시설의 확대는 1990년부터 사회복지서비스정책의 주요 분야사업으로 추진되어 1997년에는 13,315개소에 456,655명이 보육서비스를 받은 것으로 나타나고 있다<표 5-39>.

▎표 5-38 ▎ 아동복지시설 현황(1993~1997) (단위 : 개소)

연도	계	영아	육아	직업보도	기타
1993	278 (20,194)	38 (2,260)	218 (16,914)	8 (346)	14 (674)
1994	275 (19,214)	37 (2,120)	217 (16,079)	7 (321)	14 (694)
1995	269 (18,074)	36 (2,118)	215 (15,105)	5 (231)	13 (620)
1996	271 (17,142)	27 (1,481)	215 (14,378)	6 (242)	22 (969)
1997	274 (16,936)	26 (1,589)	214 (13,873)	6 (245)	28 (1,229)

자료 : 보건복지부, 『보건통계연보(1997)』, 『보건복지백서(1998)』.
주) ( )내서는 수용인원임. 기타는 자립지원시설, 일시보호시설, 아동상담시설임.

▎표 5-39 ▎ 보육시설 현황(1993~1997) (단위 : 개소)

시설 명	1993	1994	1995	1996	1997
합계	5,490 (153,105)	6,975 (219,308)	9,085 (293,747)	12,098 (403,001)	13,315 (456,655)
국공립 보육시설	837 (55,133)	983 (70,937)	1,029 (78,831)	1,079 (85,121)	1,096 (86,560)
민간보육 시설	2,419 (80,400)	3,091 (119,968)	4,125 (170,412)	6,037 (255,844)	6,809 (301,977)
직장보육 시설	29 (560)	37 (976)	87 (2,388)	117 (3,596)	132 (4,251)
가정보육 시설	2,205 (17,012)	2,864 (27,427)	3,844 (42,116)	4,865 (58,440)	5,278 (63,867)

자료 : 보건복지부, 『보건복지백서(1998)』.
주) ( )내서는 보육아동 수.

이와 같은 보육시설의 확대 역시 사회복지정책으로서의 아동복지서비스의 확대로 직접적 설명이 가능하지만 근본적으로는 젊은 층의 여성인력을 노동력으로 활용하고자 하는 기업과 국가의 노동력활용을 비롯한 경제정책적인 효율성의 이념과도 합치된 것으로 분석할 수 있다.

(4) 급여형태

사회복지정책에서 공공부조정책은 현금이나 현물위주의 방식을 통한 급부로 이루어지게 된다. 반면에 서비스정책은 재화의 공급보다는 급여대상자의 사회적 적응을 돕는 용역의 공급에 주된 목적이 있다. 그러나 이 두 가지 정책은 상호 배타적인 영역을 가지고 적용되는 것보다는 보완성이 중요하게 된다. 다시 말하면 경우에 따라서는 하나의 대상에게 양자가 혼합적으로 적용될 수도 있고 급여방식에 있어서도 상황이나 필요에 따라 서비스정책에 재화가 공급되기도 하는 것이다. 뿐만 아니라 요보호아동을 시설보호가 아닌 지역사회보호프로그램의 실시에서도 서비스는 급여될 수가 있다. 적정한 양부모를 선정해서 입양을 시키는 것은 결손가정 아동을 정상적인 가정에서 성장할 수 있게 해주는 기회제공형태가 될 수 있다.

<표 5-40>에서는 시설아동과 소년가장세대(거택보호대상)에게 공공부조정책

▌표 5-40▐ 시설아동 및 소년가장세대 서비스 급부액(1996년 기준) (단위 : 원)

구 분	명목(인/년)	시설아동	소년가장세대
사회복지 서비스 급부	초등생학용품비	15,972	15,972
	중등생학용품비	26,917	26,917
	고교생학용품비	28,130	28,138
	피복비	-	49,790
	영양급식비	193,085	193,085
	중고생교통비	120,000	182,500
	교복비(중학생)	90,000	90,000
	교복비(고교생)	110,000	110,000
	운동화비	25,000	-
	교양도서비	60,000	60,000
	의약품비	1,920	-

자료 : 보건복지부, 『1996년도 아동복지사업지침』 재작성.

주 1) 소년가장세대는 운동화와 의약품비가 없으나 지방자치단체에서 운동화비용을 별도로 지급하는 경우가 있음.

2) 소년가장 피복비는 생계보호비 외에 추가 지급됨.

의 급부가 아닌 서비스정책의 추가보호의 내역을 볼 수 있는데, 지방정부의 소관 부서도 생활보호과나 사회과가 아닌 아동복지과(가정복지과)에서 추진하고 있다.

이것은 김영삼 정부가 과거 공공부조위주의 급여에서 사회복지서비스 형태의 급여체계로 전환되고 있음을 보여주는 것이다. 특히 행정개혁을 통해 공무원 수를 지속적으로 감축시키고 있지만 사회복지서비스 부문의 인력은 오히려 늘리고 있음도 정책내부 요인변동의 환경변수로 작용한 것을 분석된다.

한편 소년소녀가장세대 현황을 보면 1993년에 7,322세대, 14,293명에서 1997년에는 9,544세대, 16,547명으로 매년 증가하는 추세에 있다.

2. 노인복지서비스

우리나라의 경우 일반적으로 사회보장제도를 사회보험, 공공부조, 사회복지서비스로 구분하면서 사회복지서비스의 의미를 변화될 필요가 있는 어떤 상실의 고통 속에 있거나 개인적 기능과 적응상의 문제가 있는 가족과 개인에게 원조를 제공하는 등 사후적 성격에 초점을 두고 있다.[30] 이렇게 보건데 노인복지서비스정책은 광범위하게는 전체노인층을 대상으로 하는 사회문제해결차원의 서비스 부문이 될 것이다. 그러나 일반적으로 정부에서 관심의 대상으로 삼는 영역은 노인층 중에서도 정부정책으로 해결해야 할 계층이 된다. 특히 유병 장수하는 고령층이 많은 사회에서는 장기요양보호(long term care) 등의 시설보호가 중요시되는 것이다. 그리고 지역사회 내에서 보호하는 재가보호(home care or community care)의 방법도 우리나라의 경우는 노태우 정부 시기에 정책적 논의의 대상으로 자리매김하고 있다.

우선 이러한 노인복지서비스 정책에 대한 이념을 정책의 현실화인 제도화를 통해서 보기로 한다. 빈곤노인에 대한 공공부조정책은 1961년의 생활보호법 속에서 시작하였지만 1981년의 노인복지법 제정은 노인복지서비스의 이념을 법제화한

30) 장인협, 『사회복지학개론』, 서울대학교출판부, 1990, p. 6.

것으로 평가할 수 있다. 그런데 법 제정 이후 지속된 노인인구증가현상과 노인문제의 심각화 등으로 1989년 12월에는 종래의 노인복지법을 전면 개정하게 되는데 그 주요사항을 노인복지법 각 조 항에서 발췌하면 다음과 같다.

첫째, 제5조에서는 노인복지대책에 대한 자문에 응하기 위한 '노인복지대책위원회'를 국무총리 소속 하에 설치하도록 규정하고 있다.

둘째, 제11조에서는 재가노인을 위한 재가봉사제를 규정하고, 제13조에서는 65세 이상의 노인에게 노령수당을 지급할 수 있도록 규정하였다.

셋째, 제15조와 제16조에서는 노인의 생업지원을 위해 정부나 공공단체가 설치 · 운영하는 시설 안의 전매품 판매인 지정을 노인에게 우선권을 주도록 했다.

넷째, 제18조의 노인복지시설을 종래의 양로시설, 요양시설, 노인복지회관 외에 노인복지주택을 추가하고 있다. 그리고 제20조에서는 노인여가시설에는 경로당, 노인교실, 노인휴양소로 구분하고 있다.

1) 노태우 정부 시기

(1) 급여대상

노인복지서비스 대상은 인생주기상 고령기에 있는 노인들의 욕구의 해결이나 그들의 일상생활에서 제기되는 사회문제에 대한 것이라고 할 수 있다. 그러면 인생주기상 고령자를 연령적으로 어떻게 볼 것이며, 노인의 욕구는 무엇이며, 그리고 노인들이 사회생활에서 생기는 사회적 문제는 무엇인가에 따라서 대상은 달라질 수 있다고 할 수 있다.

우리나라에서 정하고 있는 노인은 연령상 65세 이상으로 보고 있다. 이것은 노인을 정의하는 조작적인 기준이 되는데 노인복지법과 생활보호법에서 기준으로 삼고 있다. 1951년 7월에 개최된 제2회 국제노년학회(2nd International Conference of Gerontology)에서는 노인을 "생리적, 육체적, 심리적, 정서적, 환경적 및 행동의 변화가 상호 작용하는 복합형태의 과정에 있는 자"로 규정하여, 주로 의학적 기준을 삼고 있는 것에 비하면 차이가 있다. 즉, 입법적, 행정적 편의상 형식적이고 구조적인 역 연령(歷 年齡)을 기준으로 하고 있는 것이다.

| 표 5-41 | 노인인구의 증가 추이(1990년 기준) (단위 : %)

구 분	노인인구 비	노인부양지수	노령화 지수
60세 이상	7.7	11.1	29.8
65세 이상	5.0	7.2	29.4

자료 : 경제기획원 및 통계청 내부자료.
주 1) 노령화 지수 : (65세 이상인구/0～14세 인구) × 100.
2) 노인부양지수(노년부양비) : (65세 이상 인구/15～64세 인구) × 100.

UN의 기준에 의하면 전체인구에서 65세 이상의 노인인구가 7% 이상이 되면 고령화 사회(aging society)로 본다. 우리나라는 1991년의 통계청 장래인구 추이에 의하면 1990년에 2,144천 명으로 전체인구인 42,869천 명의 5.0%가 노인인구로 나타난다<표 5-41>.

그러나 정부가 사회복지서비스 대상으로 삼는 직접 인구는 이보다 훨씬 적은 범주로 제한된다. 그리고 평균수명도 1990년 기준으로 71.3세에 달하고 있다.[31] 여기서 60세 이상의 인구비율인 7.7%는 이미 고령사회(aged society)에 진입한 스웨덴, 일본, 미국보다는 낮은 편이나 브라질의 7.1%나 태국의 6.0%에 비하면 다소 높은 편으로 보편주의적 노인복지서비스로의 이행의 필요성을 말해준다.

(2) 급여재원

우리나라의 사회복지서비스 예산의 구성을 보면 1990년을 기준으로 노인복지 예산이 33.3%이며, 아동복지서비스예산이 27.7%, 장애인복지서비스예산이 26.0%를 차지하고 있다. 그리고 부녀복지부문예산이 5.2%, 부랑인복지예산이 6.1%를 보이고 있다. 여기에서 보듯이 비교적 타 부문에 비하여 다소 높은 비율을 나타내고 있다.

먼저 사회복지서비스예산을 1990년 기준으로 보면 정부예산의 0.8%에 해당하며, 사회보장예산의 15.1%에 해당한다. 그런데 사회보장예산은 국민연금, 의료보호 및 의료보험, 산재보험과 보훈 분야의 복지서비스예산을 포함하더라도 정부예

31) 남자 67.4세, 여자 75.4세이다.

❙ 표 5-42 ❙ 사회복지서비스 예산 추이(1988~1992) (단위 : 억 원, %)

연도	정부예산	사회보장	공공부조	사회복지서비스	정부예산 대비(%)		
					사회보장	공공부조	사회복지서비스
1988	184,290	8,200	3,130	1,330	4.4	1.7	0.7
1989	220,470	11,430	3,800	1,590	5.2	1.7	0.7
1990	274,560	14,870	3,860	2,250	5.4	1.4	0.8
1991	313,800	19,960	4,380	2,710	6.4	1.4	0.9
1992	335,020	24,190	4,630	3,440	7.2	1.4	1.0

자료 : 보건복지부 기획예산담당관실, 재경원, 『예산개요 참고자료(각 년도)』.

❙ 표 5-43 ❙ 노인복지서비스 예산구성 내역별 현황(1989~1991) (단위 : 백만 원, %)

연 도	1989		1991	
주요부문	예산	비율(%)	예산	비율(%)
시설수용보호	4,201	60.1	5,313	13.5
노인교통비지원	-	-	24,984	63.7
노령수당	-	-	4,284	10.9
노인건강진단	861	12.4	811	2.1
재가노인봉사사업	32	0.5	59	0.1
효행자등 포상	175	2.5	175	0.4
경로당 운영비	1,500	21.6	3,248	8.3
대한노인회지원	56	2.2	380	0.9
기타	50	0.7	17	0.1

주) 사회보장부문계획(안)이므로 실제편성예산과는 다소 차이가 있음.

산의 5.4% 정도에 불과하다. 따라서 노인복지서비스부문의 예산도 결국 미미한 수준으로 볼 수 있다. <표 5-42>에서는 노태우 정부 시기의 사회복지서비스예산을 공공부조예산과 비교하여 나타낸 것이다.

노인복지서비스 예산내역을 1989년도와 1991년도를 기준으로 비교하여 보면 <표 5-43>에서 보는 것처럼 1991년에는 1990년부터 시행된 노인승차권 예산 24,984백만 원과 1991년부터 도입된 노령수당 예산 4,284백만 원이 증액되어 예산이 급증하였다. 노인복지서비스예산의 주요내역별 현황을 1991년의 『제7차 경제사회발전5개년계획』 사회보장부문계획(안)에 따라 분석하면 전체노인예산의 63.7%가 노인교통비지원에 소요된 것이다.

결국 노태우 정부 시기의 노인복지서비스예산의 전반적 경향은 종래의 시설수용보호 위주에서 재가복지사업으로 전환되는 시점의 특성을 보이고 있지만 보편적 원리에 의한 서비스예산의 기초를 형성하는 것으로 보아진다.

(3) 급여전달체계

우리나라의 노인복지사업을 운영하기 위해 마련한 최초의 조직은 1952년 10월 4일 사회부장관훈령으로 시달된 <후생시설운영요령>에 의해서이다. 그 후 1955년 2월에 정부행정기구개편으로 보건위생부와 사회부가 통합되어 보건사회부로 된 것이다. 정부는 1981년 노인복지법제정으로 1981년 11월 정부 직제개편 시에 보건사회부 내에 가정복지과를 신설하고 노인복지계가 업무를 담당하였다. 우선 보건사회부는 정점으로 하는 중앙 및 지방전달체계의 조직을 보면 <그림 5-11>에서 보는 바와 같이 1990년 11월 14일 대통령령 제13165호로 사회국과 가정복지국이 통합된 후 가정복지심의관 직제 하의 노인복지과가 신설되어 중앙 노인복지정책의 주무부서가 되며, 지방은 내무부산하조지으로 되어 있나.

그리고 이러한 공공부문의 전달체계를 거치거나 혹은 시・도나 시・군・구를 통한 지원 및 감독 하에 있는 민간전달기구를 보면 크게 노인복지시설과 노인복

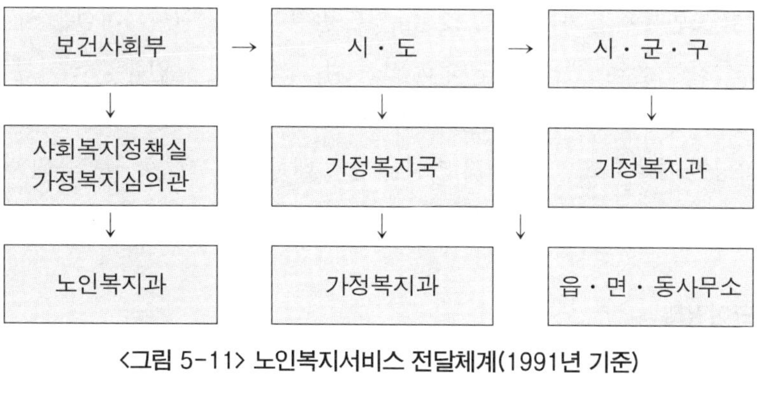

<그림 5-11> 노인복지서비스 전달체계(1991년 기준)

지기관이 있다. 이들 조직은 정부로부터 보조금지원 등을 통하여 정부서비스를 수행하거나 자체적인 부가적 서비스를 전달하게 된다.

노인복지시설을 크게 양로시설과 요양시설로 구분하여 보면 <표 5-44>에서 나타나는 바와 같이 1992년 기준으로 총 123개소의 시설이 있으며, 이중 무료양로시설이 76개소로서 대다수를 차지하고 있다. 그중에서 실비 노인요양시설은 1989년부터 설치되어 주로 저소득층 노인의 욕구를 해결하기 위한 대안으로 분석된다.

| 표 5-44 | 노인복지 수용시설 현황(1988~1992) (단위 : 개소, 명)

구분	계	무료양로시설	무료노인 요양시설	실비 및 유료시설
1988	79 (6,124)	67 (5,043)	12 (1,081)	- (-)
1989	93 (6,377)	69 (4,962)	18 (1,324)	6 (91)
1990	89 (6,409)	71 (4,962)	18 (1,447)	6 (91)
1991	106 (6,822)	72 (4,930)	19 (1,497)	15 (395)
1992	123 (7,209)	76 (4,848)	28 (1,802)	19 (589)

자료 : 보건사회부, 『보건사회통계연보(각 년도)』.
주 1) ( )내서는 수용인원임.
2) 노인복지회관은 1990년 기준으로 2개소 있음.

그리고 노인복지법 개정(1989.12.30)으로 법정화 된 노인여가시설은 시 · 군 · 구에 등록하여 관리 · 운영토록 하고 있는 바, 그중에서 노인휴양소는 설치되어 있지 않고, 경로당과 노인교실을 보면 1990년 기준으로 경로당은 18,264개소, 822,550명이 이용하고 있고, 1972년 서울 종로 태화관의 '서울평생교육원'에서 시작되었던 노인교실은 333개소, 30,307명이 이용한 것으로 나타났다.

(4) 급여형태

노인복지서비스 형태는 프로그램의 형태나 성격에 따라 달라질 수 있다. 우선 노인복지서비스란 "사회보장제도를 구성하는 사회보험과 공공부조 그리고 사회복지서비스 중 사회복지서비스에 해당하는 것으로 사회보험과 공공부조를 통하여 보장하는 소득과 건강(의료)같은 기본적인 욕구 이외의 대상인구 층의 특성 때문에 가지게 되는 특수한 욕구를 충족시키기 위한 대책"[32]을 말한다. 그러나 우리나라는 1981년 노인복지법이 제정되기 전까지는 공공부조 이외의 노인복지서비스프로그램이 거의 없었다. 뿐만 아니라 1981년의 노인복지법에서도 선언적인 내용이어서 시작에 불과했다. 그 후 1983년도부터 노인건강진단을 추진하는 등 노인공동작업장, 경로당 유영비지원 등의 서비스가 확대된다.

1989년 12월 30일 전면 개정된 노인복지법에서는 상당히 다양화시키고 있는데 몇 가지를 분석하여 보면 다음과 같다.

첫째, 노령수당의 급여를 들 수 있다. 노인복지법 제13조에서 규정하고 있는 노령수당은 1991년부터 70세 이상 거택보호대상가구주 등 76천 명에게 월 1만 원씩 급여했다. 이것은 1994년에 가서야 전체생활보호노인에게 월 1만 5천 원씩을 지급하게 되며, 공공부조와는 별개의 소득보장프로그램으로 볼 수 있다.[33]

둘째, 대한노인회가 1981년부터 운영해온 노인능력은행은 급여형태의 선택원칙으로 볼 때 '기회'와 '힘'의 부여형태라고 할 수 있다. 1992년 기준으로 장기취업알선 25,438명, 단기취업알선 62,571명으로 총 88,009명을 취업시키고 있나. 이외에도 경로당이나 노인복지시설로서 작업장설치가 가능한 시설을 선정하여 개소 당 200만 원을 지원하여 노인공동작업장 54개소를 운영하고 있다. 이러한 노인인력활용정책은 단순한 급여대상으로만 보는 관점의 전환에서 비롯된 것이다.

셋째, 노인건강진단프로그램을 통하여 1983년부터 저소득층노인을 대상으로 무료건강진단을 하고 있으며 1992년에는 진단 항목에 당뇨병, 백내장 등의 노인성 질환을 추가하여 1차 건강진단 121,534명과 질환의심자 중 17,342명이 2차 건강진단을 받은 것으로 나타났다. 이것은 공공부조에서 실시되는 의료보호급여에 비해 예방적 의료서비스형태라고 할 수 있다.

넷째, 노인에 대한 우대제도와 노인부양가족에 대한 서비스급여가 있다. 이는

32) 최경석, "노인복지서비스", 『현대사회보장론』, 한국복지정책연구소 출판부, 1990, p. 138, p. 179.
33) 노령수당지급 근거는 1989년 12월 30일 노인복지법 개정에서 마련되었다.

현금, 증서, 감면, 면세, 할인 등 다양한 급여형태로 실시된다. 우리나라의 경로우대제도는 1980년 5월 8일 어버이날을 기하여 70세 이상의 노인을 대상으로 시작하여 1982년부터 65세 이상으로 확대되었다. 철도, 고궁, 공원, 국·공립 박물관 및 공원에 할인서비스를 하고 민영시내버스에 대해서는 승차권을 지급하는 증서형태의 서비스도 있다.

그리고 1992년 3월에는 '노부모봉양풍토조성시책'이 국무회의에서 확정되어 상속세 공제혜택, 소득세 공제혜택, 양도소득세 면제 등의 서비스 형태가 급여되기에 이른다.

2) 김영삼 정부 시기

(1) 급여대상

노인이 사회복지정책의 대상이 되는 것은 아동과 마찬가지로 인생주기상 힘든 애로의 지점에 있다는 인식에 기초한다. 아동이 신체·정서적으로 미성숙 시기에 있어 부모나 사회의 지원대상이 된다면, 노인 또한 신체적·정서적 쇠퇴기에 있다는 측면에서는 사회적 지지(social support)를 받지 않으면 어려운 생활에 처하게 된다. 1997년을 기준으로 65세 이상 노인인구는 2,908천 명에 이르고 있으며 이것은 우리나라 전체인구 45,991천 명의 6.3%에 해당한다. 이러한 추세라면 2000년에 이르면 고령인구비율이 7%에 도달하게 되어 고령화 사회(aging society)에 진입하게 되는 것이다. 이것은 곧바로 노년부양비와 노령화 지수를 높이게 되어 사회적 부담으로 작용하게 됨을 의미한다.

이러한 노인인구 증가의 원인은 의학수준의 발달로 인한 평균수명의 증가에 있는 것이며, 출산율의 저하와 독신생활자의 증가 등은 인구구성비에 있어서 노인인구의 비율을 상승시키는 요인이 되는 것이다. 우선 여기서는 평균수명의 증가추이를 살펴봄으로써 향후의 노인인구의 증가추세를 전망할 수 있을 것이다. 평균수명은 일반적으로 출생 후 기대여명(life expectancy at birth)을 말하는 것으로서, 1995년을 기준으로 하면 73.5세(남자 69.6세, 여자 77.4세)에 달하고 있다. 이것은 1990년의 71.6세보다 2세 정도가 높아진 것이다 그러나 이러한 노인인구전체가 노인복지서비스의 대상이 되기에는 여건상 어려운 점이 없지 않다. 노인복지의 부담을 해결하기 위해서는 정부의 재정이 미약하고 사회복지정책과 항시 비교가 되는 경제정책 등과 상충되는 측면이 있기 때문이다.

아동복지가 부모의 보호를 받고 있는 정상아동이나 일반아동보다는 가출아동이나 시설아동 등의 요보호아동에 정책의 초점이 있듯이 노인복지 또한 사회문제로 될 수 있는 노인층이 서비스정책의 대상이 되는 것이다. 그러나 노인은 경제적으로나 사회・심리적으로 어느 계층보다도 열악한 실정에 있고 특히 우리나라의 노인은 60~70년대 경제성장의 주역으로서 사회와 가족부양으로 자신들의 노후대비에는 소홀해왔던 세대였다. 그렇다면 상당수 노인들이 정부중심의 서비스대상으로 되어야 할 당위성이 있다.

(2) 급여재원

노인복지서비스에 소요되는 재원의 종류는 크게 노령수당, 노인건강진단비, 노인복지시설운영비 등으로 나누어진다. 진체 사회복시서비스 예산에서 차지하는 비율을 보면 아동이나 장애인 부문보다 높은 실정이다. 그러나 김영삼 정부 시기에 들어오면 영유아보육법 시행 이후 보육사업에 투자되는 비용이 급속도로 늘어나면서 전체적으로는 아동복지서비스예산에 비해 열등한 위치에 있다. 영유아보육시설 현대화 및 확충이 본격화된 1995년의 경우를 보면 노인복지예산은 보건복지부 가정복지국 예산 192,666백만 원 중 61,227백만 원으로서 보육사업 83,406백만 원에 이어서 두 번째 순위를 차지하고 있다<표 5-45>.

그러나 이것은 국가예산의 0.12%에 불과하며, 사회복지서비스예산의 22.9%로서 1994년부터 노인교통비지원이 지방비부담사업으로 이관된 후 감소하고 있다. 그리고 1997년에 이르면 1995년의 61,227백만 원보다 두 배가 초과한 129,972백만 원으로 급증한다.[34)]

34) 1997년 노인복지예산은 일반예산 129,972백만 원, 사회복지사업기금예산 2,842백만 원이다.

▍표 5-45 ▍ 가정복지예산 추이(1995년 기준) (단위 : 백만 원)

사업명	예산액 (A)	예산현액 (B)	지출액 (C)	C/A (%)	C/B (%)	다음 연도 이월액	불용액
계	192,666	193,348	192,539	99.9	99.6	23	786
노인복지	61,227	61,227	61,192	99.9	99.9	-	35
아동복지	32,586	32,586	32,585	100	100	-	1
보육사업	83,406	84,088	83,404	100	99.2	23	661
부녀복지	10,392	10,392	10,342	99.5	99.5	-	50
화장장 및 납골당관리	5,055	5,055	5,016	99.2	99.2	-	39

자료 : 재정경제원, 『결산 개요(업적 편)』, 1995.

이것은 시설보호운영비와 시설신축비가 다소 늘어난 요인도 있지만 1995년 당시의 노령수당이 70세 이상 노인 중 생활보호대상자 174천 명에게 월 20천 원, 80세 이상 거택 · 시설보호대상자에 월 50천 원을 지급하다가 1997년에는 65세 이상 생활보호대상자 265천 명에게 월 35천 원, 80세 이상 생활보호대상자 37천 명에게 50천 원을 지급하게 된 것이 주된 요인이다<표 5-46>.

▍표 5-46 ▍ 노인수당 지급 내역(1993~1997) (단위 : 만 원)

<table>
<tr><th>구분</th><th>1993</th><th>1994</th><th>1995</th><th>1996</th><th>1997</th></tr>
<tr><td>70~79세</td><td rowspan="2">1</td><td rowspan="2">1.5</td><td>2</td><td>3</td><td>3.5</td></tr>
<tr><td>80세 이상</td><td>5</td><td>5</td><td>5</td></tr>
</table>

자료 : 보건복지부 내부자료.

<표 5-47>에서 김영삼 정부 전반기라고 할 수 있는 1993년에서 1995년까지의 노인복지예산의 집행내역을 보면 총예산기준으로 1993년의 82,654백만 원에서 1995년에 61,227백만 원으로 감소하고 있는데, 노인교통비 부담이 1994년부터 지방비 부담사업으로 이전된 것에 원인한다. 이것은 공공부조영역에서보다 사회복지서비스 영역에서 지역복지이념이 강하게 적용되고 있음을 보여준다고 할 수 있다.

┃표 5-47┃ 노인복지예산 국비집행 내역(1993~1995) (단위 : 백만 원, %)

연 도	1993		1994		1995	
	예산액	비율	예산액	비율	예산액	비율
총예산액	82,654	100.0	46,203	100.0	61,227	100.0
일반노인복지	72,940	-	29,503	63.9	41,447	67.7
노인교통비지원	43,567	52.7	-	-	-	-
노령수당지급	22,826	27.6	22,826	49.4	34,010	55.5
노인건강진단	811	1.0	811	1.8	811	1.3
경로당 운영비	5,161	6.2	5,351	11.6	5,983	9.8
노인주간보호사업	36	0.0	50	0.1	123	0.2
가정봉사원파견사업	216	-	302	-	672	-
단체사업(대한노인회 등)	398	0.5	358	0.5	412	0.7
효행자 등 포상	-	-	-	-	-	-
기타 행정경비	141	0.2	107	0.2	107	0.2
시설수용보호	9,714	11.8	16,700	36.1	19,779	32.3

자료 : 이가옥, 『노인복지의 현황과 과제(1999)』 재작성.
주 1) 난방비 지원이 포함됨.
2) 1993년은 재가복지봉사센터로 통합운영 되었으며, 1994년은 재가노인 복지사업예산이며, 1995년은 가정봉사원파견사업비와 사회복지사업 기금이 포함된 금액임.

(3) 급여전달체계

노태우 정부 시기까지의 노인복지서비스 전달체계는 주로 공적행정조직과 노인복지수용시설을 중심으로 논의되어왔다. 그러나 김영삼 정부 시기는 재가노인복지서비스에 대한 관심이 높아져 1993년 12월 27일의 노인복지법 제2차 개정에서는 재가노인복지사업의 종류를 가정봉사원파견사업, 주간보호사업, 단기보호사업 등으로 규정하게 된다. 따라서 정부행정조직 체계, 수용시설체계 외에도 재가노인복지시설체계의 바탕을 마련하는 시기로 볼 수 있다.

노인복지서비스와 관련된 보건사회부의 기구는 1990년 11월 14일에 신설된 사회복지정책실 산하에 가정복지심의관을 두고 그 아래 노인복지과가 제반정책을 담당하였다. 노인복지서비스행정을 담당하는 지방행정기구는 시 · 도의 가정복지국 산하에 가정복지과를 두고 노인복지계(팀)에서 노인복지상담원이 별정직으로 업무를 추진하고 있다. 그러나 시 · 군 · 구에는 노인복지상담원이 배치되어 있지 않았다.

노인복지법상 노인복지시설은 ① 양로시설 ② 노인요양시설 ③ 실비양로시설 ④ 실비노인요양시설 ⑤ 노인복지회관 ⑥ 실비노인복지주택[35]의 6개 종류와 유료노인복지시설인 ① 유료양로시설 ② 유료노인요양시설 ③ 유료노인복지주택 등 총 9개 종류로 규정되어 있다.[36]

이중 노인복지회관은 수용시설이 아닌 이용시설에 속하며, 김영삼 정부 시기에 전국적으로 확대 · 설치하였다. 그리고 양로시설이나 요양시설의 증 · 개축비나 시설기능보강사업비를 지원하여 수용시설노인의 서비스의 질을 높이고 있으며, 1993년 12월 27일에는 유료시설을 확충해나가기 위해 관계법령을 2차로 개정하여 민간이나 개인도 유료노인복지사업을 할 수 있도록 하고 있다.

이 밖에도 노인시설은 아니지만 무의무탁한 저소득노인의 주거보장을 위하여 1995년부터 생활보호노인 4~5인에 1개 주택에서 공동으로 생활하게 함으로써 전세나 월세부담 및 공동난방에 따른 경비절감과 외로움을 함께 나눌 수 있도록 하는 '노인의 집'을 운영하고 있다. 기존의 주택, 아파트 등의 전세 또는 구입자금으로는 개소 당 2,500~4,000만 원을 지원하고 있으며, 1995년도 40개소, 1996년도 384개소의 설치자금이 지원되었고 1997년도에도 86개소의 노인의 집 운영비를 지원하고 있다. 김영삼 정부 시기의 첫 해인 1993년부터 격년 단위로 3개년의 노인복지시설 현황을 보면 다음과 같다<표 5-48>.

한편 이러한 노인복지시설의 인력체계는 시설장과 총무 외에 간호사(간호조무원), 생활보조원, 의사, 물리치료사, 생활지도원 등의 전문종사자들이 개별적 배치기준에 의해 구성되어 있다.

---

35) 제2차 개정 노인복지법 부칙에서는 이 법 시행 당시 종전의 규정에 의한 노인복지주택은 이법에 의하여 설치된 실비노인복지주택으로 본다고 규정하였다.

36) 1997년 8월 22일 개정된 노인복지법에서는 노인복지시설이 18개의 종으로 늘어난다. 그리고 그 후 수차례의 개정으로 2004년에 이르면 노인주거복지시설, 노인의료복지시설, 노인여가복지시설, 재가노인복지시설, 노인보호전문기관 등의 5개 종류로 구분되고, 종류에 따른 개별적인 시설도 20개로 확대된다.

▌표 5-48▐ 노인복지시설 운영 현황(1993~1997) (단위 : 개소, 명)

연도	계	양로 시설	노인 요양 시설	실비 양로 시설	실비 요양 시설	유료 양로 시설	유료 요양 시설
1993	135 (7,525)	79 (4,830)	34 (2,008)	2 (23)	14 (377)	5 (260)	1 (27)
1995	146 (8,396)	84 (4,809)	41 (2,781)	2 (63)	12 (472)	6 (248)	1 (23)
1997	169 (8,880)	85 (4,526)	53 (3,243)	3 (88)	12 (562)	13 (411)	3 (50)

자료 : 보건사회부, 『보건사회백서(1994)』, 보건복지부, 『보건복지백서(1996, 1998)』.
주 1) ( )내서는 수용인원임.
2) 유료노인주택은 1993년의 1개소 있음(강원도 양양군 보리수마을).
3) 1997년에는 전문요양(치매)시설 4개소, 659명이 있음.

▌표 5-49▐ 노인여가시설 현황(1997년 기준) (단위 : 개소)

구분	경로당	노인교실	노인휴양소	노인복지회관
등록시설 수	33,485 (1,430,208)	453 (51,341)	4 (5,453)	80 (370,600)

자료 : 보건복지부, 『보건복지백서(1998)』.
주 1) ( )내서는 이용인원임.
2) 노인복지회관 및 노인교실은 60세 이상, 경로당은 65세 이상, 노인 휴양소는 60세 이상의 자와 동행인이 이용할 수 있음.
3) 노인복지회관 이용자는 월 인원임.

<표 5-49>에서 보는 바와 같이 건강한 노인들의 사회참여 및 여가선용을 위한 시설로는 경로당, 노인교실, 노인휴양소, 노인복지회관 등이 있다. 이중 경로당은 가장 오래된 여가시설로 1997년 말 기준으로 33,485개소가 운영되고 있고, 이중 28,000개소는 중앙정부 부담으로 운영비를 지원하고 있고 그 나머지는 지방자치 단체에서 자체부담하고 있다.[37]

37) 1997년 지원금액은 월 44,000원의 운영비와 연 250천 원의 난방비를 지원하고 있다.

(4) 급여형태

정부는 1981년 노인복지법 제정 이후 수차에 걸쳐 개정・보완하면서 노인복지서비스를 확대해오고 있다.[38] 노인복지법상에서 정하고 있는 서비스는 노인의 사회생활상의 기본적 욕구에 대응하는 정책 분야가 주된 영역을 차지하게 된다. 일본의 오까무라(岡村重夫)는 노인의 기본적 욕구를 7가지로 제시하고 있는데[39], 모든 인간은 기본적인 욕구가 해결되지 않을 때 개인문제를 갖게 되고, 그 개인문제가 사회화과정을 거치면 사회문제가 되는 것이다. 결국 사회복지정책은 이러한 사회문제의 대응책이라고 본다면 노인문제 역시 사회복지서비스정책을 통하여 해결해야 할 영역이 있음을 알 수 있다.

다시 말하면 노인의 기본적인 욕구에는 공공부조나 사회보험을 통하여 해결해야 할 부문이 있는 반면 사회복지서비스의 영역에서 접근해야 하는 정책이 있는 것이다. 노인복지법은 이러한 측면에서 본다면 노인을 대상으로 하는 서비스법이라고 할 수 있다. 여기서는 김영삼 정부 시기인 1993년 12월 27일에 개정된 노인복지법을 중심으로 한 급여형태를 분석하면 다음과 같다.

첫째, 노령수당의 급여를 들 수 있는데 이는 공공부조 이외의 현금형태의 서비스이다. 1996년 기준으로 70세 이상의 생활보호대상자에게 월 30,000원씩, 80세 이상의 거택 및 시설보호대상자에게 월 50,000원씩을 지급하였다.

둘째, 대한노인회가 주관이 되는 노인능력은행과 노인공동작업장에 대한 서비스로서 이는 노인능력의 발휘를 통한 기회형태의 급여가 될 것이다. 노인능력은행은 전국 60개소(1996년 기준)에 대하여 전액국고부담으로 월 30만 원씩의 운영비를, 노인공동작업장은 전국 40개소(1996년 기준)에 대하여 300만 원(국고 50%, 지방비 50%)씩 기본 설치비를 지원하였다.

셋째, 노인건강진단서비스와 치매특별서비스를 들 수 있다. 저소득층에 대한

---

38) 제1차 개정은 1989. 12. 30에 이루어졌으며, 제2차 개정은 1993. 12. 27에 이루어졌다. 그리고 제3차 개정은 1997. 8. 22에 이루어졌으나 그 시행은 실제 김대중 정부 시기인 1998년부터 적용된 부문이 많다(제1차 개정 부문은 노태우 정부에서 다루어 진 것을 참조).

39) 岡村重夫 外, 『老人の福祉と社會保障』, 東京, 峘內出版株式會社, 1974, pp. 62~63. 노인의 기본욕구는 ① 경제적인 안정 ② 직업적 안정 ③ 가족관계의 안정과 주택복지 ④ 의료와 건강복지 ⑤ 교육의 기회 ⑥ 사회적 협동의 기회 ⑦ 문화・오락의 기회이다.

노인건강진단은 1, 2차로 구분 실시되는데 1차는 12개 항목의 기본검사를 하며, 질환 유소견자는 2차 정밀검사에서 30개 항목을 진단 받는다. 그러나 노인건강진단사업은 의료보호와 의료보험제도의 확대영향과 진단 후 치료대책이 별도로 없다는 인식이 되어 매년 사업실적이 떨어지고 있다. 전국 노인인구의 약 8.3%인 25만 명 정도가 치매노인으로 추정하고 있는 바, 이에 대한 치매요양시설(치매센터)은 1993년부터 서울시를 비롯한 주요 시 · 도에 1997년 기준으로 9개소를 운영하고 있고 15개소는 신축하였다.40)

넷째, 경로우대제도로서 감면, 면세, 할인, 현금, 현물의 다양한 급여형태가 있다. 몇 가지 예를 들어보면, 공영 및 민영 교통비를 50%에서 100% 감면 혹은 면제하고, 시내버스의 경우 1990년부터 정부가 재원을 부담하여 시작해서 1994년에는 지방정부가 노인승차권을 지급해 오다가 1996년부터 현금서비스로 바뀌었다. 이 외에도 노인부양세대에게는 각종 세제혜택이나 무주택 부양자에게 주택분양 우선권 등을 부여하는 서비스를 김영삼 정부에서는 확대 실시하였다.

3. 장애인복지서비스

장애인복지서비스는 장애인의 개념을 어떻게 보느냐에 따라 달라질 수 있다. 실제 장애인의 개념은 국가마다 차이를 보이고 있으며 그 사회가 지향하는 장애인복지의 목표에 따라 달라질 수 있다. 다시 말해서 그 나라의 경제수준과 문화와 시대적 가치관에 따라 달리 규정될 수 있다는 것이다. 왜냐하면 어떠한 범주까지를 장애인으로 보느냐에 따라 사회복지의 대상인 장애인 수는 정해지기 때문이다.

우리나라는 1981년 6월 5일 법률 제3452호로 『심신장애자복지법』을 제정하기 전까지는 생활보호법에서 보호를 받는 정도였다. 이것도 1981년 국제연합(UN)이 '세계장애인의 해'로 정하고 1975년 『장애자의 권리선언』 등을 통하여 장애인의 평등과 사회참여를 내세우면서 그 영향으로 제정된 것으로 볼 수 있다. 그리고 국

40) 보건복지부, 『보건복지백서(1998)』, p. 304.

내적으로는 1988년의 서울 장애자올림픽개최도 국민적 관심 제고의 계기가 된다. 1988년 9월 15일에는 대통령직속자문기구로 '장애자복지대책위원회'를 설치하였으며, 이것은 1988년 8월 1일에 공포된 대통령령 제12501호의 규정에 의한 것이었다. 장애자 복지 전문가 등 총 19명의 위원과 5명의 연구위원으로 구성된 장애자복지대책위원회는 『장애자 복지종합대책(안)』을 1989년 8월 28일에 대통령에게 건의하고 해산되었다. 그 내용은 장애발생예방에서부터 서비스전달체계에 이르는 총 11개 분야로 구성되어있다.

결국 이러한 정책적 노력은 1989년 12월 30일에 『장애인복지법』으로 전문이 개정되게 하고, 1990년 1월 13일에 제정 · 공포된 『장애인고용촉진등에관한법률』과 함께 장애인복지서비스정책의 양대 기준법이 되고 있다. 이러한 법률제정은 그간의 보호위주의 정책에서 재활서비스로 전환하게 되는 계기로 인식된다.

1991년부터 시행된 장애인고용촉진법률에서는 300인 이상 고용사업주에 대하여 기준 고용률 이상의 장애인을 고용하도록 의무화했다. 기준 고용률은 1991년도 1%, 1992년도는 1.6%로 규정하고 있다. 1992년 9월에는 국제연합(UN)에서 매년 12월 3일을 '세계 장애인의 날'로 선언하자 우리나라는 매년 4월 20일을 장애인의 날로 규정하게 된다. 1996년 8월에는 국무총리를 위원장으로 하는 장애인복지대책위원회를 설치하고 보건복지부, 교육부, 노동부의 3개 부처가 해당 부서 소관업무를 중심으로 장애인복지발전 중기계획을 수립하게 된다. 그리고 김영삼 정부 마지막 연도인 1996년 12월 16일에는 국회보건복지위원회 상임위원회에서 '장애인 · 노인 · 임산부등의편의증진보장에관한법률'이 통과되어 1997년 3월 17일에 본 회의를 통과한 후 1997년 4월 10일에 제정 · 공포되었다. 국민의 정부 시기인 1998년 12월에는 장애인 인권헌장을 제정 · 선포하게 되어 장애인들에게 기회균등의 보장과 사회적 차별로부터의 해방이라는 사회적 인식형성의 단초가 되었다고 할 수 있다.

이러한 일련의 다양한 변화와 도전적 활동들은 1999년 2월 8일에 장애인복지법이 10년 만에 개정하게 되는 정책 환경들로서 작용하였다고 할 수 있다. 개정된 장애인복지법에서는 그 동안 적절하지 않았던 장애분류 및 장애등급을 확대조정하고 장애수당제도를 도입한 것이 주요내용이 된다.

1) 노태우 정부 시기

(1) 급여대상

1989년에 개정된 장애인복지법 제2조에서는 장애인을 지체장애, 시각장애, 청각장애, 언어장애, 또는 정신지체 등의 정신적 결함으로 인하여 장기간에 걸쳐서 일상생활 또는 사회생활에 상당한 제약을 받는 자로 보고 있다.

장애인복지서비스는 바로 그 대상자파악이 가장 중요하게 되는데 일단 제도적인 범주 내에서의 장애인 수는 『장애인등록제』를 통해서 알 수 있다. 장애인등록사업은 1987년 10월부터 1988년 9월까지 서울시 관악구와 충북 청원군 2개 지역에서 시범 실시한 후 1988년 11월부터 전국으로 확대시킨 것이다. 장애인등록사업 이전에는 표본조사를 통해 장애인 수를 추정하였으며, 1990년 12월에서 그 이듬해 12월까지 표본조사를 시행하기로 하였다.[41] 1992년 기준의 등록 장애인 수는 보훈대상자를 포함하여 총 293,467명이며 이중 지체장애인이 158,477명으로 대다수를 차지하고 있다<표 5-50>.

이것을 1990년의 표본조사에서 추정된 915,000명과 비교해보면 차이가 있음을 알 수 있다. 이것은 장애인 등록사업이 실효를 거두지 못하고 있음의 반증이며, 개인 신상을 국가나 사회에 노출시키지 않으려는 장애인들의 의식과도 상관된다고 할 것이다. 아울러 사회구성원들의 이념도 진보적이지 못한 데도 원인하는 것이다.

▌표 5-50▐ 등록 장애인 추이(1989~1992) (단위 : 명)

연도	계	지체장애	정신지체	시각장애	청각·언어장애
1989	176,687	108,923	27,413	13,467	26,884
1990	200,372	125,267	31,686	14,698	28,721
1991	224,925	144,080	33,852	15,720	30,373
1992	242,419	158,477	35,619	16,721	31,602

자료 : 보건사회부, 『보건사회백서(각 년도)』, 제7차 경제사회 5개년계획(안).
주) 등록 장애인 전체수는 『보건사회백서』와는 차이가 있음(보훈대상자 수는 제외됨).

41) 한국보건사회연구원이 실시한 장애인 실태조사의 결과에 의하면 1990년을 기준으로 전국 장애인은 956천 명이며, 이것은 인구 1천 명당 장애 출현율 22.1명으로 산출한 것이다. 그리고 가구단위로는 전체가구의 7.5%인 872천 가구에 장애인이 거주하는 것으로 나타났다.

(2) 급여재원

장애인복지서비스 예산은 경제기획원의 예산개요에 의하면 사회복지서비스예산 중 1988년에는 39.2%, 1989년에는 44.4%로서 상당부문을 차지하고 있으나 1992년도에 들어오면 21.2%로 급격히 떨어진다. 반면에 노인복지서비스예산은 1988년에 8.8%에서 1992년에는 무려 31.6%로 늘어나고 있으며, 아동복지서비스 예산도 집권초기의 27.3%에서 1992년에는 36.9%로 늘어나고 있다<표 5-51>.

| 표 5-51 | 사회복지서비스예산 구성비율(1988～1992) (단위 : %)

연도	노인 복지	아동 복지	부녀 복지	장애인 복지	사회복지 행정	부랑인 복지
1988	8.8	27.3	8.5	39.2	4.7	11.6
1989	10.5	24.4	7.8	44.4	3.3	9.7
1990	33.3	27.7	5.2	26.0	1.8	6.1
1992	31.6	36.9	2.6	21.2	3.2	4.5

자료 : 경제기획원, 『예산개요(각 년도)』.
주) 1992년부터는 보육사업예산을 아동복지예산에 포함함.

1988년의 장애인복지서비스예산은 21,898백만 원이 1992년에는 38,782백만 원으로 늘어나고 있지만 타 서비스 부문에 비하면 증가율이 낮음을 의미한다. 그리고 장애인복지시설 운영비는 사회복지사업법 제7조와 제12조에 의해 인건비는 10%, 순수운영비는 20%를 시설 운영자가 자부담을 하도록 규정하고 있으며, 나머지 80～90%는 국고와 지방비의 지원을 하도록 하였다.

그러나 <표 5-52>에서 보는 바와 같이 장애인시설운영비는 1988년의 9,958,528천 원에서 1989년에는 13,279,924천 원, 1990년에는 18,537,000천 원 등으로 매년 지속적으로 상승하고 있음은 전반적으로 장애인복지시설에 대한 지원 기준이 상승되고 있음을 의미하며 수용시설에서 보호를 받는 클라이언트에게는 바람직한 현상으로 볼 수 있다.

| 표 5-52 | 장애인시설 운영비 국비집행 현황(1988~1991) (단위 : 천 원)

구 분	1988	1989	1990	1991
계	9,958,528	13,279,924	18,537,000	21,533,136
1. 시설운영비	7,210,938	9,690,675	11,831,456	13,403,384
2. 의료재활사업	532,174	590,279	555,243	560,391
3. 직업재활사업	465,750	581,718	671,883	734,826
4. 교육재활사업	20,523	23,358	33,917	37,659
5. 이용시설운영사업	1,572,883	2,213,894	2,987,118	3,811,122
6. 재활시설운영사업	-	-	680,531	725,945
7. 영세장애인보장구 교부	152,260	180,000	435,000	435,000
8. 장애인의료비지원	-	-	1,341,852	1,824,809

자료 : 보건사회부, 『보건사회백서(각 년도)』.
주) 1992년의 운영비는 24,065백만 원이며, 편성구분이 다르게 되어 세부 내역 제외함.

장애인복지서비스 예산의 문제점을 몇 가지로 분석해보면 다음과 같다.

첫째, 장애인복지시설 뿐만 아니라, 한국사회복지협의회의 1986년 『사회복지시설, 기관 · 단체 및 종사자 실태조사연구보고서』에서는 전체 사회복지시설의 77.7%가 수익용 재산을 소유하고 있지 못한 것으로 나타나고 있다. 이것은 장애인복지시설 등의 자부담능력의 부재를 말해주는 것이다.

둘째, 자부담능력이 없는 시설은 실제 서비스를 맡고 있는 종사자의 인건비나 수당 등에서 낮은 보수를 주게 되고, 결과적으로 낮은 서비스형태로 산출될 수밖에 없다는 점이다.

셋째, 각 시설이 정부로부터 보조금(grant)을 받고 자체수입을 어느 정도 확보하여 서비스프로그램을 실천하지만 자체수익의 확보가 어려울 경우 규정된 인건비 외의 수용자에 급여되는 서비스비용을 줄이게 되는 최악의 경우도 노정될 수 있다고 보아진다.

(3) 급여전달체계

장애인복지사업을 운영하기 위한 공공전달체계나 민간전달체계는 여타 사회복지서비스 대상자에 비하여 복잡한 실정이다. 장애인 인생주기상 아동이나 노인과 같이 어느 일정한 시기에 있는 것이 아니라 전 생애를 걸쳐서 대상이 될 수 있으며 그에 따른 서비스 욕구 또한 다양할 수밖에 없기 때문이다. 그리고 장애인 유형도 각기 다르기 때문에 그에 따른 재활서비스도 각기 다른 측면에서 시도되어야 하기 때문이다.[42] 즉, 의료적 재활, 교육적 재활, 심리적 재활, 사회적 재활, 직업적 재활 등의 영역으로 구분할 수 있다. 따라서 의료행정체계는 보건사회부 의정국, 교육체계는 교육부, 직업체계는 노동부가 맡고, 사회적 재활은 보건사회부 사회국의 재활과로 되어 있다. 재활과는 1987년 4월 29일 대통령령으로 신설된 과이다.

1990년 11월 24일 정부조직개편 이후의 중앙 및 지방행정의 서비스전달체계를 보면 <그림 5-12>에서와 같이 보건사회부에서는 재활과가 주무부서로서 지방정부의 보건사회국 소속의 사회과로 장애인복지서비스에 관한 행정적, 재정적인 시달을 하게 되고, 시 · 도에서는 시 · 군 · 구를 통하거나 장애인복지시설이나 기관에 대하여 보조금 지출 업무를 비롯한 행 · 재정 지원업무를 수행하게 되는 것이다. 그리고 시 · 도에서는 '장애인복지지도원'이 업무를 수행하도록 규정하고 있으나 실제는 행정직이나 별정직 공무원이 근무하고 있다.

그리고 이러한 공공부문의 전달체계와 연계된 장애인복지시설체계를 보면 장애인복지법 제37조에서는 장애인재활시설, 요양시설, 장애인유료복지시설, 장애인이용시설, 장애인재활시설, 점자도서관, 점서 및 녹음도서출판시설 등으로 구

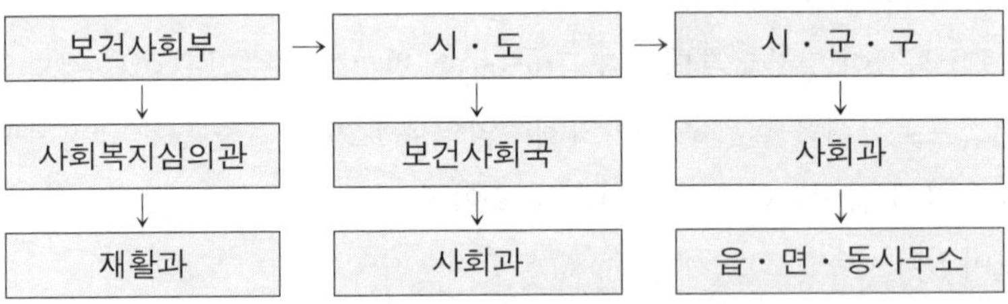

<그림 5-12> 장애인복지서비스 전달체계(1991년 기준)

42) 2000년도부터는 장애인의 종류가 10가지 영역으로 확대 구분되었으나 노태우 정부 시기와 김영삼 정부 시기의 장애인복지법 시행령 제2조에서는 장애인의 기준을 제시하면서 그 유형을 ① 지체장애인 ② 시각장애인 ③ 청각장애인 ④ 언어장애인 ⑤ 정신지체인 등으로 구분하고 있다.

▌표 5-53▌ 의료재활서비스 인력체계(1988~1992)

연도	재활전문의사	물리치료사	작업치료사
1988	69	4,821	101
1989	84	5,693	122
1990	102	6,661	161
1991	123	7,249	179
1992	148	7,921	214

자료 : 보건사회부,『보건사회백서(각 년도)』.
주) 재활시설은 1992년 기준 재활병원 8개소와 종합병원 등이 있음.

분하고 있다. 이들 시설의 설치 현황을 보면 1990년을 기준으로 수용시설이 96개소, 요양시설이 22개소, 종합복지관이 16개소이며 총 150개소에 12,759명이 수용보호되고 있다.

1989년 말 기준의 장애인복지시설의 종사자 수는 2,879명으로 그중 1,612명이 보소원이다. 여기서 장애인복지서비스 중 가장 기본적인 의료재활 인력체계를 보면 <표 5-53>에서 보는 것처럼 1990년 기준 물리치료사가 6,661명으로 대다수를 차지하고 있다.

그리고 장애인의 재활에 있어서 의료재활 못지않게 장애인의 재활에 중요한 교육재활전달체계를 보면 1992년 현재 총 103개 학교에 20,000여 명이 교육받고 있고 그중 70% 정도는 사립학교로서 교육비부담이 또 다른 장애요소가 되고 있다.

이 외에도 일반 학교 내에 있는 특수학급은 1992년 기준으로 3,260개 학급이 있으며, 전체 장애인 재학생 수는 20,646명에 달한다.[43]

마지막으로 근로능력이 있는 장애인을 대상으로 하는 직업재활전달체계를 살펴보면 총 93개소의 훈련기관에 2,325명의 인원이 직업훈련을 받고 있다.

43) 통계청의『한국의 사회지표』자료에 의하면 1992년의 장애인 취학자는 시각장애인 1,410명, 청각장애인 4,103명, 정신지체인 12,520명, 지체부자유인 2,613명으로 나타나 있다.

(4) 급여형태

장애인복지서비스의 급여형태 역시 여타 인적대상에서보다 훨씬 다양한 프로그램이 운영되어진다. 앞에서 분석된 여러 전달체계에 따라 각기 다른 급여형태가 있을 수 있는 것이다. 개별급여형태를 체계적으로 분류해보면 다음과 같다.

첫째, 생계보조수당의 현금서비스가 있다. 수당제도는 1981년의 심신장애자복지법에서도 『부양수당』제도가 있었지만 시행되지 못하고 개정된 장애인복지법에서 『생계보조수당』제도로 바뀌어 시행되었다.44) 그 대상자는 생활보호대상자나 의료부조대상자 가운데 중증이나 중복장애인이 되도록 하였다. 그 시행은 1990년 1월부터 시작하여 전액국고부담으로 지급하였다. 세부적인 내역을 보면 1990년도에는 6,530명에게 1,517백만 원을 지급하였고, 1991년도에는 7,146명에게 1,675백만 원, 1992년도에는 9,981명에게 2,395백만 원으로 증가되고 있다.

둘째, 현물급여 형태로는 보장구의 교부사업을 들 수 있다. 교부 대상 기준은 지체장애, 청각장애, 시각 장애인으로 등록된 자 중 소득 수준이 의료부조대상 이하인 자로서 생활에 장애를 받는 자이다. 이 보장구 교부사업은 1980년도부터 시작되었고 1981년까지는 의수족, 보조기, 휠체어 3종이 교부되다가 1982년부터 보청기가 교부되었다. 또한 1990년도부터는 시각장애인에게 흰 지팡이를 추가 교부하였다.

셋째, 기회나 능력부여 형태의 서비스로서는 장애인고용촉진등에관한법률(1990. 1. 13)에 의한 의무고용과 취업알선사업을 들 수 있다. 1990년 기준으로 구직 장애인 수는 2,075명이나 취업알선자 수는 그에 미치지 못한다. 이것은 기업들이 의무고용률을 지키지 않고 장애인고용부담금을 납부하고 있는 실정에서 비롯된다.

넷째, 사회적 서비스 형태로는 장애인편의시설의 설치를 들 수 있다. 노태우 정부 시기에는 주로 건축법 등의 관계법령을 개정하는 등의 정책적 노력을 보이고 있는 데, 1990년 말 기준의 장애인편의시설 설치 현황을 보면 경사로 설치 1,799건, 맹인용 신호기 설치 1,209건 등이다.

다섯째, 감면 형태의 급여는 비예산적 서비스로서 할인, 세제감면, 공제혜택 등

44) 장애인복지법 제34조에서는 국가 또는 지방자치단체는 장애의 정도가 심하여 자립하기가 현저하게 곤란한 장애인에게 생계보조수당을 지급할 수 있도록 규정하고 있다.

이 있다. <표 5-54>에서 나타나는 바와 같이 장애인 보철 차량 세금 면제, 상속세 인적공제, 소득세 인적공제, 철도 및 지하철 요금할인 등의 형태가 있다.

❙ 표 5-54 ❙ 감면형태의 장애인복지서비스 현황(1988~1991)

시행일자	감면형태	감면내용	감면대상
1988.12.31	소득세 인적공제	48만 원	등록 장애인 전체
1989.1.1	장애인보철 차량세금면제	특별 소비세 면제	지체 1-3급 운전자 (1500cc)
1989.7.1	장애인전화 요금할인	시내통화료 할인 (20-40%)	장애인 가구주 및 배우자 명의 1대
1990.1.1	장애인보철차량 자동차세 면제	자동차세 면제	지체1-3급 운전자 (1500cc 이하)
1990.5.1	장애인용승용차 LPG연료허용	LPG 사용가능	장애인 명의 차량
1990.5.8	영구임대주택입주 혜택	선정시 가산점 5점 부여	의료부조 이하 장애가구
1990.9.1	공공시설 입장료	무료	등록장애인 전체
1990.12.31	상속세 인적공제	300만 원에서 75세까지 햇수로 곱한 금액	등록장애인 전체
1991.1.1	철도, 지하철 요금할인	요금의 50%	등록장애인 전체
1991.8.6	국내 항공료 할인	요금의 50%	등록장애인 전체(1-3급지는 개호인 1인 포함)

자료 : 보건사회부,『장애인복지시책(1992)』 재작성.

2) 김영삼 정부 시기

(1) 급여대상

장애인복지서비스의 급여대상은 장애인의 개념을 어떻게 규정하는가에 따라서 달라진다. 즉, 장애인의 범주를 법적으로 어디까지 인정하는가의 문제라고 할 수 있다. 김영삼 정부 시기까지의 주된 이슈는 장애의 유형을 지체장애, 시각장애, 청각장애, 언어장애, 정신지체 등 5개 유형으로만 분류하고 정신장애 및 내부 장애는 질환(disorder)으로 봄으로써 선진국의 장애인정 범주에 비해 제한적이라고 할 수 있다. 이것은 근본적으로 장애인의 정의를 내림에 있어 국가마다의 사회문화적 · 경제적 · 정치적 여건과 수준에 따라 달라지는 데 원인하는 것이다. 여기서는 우선 국제기구에서 정하고 있는 장애인의 개념을 개관한 다음, 우리나라에서 규정하고 있는 5가지 유형의 대상자를 '장애인등록제'를 통하여 분석하였다.

1981년 국제연합총회에서는 '세계 장애인의 해' 행동계획을 결의하면서 장애를 세 가지 차원으로 인식하고 있는데 기능 장애(impairment), 능력 장애(disability), 사회적 불리(handicaps) 간에 구별이 있다는 것이다. 세계보건기구(WHO)도 1980년에 국제장애분류(international classification of impairment, disability, handicaps)라는 장애에 대한 세 가지 차원을 제시하고 있다<그림 5-13>.

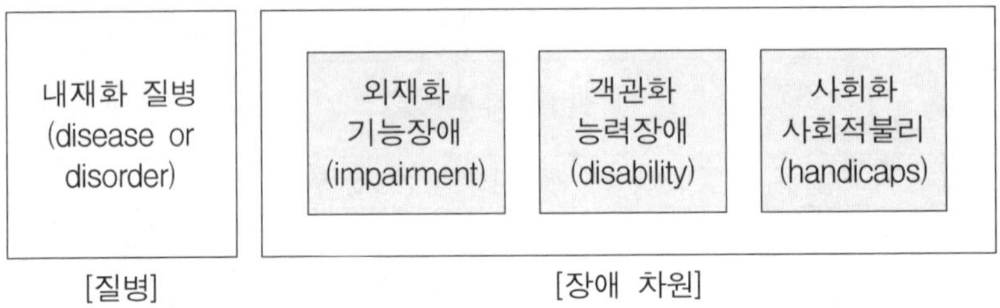

자료 : WHO, ICIDH(1980), pp. 30～33 참조 재 구성.

<그림 5-13> 장애의 세 가지 구조(WHO기준)

이것은 국제질병분류인 병인(病因), 병리(病理), 발현(發現)의 3단계 모형에서 개발된 것인데, 첫 번째 단계인 기능 장애(impairment) 속에는 우리나라에서 정서, 감정 등의 장애, 간질과 같은 의식 장애, 대장이나 피부장애까지를 포함하고 있다.[45]

<표 5-55>에서 김영삼 정부 시기의 등록 장애인 수를 유형별로 보면, 1993년에는 265,442명이 등록하였고 1997년에는 425,064명이 등록하여 매년 등록률이 상승하고 있음을 알 수 있다. 이는 우리나라의 추정 장애인 수(전체인구의 2.35%)인 1,053,468명의 45% 정도에 해당한다.[46]

---

45) 보건복지부, 국립사회복지연수원, 『사회복지기본교재』, 1996, p. 316.

46) 우리나라는 1985년부터 5년 주기로 장애인 실태조사를 실시하고 있는데, 인구 천 명당 출현율은 1985년 2.25%, 1990년 2.21%, 1995년 2.35%이다.

▌표 5-55▐ 등록 장애인 수(1993~1997) (단위 : 명)

연 도	계	지체장애	시각장애	청각, 언어장애	정신지체
1993	265,442	176,015	17,977	33,190	38,260
1994	294,246	197,628	19,876	35,098	41,644
1995	324,860	220,723	21,488	36,655	45,994
1996	362,475	248,690	23,507	38,465	51,813
1997	425,064	294,419	27,211	43,875	59,559

자료 : 보건복지부, 『보건복지백서(1998)』.

이러한 등록 장애인 수는 일단 장애인복지서비스정책의 대상이 되기는 하나 대다수 인원이 재가장애인이기 때문에 생활보호대상자나 저소득층에 속하는 장애인일 경우 공공부조정책과 연관된 부가적 서비스정책에 치중되고 있다. 다시 말해서 상당수의 일반 장애인에 대한 서비스정책은 극히 미진한 수준에 머무르고 있다는 것이다.

(2) 급여재원

장애인복지서비스에 소요되는 예산은 일반회계 외에도 특별회계와 사회사입기금예산이 있다. 1994년도의 예산은 실제적으로는 김영삼 정부가 집권 후 첫 번째 편성하는 성격을 가진다. 1994년의 보건복지부의 장애인복지예산은 55,177백만 원인데, 그 집행내역을 살펴보면 시설보호사업에 총예산의 64.3%를 투입하고 있으며, 재가복지사업에 22.8%, 민간단체지원에 1.7%, 국립재활원 운영비로 11.1%를 집행하고 있다. 장애인복지예산이 사회복지서비스예산에서 차지하는 비율은 1990년 이래 점차로 낮아져 1993년에는 20.1%를 차지하였으나 1994년에는 다소 높아져 22.8%를 차지하고 있다. 이것은 1996년에 이르면 19.5%로 감소되고 있고 국가예산과 비교하면 0.13%에 해당한다<표 5-56>.

보건복지부의 장애인복지서비스예산의 대부분은 장애인복지시설운영비에 소요되고 있는 바, 수용시설과 재가복지시설로 구분하여 정리해보면 1997년 기준으로 수용시설 운영비 42,032백만 원, 재가시설운영비 10,119백만 원이다<표 5-57>.

❙표 5-56❙ 장애인복지서비스 예산 비율(1993~1996) (단위 : %)

구 분	1993	1994	1995	1996
국가예산/GNP	14.3	14.2	14.3	15.0
사회보장예산/GNP	0.9	0.9	0.8	0.9
사회보장/국가예산	6.4	6.0	5.9	6.1
사회복지서비스/사회보장예산	9.0	9.2	10.3	10.7
장애인복지서비스/국가예산	0.12	0.13	0.13	0.13
장애인복지서비스/사회보장예산	1.8	2.1	2.2	2.1
장애인복지서비스/사회복지 서비스예산	20.1	22.8	21.1	19.5

자료 : 재정경제원, 『예산개요(각 년도)』, 보건복지부, 보건사회부, 『주요업무보고자료(각 년도)』.

❙표 5-57❙ 장애인복지시설 운영비 현황(1993~1997) (단위 : 백만 원)

구 분	1993	1994	1995	1996	1997
계	26,052	32,841	37,578	44,553	52,068
장애인복지시설	19,769	27,711	31,523	37,430	42,032
재가장애인복지시설	7,408	5,130	6,055	7,123	10,119

주) 지방비 부담 분은 제외된 금액임.

이것은 재가노인복지서비스와는 달리 재가장애인서비스 예산이 극히 미진함을 보여준다. 또한 사회복지이념도 장애인은 지역사회보호보다는 시설보호대상으로 인식하고 있는 것에 원인하는 것으로 분석된다.

(3) 급여전달체계

장애인복지서비스의 전달체계는 크게 행정조직체계와 민간시설체계로 구분할 수 있다. 모든 사회복지서비스정책의 주체는 국가인 만큼 원칙적으로 국가책임으로 서비스전달이 이루어져야 한다. 그러나 국가행정의 분권화와 지방화는 중앙정부의 역할에 비해 지방정부와 민간의 역할확대를 촉진하게 되었다.

먼저, 정부 공공조직체계를 보면 공공부조사업에서 급여되는 체계는 보건복지부의 생활보호과를 정점으로 하는 생계보호전달체계에서 주관하고 있지만, 장애인복지시설지원이나 상담사업, 재활사업은 별개의 조직체계를 갖추고 있다. 물론 장애인은 어느 특정한 인생주기상의 계층을 대상으로 하는 인적대상이 아니라 전체인생주기에서 다양한 인적대상이 되므로 그에 대응한 서비스의 영역도 다양할 수밖에 없는 특징이 있다. 공공부조 이외의 사회보험영역, 고용영역, 특수교육영역 등에서도 각기 다른 전달체계를 구성하고 있다.

정부는 1997년 5월 22일에 대통령령 제15377호에 의해 사회복지정책실장 밑에 장애인복지심의관을 신설하여 장애인복지서비스 업무를 총괄하게 하였다. 이에 따라 당초 재활과에서 1994년 4월에 장애인복지과로 변경된 1개 과 단위체계를 폐지하고 '장애인제도과'와 '재활지원과'로 확대개편하게 된 것이다. 장애인제도과는 상애인복지행정을 종합하고 장애인등록과 장애인생활안정사업을 소관업무가 되고, 재활지원과는 장애인편의시설, 장애인복지시설, 재활사업, 장애인 체육 및 결연사업 등의 업무를 하게 됨으로써 2개 과 단위체계로 변경된 것이다<그림 5-14>.

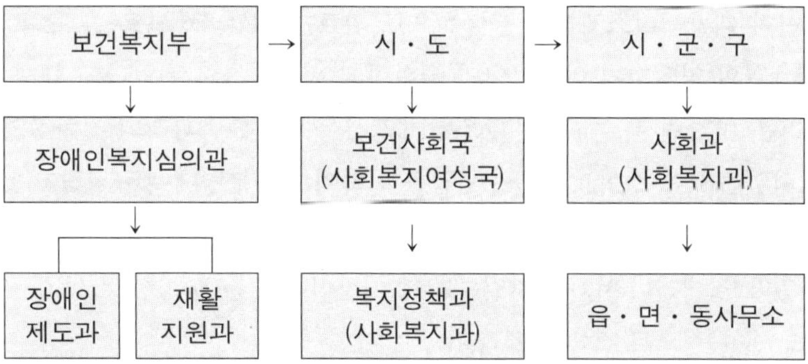

<그림 5-14> 장애인복지서비스 전달체계(1997년 기준)

이러한 일련의 중앙단위행정조직의 확대는 지방자치단체의 장애인서비스업무의 확대를 가져와 담당직원을 보강하는 등의 조직의 강화로 이어지게 된다. 그러나 인력체계를 보면 노인복지업무나 아동복지업무는 정부에서 서비스대상 업무로 체계화하여 아동복지상담원이나 노인복지상담원 등의 별정직인 담당자가 있어 왔지만 장애인분야에는 여전히 행정직 등의 일반직이 담당하고 있어 업무의 지속성이나 전문성이 결여될 소지를 안고 있다.

▎표 5-58 ▎ 장애인재활(수용)시설 현황(1995~1997) (단위 : 개소, 명)

연도	계	재활(수용)시설						이용시설			
		지체	시각	청각	정신 지체	요양	근로	복지관		재활 병·의원	체육관
								종합	종별		
1995	233 (14,840)	34 (3,012)	11 (657)	14 (1,044)	52 (5,544)	55 (4,164)	8 (419)	23	14	13	9
1997	254 (15,980)	180 (3,096)	35 (687)	10 (925)	14 (5,601)	53 (5,269)	60 (402)	32	14	13	15

자료 : 보건복지부, 『보건복지백서(1996, 1998)』.
주) ( )내서는 수용인원임.

장애인복지수용(재활)시설은 김영삼 정부 첫해인 1993년도에 201개소에 13,533명이 입소하였으며 1995년도에 233개소 14,840명, 1997년도에는 254개소 15,980명이 재활에 필요한 상담, 치료, 교육, 훈련 및 요양 등의 장애인복지서비스를 제공받고 있는 것으로 나타나고 있다<표 5-58>.

장애인의 재활서비스체계는 궁극적으로 의료재활을 바탕으로 한 교육재활이나 직업재활의 영역까지 나아가야만 원활한 지원체계를 갖추었다고 할 수 있다. 우리나라는 1977년 특수교육진흥법을 제정하여 특수교육과정의 전반적인 개편을 시도하였는데, 특수학교와 특수학급을 통하여 교육부령에서 규정하고 있는 교육과정과 학과교육을 장애종별과 정도에 따라 이수토록 하고, 직업교육까지 병행하도록 하였다. 장애인이 사회적 자립하는 데 기반이 되도록 하여 통합교육(integrated education)을 목적으로 교육하고 있다.

일반적으로 통합교육의 목적은 장애인 개개인이 적극적인 사고방식을 갖고 일상생활을 영위할 수 있도록 가능성을 부여하고 개인의 능력이나 기능의 정도에 따라 사회적 역할의 가능성을 발굴하여 사회구성원으로서 통합적 수준에서 교육하는 것을 말한다. 1997년을 기준으로 특수교육기관을 보면 전국 115개 특수학교에 2,307개의 학급이 편성되어 있다. 재학생은 22,932명이며, 종사자는 3,907명에 이른다. 이 외에도 일반학교 내에 있는 특수학급은 3,626개가 설치되어 있고, 재학생 수는 25,300여 명이 교육받고 있으며 종사자 수는 3,626명이다. 이것은 특수교육진흥법 제정 직후인 1980년도의 57개 학교 8,904명의 학생 수에 비하면 두 배

정도로 늘어난 것이다.

민간전달체계의 종사자를 중심으로 한 인력체계는 사회복지사업법이나 장애인복지법 등에서 규정하고 있는 유자격자와 관련자를 배치하고 있다. 그중에서도 의료재활시설의 경우는 다른 재활부문의 토대가 되는 시설이므로 연도별로 의료재활시설종사자를 보면 재활전문의는 1993년 187명에서 1997년에 376명으로 두 배 정도로 급속히 증가하였다.

(4) 급여형태

상애인복지서비스의 급여영역은 사회보험이나 공공부조 이외의 부가적 서비스로서 장애인에게 급여되는 것을 말한다. 법적 근거로서는 사회보험관련법이나 생활보호법, 의료보호법이 아닌 장애인복지법이나 사회복지사업법이 있다.

앞에서 전달체계에서도 살펴본 바와 같이 급여형태 역시 그러한 전달체계에 따라 다양한 급여형태로 분류되어질 수 있다.

첫째는 생계보조수당급여와 자립자금대여급여의 현금서비스형태가 있다. 생계보조수당급여는 1990년에 처음 시행되어 생활보호 및 의료부조대상자인 지체장애인과 정신지체인 1급 및 2급 중복장애인 6,530명에게 월 2만 원씩을 지급하였다. 1992년에는 같은 금액을 시각장애인 1급까지 확대하여 지급하다가 1994년에 이르면 의료부조제도의 폐지로 생활보호대상자 중 정신지체인 1급 및 2급 중복장애인, 시각1급 장애인만을 대상으로 지급하게 된다. 1997년에는 1급의 지체, 시각, 청각, 언어장애는 생활보호대상자 전원과 2급인 경우 거택보호대상자(중복은 자활보호대상자도 포함)가 대상이 되고, 정신지체장애는 1~2급의 생활보호대상자 전원(중복은 3급 포함)이 급여대상이 되어 1인당 월 45,000원씩을 지급 받았다. 그러나 지방자치단체에 따라서 지방비를 추가로 더 지급하는 경우가 많아 평균 7만 원 정도에 이른다.

장애인자립자금대여제도는 1992년부터 시행하고 있으며, 대상자는 생활보호대상자는 아니지만 저소득인 가구주를 대상으로 장기저리의 자립자금을 대부해 주는 급여이다. 1992년에 400만 원 한도로 시작하여 1994년에는 700만 원, 1996년에는 1,000만 원, 1997년에는 1,200만 원 한도에서 연리 8%, 5년 거치 5년 분할 상환의 조건으로 대출해주고 있다. 대여기관은 7대 도시지역(서울 및 6대 광역시)은 국민은행이고 기타지역은 농협이며, 재원은 정부재정투융자 특별회계자금으로서 생계보호정책의 생업자금과 같은 성격의 급여형태이다.

둘째는 현물급여형태로 장애인 보장구의 교부사업이 있다. 생활보호대상 장애인과 취업을 위해 시·군·구에서 인정하는 저소득장애인에게는 일상생활상의 장애를 들어주기 위해 무료로 보장구 교부와 수리를 해주고 있다. 김영삼 정부 첫 해인 1993년에는 총 2,764건이 교부되었고 1995년에는 2,301건, 1997년에는 2,207건이 교부되었다.

셋째는 기회나 능력부여의 형태의 서비스로서 취업알선과 자녀학비급여를 들 수 있다. 장애인고용촉진등에관한법률 제12조에 의거 1990년에 설립된 장애인고용촉진공단이 추진한 취업알선 현황을 보면 1992년에 3,235명에서 1997년에 9,490명으로 급증하고 있으며, 취업한 장애인의 대다수는 지체장애인에 속한다.

장애인자녀에 대한 자녀학비지원은 생활보호대상자가 아닌 1~3급의 저소득 장애인 본인과 자녀에게 능력개발의 차원에서 1992년 11월 1일부터 중학생의 입학금 및 수업료를 지급해온 것이다. 1997년을 기준하면 중학생 및 고등학생에 대하여 학비전액을 지원함으로써 공공부조정책의 교육보호사업과 대등하게 하고 있다.[47)]

넷째는 사회적 서비스형태의 급여로서 장애인 편의시설의 설치를 들 수 있는데, 장애인의 이동권 및 접근권 보장을 위하여 '장애인편의시설및설치기준에관한규칙'을 제정하여 보건복지부령 제1호로 1995년 1월 1일부터 시행하게 되었고, 1996년 1월 6일에는 건축법 시행령을 개정·시행하는 등의 편의시설 설치를 법제화한 후 빠른 속도로 개선되고 있다. 1995년에 27%에 불과하던 편의시설 설치율이 1996년 36.8%, 1997년 41.9%를 나타내고 있다.

1997년도 설치 현황을 구체적으로 살펴보면, 총 618,680개 설치대상 중 259,122개가 설치되어 평균 41.9%가 설치되었으며, 대상시설별 설치율은 <표 5-59>와 같다.[48)]

---

47) 1994년까지는 중학생, 1995년에는 실업계 고교까지, 1996년도에는 인문계 고교 성적 상위 30% 학생까지 지원하였다.

48) 보건복지부, 『보건복지백서(1998)』, pp. 389~390.

| 표 5-59 | 장애인편의시설 설치 현황(1997년 기준) (단위 : 개, %)

구분	계	횡단 보도	공원	근린공 공시설	노인·장애인 시설	학교	공공업 무시설	도시철 도역사	기타
대상(A)	618,680	151,955	11,937	69,696	13,216	116,035	23,000	5,236	22,605
설치(B)	259,122	75,634	5,345	28,614	5,856	42,825	11,523	2,858	86,467
설치율 (A/B)	41.9	49.8	44.8	41.1	44.3	36.9	50.1	54.6	41.9

자료 : 보건복지부, 『보건복지백서(1998)』.

다섯째, 감면 혹은 면제형태의 급여는 비예산적 서비스로서 세제상의 혜택을 주거나 할인, 공제혜택 등이 있다. 김영삼 정부 출범 이후 시행된 급여형태를 보면 <표 5-60>에서 볼 수 있는 바와 같이 장애인 보장구를 생산하는 기업체에 대해서

| 표 5-60 | 감면형태의 장애인서비스(1994~1997)

시행일자	감면형태	감면 내용	감면 대상
1994.1.1	부가 가치세 감면	장애인 및 보장구업체의 부가가치세 영세율 적용	장애인·보장구업체의 생산판매품(의수족, 보조기, 보청기, 휠체어, 지팡이 등)
1994.1.1	자동차세 면제	등록세·취득세의 중과세 면제	1~3급 장애인 명의 차량 (2000cc 이하 1대)
1997.1.1	TV 수신료 면제	TV수신료 전액면제 (주거전용시설 내의 수상기)	시각, 청각 장애인 가정의 수상기 (세대주 불문)
1997.1.1	보장구 구입비용 할인	보장구 구입비용을 의료보험(보호)으로 인정급여 - 구입비상한액의 80% 지원	장애인의 보장구 구입 • 지체장애인용 지팡이 • 시각장애인용 저시력 보조기 • 청각장애인용 보청기 • 언어장애인용 전기후두 • 휠체어 • 흰 지팡이 • 목발

자료 : 보건복지부, 『장애인복지사업 지침(각 년도)』에서 재작성.
주) 김영삼 정부 시기 이전부터 시행되어온 급여형태는 제외함.

는 영세 기업에 적용하여 부가가치세를 면제토록 하여 생산을 장려하는 한편 실질적으로 장애인들에게도 싼 가격으로 보장구를 구입할 수 있도록 하고 있다. 그 외에도 장애인이 보장구를 구입할 때의 비용의 80%를 의료보호비나 의료보험비에서 지원해주도록 하고 있다. 그리고 1~3급에 해당하는 장애인들이 2000cc 이하의 자동차를 구입할 시에는 등록세와 취득세의 중과세를 면제하고 있다.

4. 여성복지서비스

1990년대는 여성에 관한 복지서비스 입법이 활발하게 이루어진 시기라고 할 수 있다. 그에 따라 서비스의 전달체계에 있어서도 확대 · 보강되어 전반적으로 제도면에서는 상당한 발전을 가져오게 되는 것이다. 뿐만 아니라 여성문제와 가장 밀접한 연관성을 가지는 아동복지분야의 '영유아보육법'이 제정되는 등으로 주변 환경의 변화 역시 두드러지게 나타난다. 이것은 1990년 초반에 부활된 지방자치제도의 실시에 즈음한 여성층들의 복지욕구 표출이 정치 · 행정체계에 영향을 미친 데 요인을 찾을 수도 있다. 여성복지서비스는 일단 전체인구의 절반정도가 대상이 된다는 측면에서 본다면 그 대상영역은 다른 인적대상에 비해서 가장 비중 있는 영역이 된다.

여기서는 이러한 전체여성에 대한 서비스 영역보다는 정부의 직접적인 복지서비스정책의 대상이 되는 여성층에 대한 영역에서 논의하였다. 복지서비스의 주된 정부부처인 보건사회부에서도 정책의 대상으로 삼는 영역은 전체여성층이 아닌 요보호여성층에 집중하고 있다. 즉, 가출여성, 윤락여성, 미혼모, 저소득여성 등이 복지정책의 일차적 관심영역이 되는 것이다. 다시 말하면 입법추진에서도 이들에 대한 서비스영역이 이슈로 등장하고 있음을 알 수 있다.

그러나 김영삼 정부 시기인 1995년에 '윤락행위등방지법'이 개정되면서 부녀상담원이 여성복지상담원으로, 부녀상담소는 여성복지상담소로 바뀌기 시작하여 마침내 1997년에는 정부 공식 용어에서 부녀복지대신에 여성복지의 개념이 등장한다. 이것은 향후의 정책대상으로서의 자리 매김이 '부녀'라는 요보호여성 중심에서 '여성'이라는 확대된 개념으로 바뀌게 되는 관건이 될 수 있다.

여성복지서비스정책의 구체화를 의미하는 관련 입법의 제정은 1989년 4월 1일의 모자복지법 제정으로 모자가정에 대한 서비스를 체계화한 것이 대표적이라 할 수 있다.[49] 뿐만 아니라 근로여성서비스정책의 체계화를 가능할 수 있는 남녀고용평등법이 1988년 4월 1일에 시행되어 1989년에 개정된 것도 내부적인 서비스정책의 이행과정에서 중요한 요소로 볼 수 있다. 그리고 1995년 12월 30일 법률 제5136호로 제정된 여성발전기본법은 남녀평등의 촉진, 모성의 보호, 성차별의 해소를 통한 여성발전을 목적으로 하고 있다.

이 외에도 전체여성에 관련된 서비스 법률은 가족법의 개정과 공무원 임용시험령 개정을 들 수 있다. 1989년 12월 19일 정기국회에서 통과되어 1991년 1월 1일부터 개정된 가족법의 주요 내용을 보면 다음과 같다.[50]

첫째, 가족법 제778조~제796조 및 제980조~제995조에 걸쳐 있는 호주제도는 기존의 '호주상속'을 '호주승계'로 개정함으로써 실질적으로는 호주의 권리의무를 대폭 삭제하고 봉건적 기부장제를 표현하는 호주권을 축소시킴으로써 상징적 의미일 뿐 그 실익은 없게 되었다. 다만 승계 순위는 제984조에서 남자를 제1순위로 두었다.

둘째, 가족법 제768조~제769조 및 제777조에 있는 친족의 범위는 8촌 이내의 혈족과 4촌 이내의 인척 그리고 배우자를 친족의 범위로 정하였다. 이것은 부계·모계혈족 간의 차이를 폐지하고 오히려 부계혈족은 혼인한 여자의 경우 구법에서 8촌 이내의 남편 측 부계혈족까지를 친족으로 보던 것에서 4촌으로 제한한 것이다.

셋째, 제781조~제784조의 친자관계는 구법에서 법정 친자관계였던 계모자 관계와 적모서자 관계를 폐지하여 이들 관계 모두를 인척관계로 하였다. 입양에 의한 경우도 혼인 중의 출생자와 같이 신분을 얻을 수 있도록 하였다.

49) 모자복지법시행령은 1989. 12. 13에 제정되고 시행규칙은 1990. 6. 5에 제정되었다.

50) 1958년에 제정되어 1960년 1월 1일부터 시행된 민법 중 가족법분야는 남성위주적인 요소가 있어 1962년과 1977년에 개정하였으나 1989년 정기국회에서 제13대 국회 여성의원 전원의 제안으로 새로이 개정되기에 이른다.

넷째, 친권을 부모 모두에게 인정하도록 개정(제909조)하여 구법의 부권 우선주의 조항을 개선하였다.

다섯째, 혼인한 부부의 경우 이혼 시에 자녀양육책임을 협의에 의하도록 하였고, 이혼배우자의 재산분할청구권이 제839조에 신설되었다.

여섯째, 구법에서 부부 간 · 자녀 간 차별이 있던 재산상속권이 배우자나 혼인한 여자 자녀에게까지 차등 없이 인정되도록 개선되었다.

공무원임용시험령 개정을 통하여 남녀구분 모집제도를 폐지한 것 또한 정부의 여성복지서비스확대로 볼 수 있는데, 1989년 6월 27일의 대통령령 제12730호 및 1991년 6월 27일의 대통령 제13702호는 여성의 공직진출 확대의 길을 열었다. 이것은 총무처 시행 9급 행정직에서 1988년 이전의 여성합격자가 전체의 10%가 1989년에는 42%, 1990년에는 52%로 늘어나게 되는 결과를 가져오게 하였다고 보아진다.

1) 노태우 정부 시기

(1) 급여대상

여성복지서비스정책의 급여대상은 원칙적으로 전체여성이 되어야 한다.[51] 사회 속에서 여성은 여전히 남성에 비하여 열등한 처우를 받고 있고 모성보호 등의 부가적 부담도 안고 있다고 보면 당연히 복지정책급여의 대상이 되어야 함은 자명한 이치이다. 그러나 여기서는 현행 사회복지관련 법률에 근거한 서비스영역에 한정하여 대상자를 분석하는 것이 목적인 만큼 보건복지부의 업무영역을 중심으로 살펴보고자 한다. 먼저 모자복지법에서 정하고 있는 대상은 18세 미만의 아동을 양육하는 다음의 여성이 적용이 된다. 다만 아동의 연령은 취학아동일 경우는 20세 미만까지 연장된다.

첫째, 배우자와 사별 또는 이별하거나 배우자로부터 유기된 여성이다.

둘째, 정신 또는 신체장애로 인하여 장기간 근로능력을 상실한 배우자를 가진

---

51) 1990년 인구주택총조사 결과에 의하면 여성인구는 21,675천 명에 이른다.

여성이다.

셋째, 사실혼관계에 있지 않은 미혼여성이나 배우자의 생사가 분명하지 아니한 여성이다.

넷째, 배우자 또는 배우자가족과의 불화 등으로 인하여 가출한 여성이다.

다섯째, 배우자의 해외거주, 장기복역 등으로 인하여 부양을 받을 수 없는 여성이다.

보건사회부에서 모자복지법 제정을 앞두고 보다 체계적으로 모자복지시책을 추진하기 위하여 1989년 12월에 실태조사를 실시한 내용을 보면 전국에 75,889가구에 가구원수 244,710명으로 나타났다. 이것은 전국 가구 수 10,991,910가구의 0.69%에 해당하며 평균자녀 수는 2명 정도이다.

그리고 1990년을 기준으로 모자복지법상의 모자가정은 65,755세대 207, 370명인데 전체 모자세대 중 보호를 받고 있는 세대는 모자복지법에 의한 보호가 847세대, 생활보호법에 의한 보호가 29,652세대, 의료보호법에 의한 보호(의료부조 포함) 4,953세대, 국가유공자 예우에관한법률에 의한 보호가 470세대로서 전체모자가정의 54.6%인 35,922세대가 보호를 받고 있으며, 45.4%에 해당하는 29,833세대는 미보호되고 있는 것으로 나타났다.[52)]

(2) 급여재원

우리나라의 사회보장예산은 1990년 이전까지 GNP의 1%를 넘지 못하는 수준이었으며, 국가예산 중에서 사회복지서비스예산이 차지하는 비율은 1990년의 경우 0.5% 수준이다. 사회복지서비스에 투자되는 예산 중에서 여성복지에 소요되는 예산을 보면, 전체의 5.2%로서 아동복지, 노인복지 및 장애인복지예산의 20% 수준에도 미치지 못하고 있으며, 부랑인예산 6.1%보다 적은 실정이다.[53)] 1992년도의 여성복지예산을 보면, 전체 7,833백만 원으로 이중에서 모자보호예산이 5,623백만 원, 부녀직업보도예산이 2,210백만 원 정도에 그치고 있어 예산의 절대액이 미미한 수준임을 알 수 있다.

52) 보건복지부, 『보건사회백서(1991)』, p. 341.
53) 중앙대 사회복지학과 편, 전게서, pp. 279～280.

모자보호시설과 부녀직업보도소 운영에 소요되는 재정지원 현황을 보면 모자보호시설은 1989년에 총 2,673백만 원 1990년에 2,475백만 원, 1991년에 2,303백만 원으로 매년 운영비가 줄어들고 있다.

부녀직업보도소 운영예산 현황을 보면 1989년에 1,502백만 원, 1990년에 2,196백만 원, 1991년에 2,124백만 원을 나타내고 있다.

(3) 급여전달체계

여성복지서비스전달체계는 정부나 민간이 여성들을 위하여 전개하는 사업체계와 직접관련이 되는 것이다. 요보호여성이나 일반여성들에게 일정한 프로그램을 어떻게 효율적으로 전달할 것인가는 전달체계의 이슈가 된다. 즉, 원조를 하는 단계별 체계가 효율성이 높으면 원조를 받는 서비스의 효율성도 높아질 수 있다는 말이 된다. 여성복지서비스의 영역은 전체인구의 절반을 차지하는 만큼 광범위하다. 그러나 노태우 정부 시기까지도 정책의 주된 대상이 요보호여성에 한하고 있고 일반여성 중에서는 근로여성층에 치중해 있다. 따라서 서비스전달체계 역시 여기에 맞추어 전개되고 있다. 우선 보건사회부를 중심으로 한 중앙전달체계와 내무부 산하조직인 지방자치단체의 전달체계를 보면 <그림 5-15>에서와 같다.

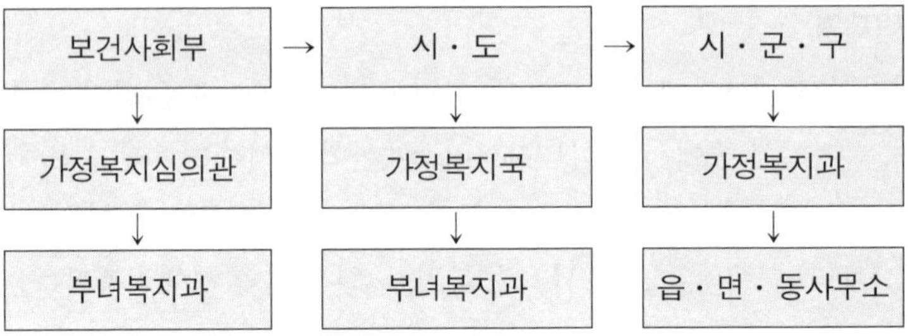

주) 1990년 11월 14일 직제 개편 이후 기준이며, 시 · 도 관할 여성회관과 시 · 군 · 구 관할 여성상담소가 별도로 있음

<그림 5-15> 여성복지서비스 전달체계(1992년 기준)

<그림 5-15>에서 나타난 공공전달체계를 좀 더 자세히 설명하면 보건사회부의 부녀복지과는 부녀복지서비스정책수립의 정점에 있으며, 시 · 도의 부녀복지과

는 보건사회부의 계획과 세부지침에 따라 각 시 · 도별 계획수립과 부녀복지시설이나 민간여성단체운영을 지원 · 감독하는 기능을 한다. 그리고 전국 260개 시 · 군 · 구의 가정복지과는 민간여성단체와 부녀시설의 지원은 물론 해당 시 · 군 · 구 산하 읍 · 면 · 동의 여성복지 업무를 지원하게 된다.

그리고 일반 부녀복지사업 외의 특수전문분야에 대해서는 정부 산하의 별도 서비스조직을 구성하고 있다. 윤락여성선도대책위원회, 새마을부녀회, 부녀복지관, 한국여성개발원 등이 그것이다. 특히 한국여성개발원은 1981년 12월 31일 법률 제3632조에 의해 1983년 4월 21일에 개원된 후 여성관련 자료출판과 여성사회참여 등의 복지향상의 사업을 하고 있다. 부녀복지관은 지역사회 저소득여성층을 대상으로 하는 기술교육이나 교양교육을 목적으로 설립되어 1992년을 기준으로 전국에 총 29개소가 있고, 저소득층 및 중산층 여성들의 사회참여 기회제공 및 자질향상을 위한 교양교육을 하는 여성회관이 16개소가 있다.

민간부문 전달체계를 보면 부녀복지시설인 직업보도시설, 보호지도소가 있고, 모자복지시설인 모자보호시설, 모자자립시설, 미혼모시설, 일시보호시설, 부녀복지관(민간법인 운영), 모자복지시설 등이 있다.[54] 1992년을 기준한 주요시설의 현황을 보면 직업보도시설은 총 21개소에 2,908명이 입소하였고 모자보호시설은 총 39개소에 293명의 모와 580명의 가족이 입소하였다 그리고 모자일시보호시실은 대도시 6개소에 설치되어 있는데 모 245명, 아동 122명이 입소하였다. 같은 시기의 여성복지시설의 지역별 분포 현황을 보면 총 65개 시설에 4,255명이 수용되어 있으며, 그중 6대 도시의 현황을 보면 <표 5-61>에서 보는 바와 같다.

❙ 표 5-61 ❙ 여성복지시설의 지역별 분포 현황(1992년 기준) (단위: 개소, 명)

구 분	서울	부산	대구	인천	광주	대전
시설 수	13	13	4	3	5	2
수용인원	804	790	659	162	332	119

자료 : 보건사회부 내부자료.

54) 부녀복지시설은 윤락행위등방지법에 의한 시설이며, 모자복지시설은 모자복지법에 근거한 시설이다. 그리고 모자복지시설의 부녀상담소는 공공부문의 전달체계에 속한다.

여성복지서비스에 관련한 인력체계를 보면 정부부문의 인력으로서 부녀상담원이 있다. 부녀상담원은 별정직 공무원으로서 부녀상담소나 간이부녀상담소에서 상담을 실시하여 선도귀가, 시설입소, 직업알선을 하며, 시·도와 시·군·구 및 읍·면·동에도 일부 배치되어 여성관련 업무를 맡고 있다. 1992년 기준하여 보면 총 122상담소(부녀상담소 29, 간이부녀상담소 93)에 334명의 부녀상담원이 있다. 그러나 이들의 상당수는 전문지식의 배경 없이 특별 임용되어 재교육 등을 통한 전문화가 요구되는 부문이다.

(4) 급여형태

급여형태는 대부분의 경우 현금급여방식을 선택하고 있는 것이 현대복지사업의 특징이다. 특히 공공부조사업의 경우는 현물급여방식에서 오는 여러 가지 문제점을 개선하는 대안으로서 현금급여방식이 선호하고 있다. 그러나 서비스의 경우는 재화가 아닌 용역의 형태에 속하므로 두 가지 급여방식 외의 기회, 능력부여 혹은 사회적 서비스 부문들이 중요한 형태로 파악되어야 한다.

기회나 능력부여 형태의 급여는 근로여성 보호서비스와 일반여성들의 사회참여나 자질향상을 위한 교육서비스가 있다. 저소득층이나 기혼취업여성을 위한 영유아보육서비스는 아동복지서비스 부문에서 이미 파악되었다. 미혼취업여성을 위한 부문은 크게 정부가 직접 지원하는 공공 부문과 민간에 위탁하거나 일부 지원하는 형태의 두 가지가 있다. 근로청소년회관과 근로청소년 임대아파트사업은 전자에 해당한다. 노동부가 주관하는 근로청소년 회관의 미혼취업여성을 대상으로 하는 운영실적을 보면 1990년을 기준으로 연인원 백만 명 이상이 교양교육이나 취미교육, 상담서비스를 받은 것으로 나타나고 있다. 그리고 1981년부터 미혼근로여성들의 주거환경을 개선하고자 근로청소년회관과 같이 건립하기 시작한 근로청소년 임대아파트는 1991년을 기준으로 9,025세대, 45,125명이 저렴한 임대료(1인당 월 4,200원 정도)를 부담하면서 입주해 있다. 문교부에서 주관하는 근로청소년(근로여성)을 위한 교육기회 확대사업으로서는 일반 중·고등학교에 설치하는 특별학급과 별도로 설치하는 산업체 부설 학교가 있다. 이 제도는 1977년부터 시작되었고, 1991년 4월 1일 기준으로 특별학급에 58,922명, 산업체 부설 학교에 33,323명이 재학하고 있는 것으로 나타났으며, 이들의 교육비는 정부와 기업에서 부담하고 있다.

일반여성의 사회참여나 자질 향상을 위한 서비스 영역은 여성회관을 통한 교양교육이나 자원봉사활동을 지원하는 형태가 대표적이라 할 수 있다. 어학강좌, 꽃꽂이, 서예, 생활공예 등의 취미 · 교양교육이 주류를 이루고 기능교육이나 생활상담사업도 재가여성들을 위한 서비스 영역이 된다. 여성회관은 1990년대 이전에 전국 33개소이던 것이 1992년에 이르면 42개소로 늘어나게 되는데 경북이 5개소, 경남이 6개소로 많은 편이며, 경기, 강원, 전북이 4개소, 서울, 충북, 전남이 3개소 등의 순서이다.

기타 서비스형태의 급여방식은 요보호여성이나 취약여성(vulnerable women)을 대상으로 하는 것이다. 즉, 모자가정(fatherless family), 미혼모(unmarried mother), 윤락여성에 대한 사회적 서비스를 말한다. 저소득 모자가정에 대해서는 1991년도를 기준으로 할 때 4인 가족의 경우 월 소득 46만 7천 원 미만의 가정을 선정하여 학생자녀 6,304명에게 학비를 지원하고 있나. 이것은 생활보호대상자에게 지급하는 교육보호비와는 별개의 급여이다. 즉, 모자가정 중 생활보호대상가구에 속하지 않는 저소득층에 별도로 학비를 감면해주는 방식의 재가서비스를 말한다. 시설서비스의 경우는 모자보호시설에서 퇴소하는 모자세대 중 최소한의 자립준비를 할 수 있도록 하는 모자자립시설 3개소를 설치하였고, 48세대(1991년 기준)가 수용되어 서비스를 받았다.

미혼모에 대한 서비스는 국가의 지원사업보다는 홀트아동복지회, 대한사회복지회, 구세군여자관 등의 민간서비스에 머무르고 있어 잔여적 정책수준으로 평가할 수 있다. 윤락여성에 대한 사회복지서비스는 수용보호시설을 통한 서비스를 들 수 있는데, 1990년 말 현재 5개 시설에 468명이 수용되어있다. 이것은 1947년에 공창제도를 폐지한 후 1961년 윤락행위등방지법을 제정하여 선도보호사업을 하고 있는 결과이다.[55]

이 밖에도 여성복지서비스급여로서 새로이 시작된 형태는 '학대받는 여성'에

55) 이계탁, 전게서, p. 723.

대한 서비스가 노태우 정부 시기의 특이점이라 할 수 있다. 학대받는 여성에 대한 대책의 필요성은 1980년대로부터 논의되기 시작하여 1987년부터 '한국여성의 전화'에서 '쉼터'를 운영해온 바 있었다. 정부는 1992년에 이르러 비로소 서울과 광주에 각 1개소씩의 단기보호시설을 시범적으로 설치운영하고 있다. 이러한 형태는 사회적 통제보다는 선택의 자유를 확장시키는 요인으로 작동하게 한다.

2) 김영삼 정부 시기

(1) 급여대상

김영삼 정부 시기는 여성복지의 개념의 변화를 가져온 기간이었다고 할 수 있다. 1997년 5월에는 1948년 11월 4일의 사회부 직제 신설 이후 줄곧 사용해오던 '부녀국' 혹은 '부녀복지과'의 명칭을 '여성복지과'로 변경하게 된다. 이것은 '부녀'라는 이름 하에 요보호여성정책에 머물러 왔던 정책대상이 일반여성에까지 확대되는 상징적 의미가 있다. 즉, 노태우 정부까지는 마치 과거 구휼제도에서 환과고독(鰥寡孤獨)이라는 4궁(窮)에서 과부(寡婦)를 그 대상으로 삼았던 것과 마찬가지로 부녀복지의 개념이 요보호여성에 귀착되어 있었다고 할 수 있다[56]

여성에 대한 복지전반을 논의하기보다는 특수욕구를 가진 집단에 맞추어 프로그램을 실천해왔다는 것이다. 모자가족, 가출여성, 미혼모, 윤락여성 등의 개념이 바로 부녀복지대상의 개념으로 보아온 것이다. 그래서 정책 역시 복지페미니즘(welfare feminism)의 적극적 정책보다는 취약여성(vulnerable women)의 복지에 국한된 소극적 정책에 치중해왔다. 그러나 보건복지부의 여성복지과의 소관업무에서도 드러나듯이 여전히 저소득 모 · 부자가정, 여성복지시설 등에 치중하고 있어서 사회복지서비스 대상은 요보호여성이 일반여성에 비해 상대적으로 중요한 영역을 차지함을 짐작케 한다.

---

56) 노태우 정부 시기인 1988년 3월 14일~3월 24일까지 오스트리아 비엔나에서 열린 유엔여성지위위원회 제32차 회의에 여성대표단을 파견한 것과 1988년 6월 24일에서 7월 7일까지 미국 워싱턴과 뉴욕에서 개최한 세계여성단체협의회(International Council of Women) 창설 100주년기념행사에 여성협의회 임원들을 참석케 한 것 등은 여성정책의 변화를 가져온 계기로 볼 수는 있다.

1995년의 인구주택 총 조사에서의 여성인구는 총인구의 44,608,726명 중 22,219,402명에 달하여 거의 절반에 이르고 있다. 그러나 여성복지서비스정책의 대상이 되는 인구는 전체가 되기에는 한계가 있으며, 특히 보건복지부가 주관이 되는 복지서비스의 대상에서는 그 범주가 훨씬 좁혀든다. 모자복지법상에서 정하고 있는 모자세대는 1993년의 경우 54,019세대, 세대원 수는 162,207명이며, 1997년에는 43,768세대, 세대원 수는 124,944명이다. 이중 전체의 94.9%인 41,515세대가 보호를 받고 있으며, 5.1%인 2,253세대는 미보호되었다<표 5-62>.

❙표 5-62❙ 모자세대 현황(1993~1997) (단위 : 세대 ,명)

구 분	1993	1994	1995	1996	1997
세 대	54,019	51,925	46,793	43,801	43,768
세대원	162,207	152,838	136,794	126,826	124,944

자료 : 『보건사회백서』, 『보건복지백서(각 년도)』 재작성.

(2) 급여재원

보건복지부의 여성복지예산은 여성복지시설운영비, 모자보호시설운영비, 선도보호시설운영비 등의 시설운영비와 저소득모자가정에 대한 자녀학비와 아동양육비에 소요된다. 그리고 일반회계와는 별도로 사회복지사업기금에서 모자시설을 퇴소한 모자가정에 대하여 자립정착금과 저소득 동거부부 결혼식지원사업 등에 예산을 편성하고 있다. 김영삼 정부 시기의 연도별 예산 추이를 보면 1994년에는 일반회계예산이 8,958백만 원, 사회복지사업기금 357백만 원이며, 1997년에는 일반회계예산이 16,054백만 원, 사회복지사업기금 560백만 원에 이르고 있다.

세부적으로 보면 주요예산이 여성복지시설지원과 저소득모자가정에 대한 지원이 가장 높은 비율을 차지하며, 여성복지시설운영비의 50% 정도가 모자보호시설 운영비에 속한다. 사회복지사업기금의 경우도 모자보호시설에서 퇴소하는 모자세대의 자립을 지원하기 위한 퇴소모자세대 자립정착금 지원이 60% 정도를 차지하고 있음을 볼 때 보건복지부의 여성관련 서비스정책은 지역사회 내에서 거주하는 모자세대 지원이 주요영역을 차지하고 있음을 알 수 있다<표 5-63>.

❙ 표 5-63 ❙ 여성복지서비스 예산 추이와 사업별 내역(1994～1997) (단위 : 만 원)

구 분		1994	1996	1997
일반회계	여성복지시설	3,690,109(44.2)	5,481,796(47.8)	7,517,511(46.8)
	(모자보호시설)	2,116,995	3,096,188	3,997,130
	(선도보호시설 등)	1,843,114	2,385,608	3,620,381
	저소득모자가정지원	4,130,034(46.1)	5,040,473(43.9)	6,973,787(43.4)
	그 외 사업	868,351(9.7)	949,079(8.3)	1,563,255(9.8)
	합 계	8,958,494(99.9)	11,471,348(100.0)	16,054,563(100.0)
사회사업복지기금	피복비	38,000(10.6)	66,000(13.8)	60,500(11.0)
	퇴소모자세대 자립정착금	225,000(62.9)	300,000(62.7)	300,500(54.6)
	저소득동거부부 결혼식지원	66,000(18.4)	67,500(14.1)	63,000(11.4)
	그 외 사업	28,750(8.1)	44,748(9.4)	126,700(23.1)
	합 계	357,750(100.0)	478,248(100.0)	560,700(100.0)

자료 : 한국여성개발원, 『98연구보고서』, p. 45 재작성.
주) ( )내서는 비율(%)임.

그러면 여성복지시설운영비의 50～60%를 차지하는 모자보호시설 운영예산을 연도별로 살펴보면 1993년에 9,065백만 원에서 1997년에는 6,128백만 원으로 감소하고 있다. 이것은 1993년의 입소자 수가 1,038명이던 것이 1997년에 698명으로 줄어든 것과 상관된다. 즉, 모자보호시설에 거주해 온 자녀의 성장으로 거주지를 지역사회로 옮겨가는 세대가 늘어나는 반면에 시설 밖의 모자세대에 대한 정부의 지원 수준이 점차 늘어나고 있음에 기인하는 것이다.

(3) 급여전달체계

우리나라의 여성복지서비스 전달체계의 행정조직은 미군정 시기인 1946년 9월 14일 법령 제107호에 의해 보건후생부에 여성국이 설치된 것이 시초가 된다. 1947년 1월에는 전국 각 시 · 도의 행정조직에 여성행정 담당 부서가 생겼다. 정부수립 후인 1948년 11월 4일에는 대통령령 제25호로 사회부가 신설되고 부녀국이 생기게 되었다. 김영삼 정부 시기에는 지방자치제가 실시된 후 '부녀'의 개념이 '여성'의 개념으로 전환되면서 여성복지서비스전달체계로 변화하고 있다. 보건복지부를 정점으로 하는 중앙행정전달체계와 지방자치단체의 전달체계를 보면 <그림 5-16>과 같다.

그리고 여성복지서비스를 실제 담당하는 공공인력체계로서는 여성복지상담원을 들 수 있다. 1995년 이전까지는 부녀상담원으로 있었으나 1995년에 '윤락행위등의방지법'이 개정되면서 명칭이 변경된 것이다. 1997년을 기준으로 여성복지상담원은 415명이 배치되어 있다. 이들 중 일부는 국립사회복지연수원 등을 통하여 사회복지사 3급 자격을 취득한 경우도 있지만 상당수는 비전문 인력으로 남아있는 실정이다.

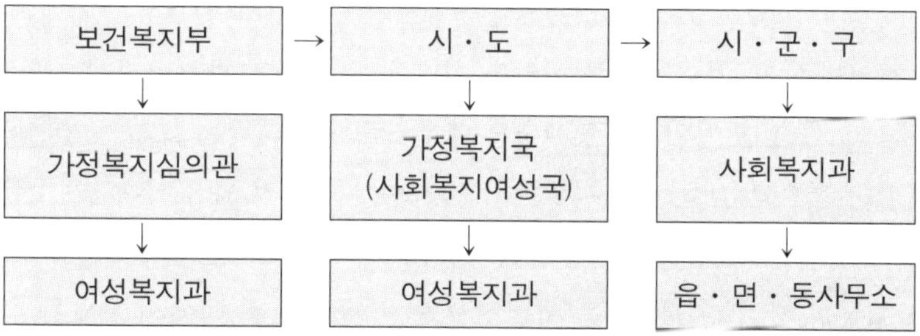

주) 시・도 관할의 여성회관과 시・군 구 관할의 여성복지상담소 별도 있음.

<그림 5-16> 여성복지서비스 전달체계(1997년 기준)

<그림 5-16>에서 나타난 공공전달체계를 상세히 설명하면 보건복지부의 여성복지과와 가정복지과의 여성담당(계)이 여성복지서비스업무의 정점이 되어 각종 사업을 계획하고 예산을 시・도에 배정하면, 시・도는 시・군・구에 다시 시달하고 시・군・구는 여성복지시설에 대해서는 직접사업을 집행하고 감독하게 된다. 그리고 재가보호 여성복지서비스는 읍・면・동이나 보건복지사무소(전국 5개소)의 체계를 통해서 전달된다.

여성회관과 여성복지상담소는 시・군・구의 지도・감독을 받는 경우도 있지만 시・도의 사업소 형태로 운영되는 공공전달체계에 있다. 여성회관은 1997년

말 기준으로 전국에 74개소가 설치 · 운영되고 있다. 그리고 여성상담소는 1997년을 기준하여 119개소가 운영되고 있는데 시 · 군 · 구상담소가 63개소이고 간이상담소가 56개에 달한다.

민간전달체계에는 모자보호시설, 모자자립시설, 모자일시보호시설, 선도보호시설, 미혼모시설, 일시보호소, 성폭력피해자보호시설, 성폭력피해자상담소 등이 있다.

1996년부터 시행된 선도보호시설은 가출 · 유흥 · 윤락여성 등의 선도보호가 필요한 여성을 입소시켜 1997년을 기준으로 13개소에서 445명을 입소보호하고 있다. 미혼모시설은 1997년을 기준으로 할 때 전국 8개소에 연간 1천 명 이상이 입소하고 있다. 1997년의 경우에 입소자는 1,161명이고 이중 556명이 10대로서 47.9%에 해당한다.

모자시설은 1997년 기준으로 37개소에 698명이 입소하였으며, 모자가정 및 모자보호시설퇴소 후 자립기반이 미약한 가정을 위하여 모자자립시설 2개소에 45명이 입소해 있다. 모자일시보호시설은 배우자에게 학대받는 모자가 30일에서 60일까지 일시적으로 보호받는 시설로서 1997년 기준으로 대도시에 1개소를 두고 있는데 1997년에는 658명이 이용하였다. 성폭력피해자보호시설도 신체적 · 정신적 안정회복과 사회복귀를 돕는 시설로서 6~7개월 범위 내에서 보호를 받을 수 있도록 서울 2개소와 부산 1개소를 설치 · 운영하고 있다.[57]

(4) 급여형태

여성의 사회복지서비스정책의 급여형태는 아동의 경우와 유사한 점이 많다. 이는 대부분의 경우 아동양육의 책임이 여성에게 있고, 요보호여성의 상당수는 여성단독세대보다는 아동과의 복합세대로 구성되어 있기 때문이다. 여기서는 이른바 요보호여성이라고 하는 취약계층의 여성에게 급여되는 공공부조정책 영역 밖의 급여형태를 논의할 것이다. 그러므로 그 대상이 일반여성에게 적용되는 서비스와 공공부조 대상 여성에게 적용되는 서비스로 나누어질 수 있다.

---

57) 보건복지부, 『보건복지백서(1998)』, pp. 356~359.

우선 일반여성에게 보편적으로 급여될 수 있는 형태로서는 모자복지법 제19조 제5호에 설치근거를 두고, 지방자치단체의 조례에 따라 운영되는 여성회관의 프로그램을 들 수 있다. 여성회관에서는 요보호여성을 위한 상담사업을 하기도 하지만 여성복지종합센터로서의 기능을 하고 있다. 여성회관에서 운영되는 프로그램의 형태는 주로 두 가지로 나눌 수 있다. 첫 번째는 저소득여성을 대상으로 하는 것으로 기술교육을 통하여 자립기회를 제공하는 형태가 될 것이고, 두 번째는 중산층 중심의 취미 · 교양강좌형태가 그것이다. 1997년의 여성회관 운영실적을 보면 취미 · 교양교육이 277,355명으로서 43,255명의 기술교육보다 우위를 차지하고 있음을 알 수 있다.

요보호여성에게 주어지는 급여형태는 다음과 같이 정리할 수 있다.

첫째는 저소득모자가정의 자녀에게 급여되는 자녀학비와 아동양육비 형태가 있다. 이 형태는 빈곤의 세습화를 방지하여 저소득모자가정이 자립할 수 있도록 하는 능력부여의 성격에 속한다. 양육비는 6세 이하의 아동에게 지급되는 것으로 1997년도 기준으로 5,602명에게 1인당 1일 525원씩을 지원하고 있다.[58] 자녀학비는 중학생 및 실업계 고등학생 자녀 16,800명에게 학비전액을 지원하고 있고 인문계 고등학생 3,410명에 대해서는 국고지원이 없으나 대부분의 자치단체가 시 · 도비를 책정하여 지원하고 있다.

둘째는 저소득 모자가정이 조기에 자립할 수 있도록 생업자금을 지원해주고 영구임대아파트에 입주를 지원해주는 형태가 있다. 생업자금융자는 적정한 사업계획을 제출하여 선정된 저소득 모자가정에 세대당 1,200만 원 한도 내에서 연리 6.5%, 5년 거치 5년 분할 상환조건으로 지원하고 있다, 1997년에는 323세대에 3,577백만 원이 융자되었다. 이는 모자복지법 제13조의 복지자금의 대여규정에 의거 정부재정투융자특별회계자금으로 농협중앙회 각 지점에서 시 · 군 · 구의 추천으로 대출해주고 있다. 영구임대주택 입주알선은 무주택 저소득모자가정의 주거안정권을 확보해주는 급여형태로 입주지원자가 매년 늘어나고 있다. 이 외에

58) 아동양육비는 모자가정 생활등급 7등급 이하(생활정도 하층)에 속하는 세대의 6세 이하(매년 1월 1일 기준) 아동(거택 · 시설보호대상 제외)에게 1일 분유 80g을 지원하는데, 이는 500원 정도가 된다.

도 각 시 · 도마다 자체예산을 편성하여 재가사업으로 저소득 모자가정을 위한 프로그램을 소규모형태로 운영하는 경우가 있다.

셋째는 시설보호를 받고 있는 모자세대 자녀에게 공공부조에서 적용되는 급여 외의 부교재 및 교양도서비, 학용품비, 교통비, 학교급식비 등의 추가지원서비스 형태의 급여가 있다. 일부 시 · 도에서는 '심성보호비'라는 명목으로 용돈을 지급하는 경우도 있다. 그리고 선도보호시설 및 미혼모시설을 퇴소하는 자에게 피복비(1인당 120,000원 : 1997년)을 지원하거나 일시보호시설수용여성과 그 자녀에게 1인당 50,000원을 지급하고 있다.

넷째, 피복비 지원과 같이 사회복지사업기금에서 퇴소모자세대 자립정착금을 세대당 2백만 원을 지원하고 있고, 선도보호시설 및 미혼모시설 퇴소자가 일정 기한 내 결혼하게 될 때는 1인당 75만 원을 지원하였다.

다섯째, 미혼 근로여성층을 위한 정규교육기회확대 형태의 서비스정책이 있다. 산업체 근로청소년 교육을 위한 특별학급 등의 설치기준 시행령 및 시행규칙에 의한 것으로서, 교육비는 산업체 특별학급의 경우 근로청소년의 소속사업주와 정부가 나누어 부담하고 특별학교 취업자는 학비를 부담하지 않고 다만 교과서 대금, 교통비 등은 본인이 부담하나 대부분 사업주가 교통편의 등을 제공하고 있어 취업자의 부담을 줄여주고 있다. 산업체 부설 학교의 경우에 있어서는 운영에 소요되는 경비는 원칙적으로 학교를 설치 운영하는 사업주가 부담하며 필요하다고 인정할 때에는 국가가 경비일부를 부담할 수 있도록 하고 있다. 특별학급은 1994년도에 6,046개 업체에서 87개교 577개 학급에 24,003명이, 1995년에는 4,794개 업체에서 80개교 518개 학급에 23,466명이 재학하고 있는 것으로 나타났다.

산업체 부설 학교에서는 1995년도에 27개교 303학급 13,235명이 재학하고 있는 것으로 나타났다. 노태우 정부 이후의 약 10여 년 간의 여성복지서비스 동향을 보면 전체적으로 보면 극히 제한되고 선별적인 서비스였다는 것이다. 요보호여성 중심의 사후조치적인 서비스를 위주로 이행되어 왔고 김영삼 정부에서도 남녀고용평등기조나 여성발전기조는 선언적으로만 유지되었을 뿐이고 보다 적극적이고 제도적인 접근은 미진하였다고 평가할 수 있다.

5. 부랑인복지서비스

우리 사회의 부랑인은 다른 어느 취약계층보다도 부정적인 이미지를 띠고 있다. '각설이', '거지'의 개념에서 시작되어 1950년대와 1960년대에는 '양아치', '넝마주이'로 불렸고, 1990년대 후반에 이르면 '노숙자'에 이르기까지 대부분 일반인들과는 동떨어진 비호의적인 집단에 속하는 계층 또는 개인을 의미하고 있다고 할 수 있다. 이들이 정책적 관심의 대상이 된 것은 1975년에 이르러서 시작되었다. 1975년의 내무부가 훈령 제410호로 경찰과 지방행정조직에 시달한 『부랑인의 신고, 단속, 수용, 보호와 귀향 및 사후관리에 관한 업무 처리지침』이 그것이다.

이 지침에서는 정부가 공식적으로는 최초로 부랑인에 대한 개념을 정하고 있다. 즉, 이 지침의 제2절에서는 "일정한 주거가 없이 관광업소, 접객업소, 역, 버스정류소 등 많은 사람이 모이거나 통행하는 곳과 주택가를 배회하거나 좌정하여 구걸 또는 물품을 강매함으로써 통행인을 괴롭히는 걸인, 껌팔이, 앵벌이 등 건전한 사회 및 도시질서를 해하는 모든 부랑인"으로 개념화하고 있다.

그리고 부랑인에 대한 복지서비스의 개념도 내무부훈령 제410호에 근거하여 시작되었고, 그 후 정부와 개인들에 의해 산발적 보호서비스를 받아왔으나 1981년에 이르러 전국적 실태조사를 하게 됨으로써 국가의 체계적 서비스 대상으로 자리 매김 된 것이다. 『보건사회백서』에서도 1982년부터 '부랑인복지'라는 별도의 부문을 할애하고 있는 것이 단적인 예가 될 것이다. 그렇지만 부랑인은 여타의 복지대상층보다 그 수가 적고 대부분 유랑하는 자들이므로 유권자로서 정치참여를 할 수 없는 등의 사유로 가장 사각지대에 있어 왔다. 그러던 중 1987년 1월에 경찰의 무리한 단속과 시설업소, 그리고 시설 내의 인권유린으로 인한 부랑인시설 사건이 발생하게 된 것이다. 노태우 정부 시기인 1991년 3월 4일에는 내무부 주관으로 부랑인의 선도보호 차원에서 전국적인 단속을 하여 부랑인 1,599명을 보호조치하기도 하였다.[59)]

---

59) 정종우, "부랑인복지", 중앙대학교 사회복지학과 편, 전게서, p. 309.

1) 노태우 정부 시기

(1) 급여대상

부랑인복지서비스의 대상은 지금까지의 아동, 노인, 장애인, 여성 등의 인적 대상자와는 달리 정부에서 일정한 급여대상 기준을 획정하고 있지는 않다. 현대복지서비스의 대상은 국민전체인구가 광범위하게는 포함될 수 있지만 실제 정책대상에서는 일정한 자격기준을 정해놓고 자산조사(means test)를 거치게 되는 것이 원칙이다. 그러나 부랑인의 경우에는 일단 집이 없이 떠돌아다니는 자(homeless)를 의미한다는 측면에서 단속 등의 절차에 의해 시설입소가 되면 서비스의 급여대상자로 정해지는 것이다.

다시 말하면 주로 단속의 대상자가 복지서비스의 대상자가 된다는 것이다. 따라서 여기에서는 보건사회부의 소관인 재활위주의 복지서비스의 대상자로서의 파악이 되어야 하겠으나 부랑인서비스의 특성상 치안유지라는 또 다른 측면의 목적에 기초한 단속 대상자와 중첩되는 부문이 많다.

이러한 관점에서 대상자의 영역을 단속과 선도차원의 법률적 부문과 일단 수용된 재활서비스 대상 규모를 파악해보면 다음과 같다.

첫째, 법률에서 정하고 있는 대상자는 부랑인재활서비스를 받게 되는 사전 단계라는 측면에서 여타 인적 대상자와 비교하면 일종의 자격요건의 획정 범주라고 할 수 있다. 단속 · 선도부문의 법령은 내무부 주관의 경찰관직무 집행법 제4조와 경범죄 처벌법 제1조, 그리고 『경찰업무지침 보안편』 제29절이 부랑인복지서비스의 관련 조항들이다.60)

둘째, <표 5-64>에서와 같이 수용된 부랑인의 규모를 파악하는 방법이 있는데, 이것은 수용시설의 형태상 두 종류로 구분된다. 즉, 18세 미만의 부랑아동시설과 18세 이상의 부랑성인시설에 수용된 인원을 별도로 파악해보면 1989년 말 기준으

---

60) 경찰관 직무 집행법 제4조에서는 '정신착란 또는 술 취한 상태로 인하여 자기 또는 타인의 생명, 신체와 재산에 위해를 미칠 우려가 있는 자와 자살을 기도하는 자 그리고 미아, 병자, 부상자 등으로서 적당한 보호자각 없으며 응급의 구호를 요한다고 인정되는 자'로, 경범죄 처벌법 제1조에서는 '물품 강매자, 청객 행위자, 구걸하여 부당이득을 얻는 자, 불안감 조성자, 음주 소란자' 등으로 규정하고 있다.

▍표 5-64▍ 시 · 도별 수용인원 현황(1991년 기준) (단위 : 개소, 명)

구 분	시설 수	성 별			연 령 별	
		계	남	여	18세 미만	18세 이상
계	38	13,143	8,382	4,761	2,836	10,307
서울	4	3,827	2,397	1,430	655	3,172
부산	3	1,814	1,146	668	1,689	125
대구	1	1,714	984	730	-	1,714
인천	1	403	293	110	-	403
광주	1	533	345	188	-	533
대전	2	366	272	94	121	245
경기	2	719	470	249	-	719
강원	4	260	154	106	-	260
충북	3	1,070	718	352	99	971
충남	1	210	179	31	-	210
전북	4	427	247	180	-	427
전남	5	990	641	349	208	782
경북	1	216	129	87	-	216
경남	5	547	377	170	64	483
제주	1	47	30	17	-	47

자료 : 보건사회부, 『부랑인선도시설 일람표(1991)』.

로 하면 전체 부랑인수용인원은 12,872명이며, 연간 7,968명이 입소하고 10,722명이 퇴소하고 있다.[61] 부랑성인과 부랑아동의 수용인원 현황을 개별적으로 보면, 부랑성인은 연도별로 차이는 있으나 1만 명을 초과하고 있으며, 부랑아동은 1989년의 3,107명에서 1990년부터 급격히 줄어들고 있다.

1991년을 기준한 수용부랑인은 성별로는 남자가 8,382명으로 64% 정도이고 여자는 4,761명으로 36%이다, 연령별로는 18세 이상은 10,307명, 18세 미만은 2,836

61) 보건사회부, 『보건사회백서(1990)』, p. 346.

명이다. 18세 이상의 성인 부랑인시설 수용자를 세분해보면 30세에서 50세까지가 4,890명으로서 절반 정도에 이른다.62)

(2) 급여재원

부랑인복지서비스에 소요되는 예산은 1982년도부터 보건사회부의 예산에 포함되어 편성되고 있다. 부랑인예산의 세부내역을 보면 생계비, 시설운영비, 자활사업비, 기능보강사업비 등으로 나누어 질 수 있으나 생계비는 생활보호예산에 속하므로 서비스 예산과는 구분되어야 할 것이다. 이것은 장애인, 여성, 노인, 아동시설에 수용된 인원의 생계비 예산의 경우에도 마찬가지로 구분되어야 한다. 노태우 정부 시기의 부랑인서비스 예산을 연도별로 정리해보면 <표 5-65>에서와 같이 매년 증가하고 있다. 이는 주로 시설의 증·개축이나 신축 비용의 확대에 기인한 것이며 자활서비스예산의 편성은 미미한 것이다.

그리고 이들 사업비는 국고보조사업지침에 의하여 국고부담, 지방비 부담, 자부담의 비율에 의해 편성되고 추진되는데 1991년도의 부담비율을 보면 생계비는 국고부담이 80%, 지방비부담이 20%로서 여타 수용시설의 생계비 부담률과 같으며, 부랑성인시설의 운영비는 서울의 경우는 각 50%이고 나머지 시·도는 80%의

❙표 5-65❙ 부랑인시설서비스예산 현황(1988~1992) (단위 : 백만 원)

구 분	1988	1989	1990	1991	1992
계	8,551	9,036	9,600	12,130	11,931
운영비	3,239	3,771	4,524	4,969	5,757
자활사업비	288	288	288	279	283
기능보강비	1,866	1,638	1,424	3,368	1,792
생계비	3,118	3,339	3,364	3,514	4,099

자료 : 보건사회부, 『보건사회백서(각 년도)』 재작성.
주) 생계비는 시설수용자의 생활보호예산에 해당함.

62) 1992년의 성인 부랑인수용시설 수는 30개소이며, 연말기준 재소자는 10,841명으로 남자가 6,984명, 여자가 3,857명이며, 이중 정상인은 263명에 불과하고 나머지 10,578명은 정신질환이나 장애인에 속한다. 그리고 아동부랑인시설 수는 9개소이며, 92년 말 재소자는 2,361명(남 1,456명, 여 905명)이며, 정상인이 2,040명으로 대부분을 차지하였다.

국고부담과 20%의 지방비 부담으로 편성되고 있다. 부랑아동시설의 경우는 성인과 달리 서울은 국고 40%, 지방비 40%, 자부담 20%로 이루어지며, 기타 시 · 도는 국고 64%, 지방비 16%, 자부담 20%이다.

(3) 급여전달체계

사회복지서비스의 전달체계는 크게 보면 기구체계와 인력체계로 나누어 볼 수 있다. 우선 기구 면에서의 전달체계를 보면 <표 5-66>에서 보는 바와 같이 전국 38개소가 설치되어 있다. 시 · 도별로는 경남 5개소, 전남 5개소, 서울과 강원이 각 4개소로 타 시 · 도에 비해 많으며, 운영주체별로는 시립(시영)이 5개소, 사회복지법인이 23개소, 종교단체가 10개소가 있다.

▮표 5-66▮ 부랑인시설 운영주체별 전달체계(1991년 기준) (단위 : 개소)

구 분	계	시영	사회복지법인	종교단체
계	38	5	23	10
서울	4	2	-	2
부산	3	-	1	2
대구	1	-	-	1
인천	1	-	1	-
광주	1	-	1	-
대전	2	-	2	-
경기	2	-	2	-
강원	4	-	1	3
충북	3	-	2	1
충남	1	-	1	-
전북	4	2	2	-
전남	5	-	5	-
경북	1	-	1	-
경남	5	1	3	1
제주	1	-	1	-

자료 : 보건사회부, 『부랑인선도시설 일람표(1991)』, p. 5.

보건사회부가 1991년에 실시한 사회복지시설 실태조사 결과에 의하면 부랑인 시설의 96.8%가 시설 및 기능 보강이 이루어져서 타 시설에 비하면 양호한 환경을 갖추고 있는 것으로 보인다. 타 시설의 보강률이 노인시설 88.1%, 아동시설 82.2%, 부녀시설 85.4%, 장애인시설 97.2%, 영유아보육시설 82.6% 정도인 것과 비교하면 다소 개선되었음을 알 수 있다.

그리고 이러한 시설운영을 지원하고 지도·감독하는 체계는 공공부조의 전달체계와 같이 하고 있다. 보건사회부의 생활보호과가 정점이 되어 시·도에서는 사회과에서 직접적인 지원과 감독체계를 갖고 있다. 여타 복지시설은 대상 영역별로 시·도와 시·군·구가 같이 업무를 추진하고 있지만 부랑인시설은 대부분의 업무가 시·도와 시설 간의 직접지원체계를 유지하고 있는 것이다. 단지 시설 입·퇴소와 관련한 업무는 시·군·구의 행정공무원이 심사위원회를 운영하는 정도이다.

다음은 부랑인시설에서 직접적인 서비스전달을 담당하고 있는 종사자체계를 보면 1991년을 기준할 때 총 672명이며, 이중 남자가 265명으로 약 40%를 차지한다. 이것은 여타 복지시설의 경우보다 높은 비율로써 부랑인이라는 인적 대상의 특성과 상관되는 것으로 보인다. 시설종사자의 이직률에 있어서도 여타 복지시설과 비교했을 때 상대적으로 높은 것을 보더라도 부랑인이라는 인적 대상은 노인, 아동, 장애인에 대한 사회적 인식도에서 부정적임을 엿보이게 한다. 그리고 이들 종사자들의 사회복지관련 자격증 소지 현황을 보면 사회복지사가 172명, 간호조무사가 43명, 간호사가 20명에 달하는 등 총 283명이 자격을 소지하고 있다.

(4) 급여형태

부랑인시설의 수용자에게 급여되는 급여형태는 전체적으로 보면 다른 인적대상에 비해 단순한 구조를 갖고 있다. 이것은 부랑인은 사회질서나 치안에 문제가 되므로 수용한다는 사회적 인식에 기초한다고 할 수 있다. 아울러 전달체계에서도 노인, 장애인, 아동, 여성 등의 인적 대상에 대해서는 행정기구에서도 중앙과 지방 간의 효율적인 체계를 갖추고 있지만 부랑인에 대해서는 별도의 서비스전달체계가 없이 공공부조 전달체계에 의하고 있음에도 연관이 있다. 즉, 시·도 단위의 행정체계상 전자의 업무에 대해서는 과 혹은 계 단위의 조직이 있지만 부랑인 업무는 사회과 내의 공공부조 담당자가 겸임하거나 기능직 직원 1명이 맡고 있는 실정이므로 서비스 공급차원의 영역을 기대할 수 없다고 할 수 있다.

부랑인시설에 지원되는 사업 및 부랑인시설 운영규정에 따라 몇 가지로 급여형태를 분류하면 다음과 같다.

첫째는 거리에서 배회하는 부랑인이나 노숙자 등이 요보호자로서 수용되는 입소프로그램을 들 수 있다. 이것은 재활기회의 부여라는 측면에서 첫 단계의 급여형태가 된다. 부랑인선도시설에 입소하기 위해서는 시장・군수가 입・퇴소 심사위원회의 심사를 거쳐 '부랑인 입소 의뢰서'를 작성하여 입소 의뢰하도록 하고 있다.[63] 이 때 시장・군수는 심사를 하는 동안 시설 내에 설치된 심사대기실에 위탁・보호하고 10일 이내의 기간에 연고자, 사회복귀 가능성과 건강상태를 조사하여야 한다.[64] 위원회는 위원장은 시장・군수가 되고, 위원은 종교인, 사회복지전문가, 의사, 교육자, 관계공무원 등으로 5인 이상으로 구성한다.[65] 그리고 입소가 결정된 부랑인은 월 1회 이상의 상담을 거쳐 퇴소를 원하는 자나 사회복귀가 가능하다고 인정된 자에 대해서는 퇴소심사서나 의사진단서 등을 입・퇴소 심사위원회에 제출하여야 한다.[66]

둘째는 상담형태의 서비스를 들 수 있는데, 각 시설에는 사회복지사 1급 자격을 가진 상담요원 1명씩을 두고 월 1회 이상 상담을 실시하도록 하고 있다. 상담과정에서 직업보도대상, 타 시설로의 전원조치 대상, 장기보호대상 등으로 분류하게 되는 것이다.[67]

셋째는 자활센터 등에서 직업보도 서비스를 하고 있다. 보건사회부에서는 38개 시설 내에 총 13개소의 자활센터를 운영하고 있으며, 이 프로그램은 부랑인의 능력부여 차원의 서비스 형태가 될 것이다. 부랑인선도시설운영규정 제22조에서는

63) 부랑인선도시설 운영규정 제4조.
64) 부랑인선도시설 운영규정 제5조.
65) 부랑인선도시설 운영규정 제7조.
66) 부랑인선도시설 운영규정 제9조.
67) 부랑인선도시설 운영규정 제12조.

시 · 도지사가 지역적 여건과 원생의 상태 등을 고려하여 필요한 직업보도시설을 지정하도록 하고 있다. 지정된 시설의 장은 원생의 적성과 취업가능성 등을 감안하여 자활이 가능한 직종을 선택할 것을 규정 제23조에 명시하고 있다. 뿐만 아니라 필요경비를 제외한 수익전액은 원생들에게 노임으로 지급할 것도 제25조 규정에서 찾을 수 있다. 그러나 직업보도 대상이 되지 못하는 부랑인, 즉, 장애인 가진 부랑인에 대한 심리재활프로그램은 미미한 실정이다. 1991년도에 보건사회부가 부랑인시설 수용자 동태조사결과에서는 부랑성인의 96%와 부랑아동 16% 정도가 각종 장애를 가지고 있는 것으로 나타나는 바, 사회 · 심리적 서비스 형태의 급여가 요청된다.

2) 김영삼 정부 시기

(1) 급여대상

1990년대에 접어들면서 사회복지서비스 관련법은 급격한 변화를 거듭하게 된다. 법제의 거듭된 개정은 사회복지서비스 대상자들에게 제공되어야 할 급여형태가 확대되고 있다는 것을 의미한다. 아동복지법, 노인복지법, 모자복지법, 장애인복지법 등의 인적대상의 서비스법외에도 정신보건법, 성폭력범죄의처벌및피해자보호등에관한법률, 가정폭력방지및피해자보호등에관한법률, 사회복지공동모금회법 등이 새로이 사회복지서비스의 영역에 들어왔고, 영유아보육법, 장애인 · 노인 · 임산부등의편의증진보장에관한법률 등의 부가적 서비스 성격의 서비스 법률이 제정되고 있음이 이를 말해준다.

그러나 부랑인에 대한 서비스 관련법은 사회복지사업에 관한 기본적 사항을 규정하고 있는 사회복지사업법 제2조의 규정에 의한 "부랑인선도시설 운영규정"이 전부이다.[68] 그만큼 부랑인에 대한 사회서비스의 개념은 여타 복지대상층보다 약할 수밖에 없고 정치 · 사회적으로도 소외되는 경향이 없지 않다. 부랑인의 개념

68) 부랑인선도시설 운영규정은 1987년 4월 6일 보건복지부 훈령 제523호로 공포된 것으로 1975년의 내무부 훈령 제410호로 공포된 『부랑인의 신고, 단속, 수용, 보호와 귀향 및 사후관리에 관한 업무처리 지침』을 서비스대상으로 전환한 것으로 볼 수 있다.

이 떠돌아다니며 정착을 하지 못하므로 무적자가 많고, 자기생활에 대한 적극적인 태도가 희박한 계층이라는 측면에서 본다면 당연한 귀결이라고 보아진다. 그러나 사회복지의 이념이 국민의 기본권인 생존권 보장과 인간의 존엄성 보장인 만큼 사회적 욕구의 표출의 정도가 약하여 이슈화되지 못한다고 하더라도 관련법 제정이나 서비스의 강화가 요청되는 대상이다.

정책의 대상으로 삼는 영역에 있어서도 노인, 장애인, 여성, 아동 등의 인적 대상에 대해서는 수용시설이 아닌 재가보호나 서비스영역까지 포함되지만 부랑인의 경우는 부랑인선도시설에 입소가 되기 전까지는 사회복지정책의 영역이 되질 못한다. 따라서 일단 수용된 부랑인만이 서비스의 대상으로 들어오게 되는 것이다. 즉, 일정한 거주지가 없이 지역사회에서 배회하는 경우는 치안유지 측면에서도 문제가 되고 일단 주민등록이 되어 있지 않은 경우가 대다수이어서 그러한 경우에는 금융기관에 거래 통장을 개설할 수가 없는 관계로 생계비 등의 지원이 어렵게 되기 때문이다.

김영삼 정부 시기 농안의 부랑인선도시설에 수용된 인원을 보면 1993년도에는 총 13,640명이 재소하고 있는데 세부적으로는 연간 10,666명이 입소하고 10,233명이 퇴소하고 있다. 1997년도에는 연말기준 재소자가 12,941명으로서, 입소자가 9,504명이고 퇴소자가 9,625명에 이른다<표 5-67>.

▌표 5-67▐ 부랑인시설 수용인원 현황(1993~1997) (단위 : 명)

구 분	1993	1994	1995	1996	1997
계	13,640	13,370	13,319	13,013	12,941
부랑성인	11,358	11,105	11,126	11,040	11,065
부랑아동	2,282	2,265	2,193	1,973	1,876

자료 : 보건복지부, 『보건복지통계연보(1997, 1999)』 재작성.
주) 부랑성인은 18세 이상을 말하며, 부랑아동은 18세 미만을 말함.

(2) 급여재원

부랑인선도 예산은 생계비를 위주로 한 생활보호예산과 부랑인의 자립 · 자활을 위한 서비스(personal social service)에 소요되는 예산으로 구분될 수 있다. 그러나 서비스 부문의 예산도 대부분은 시설운영비에 속하는 직원인건비, 시설기능보강사업비 등이 차지하고 순수한 대인서비스예산은 미미한 수준이다<표 5-68>.

❙ 표 5-68 ❙ 부랑인시설서비스 예산 현황(1993~1997) (단위 : 백만 원)

구 분	1993	1994	1995	1996	1997
계	12,870	15,176	21,529	21,529	22,181
운영비	6,435	7,955	9,119	10,384	12,896
자활사업비	317	317	317	371	463
기능보강사업비	1,774	1,850	3,790	3,668	8,822
생계비	4,344	5,000	8,249	10,458	-

자료 : 보건사회부, 『보건사회백서(1993, 1994)』, 보건복지부, 『보건복지백서(1995, 1996, 1997)』.
주) 생계비는 공공부조예산이며, 1997년부터는 부랑인예산 편성에서 제외함.

한편 이들 예산 중 대부분을 차지하는 운영비 중에서 직원인건비는 제외하고 주요 운영비 산정기준을 보면 <표 5-69>와 같다.

❙ 표 5-69 ❙ 부랑인시설 운영비 산정기준(1997년 기준)

구 분	지원항목(단위)	지원 기준액(원)	비 고
부랑인시설 (성 인)	수용경비(인/년) 공공요금(인/년) 난방연료비(4인/일) 의약품비(인/년)	27,300 18,700 1,786 2,100	난방일 수 : 135일
부랑아시설 (아 동)	수용경비(인/년) 공공요금(인/년) 난방연료비(4인/일) 의약품비(인/년)	27,300 23,000 1,786 2,500	난방일 수 : 180일

자료 : 보건복지부, 『생활보호지침(1997)』재작성.

(3) 급여전달체계

부랑인보호사업은 종래 민간 또는 지방자치단체가 수용구호 차원의 사업을 해왔으나 1981년에 전국적 실태조사를 거쳐 1982년부터 전국적인 사회복지서비스 대상으로 선정하여 사업을 실시하게 되었다. 그 후 '88서울올림픽'을 앞두고 1987

년부터 부랑인시설의 기능보강사업을 통하여 시설을 현대화시키고 행정적·재정적 지원을 강화하여 운영내실화를 기하고 있다.

우선 김영삼 정부 시기동안의 민간 서비스 전달체계를 기구 중심으로 보면 <표 5-70>에서 보는 것처럼 1993년도에는 39개소의 부랑인시설이 운영되었으나 1997년에는 43개소로 늘어나게 되며, 이중 성인부랑인시설은 34개소이며 아동 부랑인시설은 9개소이다.

| 표 5-70 | 부랑인시설 현황(1993~1997) (단위 : 개소)

구 분	1993	1994	1995	1996	1997
계	39	41	42	42	43
부랑인시설	30	32	33	33	34
부랑아시설	9	9	9	9	9

자료 : 『보건사회통계연보(1993, 1994)』, 『보건복지통계연보(1995, 1996, 1997)』.

부랑인선도시설은 시영이나 사회복지법인, 종교단체 등이 운영하고 있는데 시영으로 운용되는 2개소(성인1, 아동1)를 제외한 41개소에 근무하는 종사자 현황을 보면 1997년을 기준하여 총 729명이 근무하고 있으며 1993년에 비하면 40여 명이 늘어나고 있는데 이는 그 후 4개소의 부랑인시설이 신축된 것에 원인한다 <표 5-71>.

한편 이러한 부랑인시설에 행정 및 재정지원을 하는 복지행정전달체계를 보면 노인, 장애인, 아동, 여성분야가 별도의 지원체계가 있는 것과는 달리 대부분의 시·도에서는 생활보호(생계보호)업무를 담당하는 부서에서 업무를 병행하고 있다. 이는 부랑인서비스업무가 체계화되지 못하고 단순하다는 점을 역설적으로 말해주는 것이다. 보건복지부의 생활보호과를 정점으로 하는 생계보호전달체계와 같은 전달체계에서 부가적으로 담당하고 있는 것이다. 단지 시·도에서는 노태우 정부 시기에는 시·도가 직접 부랑인시설을 지원하고 감독하던 체계가 김영삼 정부에서는 도 단위에서는 일부 업무가 시·군·구에 이관되기도 하고 있다.

▌표 5-71▐ 부랑인시설 인력체계(1997년 기준) (단위 : 명)

구 분	계	시설장	총무	간호사	보조원	경비원 (취사, 세탁부)	상담원	생활 지도원
계	729	41	41	50	282	66 (9)	42	198
부랑인시설 (성 인)	524	33	33	41	120	66	33	198
부랑아시설 (아 동)	205	8	8	9	162	(9)	9	-

자료 : 보건복지부, 『생활보호지침(1997)』재작성.
주) 의사는 주로 촉탁직임.

(4) 급여형태

우리나라에서는 시설보호를 받는 부랑인은 약 13,000여 명에 불과하다. 이것은 정부의 사회복지서비스정책의 공식적인 대상이 되며, 모든 사회서비스의 급여형태도 이들을 대상으로 하고 있다. 즉, 여타의 인적대상이 시설수용자가 아닌 재가자에 대해서도 다양한 서비스형태가 있는 것에 비해 부랑인은 단지 수용시설의 재소자에게 한정된 서비스를 하고 있다. 우선 부랑인을 위한 급여형태를 분류하기 전에 급여형태나 프로그램에 관련된 법적 근거와 내용을 보면 <표 5-72>와 같이 정리할 수 있다.

이러한 급여형태를 프로그램의 성격에 따라 분류해 보면 다음과 같다.

첫째는 가정적, 개인적 혹은 사회적 요인에 의해 일정한 주거지가 없이 방랑하는 부랑인이나 노숙자 등이 정부의 요보호자가 될 수 있도록 하는 입소프로그램과 퇴소프로그램을 들 수 있다. 이것은 일종의 기회부여 형태의 서비스가 된다. 다른 사회복지서비스 대상이 서비스를 받기 위해서는 주로 자산조사와 근로능력유무에 적합성을 가져야 한다면, 부랑인은 시설입소대상자 심사 때 연고자 파악이 우선 한다. 이것은 사회에서 범죄자가 도피처로 사용할 수 없도록 하는 목적도 있지만 대부분은 신체나 정신적으로 불구·폐질자가 많기 때문에 복잡한 선정절차가 요구되지 않기 때문이다. 즉, 연고자 파악 후 연고자가 없거나, 있어도 보호할 능력이 없고 퇴소를 원하지 않으면 연고자에게 인도를 하지 않게 된다.

❙ 표 5-72 ❙ 부랑인복지서비스 프로그램 근거(1997년 기준)

급여형태(프로그램)	법적 근거	지원 내용	비 고
초·중·고생 학용품비		초등생 : 25,000원/(인·년) 중학생 : 30.000원/(인·년) 고교생 : 35,000원/(인·년)	
교복비	부랑인보호국고 보조사업지침	중학생 : 90,000원/(인·년) 고교생 : 110,000원/(인·년)	부랑아동 지원비는 아동시설의 급부기준과 동일함
부교재 및 교양도서비	부랑인선도시설 운영규정	중·고생 : 100,000원/(인·년)	
간식비		600원/(인·일)	
운동화 구입비		25,000원/(인·년)	
자활 사업비	사회복지사업법 등	30,000원/(인·월) – 자활사업 인원	
중학생·고등학생 교통비		500원/(인·일) – 연240일	
시설의 입·퇴소		입·퇴소 심사 및 관리	

자료 : 보건복지부, 『보건복지백서(1998)』.

둘째는 건강진단과 상담서비스 형태가 있다. 부랑인시설에는 상담요원을 사회복지사 1급 자격증 소지자를 두고 수시로 상담하여 대상자에 따라 적절한 조치를 하도록 하고 있다.69)

셋째는 부랑인선도보호시설 제4장에서 규정하고 있는 직업보도관리 프로그램이 있다. 이는 부랑인시설 내에 자활센터를 두고 직업보도 서비스를 하는 것으로 부랑인이 사회 복귀했을 경우에 능력을 부여해주는 급여형태에 속한다. 그러나 이러한 자활서비스는 기능교육에만 치중하고 있고 그 대상자도 미미한 실정이어서 전체 수용자의 10% 정도에 불과하다.

69) 부랑인선도시설 규정 제15조에서 제19조까지는 건강관리(제15조), 급식위생(제16조), 후생복지의 증진(제17조), 전원조치(제18조), 교육보호(제19조) 등의 조치를 하도록 규정하고 있다.

| 표 5-73 | 부랑아선도시설 현금급여 서비스(1997년 기준) (단위 : 명, 천 원)

구 분	중 · 고생 교통비	중 · 고생 부교재, 교양도서비	학용품비	중 · 고생 교복비	아동간식비	운동화비
계	1,780 (149,520)	1,780 (124,600)	2,000 (43,578)	1,780 (123,130)	2,000 (303,096)	2,000 (34,600)
서 울	-	-	80 (1,000)	-	80 (8,790)	80 (1,000)
부 산	1,605 (134,820)	1,605 (112,350)	1,605 (36,172)	1,605 (110,985)	1,605 (246,046)	1,605 (28,087)
대 전	30 (2,520)	30 (2,100)	65 (1,278)	30 (2,030)	65 (9,965)	65 (1,138)
충 북	40 (3,360)	40 (2,800)	70 (1,435)	40 (2,800)	70 (10,731)	70 (1,225)
전 남	80 (6,720)	80 (5,600)	130 (2,695)	80 (5,600)	130 (19,929)	130 (2,275)
경 남	25 (2,100)	25 (1,750)	50 (998)	25 (1,715)	50 (7,665)	50 (875)

자료 : 보건복지부,『부랑인시설 국고 보조사업지침(1997)』재작성.
주) ( ) 내서는 지원 금액.

넷째는 부랑아선도시설에 수용된 아동에 대한 현금급여 형식의 서비스가 있다. <표 5-73>에서 보는 바와 같이 중고생 교통비, 중고생 부교재 및 교양도서비, 중고생 교복비, 아동간식비, 운동화 구입비 등을 현금형태로 지원하여 공공부조에서 급여되는 교육보호를 보완하고 있다.

이러한 부가적 급여는 아동복지법 시행령 제22조에서 규정하고 있는 아동복지시설에는 공히 적용되는 서비스 형태이다.

제6장

사회복지정책 이행결과의 논의

제1절 사회복지정책 환경과 내용의 관계

1. 사회복지정책의 외재요인

일반적으로 사회에 관한 이론과 국가에 관한 이론, 사회문제에 대처하는 이론, 그리고 사회정책에 관한 이론은 상호 연관되어 있음을 살펴보았다. 미쉬라[1]는 경제정책과 사회정책이 괴리된 '분절적 복지국가'와 양자가 결합된 '통합적 복지국가'로 구분하고 있다. 그리고 에스핑-앤더슨[2]은 '자유주의적 국가', '보수적 · 조

1) R. Mishra, *The Welfare State in Crisis : Social Thought & Social Change,* Brighten - Weatsheaf Books, 1984.

합주의적 복지국가', '사회민주주의적 복지국가'로 구분하고 있다. 이것은 각 나라마다의 사회적 가치관이나 신념체제에 따라 제각기 다른 모습의 사회정책이 형성되고 제도화된 결과라고 할 것이다. 따라서 일정 시기의 복지국가의 특징을 논의할 때에는 항시 그 선행 단계로서는 그 당시의 국가가 어떠한 정치체계나 경제체계, 그리고 시민사회체계를 형성해왔는가의 과정을 분석하여야 할 것이다.

이러한 관점에서 노태우 정부 시작 연도인 1988년 이후부터 김영삼 정부 종료시기인 1997년까지의 정치 · 경제 · 시민사회를 바탕으로 하는 사회복지정책 이행의 외부환경을 분석하였다. 우리나라는 서구제국과는 다른 자본주의 경험을 가지고 있다. 산업국가 발달과정에서 오는 복지의 이행과정을 거치지 못했고, 영국을 비롯한 전승국을 중심으로 복지확대기에 있을 때 한국전쟁의 힘든 시기를 보냈다. 그리고 1960년대로부터 1980년대 후반까지는 경제성장 일변도의 정책이었다는 점에서 상당한 차이점이 있다.

우리나라는 노태우 정부가 시작된 1988년 이후 각종 사회보험 등이 입법화되는 경우가 많다. 따라서 이 시기를 복지확대기로 접어든 시기로 볼 수 있다. 이러한 복지확대기는 서구의 복지확대기의 성격과는 구분되어야 할 것이다. 그러나 김영삼 정부의 개막연도인 1993년도 정도에 이르면 곧바로 신보수주의적 물결에 접어들게 된다. 이렇게 보면 우리의 복지이행기는 극히 단기간에 이루어졌다고 할 수 있다. 그리고 1998년 이후의 국제통화기금(IMF) 관리체제에서는 실업대책의 일환으로 사회안전망의 필요성이 제기되는 국면이 있었다는 점에서 일면 제3의 길이 탐색되는 경향마저 보이고 있다고 해야 할 것이다.[3)]

이렇듯 후발자본주의국가인 우리나라는 불과 10년의 짧은 역사 안에 서구자본주의가 반세기에 걸쳐 이행해온 복지의 길을 압축적으로 겪게 되는 상황에 있는 것이다. 따라서 본서에서는 한국사회의 복지이행과정을 입법의 시행이나 제도의

---

2) G. Esping-Andersen, *The Three Worlds of Welfare Capitalism*, Prinston : Prinston University ress, 1990.

3) 김대중 정부는 취임 초기 시장경제와 민주주의의 병행추진이라는 정치이념을 제기했으나 국제통화기금(IMF) 관리체제에서의 각종 실업대책의 성향은 제3의 길에서 나타나는 경제체제적인 측면이 있다. 특히 1998년 10월에 앤서니 기든스와 김대중 대통령의 면담 이후 이러한 분석이 많았다.

추진 등에서 산출된 현황을 근거자료로 하여 체계적으로 분석하였다.

이 시기는 연구의 주된 대상인 공공부조와 사회서비스 정책들이 복지의 이행과정 중에도 제대로 성숙하지 못한 상태에서 경제위기 상황 내지는 경기하향 국면에 접어들게 되어 각종 정책에서 혼선이 빚어지고 있다는 특징을 갖는다. 다시 말하면 복지국가의 성장이 시민사회와 정치사회라는 양대 헤게모니의 갈등과 협동으로 발전해온 것이 선진 복지자본주의라면, 우리 사회는 이른바 1987년 6월의 민중항쟁에서 급성장한 시민노동자 계급이 지속적 성장을 못했고 정치사회 역시 전문가 세력이 일천하다는 특징이 있다.

결국 이렇게 복지자본주의체제를 정치, 사회, 시민사회의 체계변화로 보는 것은 사회복지정책 환경측면의 이행과정 분석이 된다. 다시 말하면 사회복지정책이 결정되고 집행되는 외재요인으로서 사회 · 경제적 배경과 정치체제의 성격 등을 분석하는 것은 복지자본주의체제라는 거대 흐름 속에서 사회복지정책의 이행과정을 포괄적으로 파악할 수 있게 하는 것이다. 여기서 분석하고자 하는 사회복지정책의 환경은 사회복지정책이 결정되고 집행되는 사회복지제도를 기준하면 인과관계에 있는 요인이라고 할 수 있다. 물론 사회과학에 있어서 두 요인이나 변수간에 공변성이나 시간적 우선성을 확보하고 마지막으로 제3의 변수로 인한 유발성을 통제하고 직접적인 인과관계를 설명하는 데는 한계가 있다.[4)]

그러나 모든 정책이 그러하지만 사회복지정책은 결정과정이나 집행단계에서 환경적 요인에 영향을 받지 않을 수 없다. 시대나 해당 시기마다 특징적인 사회체제적 여건이 어떠한 방식으로든 정책 내용에 연계된다는 것은 대부분의 사회과학자들의 공통된 견해이다. 이러한 환경측면은 제3장에서도 서술된 것과 같이 크게 세 가지의 환경이 강조되고 있다. 정치적 환경, 경제적 환경, 그리고 시민사회적 환경이 그것이다.

---

4) S. D. Nachmias & Nachmias C.(1981), *Research Methods in Social Sciences*(2nd ed.), New York : St. Martin's Press, pp. 82～84 ; Rubin, A. & Babbie, E.(1993), *Research Methods for Social Work*(2nd ed.), Pacific Grove, CA : Brooks. Cole, pp. 262～263.

2. 사회복지정책의 내재요인

이러한 세 가지 측면은 모든 국가체제에 동일하게 적용될 수 있는 것은 아니다. 각 상황마다 영향력이 다를 것이기 때문이며, 특히 우리나라와 같이 남북이 분단된 국가에서는 방위비 부담이나 반공이데올로기 등으로 정치이데올로기나 복지이데올로기가 변형될 수 있기도 하기 때문이다. 그리고 사회복지정책의 내용영역으로 볼 때 공공부조정책과 사회복지서비스정책은 정부가 직접적으로 정책에 개입하는 주요 영역이다.

제2장에서 살펴본 바와 같이 사회복지정책의 영역은 소득보장정책, 건강·의료보장정책, 교육정책, 주택정책, 개별사회서비스, 조세정책, 노동시장정책 등으로 광범위한 범주를 차지한다. 그러나 이중에서도 소득보장정책의 하나인 공공부조와 취약계층인 아동, 노인이나 여성, 장애인, 부랑인에 대한 개별서비스 등의 사회보장의 영역은 정부가 직접적으로 개입하지 않으면 국가의 사회적 정당성 유지에 어려움을 겪게 되는 부문이 된다.

오늘날의 복지자본주의체제는 자본축적을 통한 외형적 성장과 사회통합 목적의 소득재분배정책으로 사회안정을 유지하는 두 가지의 국가이념을 동시에 갖고 있다. 이러한 체제의 모순성은 일찍이 마르크스주의자들로부터 극심한 비판을 받아왔지만 20세기 후반의 동구권의 사회주의체제 몰락으로 복지자본주의체제의 우월성은 판명되었다고 보아진다. 그러나 근본적으로 자본주의체제가 안고 있는 시장자율화에 의한 자본축적의 기능은 그 이면의 가치인 사회적 평등에는 역기능으로 작용할 수밖에 없다는 점은 분명하다. 사회적 평등이 심하게 균형을 잃게 되면 사회통합이 어렵고 곧바로 국가는 사회 통제력을 상실하게 되는 것이다. 20세기의 자본주의체제가 사회주의체제와의 이념적 갈등과 경쟁을 통해 복지자본주의체제로 이행해왔다면 이제는 자본주의체제 스스로가 사회복지정책을 통해 인간의 복된 삶을 추구해야 하는 시점에 왔다. 일반적으로 사회보장의 영역은 사회복지정책 중에서도 국가가 직접 개입할 분야가 많은 공공부조정책, 사회보험정책, 사회서비스정책이 포함된다. 그리고 이중에서도 공공부조와 사회서비스 부문은 중앙정부와 지방자치단체가 주관이 되어 정책을 결정하고 추진하는 부문이다.

따라서 사회통제적이고 사회안정적인 정책목적을 동시에 가지고 있다. 노태우 정부 이후의 사회복지정책 내재요인은 민주화이행체제라는 정치, 경제, 사회적 외부환경의 이행과 관련된다. 즉, 공공부조와 사회복지서비스의 변화는 이러한 외부변수들이 직 · 간접적으로 관계한다는 것이다.

지금까지 사회복지정책형성과 집행에 영향을 미치는 정책 환경과 실제의 정책 내용을 분석의 틀로 설정하고 역동적 상황을 체계적으로 설명하였다. 이렇게 함으로써 1990년대의 사회복지정책의 이행과정을 파악할 수 있는 것이며, 21세기에 접어드는 이 시점에서 한국 사회복지정책이 나아가야 할 방향을 모색할 수 있는 것이다.

제2절 노태우 정부의 사회복지정책

1. 사회복지정책의 환경

먼저 노태우 정부 시기의 사회복지정책 환경으로서 정치체계는 권위주의적 체계에서 민주주의적 체계로 이행됨에 따라 복지정책의 이행 역시 그러한 영향을 받게 되었다.

제5공화국까지의 권위주의체제에서는 시민사회의 사회적 욕구가 억압된 상태로 잠재해 있었지만 1987년의 6월 민주항쟁을 시발로 복지수요층의 욕구가 억압당하지 않고 정치사회에 노정된 결과이다.

6 · 29선언을 배경으로 직접선거에 의해 노태우 정권이 출범되었지만, 제13대와 제14대 총선에서는 여소야대 정국이 형성되었고 그에 따라 의회정치가 상대적으로 활성화된 시기에 해당한다. 사회복지관련 발의안도 국회의원 발의안이 총 제출건의 70%를 상회하여 역대 국회 중 가장 활발한 면을 보여준다. 오히려 행정관료들의 국회법률안 제출건이 줄어들고 있어 과거의 여당 중심의 정치체계에서

행정 관료가 실제적인 정책형성자 역할 군을 맡아왔던 상황에 비하면 정치, 사회적 환경변화가 사회복지정책이행에 변화 요인이 되었음을 설명해준다.

그리고 30년 만에 지방자치체제를 부활하여 지방의회세력이 정책형성자로서 자리 매김 된 것도 노태우 정부 시기의 사회복지정책 환경으로서의 특징이 된다. 그러나 지방자치단체의 단체장선거를 김영삼 정부 시기에까지 연기하여 지방의회세력이 단체장과의 정책적 공조를 이루지 못함으로써 그다지 사회복지정책의 수행에는 영향을 미치지 못하였다. 군부세력은 제5공화국의 세력이 노태우 정부에서도 정치권에 잔존하였고, 제5공화국에서와 마찬가지로 국가 방위비의 증가는 여전히 사회복지재정의 확대의 장애요소로서 작용하게 된다.

경제적 환경측면으로서 노태우 정부의 원년인 1988년은 우리나라가 올림픽을 개최하여 세계경제체제에 개방되는 전환점이 되는 해가 된다. 경제성장률은 제5공화국까지 지속된 고성장의 추세가 다소 둔화되는 시기이었다. 그러나 사회보장예산은 정부예산 대비 4.4%가 1992년에는 7.2%까지 증가한다. 이것은 경제성장이 사회복지재정의 확보에 전제조건이 된다는 경제결정주의적인 관점과 어긋나는 것이며, 정치체계가 독립변수로 작용했다는 분석이 가능하다. 자본가계급시스템을 보면 제5공화국까지 지속된 대기업의 경제력집중현상은 여전하였고 경공업중심의 소 자본가는 급격히 줄고 중화학공업 위주의 대자본가체제로 이행되기에 이른다.

노태우 정부는 출범 당시 대기업중심의 경제체제를 개혁하고자 시도했지만 오히려 정치자금이나 부정축재로 인하여 지배세력이 김영삼 정부에서 사법 처리되는 상황으로 전개된다. 정경유착의 반대급부는 신진 자본 세력의 지배블록으로의 유입을 막았고, 경기둔화와 물가상승, 부동산투기라는 사회현상으로 사회 불안정을 가져왔다. 이로 인하여 노동자 계층은 노동 강경정책의 대상이 되는 과도기에 빠지게 되었다. 노태우 정부 초기의 급격한 노동운동의 증가가 후기에는 급감하고 있는 것이 그 단면이다. 이러한 과도기 상황들은 하위계층과 상위계층 격차는 벌어지게 하였지만, 신중간계층의 발생을 가져오게 하였다.

시민사회적인 사회복지정책 환경은 노태우 정부 시기에서 정형화되고 있다. 1987년부터의 일련의 민주화 운동이 노동자계급과 중간계급의 연합에서 온 행위라는 점에서 시민사회계급이 민주화운동을 통하여 세력화하는 시기가 된다. 1989년에 있었던 경실련의 결성이 그 시초가 되는 것이다. 이것은 1987년 이전의 '국가 대 시민사회'의 대결구도가 '국가와 시민사회'로 경쟁 · 대결사회로 변형된 것을 의미한다.

그리고 민주화운동으로 시작된 시민운동은 지방자치, 의료, 교육 등의 복지관련 사회문제와 1991년의 사회복지예산확보운동으로 진전되기에 이른다. 특히 동년 10월 22일에 한국사회복지대학협의회, 한국사회복지사협회, 한국사회복지학회 등의 세 기관의 연합 대 토론회와 국회의사당 시위는 미시건 대학교의 로드만 교수가 말한 지역사회조직사업의 한 형태인 사회행동(social action)의 형태였다고 할 수 있다. 이러한 과정을 보건데 노태우 정부 시기의 중간계급의 변화 형태는 고도성장기 동안의 지배계급 옹호적 위치에서 산업노동자 세력에 가깝게 다가서는 성향을 나타내었다.

2. 사회복지정책의 내용

노태우 정부 시기의 공공부조정책으로서의 생활보호정책은 노태우 정부 시기에 명실 공히 복지이행기에 접어들었다고 할 만큼 팽창기를 보인다. 이는 사회복지정책 확대를 지나치게 사회 · 경제적 환경에 의한 영향으로 분석하는 기존이론은 서구복지국가 분석이론이라는 것이며, 사회복지정책 그 자체가 해당 시기의 정치적 필요성이 합치되는 또 다른 체계라는 인식이 있어야 한다는 것을 말해준다.[5)]

세부적으로 보면 소득과 재산을 기준으로 하는 생활보호대상자의 선정기준은

5) 정책 환경의 분석사례에서도 본 바와 같이 우리나라는 노동자 계급이나 시민사회의 욕구가 상향 이동되어 하위계층의 사회보장제도가 형성되었기보다는 1980년대까지 지속된 지배블록이 체제유지를 위해 민주화나 복지정책을 제시하고 그것이 활용되고 있다. 여기에서 분석대상으로 삼지 않은 사회보험의 경우도 정권유지의 주요세력인 계층을 위한 군인연금, 공무원연금, 교원연금이 먼저 추진되어 '정치적 목적'에 의한 복지추진이 많았다. 노동자계층이나 하위시민계급의 복지향상을 위한 '실질적 목적'의 복지 추진보다는 임시적이고 정치적인 방안으로 복지정책이 사용되는 측면이 사회복지정책 내용 분석에서 나타난다.

1988년부터 1991년까지는 완만하게 상승하다가 1992년에는 상당한 상승률을 보였다. 따라서 1987년에 총인구의 5.6%이던 생활보호대상자 수는 1992년에 5.0%로 줄어들고 있다. 이것은 1987년부터 배치되기 시작한 사회복지전문요원들이 자산조사를 엄격하게 한 것과 빈곤층의 월 소득이 높아졌다는 분석이 있지만 정권 초기에는 사회적 정당성이나 정치적 정당성확보를 위해 서민층의 지지를 필요로 했지만 정권 말기에는 자산기준을 높게 책정하여 대상자를 축소한 정책 환경적측면도 있다. 급여재원요인은 1인당 월 평균 생계비가 지속적으로 상승하고 있는데, 노태우 정부 시기의 물가상승분이 고려된 것이며, 생계보호예산의 경우도 동시에 상승하고 있다.

급여전달체계상의 변화요인은 제5공화국 시기까지 일반행정직 공무원에 의해 전달되는 생활보호급여가 노태우 정부 시기에는 2,481명의 사회복지전문요원이 배치되고, 1991년부터 생활보호대상자 조사를 직권조사방식에서 신청보호방식으로 전환하게 된다. 급여형태를 보면 현금급여방식이 주종을 이루고 거택보호대상자와 시설보호대상자를 구분하여 급여하고 있다. 거택보호자는 1988년의 경우 부식비 기준으로 1일 320원에서 1992년에는 1일 600원으로 대폭 상승하여 시설보호대상자 기준과 같은 수준이 된다.

의료보호정책은 생활보호 정책 중에서 생계보호부분 다음으로 중요한 영역이 된다. 급여대상은 생계보호대상자가 주로 대상이 되지만, 1종, 2종, 의료부조대상자로 구분하고 있다. 의료보호대상자 수는 1990년부터 급격히 줄어들고 있는데, 1989년에 전 국민 의료보험이 확대 실시됨에 따라 생계급여대상이 아닌 자활보호대상자와 의료부조대상자가 의료보험영역으로 넘어간 사유에 기인한다. 그러나 수진률이나 진료 일수는 매년 상승하여 입원의 경우 1988년의 8.67일이 1992년에는 15.8일로 대폭 상승하였다.

급여재정은 의료보호기금이라는 특별회계예산형태로 운영되는데, 1990년부터 의료보험과 의료보호 수가금액이 일치함에 따라 보호대상자 수의 감소에도 불구하고 예산은 지속적으로 상승추세를 보인다. 의료보호체계는 생계보호전달체계와 유사하지만 중앙정부의 경우는 생계보호가 보건사회부 생활보호과가 되는 것에 비해, 의료보호는 보험관리과가 주무부서가 된다. 그리고 급여형태는 생계보호는 개별대상자에게 현물을 지급하거나 일정한 보호비를 은행계좌로 입금처리하지만, 의료보호는 의료보호대상자가 의료기관을 이용하면 국가부담분에 대하여 추후 보호기관에서 진료기관으로 지급하게 되어있다.

교육보호정책은 1978년부터 생활보호대상자의 자녀에게 중학교 수업료와 입학금을 지원해온 것을 1989년부터는 의료부조대상자의 자녀에까지 확대하였다. 급여대상자 수는 1988년에 293,544명이, 1992년에는 250,489명으로 줄어들고 있다. 이것은 임의적 대상자의 축소가 아닌 1970년대 후반의 가족계획사업의 영향으로 취학아동이 감소한 데 기인한다. 즉, 산아제한정책으로 인한 저출산현상으로 볼 수 있다. 급여재원은 의료부조대상 자녀가 편입된 1990년까지는 상승세를 보였으나, 1992년의 실적이 1989년의 실적보다 낮게 나타났다.

급여전달체계는 이원화되어 있는데, 거택, 자활, 의료부조대상 자녀학비는 읍·면·동의 생활보호 담당직원을 통하여 매 학기 지원되고, 시설보호대상자는 해당 시설 장에게 교부하면 시설에서 학용품비와 수업료를 지원하게 된다. 급여형대는 1980년대 후반까지는 생활보호대상자 증명서를 발급받아 학교에 제출하면 면제해주는 방식을 취했으나 노태우 정부에서는 급여대상자에게 수치심(stigma)을 준다는 여론에 따라 현금급여방식으로 바꾸었다.

자활보호정책은 생활보호정책의 최종적인 목표로서 저소득층이 빈곤에서 탈피하도록 하는 대책(counter-measure)이라고 할 수 있다. 급여대상은 노태우 정부 시기는 생업자금융자대상, 취로사업융자대상, 대도시 저소득층 지방이주사업대상으로 나누어지고 있다. 이들 프로그램은 대부분 생활보호대상자들을 위주로 하고 있고 이중에서 대도시 자활보호대상자의 이주사업은 1990년에 폐지되었다. 그리고 생업자금과 취로사업의 지원실적을 보면 선거 해인 1987년과 1988년에는 실적이 높으나 그 이후에는 지원이 감소하는 경향이 있다. 급여재원은 급여실적에서의 경향에 따라 선거 전후에 상승하였다가 그 중간 시기에는 감소하고 있다. 특히 생업자금의 경우는 그러한 경향이 뚜렷하게 나타난다. 전달체계와 급여형태는 원칙적으로는 생계보호와 유사하지만 자활보호사업인 만큼 일방적 급여방식보다는 자활하려는 의지에 따라 형태와 체계를 구분하고 있는 특징이 있다.

사회복지서비스의 정책 내용의 분석결과를 논의하면 다음과 같다. 노태우 정부의 사회복지서비스 정책을 법 제정이나 정비를 통해서 보면 아동복지서비스의 경우는 1991년에 영유아보육법이 제정되었고, 노인복지서비스의 경우도 1989년 12월에 종래의 노인복지법이 전면 개정된다. 장애인복지법도 1989년 12월에 당초 심신장애자복지법이 전문 개정된 것이다. 1990년 1월에 제정・공포되고 1991년부터 시행된 장애인고용촉진등에관한법률도 장애인복지서비스의 양대 기준법이 된다.

그리고 여성복지서비스 정책의 관련법을 보면 1989년 4월에 제정되어 1989년에 개정된 남녀고용평등법을 들 수 있고 1989년 12월에 국회 통과된 가족법 개정도 여성복지서비스 관련입법이다. 마지막으로 특수계층인 부랑인에 대한 서비스 정책도 1987년에 있었던 시설 내 인권유린사건을 계기로 하여 1991년부터는 선도보호차원으로 바뀌고 시설 현대화사업이 강화되었다.

먼저 노태우 정부 시기 아동복지서비스정책의 분석결과를 논의하면 급여대상은 요보호아동으로 제한되는 성향이 있으나 보육대상아동의 경우는 보육시설의 확대설치와 함께 그 대상이 점증하고 있다. 급여재원에 있어서도 기존 아동복지시설운영비는 증가율이 낮고 보육시설 신축과 운영비 지원이 급증하였다. 1991년의 498억 원이었던 아동복지예산이 1992년에 647억 원으로 증가하고 있는 것도 보육서비스 정책의 확대에 의한 것으로 볼 수 있다.

급여전달체계는 인력체계로서 시・군・구의 아동복지지도원이라는 별정직 공무원이 읍・면・동사무소나 개별시설을 대상으로 서비스 전달을 하고 있다. 그러나 노태우 정부 시기에는 아동복지지도원 중 사회복지 관련학과를 졸업하거나 전문지식을 보유한 인력이 부족한 실정이었고 민간시설에도 자격증 소지자가 인력기준에 미달하고 있다.

급여형태를 보면 아동복지시설이 경우는 대부분이 현금급여는 생활보호정책의 영역에서는 주어지지만 시설의 연장아동 취업알선이나 소년・소녀가장세대와 지역사회 인사들과의 결연사업 등은 부가적인 급여형태로 볼 수 있다. 특히 미혼모 등의 아동을 입양하는 형태는 시설수용의 형태와는 또 다른 기회제공을 의미하는 것이다.

노인복지서비스정책의 경우는 1989년 12월에 노인복지법이 개정됨에 따라

1981년의 노인복지법 제정이 노인복지서비스의 이념을 법제화한 것에 비해 실천화되는 단계로 접어든다. 노령수당지급과 재가노인복지서비스가 대표적인 것이며 노인복지시설도 다양화시키고 있다. 이에 따라 급여대상도 시설수용자가 아닌 일반 재가노인들에게까지 확대되고 있다. 그리고 1990년을 기준으로 한 65세 이상의 노인인구비율도 전체의 5.0%를 상회하고 있고 평균수명도 71.3세에 달하고 있다.

급여재원의 구성을 보면 1990년을 기준으로 할 때 노인복지서비스 예산이 전체 사회복지서비스 예산의 33.3%를 차지하고 있어 타 부분에 비하여 다소 높은 실정이다. 그 주요원인은 1987년의 대선에서 선거공약으로 노인승차권과 노령수당제도 도입을 실천함에 따른 정책 환경에 있다고 할 수 있다. 급여전달체계는 1981년 노인복지법 제정 시에 보건사회부 내에 가정복지과를 신설하고 그 아래에 노인복지계를 두었다. 그 후 1990년 11월 4일에 노인복지과로 개편되었지만 시 · 도에서는 노인복지계가 양로시설과 요양시설, 경로당 등의 지원을 맡고 있다. 그리고 1992년에는 무료노인요양시설을 28개소로 확대하였고 1989년부터 시행된 실비노인시설도 19개소로 대폭 늘어났다.

그리고 인력체계상으로는 시 · 군 · 구에 노인복지상담원을 둘 수 있도록 법제화되었지만 실제 배치는 하지 않는 상태로 있었다. 급여형태로서는 노인승차권, 노령수당제도, 노인건강진단프로그램이 주요형태가 되며, 1980년부터 시행된 경로우대제도나 1992년 3월에 시행된 노인부양가족에 대한 세금감면 혜택도 있다.

장애인복지서비스정책은 1988년의 장애인올림픽을 기점으로 확대일로에 들어가게 된다. 급여대상자는 지체장애, 시각장애, 청각장애, 언어장애, 정신지체 등으로 구분하고 있으며, 1987년 10월 시범 실시된 장애인등록사업도 1988년 11월부터 전국으로 확대되어 1992년에는 총 293,467명이 등록하고 있다. 급여재원을 보면 1988년의 21,898백만 원이 1992년에는 38,782백만 원으로 늘어나고 있다.

급여전달체계는 장애인의 특성상 전체 생애주기에 걸쳐 장애가 발생하거나 유지되므로 여타 서비스 부문보다 복잡한 체계를 갖고 있다. 의료적 재활, 교육적 재활, 심리적 재활, 사회적 재활, 직업적 재활 등의 개별부문이 있는 것이다. 그중에서 보건사회부를 중심으로 한 전달체계를 보면 1987년 4월에 보건사회부 내의 재활과가 정점에 있고 시·도에는 내무부 산하조직으로 사회과 내에서 업무를 추진하고 있다. 인력체계 역시 장애인복지지도원이 맡도록 되어 있으나 일반 행정공무원이나 별정직이 담당하고 있다.

생활보호차원의 급여 외의 급여 형태로서는 장애인 생계보조수당과 현물급여 형태의 보장구 교부사업이 있고 장애인고용촉진등에관한법률에 의한 의무고용과 취업알선이 주된 형태가 된다. 그 외의 장애인 편의시설 설치와 비예산 서비스 형태인 할인, 세제감면, 공제 혜택 등이 추진되었다.

여성복지서비스정책은 노태우 정부 시기에 여타 서비스 부문보다 활발히 이루어졌다고 할 수 있다. 1990년대 초반에 부활된 지방자치제도에 즈음한 여성층들의 복지욕구 표출이 정치·행정체계에 영향을 미친 데 영향을 찾을 수 있다. 그러나 실제 정책의 급여대상은 요보호여성층에 집중하고 있고 '부녀'라는 협의의 개념에 머무르고 있다. 요보호여성 중에서도 모자가정과 가출여성이 주요 대상이 되는 것이다. 급여재원은 1992년의 경우 7,833백만 원으로 이중 모자 보호예산이 5,623백만 원이다. 급여 전달체계를 보면 보건사회부의 부녀복지과와 시·도의 부녀복지과로 체계화되어 있고 개별시설 형태로는 여성회관, 여성상담소 등의 공공전달체계와 모자보호시설, 부녀직업보도시설, 민간여성단체 등이 있다.

급여형태로는 개별시설에서 운영하는 교양교육이나 취업교육과 근로미혼여성들을 위한 근로청소년회관이나 임대아파트사업, 산업체 부설 학교나 특별학급에서의 부가적 서비스가 있다. 그리고 '학대받는 여성'에 대한 '쉼터'운영이나 단기보호시설운영은 노태우 정부의 특징적 급여형태라 할 수 있다.

부랑인복지서비스 정책을 보면, 우선 그 대상의 기준이 아동, 여성, 노인, 장애인 등의 인적대상자와는 달리 일정한 대상기준이 없다는 것이 특징이다. 현대복지서비스의 대부분은 국민전체를 대상으로 일정한 자격기준을 정해놓고 급여를 하게 되지만 부랑인은 일단 집이 없이 떠돌아다니다가 시설입소가 된 자가 급여대상이 되는 것이다. 노태우 정부 시기의 부랑인수용인원은 1만 2천 명에서 1만 3천 명 정도가 되고 있다. 이들에 대한 급여재원은 생계비는 생활보호예산에 편성되고 시설운영비나 자활사업비 등은 서비스 예산으로 편성되어 1990년 이후에는 연간 100억 원 이상이 된다.

급여전달체계를 보면 1991년 기준으로 총 38개 시설에 설치되어 있고, 이중 시영은 5개소, 사회복지법인이 23개소, 그 외 10개소는 종교단체가 운영하고 있다. 시설의 입·퇴소는 시·군·구에서 심사위원회를 거치도록 하고 있으나 실제는 경찰단속이나 시·군·구가 의뢰조치하고 시설이 입·퇴소시키는 형태이다. 그리고 지도·감독권은 시·도가 가지고 있는 것이 특징이다. 급여형태는 여타 부문의 서비스에 비해 극히 단순하여 월 1회 이상의 상담서비스와 직업보도차원의 자활센터 13개소를 운영하고 있는 정도이다. 이것은 18세기 영국의 빈민정책의 하나였던 자업장 테스트(workhouse test)와 유사한 형태로 보아진다.

이와 같은 노태우 정부 시기의 정책 환경과 내용에 대한 논의를 종합하면 다음과 같다.

첫째, 노태우 정부 시기는 제3공화국에서 제5공화국까지 지속된 경제성장위주의 정책기조가 정치적 민주화 요인과 함께 변동되는 시점이 된다고 할 수 있다. 정치와 경제체계에 의한 효과적인 노동통제가 이루어져 시민사회체계의 태동이 어려웠던 제5공화국까지의 정책 환경이 1987년 6월의 민중항쟁으로 변동이 일어나게 된 것이다. 그동안 경제이데올로기의 주변부 이데올로기에 머물렀던 복지이데올로기가 전면으로 대두되는 것이다.

이것은 시민사회체계가 정치·경제 체계의 대등한 권력의 장(場)으로 나오게 된 결과이다. 그러나 이것을 서구자본주의국가의 복지확대기의 단계와 동일한 선상에서 비교할 수는 없다. 이미 19세기 후반부터 국가-시민사회체계간의 어느 정도의 균형을 이루어온 경험이 있는 중심 국가는 전후(Post World War Ⅱ)에 사회보험 등의 사회복지정책을 확대했지만 우리나라의 경우는 전후에 식민지에서 독립한 제3세계 국가적 성격을 가지고 있기 때문이다. 그러므로 1980년대 후반과 1990년대 초반의 한국복지자본주의의 이행은 국가-시민사회의 균형을 이루어가는 전환점에 해당하는 것이다.

둘째, 민선을 거쳐 정권을 획득한 노태우 정부는 제5공화국의 정치·경제세력이 지배블록을 그대로 유지하고 있었으므로 사회적 정당성을 확보하기 위한 전략으로 사회복지정책을 추진하는 경향이 뚜렷하였다. 그리고 새로이 전면에 나선 중간계급과 노동계급과의 타협적 차원에서의 사회복지입법을 추진한 것으로 볼 수 있다. 제6차 경제사회발전 5개년 계획(1987-1991)에서도 기본이념을 '형평'과 '분배'로 설정하고 있는 것은 그러한 정책기조를 나타내주는 것이다.

한 국가의 사회복지정책발달의 정도는 사회보장예산의 비율을 통해 분석하는 경우가 많은데 노태우 정부 시기의 사회보장비는 국민 총생산(GNP)의 2.43～3.5% 정도에 불과하다. 제3공화국에서 제5공화국 시기까지의 약 1～2% 정도에 비하면 상당히 진척된 상황이지만 적극 국가(positive state)라 할 수 있는 GNP의 10% 정도에는 턱없이 부족한 실정이다. 공공부조의 예산의 경우도 정확한 생계비 계측에 의한 결정이 이루어지지 않았고 전년도 예산을 바탕으로 물가상승률을 고려한 결정이 이루어졌다. 이른바 '관료점증주의'방식에 따른 예산 성립의 전형적인 형태를 보여준 것이다. 그러나 우리나라 사회복지발달과정상으로 볼 때 노태우 정부 시기는 명실 공히 사회복지 국가로의 이행기에 들어섰다는 점에서는 전환기적 의의가 있다.

제3절 김영삼 정부의 사회복지정책

1. 사회복지정책의 환경

김영삼 정부 시기는 사회복지정책의 환경요인으로서의 31년 동안 지속된 군사정부가 민선 김영삼 정부로 이행되는 정치체제의 변동이 있었던 시기이다. 민간정부로의 이행은 노태우 정부에서 시작된 민주화 이행을 진척시키고, 한편으로는 군사정부의 잔재를 개혁하는 단계로의 진입을 의미한다. 김영삼 정부에서는 제14대 국회와 제15대 국회가 활동하게 되는데, 1992년 5월 30일에 개원한 제14대 국회가 주요 정치세력이 된다.

제14대 국회의 복지관련 입법 활동을 보면, 의원발의 건수가 노태우 정부 시기의 절반 수준으로 급감한다. 이것은 한국복지관련 입법과정에 있어서 같은 민주화체제이지만 국회 내의 권력관계에 의하여 강한 영향이 미친다는 것을 알 수 있게 하는 것이다. 노태우 정부 시기에는 여당인 민자당의 의석이 125석이었지만 14대 국회인 김영삼 정부 시기에는 149석으로 늘어 비교적 여당이 강해져 여야 간의 힘의 균형이 무너진 것이다. 다시 말해 경쟁의 국면이 줄어들었고, 야당국회의원들은 사회복지 등의 민생문제보다는 자체 내의 권력경쟁에 관심이 있었다고 할 수 있는 것이다.

정치세력과 함께 또 다른 복지수행자인 행정 관료체계를 보면 1994년 12월 대규모 정부조직 개편으로 보건사회부가 보건복지부로 개편되고 사회복지서비스 조직이 강화되고 있다. 군부세력도 그 간의 확고한 지배세력에서 잠재적 지배블록으로 됨에 따라 사회복지재정 축소요소가 되었던 방위비의 증가율도 둔화되는 경향을 나타낸다. 그리고 1995년 6·27지자제 제4대 동시선거에서는 자치단체장 선거에서 집권 민자당은 전국 15개 시·도에서 5곳에서만 당선되어 참패하게 된다. 이것은 중앙집권화체제가 지방분권화체제로 이행되었음을 의미한다.

아울러 통일성이라는 사회복지행정의 원리에서도 사회복지서비스를 중심으로 지방의회와 단체장이 시·도 조례제정 등을 통하여 차별적으로 시행하게 되는 국면도 전개된다. 공공부조업무에 있어서도 선거상황이나 재정적 여력을 배경으로 추가급여를 하게 되는 경우도 있어서 정치체세상의 분권화가 사회복지정책에 직접적 환경으로 작용하게 됨을 분석할 수 있다.

김영삼 정부의 경제적 체계이행은 전반적으로 사회복지정책이 진전이 어렵도록 한 환경으로 작용하였다. 노태우 정부 후반기부터 경제성장률은 감속성장기로 접어든 것은 이미 그 전조가 되었다. 한국경제는 1995년에 1인당 국민소득 1만 불을 달성하고 1996년에는 OECD에도 가입했지만 '세계화'라는 경제이데올로기가 '삶의 질 향상'이라는 슬로건 식의 복지이데올로기의 우위에 서게 된 것이다.

사회보장예산의 경우도 노태우 정부 시기에 일반회계예산의 7.2%까지 올라갔지만 5~6%로 낮아지게 된다. 이것은 이미 세계화체제에 편입된 한국경제의 상황을 그대로 나타낸 것이며, 지배블록의 이데올로기도 서구의 신보수주의적 경향으로 흐르게 됨을 말해준다고 할 것이다. 서구복지국가가 25년 이상의 복지확대기를 거쳐 사회적 안전망(social security network)을 어느 정도 구축한 상태에서 신보수주의로 복귀했다면 한국은 노태우 정부 시기의 단기간의 확대기를 거쳐 곧바로 정체기로 접어들었다고 할 수 있는 것이다.

경제적 체계이행의 주요행위자인 자본가계급의 체계는 1993년 8월 13일에 실시된 금융실명제 등으로 정경유착의 관행이 상당부분 전환되는 계기가 되었으나 기업들의 금융자유화와 해외자본차입의 자유화로 인하여 금융재벌이 정부의 통제권에서 벗어나는 국면으로 이어졌다. 급기야는 정권 말기에 한보, 진로, 기아 등의 대기업이 부도가 나고 금융위기사태를 맞게 되는 것이다. 한편 노동자계급에서도 지배블록이 내놓은 신경제 5개년 계획으로 노동정책이 강경 노선으로 회귀하자 온건성격의 노동운동으로 전환되기에 이른다. 이렇게 볼 때 김영삼 정부 시기는 경기침체기 내지는 감속경제 이행기에서 과거 일시적으로 후퇴했던 국가-자본가 세력이 적극적인 방어 국면이 전개되었다는 것을 알 수 있다.

사회복지정책 이행의 환경으로서 다소 매개적 성격을 가지고 있는 시민사회체계는 김영삼 정부 초창기에는 정치세력과 의기투합방식의 헤게모니 형성을 하게 된다. 시민운동단체 지도세력이 지배블록인 정치체제로 영입되기도 하였으며, 금융실명제, 토지 공개념 제도, 경제력집중억제책을 이끌어내기도 한 것이다. 경실련을 비롯한 참여연대 등이 국가정책의 영향력 있는 단체로 사회적으로 인정되었고, 1994년 12월에는 '국민최저선 확보운동'을 전개하여 미약하지만 사회복지운동이 안정화되는 데 기여하였다고 볼 수 있다.

이것이 1995년 3월에 발표된 대통령의 '삶의 질의 세계화' 선언의 압력요인으로 작용했다는 것이 일반적인 분석이 될 수 있는 것이다. 이렇듯 김영삼 정부 시기 동안의 시민사회세력은 감속경제이행기에서 지배블록에 가까운 궤도를 따라 이행을 하면서도 하위계급들의 사회복지운동에까지 영향력을 행사하게 된다. 모름지기 1990년대가 시민운동의 시대라고 칭할 수 있을 만큼 중간계급들의 약진이 있었다고 할 수 있다.

2. 사회복지정책의 내용

김영삼 정부 시기 동안의 사회복지정책의 내용으로서 공공부조정책은 생계보호, 의료보호, 교육보호, 해산보호, 장제보호, 자활보호의 기존의 6개 부문으로 나누어지지만 장제보호와 해산보호는 그 대상자가 미미하므로 나머지 4개 부문이 주요보호영역이 된다. 생활보호대상자인 거택보호대상자, 시설보호대상자, 자활보호대상자 중에서 거택과 시설보호대상자가 급여대상인 생계보호정책은 김영삼 정부에서는 상당부문 퇴조하고 있다. 노태우 정부에서는 전체 대상자는 지속적으로 감소 추세에 있었지만 생계보호대상자인 거택과 시설보호자는 제6공화국 초기보다 정권 말기에 이르러 3만 4천 명 정도가 증가하였다. 그러나 김영삼 정부에서는 오히려 1997년에 이르러 정권 초기보다 1만 7천 명이 줄어들고 있다.

이것은 문민정부로서 정치적 정당성을 어느 정도 확보한 김영삼 정권이 경기퇴조와 함께 내놓은 신경제 5개년 계획의 영향으로 인한 정책 환경 요인도 있겠지만, 거택보호대상자의 선정기준을 상향시킨 것이 주요요인이 될 것이다. 즉, 1992년에 월 소득 8만 원과 재산액 1,000만 원이던 책정 기준이 1997년에는 각각 21만 원과 2,600만 원으로 되어 약 3배 가까이 상승하고 있는 내용적 요인이 크게 작용한 것이다. 따라서 급여재원 역시 김영삼 정부 중반기까지는 거의 상승하지 않고 있다. 그러나 1996년과 1997년에 이르면 생계비 지원 기준이 상승함에 따라 생계보호예산도 동시에 상승하고 있다. 이것은 생활보호예산 책정에 있어 관료점증주의적인 방식으로 편성해오던 방식을 바꾸어서 적정한 생계비수준을 정했다기보다는 제15대 총선과 대통령선거 시기의 환경적 요인의 영향이 있었다고 보아진다.

급여전달체계는 1994년 12월 23일에 정부조직법 개정으로 보건사회부에서 개칭한 보건복지부 생활보호과가 중심이 되어 지방정부조직을 통하여 이루어진다. 1995년에 전국 5개 시 · 군 · 구에 2년 간 시범 '보건복지사무소'가 설치되었지만 확대실시는 되지 못하였다. 특히 1990년 6월 29일에 노태우 대통령이 『국민과의 대화』에서 제시한 4,000명의 사회복지전문요원 확대배치는 1994년에 519명이 배치됨으로써 약 3,000명이 근무하게 된다. 생계보호형태는 현금급여방식이 주된 방식이었으나 1994년의 TV수신료 면제시책이나 1997년의 대한법률구조공단이 주관이 되는 법률서비스 등의 사회적 급여형태가 있었다.

김영삼 정부 시기의 의료보호정책은 1994년부터 의료부조대상자가 폐지됨에 따라 거택・시설과 자활보호대상자에게 1종, 2종으로 구분하여 급여하였다. 국가유공자, 성병 감염자 등이 있지만 대부분은 생활보호대상자와 중첩되었다. 1996년에는 전체 인구의 3.8% 정도인 1,780천 명이 되는데 1993년도의 2,366천 명과 비교하면 급격히 줄어든 것이다. 그러나 진료 건수는 오히려 점증하였다. 이것은 부정 진료 건수를 우려하여 행정기관의 내부감사 사례가 있기는 하였지만 의료보호진료지정기관의 확대로 인한 것으로 볼 수 있다. 이러한 진료 건수 및 진료 일수의 확대는 급여재원인 의료보호기금 예산의 증가로 이어지는데 1997년에는 1993년의 2배 이상으로 증가하였다.

의료보호의 전달체계는 이원화되어 있는데, 의료보호대상자 선정은 행정기관에서 하고 진료는 의료지정기관이 맡게 되는 것이다. 그리고 보건복지부에서도 보험관리과에서 진료비 지급업무를 담당하게 되며 지방행정조직에서도 생계보호체계와는 별도의 조직을 유지하고 있다. 급여형태는 의료보호대상자가 진료기관을 이용하면 진료기관에서 보호실시기관인 행정기관에 청구하여 현금으로 지급받게 된다. 그리고 김영삼 정부 시기인 1993년부터는 한의원 및 한방병원에 대해서도 의료보호기관으로 지정함으로써 한방진료형태가 추가된 것이 특징이다.

교육보호정책은 빈곤세습방지 차원의 정책으로서, 노태우 정부 시기까지 실업계 고교생까지 급여대상이 되었으나 1997년에는 모든 중・고생의 생활보호자녀까지 확대되었다. 그러나 실제 급여 인원수는 산아제한정책의 영향으로 매년 감소하고 있다. 교육보호예산 역시 수업료인상에도 불구하고 1993년에 72,877백만 원이 1997년에 88,786백만 원 정도로 되고 있다.

전달체계에 있어서는 생계보호와는 다르게 급여기준인 수업료 책정은 시・도의 교육청에서 하고 수요예산 책정과 지급은 행정조직에서 담당하였다. 사회복지전문요원이나 아동복지시설장이 개별 대상자에게 현금으로 지급하는 급여형태는 업무추진의 간편성과 학생들의 낙인감을 해소하기 위하여 추진된 방식이었다. 그러나 자녀학비를 지급받은 후 타용도로 사용하고 제때에 납부하지 않음으로 인하여 학교 측으로부터 제도개선요구 사례가 상당수 있기도 하였다.

공공부조정책의 적극적 빈곤탈피대책이 되는 자활보호정책은 김영삼 정부에서는 상당한 전환이 일어났다. 대도시 영세민 이주사업은 1990년도에 폐지되었고 취로사업도 지방정부 차원에서 소규모로 추진되게 된다. 단지 생업자금융자사업은 지속되었고 직업훈련사업도 노동부 소관사업으로 이관되는 것이다. 특이한 부문은 자활지원센터사업이 1996년도 6월부터 저소득층 밀집지역을 중심으로 전국 5개소에 시범 설치된 것이다. 생업자금융자지원 실적이 크게 늘지 않고 직업훈련사업도 실적이 부진함에 따라 빈민 스스로 공동작업을 하거나 창업할 수 있도록 하는 신규 사업을 내놓은 것이다. 자활지원센터의 선정은 시 · 군 · 구에서 사업수행자를 정하고 시 · 도의 추천을 통해 보건복지부 생활보호과가 지정하게 되는 체계를 가지고 있었다. 1996년에는 서울 관악자활지원센터 외 4개소가, 1997년에는 대구 북구 자활지원센터 외 4개소가 지정되어 직업보도의 보육과, 일부는 추가적으로 청소년상담형태의 서비스를 하였다.

김영삼 정부 시기의 사회복지서비스정책의 이행과정을 논의하면 다음과 같다.

노태우 정부가 인적 대상에 따른 개별 사회복지서비스 법을 제정하거나 개정하여 제도적으로 정비하였다고 보면 김영삼 정부 시기는 1994년에 국민건강증진법, 1995년에 사회보장기본법, 정신보건법, 사회복지공동모금법, 여성발전기본법 등을 제정하여 사회복지서비스의 다양화를 시도하였다. 그러나 개혁 우선주의와 세계화 추진의 정책이념 하에 사회복지서비스는 그다지 진전되지 못하였다.

먼저 아동복지서비스 부문의 정책 내용을 분석기준에 따라 살펴보면, 1990년에 전체 인구의 34.1%이던 아동인구는 1997년에 27.7%인 12,761천 명에 달한다. 아동복지의 대상은 마땅히 전체아동인구가 되겠지만 사회복지서비스 차원의 대상은 가출아동, 미혼모아동, 시설아동 등의 요보호아동이 주가 되었다. 그리고 취업여성의 자녀인 보육아동이 실질적인 급여대상 인구에 포함되었다. 아동복지재정을 보면 1995년에 총 1,160억 원 중에서 시설보호예산이 276억 원, 아동 건전육성예산이 50억 원, 보육예산이 834억 원으로서 보육예산의 비중이 대부분을 차지하였다.

김영삼 정부 시기는 정부예산과 국민연금기금의 공적자금을 직장 및 민간보육시설설치비로 집중 투자하였다. 급여 전달체계도 1997년을 기준으로 아동복지시설 274개소에서 16,936명을 수용하고 있고 3,997개소의 보육시설이 설치되어 456,655명이 서비스를 받은 것으로 나타나고 있다. 급여형태로서는 소년·소녀가장과 시설아동에 대한 학용품비, 교통비, 교복비, 교양도서비 등의 현금서비스와 시설연장아동이 퇴소하면 숙소마련이나 취업알선서비스를 하는 형태가 있었다. 국내입양사업을 활성화시키기 위해 1996년부터는 장애아동 입양가정에 양육보조수당과 의료비를 지원하는 급여형태를 실시하였다.

노인복지서비스 부문의 서비스정책은 인구고령화에 따른 서비스 수요가 급증하는 추세에 있었다. 노인인구구성비는 1993년에 5.5%가 1997년에는 6.3%에 이르는 2,908천 명이 되고 있다. 평균수명도 1995년에는 73.5세에 달하게 된다. 그러나 사회복지서비스에서 관심의 대상이 되는 노인인구는 시설수용자나 저소득층 노인이 되는데, 급여재원을 보면 1995년에는 보육예산 다음으로 두 번째 순위를 차지하게 되었다. 이어서 1997년에는 노령수당급여대상이 70세에서 관련법령에서 규정하고 있는 65세로 조정이 되고 지급액도 월 35천 원에서 50천 원으로 증가하여 첫 번째 순위가 된다.

급여 전달체계를 보면 1993년 12월의 노인복지법 제2차 개정으로 재가노인복지사업이 확대되었다. 가정봉사원 파견사업, 주간보호사업, 단기보호사업 등으로 노인복지회관이나 사회복지관의 부설로 재가봉사센터가 증설되게 되었다. 행정조직으로서는 노태우 정부 시기와 같이 보건복지부의 가정복지심의관 산하의 노인복지과에서 업무를 추진하고 있다. 그러나 시·도에서는 행정조직 축소로 가정복지국이 폐지되고 사회복지과나 복지정책과에서 담당하는 경우도 있었다. 노인복지시설의 경우도 노태우 정부 시기보다는 증설되었으나 수용인원은 비슷하여 이 시기도 노인들이 시설보호를 기피하고 있음이 드러난다.

반대로 노인여가시설의 경우는 지속적으로 증가되는데 1997년에는 경로당과 노인교실 이외에도 노인휴양소 4개소와 노인복지회관 80개소가 설치·운영되었다. 급여형태로서 대표적인 것은 노령수당, 노인건강진단, 노인능력은행, 노인공동작업장, 경로우대제도 등을 들 수 있는데 저소득층의 치매노인을 위한 특별서비스가 1993년부터 시행되어 1997년에는 총 9개소의 치매센터가 운영되는 것이 특징이다.

김영삼 정부 시기의 장애인복지서비스정책의 분석결과를 논의해보면, 장애유형을 노태우 정부 시기와 마찬가지로 지체, 시각, 청각, 언어, 정신지체 등 5개 유형으로만 한정하고 있다.[6] 정신장애 및 내부 장애는 질환(disorder)으로 보고 있는 것이다. 장애인 수를 등록제를 통해 보면 1997년에 425,064명으로 추정 장애율 2.35%의 45%에 달하고 있다. 이중에서도 저소득층의 경우에만 공적인 장애인서비스의 대상자가 될 수 있어 상당수 장애인들은 급여대상에서 제외되고 있는 실정이었다. 급여재원은 1994년에는 사회복지서비스예산의 22.8% 정도로 상승하고 있으나 1996년 이래 20% 이하로 감소하였다.

1996년의 장애인복지예산 445억 원 중에서 수용시설운영비가 374억 원으로 대다수를 차지한다. 급여전달체계로서 행정조직체계를 보면 1997년 5월에 장애인복지심의관을 신설하고 재활과에서 1994년에 장애인복지과로 변경된 1개 과를 '장애인제도과'와 '재활지원과'의 2개 과 체제로 확대하였다. 민간재활수용시설을 보면 1997년에 총 254개 시설에 15,980명이 서비스를 받고 있다. 장애인이 생활보호법이 아닌 장애인복지법이나 사회복지사업법에서 급여받는 형태로서는 생계보조수당 급여와 지립자금대여 급여, 보장구 급여 등이 핵심이 되었다. 그리고 1997년에는 9,490명을 취업알선하고 있다.

여성복지서비스정책으로서는 과거 '부녀복지'의 개념에서 '여성복지'의 개념으로 전환되는 시기적 특성을 찾을 수 있다. 이것은 취약여성을 대상으로 한 소극적 정책에서 복지 페미니즘적인 적극적 정책으로 이행하는 상징적 의미가 있다. 1997년부터는 정부의 공식용어에서도 여성복지의 개념이 등장하고 있는 것이다. 그러나 실제 공공서비스의 대상은 모자세대가 중심이 되었고, 급여예산을 보면 1997년의 일반회계예산 1,605억 원 중에서 저소득 모자가정지원이 697억 원, 모자보호시설지원에 400억 원이 소요되었다. 전달체계는 보건사회부의 부녀복지과가 1995년에 보건복지부 여성복지과로 변경되고 시 · 도에는 여성정책과로 명칭

2) 5개 유형 중에서 청각과 언어 장애는 중복되는 경우가 대다수이다. 이러한 장애인의 종류는 1999.12.31에 개정된 동법 시행령 제2조 제1항에서는 뇌병변장애인, 발달장애인, 정신장애인, 신장장애인, 심장장애인을 추가하여 10개 유형으로 확대하였다.

변경되어 부녀상담원이 여성복지상담원으로 바뀌게 되었다. 급여 형태로서는 저소득 모자가정에 지원되는 생업자금 대여, 자녀학비지원, 영구임대아파트 입주알선 등이 핵심이 되며, 일반여성들을 위한 급여 형태는 여성회관 등에서 실시하는 취미 · 교양교육이나 상담서비스 등이 있었다.

부랑인복지서비스 정책은 1990년대에 사회복지서비스 관련법이 대폭 정비된 것에 비해 별도의 진전이 없었다고 할 수 있다. 1987년 4월 6일 보건사회부 훈령 제523호에 의한 '부랑인선도시설 운영규정'이 그대로 적용되고 있는 것이다. 1997년도에 부랑인수용시설 재소자를 보면 총 12,941명으로서, 입소자가 9,504명이고 퇴소자가 9,625명에 이른다. 재소자의 대부분인 11,065명이 부랑성인시설 수용자이며, 부랑아동시설 수용자는 1,876명이다. 입소자의 대부분은 행정기관의 의뢰에 의한 것이며, 퇴소자는 연고자 인도나 타시설로의 전원조치인원이 대다수이다. 이중 도망하는 경우도 연간 7～8백 명 정도에 달하였다.

시설운영에 따른 급여재원은 국고 70%, 지방비 30% 정도이며, 서울의 경우는 50%씩 부담하고 있다. 전체 소요예산은 1997년에 220억 원에 이른다. 부랑인시설은 성인시설 34개소와 아동시설 9개소가 있으며, 행정지원 및 감독체계는 시 · 도의 사회복지과나 복지정책과에서 담당하였다. 급여 형태로서는 건강진단, 자활프로그램 등이 주가 되고 있고, 일부 시설에서는 사회복귀프로그램을 부가적으로 운영하기도 하였다. 단지 부랑아동에 대해서는 사회복지사업법이나 부랑인보호국고보조사업지침에 의하여 중학생 · 고등학생 교통비, 초 · 중 · 고생 학용품비, 교복비, 부교재 및 교양도서비 등의 급여형태가 있었다.

외형적으로는 아동복지시설에 적용되는 급여 형태와 차이를 보이고 있지는 않지만 전달체계상으로 부랑아시설은 시 · 도가 보호책임기관이 된다는 측면에서의 차이가 있다.

이상에서의 김영삼 정부 시기 동안의 사회복지정책 환경과 내용에 대한 논의를 종합하면 다음과 같다

첫째, 김영삼 정부 시기는 정치권의 집권세력이 여소야대의 정국에서 야당세력들과의 3당 합당으로 등장한 체제이행기였다. 1993년부터 집권한 김영삼 정권을 세계경제의 감속이행기의 한가운데에서 출발하였다. 국내 경제도 노태우 정부 말

기인 1990년부터의 경제 불황이 지속되고 있었고 이것은 제7차 경제사회발전계획(1992-1996)의 이념에도 그대로 나타난다. '산업사회의 인력양성, 기술개발, 사회 간접자본 확충' 등이 우선적 이념으로 대두되는 것이다. 이것은 '신경제 5개년 계획'에서도 국가 경쟁력 제고의 이념이 강하게 제기되고 있음을 보아도 알 수 있다. 노태우 정부 시기에 일시적으로 급증했던 노동운동이나 노동조합 결성률도 노동통제 기조로의 선회로 급감하고 오히려 자본가 세력을 중심으로 한 경제체계가 헤게모니를 갖게 되는 상황으로 이어졌다.

둘째, 사회복지부문에서도 국가부담을 줄이고 민간책임을 늘리는 '민영화'의 추진이 이루어져 경제성장에 부응하고 장애가 되지 않는 범주 내의 사회복지정책이 강조되었다. '생산적 복지이념'은 김영삼 정부가 임기 내내 선언적으로 내세웠던 '삶의 질 세계화'와는 걸맞지 않는 이념을 보여준 것이다. 바로 정치이데올로기 형성이 복지이데올로기형성의 전 단계로 보건데, 시민사회체계의 중심을 이루는 중간계급이 지배블록 계급의 입장에 서게 됨에 따라 노태우 정부 시기의 복지지향 이념이 오히려 역전되는 경험을 하게 된 것이다. 이러한 상황은 1970년대와 1980년대의 고도 성장기를 지나온 우리나라가 경제적 성장을 사회복지 향상에 연결시키지 못했던 것과 유사한 것이어서 어느 한가지의 환경요인이 절대적인 영향변수가 될 수 없다는 것을 경험하게 되는 것이다. 특히 김영삼 정부 시기는 '세계화'라는 경제이데올로기가 정치이데올로기와 복지이데올로기의 중심부에 위치했던 시기였고 이미 세계경제체제에 한국경제가 들어간 만큼 국내적인 환경의 영향력이 제한되었다고 볼 수 있다.

셋째, 김영삼 정부 시기의 사회복지정책 환경으로서 시민사회체계의 특이할 만한 활동은 1994년 12월의 '국민최저선 확보운동'을 전개하여 1991년의 사회복지예산 확보 운동을 계승하고 있는 것을 들 수 있다. 이것은 결국 1995년 3월에 발표한 '삶의 질 세계화' 선언에 압력요소로 작용했다고 할 수 있다. 이렇듯 시민사회세력은 감속경제이행기에서도 사회복지운동을 행사함으로써 시민운동시대의 장을 형성하였다. 그리고 1994년에 활동한 사회복지정책심의위원회도 정부의 개혁작업으로 추진되어 공공부조의 내실화와 사회복지서비스의 확충방안을 제시하고 있다. 그러나 실제 사회복지정책 내용에는 영향을 미치지 못하였다. 1995년의 사회복지예산 증가율을 보면 사회복지서비스예산은 다소 향상되고 있으나 공공부조 부문예산은 일반 예산 증가율의 절반 수준인 8% 정도에 불과하기 때문이다. 그리고 국제경영개발연구원(IMD)과 세계경제포럼(WEF)이 발표한 1995년『국가경쟁력 보고서』에 의하면 복지수준은 세계 32위에 그치고 있는 실정이다.

이것은 기존의 사회복지 발달연구가 치중해왔던 정치적 성숙요인이 사회복지의 전제(prerequisite)가 된다는 식의 관점이 우리나라의 1990년대의 상황에는 적용될 수 없다는 것을 말해주는 것이다.

제4절 이론적 · 실천적 함의

이러한 연구결과를 바탕으로 한국 사회복지정책 환경과 내용 이행의 함의를 찾아보면 다음과 같다.

첫째, 한국의 복지자본주의체제의 이행은 1987년의 정치민주화라는 정치체제요인으로 사회적 정당성 확보가 이슈가 된다. 그 동안 경제 이데올로기와 정치이데올로기 그리고 반공이데올로기가 이념의 중심부에서 권위를 행사하던 체제가 전환의 시점에 들어선 것이다. 이것은 사회복지정책 환경요인이 힘의 균형을 이루게 됨을 의미하는 것이다.

그러나 한국 사회복지계는 사회복지의 수행자 역할에만 고착되어 자조적인 사회복지운동을 하지 못하였다. 1991년의 사회복지예산삭감저지운동 등의 시도는 있었지만, 정부의 사회복지정책에 대하여 적극적 대안을 제시하고 행동화하지 못했던 것이다. 사회복지 이슈를 여타의 시민단체(NGO)에 맡기고 있어 전문성을 가진 집단으로서의 역할수행이 되지 않고 있는 것이다. 이것은 사회복지대상자와 복지공급자의 중간에서 중재하고 변화시켜야 하는 집단으로서의 심각한 문제라고 할 수 있다.

둘째, 노태우 정부 시기에 발현된 복지이데올로기가 지속적 이행을 하지 못하고 김영삼 정부에서 또다시 주변부 이데올로기로 밀려나는 국면이 진행되었다.

경제성장의 둔화와 함께 제기된 '세계화'의 이념은 겨우 태동하기 시작한 복지욕구를 수렴하지 못하게 하는 억제 기제로 작용한 것이다.

1993년 이래의 김영삼 정부 시기의 사회복지정책은 지방자치제도의 본격적 실시와 함께 정치 체계적으로 유리한 상황이 전개되었음에도 경기퇴조의 국내 요소와 세계화체제라는 국외 경제이데올로기가 사회복지정책의 반작용요소로 대두되었다. 노태우 정부 시기의 민주화운동을 거쳐 김영삼 정부 시기에 시민사회세력으로 자리 잡은 신중간계층도 정치 · 경제개혁에 치중한 나머지 사회안전망 구축 등의 사회개혁운동에는 미진했다고 할 수 있다.

셋째, 지배블록인 여당세력과 자본가 세력은 제도야당이나 중간계급들과의 유연화 전략을 구사함으로써 시민사회의 하위계층들의 복지욕구를 조절하고 신보수주의적인 사회복지정책 기조를 유지할 수 있었다. 노태우 정부의 3당 합당 구도나 김영삼 정부 시기의 시민사회 지도자들의 정치권 영입전략이 그것이다.

넷째, 1988-1997년 사이의 사회복지정책 이행과정에서 영향을 미친 환경측면은 그 이전의 상황과는 달리 정치체제적인 요인이나 경제체제적인 요인의 활동에 비하여 시민사회적인 요인의 역할이 크다. 노태우 정부 시기에는 중간계층이 노동세력과의 접합을 통해 사회복지 확대를 가져온 측면이 강하고, 김영삼 정부에서는 세계화 이념을 내세운 개혁 작업에 유연하게 대응함으로써 지배블록이 경제우선 정책에 회귀하는 결과를 가져왔다. 이것은 사회복지정책 내용에 미치는 정책 환경에서 정치 · 경제 · 시민사회가 어느 정도의 체계를 갖추게 되는 시기임을 말해주는 것이다.

제7장

결론 : 한국 사회복지정책의 과제

본서에서는 노태우 정부 시기와 김영삼 정부 기간의 사회복지정책의 이행을 사회복지정책 환경과 사회복지정책 내용의 이행과정을 통합적인 방법으로 분석하였다.

그 결과 한국의 사회복지정책은 경제적 환경의 영향을 받아왔지만 정치적, 사회적 환경에 의한 영향을 받아온 국면이 많았으며, 사회복지정책 내용 자체에 의한 변화의 국면도 전개되었음을 알 수 있었다. 이것은 사회복지정책에 대한 기존의 연구가 사회복지의 발달과정을 정책결정요인분석에 초점을 두고 사회통제이론과 수렴이론적인 접근을 하고 있는 경향과는 차별성을 가진 분석임을 말해준다.

사회복지정책이행의 역사가 길고 그 변화과정이 자본주의 발달과정이 초기자본주의에서 역사적 시행착오를 거듭한 결과 오늘날의 자본주의 형태로 진전되어 온 국가의 경우는 양대 이론이 다 같이 적용될 수 있다. 이론 자체의 한계는 있지만 순차적인 자본주의의 역사발전을 거쳐 왔기 때문에 정치적 환경이나 경제적 환경이 사회복지정책에 긍정적인 영향을 미치게 되기 때문이다.

이러한 정책 결정론적인 양대 이론을 활용한 분석기법은 한국 사회복지정책의 분석에서는 설명의 신뢰성을 높일 수 있는 방법이 되지 못한다. 그러므로 한국 상황에서의 사회복지정책이행을 분석을 하기 위해서는 정책 환경에 기초한 정책결정이론의 단독적인 접근만으로는 한계점이 있다. 실제 정책 내용에 대하여 통계자료에 의하거나 실증적인 분석이 필요한 것이다. 그렇다고 그 간의 많은 연구들에서처럼 환경적 측면을 도외시한 내용자체만의 분석방법도 자본주의의 이념형성과정을 간과하게 된다는 측면에서 극히 단선적인 접근 방법이 된다.

본서에서의 분석결과와 논의를 통해 한국사회복지정책의 환경과 내용의 이행과정에서 나타난 특징은 다음과 같다.

우선 사회복지정책 환경의 이행과정에서의 노태우 정부 시기는 제5공화국까지의 권위주의적이고 자본축적 중심의 이데올로기가 전환되는 시점에 해당한다. 억압된 정치체계에서 복지이념형성의 중심세력이 되지 못했던 시민사회세력이 그 한 축으로 자리 매김 하게 되었다. 민주화와 함께 사회복지욕구의 표출이 강하게 나타난 것이다. 이것은 제3공화국 시기 이후 20～30여 년 간에 걸쳐 지속된 군부중심의 정치세력과 자본가 세력이 주도적으로 경제성장 제일의 이데올로기를 주도해온 정책 환경에서 시민사회세력이 역할군을 형성하게 됨을 의미한다.

특히 이 시기는 '6 · 29선언'이라는 정치적 자유화와 사회적 욕구가 필요성에 의해 결합성을 이루게 되어 기존의 산업화이론에서는 설명되지 않는 정책 환경을 분석할 수 있으며, 정치체계의 변동이 사회복지정책 환경으로 강조될 수 있는 상황이 전개되었다.

김영삼 정부 시기는 소위 '연성 군부 정권' 시기인 노태우 정부 시기의 복지정책지향 기조가 연착하지 못하고 오히려 정체되는 정책 환경을 나타낸다. '세계화'라는 국제적 물결 속에 신보수주의적 이데올로기가 도입되는 국면이 전개된 것이다. '신경제 5개년 계획'에서의 이념은 김영삼 정부 시기의 정책이념의 중심이 되고 있기 때문이다. '삶의 질의 향상'을 내세운 사회복지정책의 이념은 정치, 경제, 시민사회 세력의 담론을 통하여 도출된 '사회정의'적 복지이념의 형성이라고 하기보다는 일종의 정치세력중심의 슬로건이었기 때문이다.

정치적 민주화와 함께 급성장한 시민사회세력이 지속적인 공고화를 이루지 못하는 측면과도 관계되는 것이다. 이것을 정치체제와 연관하여 본다면 노태우 정부의 군부세력이 정치지배블록을 유지하기 위한 유화적 사회통제 국면과 사회적 욕구가 정책 환경의 주도적 역할을 한 것과는 다른 측면을 보여준 것이다. 즉, 3당 합당을 통하여 대선에서 승리한 김영삼 정부는 국가체제의 정당성에 대한 부담이 없었고 이미 노태우 정부에서부터 시작된 감속경제상황이 사회복지정책에는 소극적 성향의 기조를 가져오게 한 것이다.

사회복지정책 내용의 이행과정에서의 노태우 정부 시기는 각종사회복지관련 법령의 제정이나 개정을 통하여 제도화의 단계에 접어들었다고 보아진다. 과거정부가 사회복지정책을 정치체제의 정당성 확보 측면에서 입법화하고 실제 집행은 하지 않음으로써 제도화하지 못하고 있었던 것과는 달리 정책이 제도로 이행되는 긍정적 흐름을 나타내었다. 그렇다고 공공부조정책이나 사회복지서비스정책에서의 급여대상이나 재원, 전달기구, 급여형태 등의 정책 내용상 선진복지국가로서의 범주에 들어가는 수준과는 거리가 있는 것이었다.

그러나 경제성장기인 제5공화국까지의 정부에 비해 공공부조측면에서의 예산과 전달체계상의 발전을 보인 시기였다. 그중에서도 공공부문이나 민간부분의 사회복지전달체계상의 변화는 특징적이다. 즉, 공공부조 부문인 행정체계에 사회복지사를 배치하기 시작했고, 민간 기구에도 지역사회복지관을 영구임대아파트지역을 중심으로 설치하게 된다. 이것은 시민사회를 비롯한 사회복지대상자층의 복지욕구를 정치적 필요성에 의해 제도화한 결과인 것이다.

김영삼 정부 시기에 와서는 세계화의 이념과 함께 대두된 복지다원주의적인 이데올로기의 영향으로 공공부조 측면에서는 정책 내용적으로 정체화가 되는 경향을 나타내었다. 생활보호대상자의 선정기준이 자산조사기준으로 대폭 상향시키고 있는 것이 그 특징이 된다. 전달체계상으로도 노태우 정부가 제시했던 공적부문의 사회복지사 확대배치와 사회복지전담기구 확대를 이루지 못하고 있을 뿐만 아니라 사회복지재정 측면에서도 일반 예산 증가율에 비하여 오히려 미치지 못하는 결과를 가져왔다.

그러나 사회복지서비스 부문에서는 선진자본주의의 정책을 상당부문 도입하고 있다고 할 수 있다. 그중에서도 노령수당 지급대상의 확대를 비롯한 노인복지회관의 설치 등으로 노인복지서비스의 골격이 갖추어지게 되었고, 주간보호센터 설치를 통한 재가노인복지서비스의 제도화도 이루어졌다. 장애인복지서비스의 경우에도 공공부조 외의 추가적 급여를 확대하여 여타 부문에 비해 진전이 이루어졌다고 할 수 있다. 그 외 여성복지서비스의 측면에서도 과거의 '부녀복지'의 개념이 '여성복지'의 개념으로 전환되는 상징적 특징을 보였다. 다만 아동복지서비스와 부랑인복지서비스는 노태우 정부 시기에 비해 진전을 보이지는 못하고 있는데 이것은 여성, 노인, 장애인들을 전국적 혹은 지역적인 단체를 결성하여 중앙정부나 지방정부에 대한 욕구를 표출하는 사회행동적인 자구책을 강구한 것에 비해 아동이나 부랑인들은 사회경제적 특성 때문에 그러한 활동이 제한된 결과이기도 하다.

결과적으로 기존 연구의 한국 상황에서의 복지자본주의 이행에 관한 논의는 서구의 사회복지정책 내용에 관한 분석이 많고, 정책 환경을 정책 내용과 연계한 연구에서도 경제적 관점에 기반을 둔 산업화이론이나 사회 민주주의적인 이론의 접근이 대다수였다는 점에서, 사회복지정책의 체계적 이행과정을 해명하는 데는 근본적으로 한계를 지닐 수밖에 없었다고 할 수 있다. 즉, 후발자본주의국가의 상황을 두고 사회복지정책 이행을 논의할 때는 선진자본주의의 발달 모형에 규준(規準)하여 어느 특정이론을 대상으로 분석하게 되면 궁극적인 정책의 실체를 해석하고 추론하는 데 있어서 신뢰성의 제한이 커질 수밖에 없는 것이다.

이러한 결과를 기초로 해서 향후 사회복지정책에서 고려하고 해결해야 할 과제를 제시하면 다음과 같다.

첫째, 21세기는 1990년대의 사회복지정책의 이행을 경험으로 한 체계적 사회복지정책 패러다임을 모색해야 한다.

이것은 서구사회가 사회적으로 수용하고 있는 복지모형을 그대로 적용하는 것보다는 우리나라의 복지자본주의체제이행을 대상으로 접근해야 한다는 말이 된다. 티트머스의 모델에 의하면 산업적 성취수행모델에 가깝지만, 미쉬라나 에스핑 앤더슨의 복지모델에 의하면 아직도 한국은 복지국가유형으로 볼 수 없기도 한 것이다. 한 나라의 체제요인적인 배경요인을 고려하지 않고 단순한 재정비교

등을 논의하는 것은 실천적 함의가 적은 것이다. 따라서 막연히 '제3의 길'이나 '협동주의적인 복지국가'를 '생산적 복지국가'이념으로 포장하는 간편성은 벗어나야 하는 것이다.

둘째, 정치체제가 대통령중심제 국가이고 사회복지정책의 수반이 되고 있어 공공복지를 국가주도로 해온 체제를 혼합복지체제로 전환할 필요성이 있다.

1990년대 초기에 사회복지제도의 정비기가 김영삼 정부에서 상대적으로 정체기를 맞이한 것은 사회복지정책을 국가메커니즘에만 위탁해온 권위주의에서 탈각하지 못한 데 연유하는 것이라고 할 수 있다. 권위주의시대의 지역사회조직사업이었던 '새마을운동'이 국민정신교육을 통한 지역사회개발이었다면 민주주의 이행기에서는 '시민복지운동'을 통하여 효율성을 높여야 할 것이다. 복지자본주의체제에서의 시민은 자본축적과 사회적 재분배의 수혜자의 역할을 동시에 수행해야 하는 만큼 지역사회 중심의 사회복지운동이 있어야 할 것이다. 군사정권의 마지막인 노태우 정부가 정치적 · 사회적인 정당성 확보를 위해 사회복지정책을 수단으로 사용한 것과 마찬가지로 향후에도 지배블록체제 유지를 위한 방편으로 사용될 소지는 여전한 것이다.

셋째, 사회복지정책은 국가 · 시민사회체제에서 계층 간의 사회통합을 위한 정책이므로 법과 제도의 도입을 통해 선진국형의 모델을 구축하는 것보다는 평상시 경제 · 사회제도 내에서의 이데올로기 형성이 우선되어야 할 것이다.

한국이 정부수립과 동시에 선진자본주의의 정치 · 경제 · 사회체계를 도입했지만 수많은 정치 · 사회적 시행착오를 하였고, 민주이행기의 민간정부가 사회복지정책에 오히려 소홀할 수 있다는 것은 역사적 경험에서도 알 수 있는 것이다.

결국 복지자본주의국가체제의 사회복지정책은 정치, 경제, 사회 등의 정책 환경에서 도출되는 복지이념을 그 실체인 정책 내용으로 정형화시키는 과정의 구조화에서 이루어지는 것이므로, 보다 중요한 것은 정책 환경의 주요 구성세력인 지배블록과 중간계급 등의 계층 간의 지속적 담론형성이 있어야 한다는 것이다. 이러한 관점에서 그동안 한국 사회복지정책의 환경과 정책 내용에 대한 체계적인 역동성을 보여 줄 수 있는 연구가 부족하였다는 인식에서 본 연구는 이를 규명하고 있다는 점에서 의의가 있다고 할 수 있다.

특히 그 간의 서구복지자본주의국가의 모형에 따라 우리나라의 사회복지정책을 논의해왔던 연구경향에서 벗어나 해당 시기의 정책 환경 속에서 사회복지정책을 동시에 분석하고 있다는 점에서도 의의를 찾고자 한다. 따라서 후발복지자본주의국가를 대상으로 한 사회복지정책이행의 연구와 비교연구에서도 본 연구에 바탕을 하여 상황적으로 적용이 가능할 것으로 생각된다.

끝으로 앞으로의 연구에서 보충적으로 연구할 내용을 제안하면 다음과 같다. 우선 본 연구는 사회복지정책의 환경과 내용을 주로 구체화된 통계위주로 분석하고 있기 때문에 실제 드러나지 않고 배제된 정책 환경의 자유의지적인 요인의 분석이 보충될 필요가 있다. 사회복지정책을 실천하는 전달체계상의 공무원이나 급여대상자들과의 면접조사 등의 연구가 그 예가 될 수 있다.

그리고 한국 사회복지정책 환경으로서 시민사회적인 측면은 1990년대 이후 역할군이 확대되고 있으므로 시민사회활동의 사회복지적인 개념의 확대와 설명 가능한 조작화가 강조된다. 그 외에 정치적 측면으로서 지방자치적인 요인에 대해서도 기존 개념에 대한 적절한 조작적 작업과 함께 분석의 적실성(適實性)을 높이기 위한 연구의 필요성이 있다고 할 것이다.

참 고 문 헌

1. 국내문헌

【저서 및 논문】

감정기, "한국사회복지사 시대구분 - 공적노동복지 제도분석을 중심으로 -", 『사회과학연구 제4집』, 경남대 사회과학연구소, 1992.

감정기, "한국노총 정치참여의 특성과 그 영향에 관한 연구 : 제3공화국～제6공화국 기간의 노동복지정책을 중심으로", 서울대 대학원 박사학위 논문, 1994.

강철규, 『재벌 : 성장의 주역인가, 탐욕의 화신인가』, 비봉출판사, 1991.

고수현, "장묘복지정책에 관한 이념적 접근", 『한국장묘연구회 논문집』 제4권, 1998.

고수현, "지방자치시대의 복지정책모형에 관한 연구", 『대구시정연찬』, 대구광역시, 1996.

고수현, "중도노선주의와 제3의 길의 복지국가", 한국복지행정학회, 『복지행정논총』 제9집, 1999.

곽효문, "한국사회복지정책의 결정요인에 관한 실증적 연구", 한양대학교 박사학위논문, 1992.

곽효문, 『정책학 원론』, 학문사, 1995.

구해근, "한국중간계급연구의 이론적 · 방법론적 문제점", 『사회계층이론과 실제』, 다산출판, 1991.

구해근, "한국의 중간계급, 민주화 그리고 계급형성", 『남북한 정치의 구조와 전망』, 도서출판 한울, 1994.

김만두, "한국복지서비스법의 문제점과 개선책", 한국사회복지학회, 『1994 추계학술대회 자료집』, 1994.

김병진, 『정책학 개론』, 박영사, 1989.

김상균, "한국사회복지의 이념적 지평과 지향", 한국사회복지학회, 『'99추계학술대회논문집』, 1999.

김상조, "김영삼정부의 개혁실패와 경제위기", 『위기, 그리고 대전환 : 새로운 한국경제패러다임을 찾아서』, 당대, 1998.

김석준, 『한국 자본주의국가 위기론』, 풀빛, 1991.
김석준, "신흥공업국의 국가와 복지정책 산출구조 : 한국과 대만의 비교", 『복지국가의 현재와 미래』, 한림대학교 사회복지세미나 자료집.
김세균, 『한국의 민주주의와 노동자 민중정치』, 현장에서 미래를 출판, 1998.
김연명, "ILO의 사회보장 기준과 한국사회보장의 정비과제", 『한국사회복지학』 제31호, 1997.
김연명, "한반도의 냉전체제가 남북한 사회복지에 미친 영향", 중앙대 대학원 박사학위 논문, 1994.
김연명, "ILO의 사회보장기준과 한국사회보장의 정비과제", 한국사회복지학회, 『한국사회복지학』 통권 제31호, 1997.
김영명, 『고쳐 쓴 한국현대정치사』, 을유문화사, 1999.
김영화, "네오마르크스주의와 복지국가의 모순", 경북대학교, 『사회과학 논문집』 제10집, 1997.
김원준, "성장과 복지", 한림대학교 사회복지연구소 편, 『비교사회복지』 제1집, 을유문화사, 1991.
김종일, "한국사회복지정책의 흐름과 논리", 한국사회연구소, 『동향과 전망』, 백산서당, 1992.
김주수, 『한국가족법과 과제』, 삼영사, 1993.
김태성, "사회복지발전의 결정요인분석", 『사회복지연구』 제2호, 한국사회복지연구회, 1990.
김태성 · 성경륭 공저, 『복지국가론』, 나남출판, 1998.
김현용, "한국사회의 변화와 사회복지서비스의 전개방향", 『복지국가의 현재와 미래』, 한림과학원, 1993.
김현용, "요보호아동을 위한 시설보호의 개선방향", 『한국아동복지학』 제2호, 한국아동복지학회, 1994.
김형식, 『시민적 권리와 사회정책』, 중앙대학교 출판부, 1999.
김형식, "T.H Marshall의 시민적 권리론에 관한 소고", 『한국사회복지학』 제26호, 1995.
김형식 · 이재완, "김영삼 정부의 빈곤정책의 성격 ; 공공부조", 중앙대, 『사회과학연구』 제8집, 1995.
김호기, 『현대자본주의와 한국사회 - 국가 · 시민사회 · 민주주의』, 사회비평사, 1995.
김호기, 『한국의 현대성과 사회변동』, 나남출판, 1999.
김호진, 『한국정치체제론』, 박영사, 1994.
나병균, "한국의 국가와 사회보험 정책", 『논문집』 제8집, 한림대학교, 1990.
남세진 편, 『한국사회복지의 선택』, 나남출판, 1998.
남세진 · 조홍식 공저, 『한국사회복지론』, 나남출판, 1995.
박광준, "신보수주의와 한국사회의 정책지향", 『경제와 사회』 제18호, 1993.

박기덕, 『한국 민주주의 10년』, 세종연구소, 1998.
박순일, 『선진국 문턱에서 본 한국의 빈곤현실과 사회보장』, 일신사, 1994.
박재창, 『한국의회행정론』, 법문사, 1995.
변재관 외 10인, 『한국의 사회보장과 국민복지 기본선』, 한국보건사회연구원, 1998.
성경륭, "자본주의와 민주주의의 변증법적 관계", 『체제변동의 정치사회학』, 한울, 1995.
성경륭, "한국의 정치체제 변동과 사회정책의 변화 : 정치사회학적 분석", 『사회복지연구』 제3호, 1991.
성병탁, 『복지의 정치경제학 : 복지국가실현의 논리』, 형설출판사, 1995.
손호철, "국가-시민사회론 : 한국정치의 새 대안인가?", 『해방50년의 한국정치』, 새길, 1995.
손호철, "김영삼정권의 국가성격", 『해방50년의 한국정치』, 새길, 1995.
송근원 · 김태성, 『사회복지정책론』, 나남출판, 1997.
신섭중 외 공저, 『한국사회복지법제 개설』, 대학출판사, 1996.
안병만, 『한국정부론』, 다산출판사, 1999.
안병영 · 임혁백 편, 『세계화와 신자유주의』, 나남출판, 2000.
안해균, 『정책학 원론』, 다산출판, 1990.
여현덕, "한국의 시민사회형 정권과 국가주도형 정권의 비교연구 : 권력연합의 변이과정을 중심으로", 연세대학교 박사학위논문, 1994.
우병규, "한국의 입법체계에 관한 연구 : 국회의원의 대표역할과 그 행태를 중심으로", 서울대학교 박사학위 논문, 1978.
원용찬, 『사회보장 발날사 - 포스트 복지자본주의와 패러다임』, 신아, 1998.
유팔무 · 김호기, 『시민사회와 시민운동』, 한울, 1995.
윤상철, 『1980년대 한국의 민주화 이행과정』, 서울대학교출판부, 1997.
윤여덕 편저, 『국가와 사회정책』, 민영사, 1997.
윤영득, 『복지경제학』, 형설출판사, 1995.
이가옥 편저, 『노인복지의 현황과 과제』, 나남출판, 1999.
이두호 외, 『빈곤론』, 나남출판, 1990.
이병천 외 11인, 『한국사회론 - 현대한국사회의 구조와 역사적 변동』, 한울, 1994.
이상록, "Neo-Marxist 사회정책발달론에 관한 비판적 연구", 서울대학교 석사 학위논문, 1991.
이성기, "사회복지관련 법률과 정책의 변천에 관한 일고찰", 한국복지연구회, 『한국의 복지』, 1988.
이인재, "사회복지주민참여와 동원전략에 관한 연구", 한신대 사회복지정책연구소, 『사회복지연구』 제2호, 1994.
이인재, "한국산재보험 제도 변천과정에 있어서 연관 집단들의 영향력에 관한 연구", 서울대학교 석사학위논문, 1987.

이재환, "최근 우리나라의 빈곤정책의 동향", 『동향과 전망』 제26호, 1995.
이정호, "지방자치의 의의와 사회복지에 미치는 영향", 『사회복지』 통권 124호, 한국사회복지협의회, 1995.
이혜경, "사회주의 여권론적 관점에서 본 한국여성복지정책의 성격에 관한 연구", 서울대학교 대학원 박사학위논문, 1994.
이혜경, "한국사회복지정책의 현황과 발전방향", 『연세사회복지연구』 제2권, 1995.
인경석, 『한국복지국가의 이상과 현실』, 나남출판, 1998.
임영일, "노사관계민주화의 조건과 전망", 『한국사회와 민주주의』, 나남출판, 1997.
임영일, "정세변화와 노동운동의 과제", 『경제와 사회』, 1992, 가을호.
임현진 · 송호근 편, 『전환의 정치, 전환의 한국사회』, 나남출판, 1995.
임희섭 · 양종회, 『한국의 시민사회와 신사회운동』, 나남출판, 1998.
장동일 외 3인, 『한국공적부조론』, 대학출판사, 1996.
장인협, 『사회복지학 개론』, 서울대학교 출판부, 1990.
전재일 · 배일섭 · 정영숙, 『사회복지정책론』, 형설출판사, 2000.
전재일 외 공저, 『사회복지개론』, 형설출판사, 1999.
정건화, "복지 · 생활지표를 통해 본 한국 자본주의, 1970～1990", 『동향과 전망』 제13호, 녹두, 1991.
정대화, "한국의 정치변동 1987-1992 : 국가 - 정치사회 - 시민사회를 중심으로", 서울대학교 박사학위논문, 1995.
정덕규, "사회복지전달체계의 Paradigm에 관한 연구", 대구대학교 박사학위논문, 1997.
정원은, "사회복지학의 쟁점과 과제", 『한국인물사회과학의 현재와 미래』, 푸른 숲, 1998.
정정길, 『정책학 원론』, 대명출판사, 1999.
정진영, "민주화 이후 재벌관계의 변화 : 정부우위에서 재벌우위로", 『한국 민주주의 10년』, 세종연구소, 1998.
조흥식, "김영삼 정부의 사회복지정책적 평가", 『환경과 사회』, 한국 환경 · 사회정책연구소, 제3호, 1994.
조희연, 『한국의 국가 · 민주주의 · 정치변동』, 당대, 1999.
조희연, 『한국의 민주주의와 사회운동』, 당대, 1998.
주　현, "한국경제의 구조적 변화와 경제민주화", 『6월 민주항쟁과 한국사회10년 II』, 당대, 1997.
중앙대학교 사회복지학과 편, 『한국사회보장제도의 재조명』, 한국복지 정책연구소, 1992.
최경석, "노인복지서비스", 『현대사회보장론』, 한국복지정책연구소출판부, 1990.
최　균, "한국사회복지정책의 구조와 특징", 『동향과 전망』 가을호, 1991.
최성재 · 남기민, 『사회복지행정론』, 나남출판, 1993.
최일섭 · 최성재 편, 『사회문제와 사회복지』, 나남출판, 1995.

최장집, 『한국민주주의의 조건과 전망』, 나남출판, 1996.
최장집 · 임현진 공편, 『한국사회와 민주주의』, 나남출판, 1997.
최장집 · 임현진 공편, 『시민사회의 도전 - 한국민주화와 국가 · 자본 · 노동』, 사회비평사, 1995.
최정원, "한국복지정책 결정과정연구", 연세대학교 박사학위논문, 1998.
최창무 · 고수현, "빈곤정책의 개선방안연구 - 생활보호정책을 중심으로", 한국복지행정학회, 『복지행정논총』 제8집, 1998.
최창무 · 고수현, "노태우 정부 시기의 복지자본주의체제이행연구", 한국복지행정학회, 『복지행정논총』 제9집, 1999.
하상락, 『한국사회복지사론』, 박영사, 1989.
한상진, "한국사회변동의 양면성 88 - 99", 사회과학원 편, 『사상 - 창간10주년 특집 : 90년대를 생각한다』, 1999, 가을호.
한상진, "사회개혁과 중민이론", 계간 『사상』, 1994 , 가을호.
함철호, "한국사회복지에 대한 사회통제 이론적 고찰", 중앙대학교 석사학위 논문, 1986.
현외성, 『비교사회정책론』, 홍익제, 1993.
현외성 외 4인, 『사회복지학의 이해』, 유풍출판사, 1993.
홍경준, "한국기업 복지의 결정요인 : 제조업의 조직특성을 중심으로", 서울대 대학원 박사학위논문, 1996.
홍경준, 『한국의 사회복지체제연구』, 나남출판, 1999.
홍두승, "중산층의 성장과 사회변동", 『한국의 국가와 시민사회』, 한울, 1992.
홍원탁, "불로소득과 토지정책", 아산사회복지사업재단, 『한국 자본주의와 경제원리』, 1993.
황종규, "한국국가의 성격과 복지지출의 변화에 관한 연구", 『한국행정논총』 제9권 제1호, 1997.

【정부 · 기관 문헌】

경제기획원, 『제6차 경제사회개발5개년계획』, 1986.
경제기획원 · 노동부 · 보사부, 『국민복지증진대책해설』, 1986.
경제기획원, 내부자료 및 『경제백서』, 1989～1998.
경제정의실천시민연합, 경실련 창립6주년 기념자료집, 1996.
공보처, 『제6공화국 실록』 1～4권, 1992.
공보처, 『변화와 개혁 - 김영삼 정부국정5년』 1～3권, 1997.
공정거래위원회, 『공정거래 10년 』, 1997.
국무총리행정조정실, 『제6공화국 정부5년』, 1993.
국회사무처, 『국회통과법률집』, 1988～1997.

국회사무처, 『국회경과보고서』, 제12대～제14대.
내무부, 『내무행정백서』, 1989～1997.
내무부, 『지방조직개편백서』 I, II권, 1996.
노동부, 『신경제5개년 계획 : 1993～1997 노사관계재정립부문계획』, 1993.
노동부, 『노동통계연감』, 1988～1996.
노동부, 『여성과 취업』, 1993～1997.
노동부, 『노동백서』, 1988～1997.
대구광역시 복지정책과, 내부자료(각 년도).
대구광역시 사회복지협의회, 『제7회 대구사회복지대회』 논문집, 1997.
대통령 비서실, 『삶의 질의 세계화를 위한 대통령의 복지구상』, 1997.
대통령직속여성특별위원회, 『여성백서』, 1998～1999.
대한노인복지연구원, 『노인복지편람』, 1990.
보건복지부, 『아동복지사업지침』, 1995～1997.
보건복지부, 『OECD 회원국의 사회정책에 관한 종합보고서 - National Achievements』, 1998. 7.
보건복지부, 『1998 OECD 사회정책장관회의 결과보고서』, 1998. 7.
보건복지부, 『노인복지사업지침』, 1995～1997.
보건복지부, 『장애인복지사업지침』, 1995～1997.
보건복지부, 『여성복지사업지침』, 1995～1997.
보건복지부, 『생활보호지침』, 1995～1997.
보건복지부, 『부랑인시설국고보조사업지침』, 1997.
보건복지부, 『주요업무 현황』, 1995～1997.
보건복지부, 『보건복지백서』, 1995～1998.
보건복지부, 『보건복지통계연보』, 1995～1997.
보건복지부, 『생활보호사업안내』, 1995～1997.
보건복지부, 『장애인복지사업안내』, 1995～1997.
보건복지부 각 과, 내부자료(각 년도).
보건복지부, 『생활보호대상자 현황분석』, 1995～1997.
보건복지부, 『장애인복지시책』, 1992～1997.
보건복지부, 『노인복지시설 현황』, 1993.
보건사회부, 『보건사회통계연보』, 1988～1994.
보건사회부, 『주요업무 현황』, 1988～1994.
보건사회부, 『보건사회백서』, 1988～1994.
보건사회부, 『장애인복지시책』, 1988～1994.
보건사회부, 『사회복지시설 실태조사결과』, 1991.

보건사회부, 『부랑인선도시설 일람표』, 1991.
보건사회부, 『생활보호지침』, 1988∼1994.
사법행정문화원, 『노인복지 · 사회복지편람』, 1999.
사법행정문화원, 『노인복지관련 법규집』, 1996.
아산복지사업재단, 『아동복지편람』, 1997.
재무부, 『예산개요』, 1988∼1993.
재무부, 『결산개요(업적 편)』, 1988∼1993.
재정경제부, 『결산개요(업적 편)』, 1997∼1998.
재정경제부, 『예산개요』, 1997∼1998.
재정경제부, 『2000년 경제정책 방향』, 2000.
재정경제부, 『결산개요(업적 편)』, 1994∼1996.
재정경제부, 『예산개요』, 1994∼1996.
재정경제원, 『결산개요(업적 편)』, 1994∼1996.
재정경제원, 『한국의 재정통계』, 1993∼1997.
재정경제원, 『예산개요』, 1994∼1996.
중앙선거관리위원회, 내부자료 및 국회의원 선거총람.
체육청소년부, 『청소년백서』, 1991∼1992.
총무처, 『총무처연보』, 1989∼1997.
통계청, 『도시가계연보』, 1990∼1998.
통계청, 『사회조사통계조사보고서』, 1998.
통계청, 『한국의 주요경제지표』, 1988∼1997.
통계청, 『한국의 사회지표』, 1992∼1997.
통계청, 『통계로 본 대한민국 50년의 경제사회상 변화』, 1998.
통계청, 『고용구조조사보고서』, 1997.
통계청, 『장래인구추계』, 1991, 1996.
통계청, 『한국통계연감』, 1988∼1997.
크리스찬 아카데미 사회교육원 엮음, 『한국시민사회의 이해』, 한울, 1996.
크리스찬 아카데미 사회교육원 엮음, 『지방화와 지구화 그리고 시민운동』, 한울, 1996.
한국경제연구원, 『새 정부의 정책과제』, 1997.
한국법률협회, 『보건복지 대법전』, 1995.
한국법제연구원, 『대한민국 현행법령집』 제38권, 1988∼1997(추록).
한국보건사회연구원, 『생활보호제도 개선방안에 관한 연구』, 1990.
한국보건사회연구원, 『사회복지장기발전계획』, 1992.
한국보건사회연구원, 『한국적 복지모형의 정립과 정책방향』, 1995.
한국복지연구회, 『사회복지의 역사』, 이론과 실천, 1990.

한국복지연구원,『한국사회복지연감』, 1996.
한국사회복지학연구회, "한국사회의 민주적 개혁과 사회복지의 실천적 대응", 한국학술단체협의회,『한국사회의 민주적 변혁과 정책적 대안』, 역사비평사, 1992.
한국사회복지학연구회 편,『상황과 복지(창간호)』, 인간과 복지, 1996.
한국사회복지학회,『21세기의 복지환경과 사회복지주체의 역할』, 1999 춘계 학술대회 논문집, 1999.
한국산업사회연구회 편,『산업사회학 강의』, 한울, 1995.
한국아동복지시설협회,『한국아동복지 편람』 상 · 하권, 1992.
한국여성개발원,『여성연구』 제46~49호, 1995.
한국여성개발원,『여성백서』, 1994, 1995.
한국은행,『국민계정』, 1992~1997.
한국장애인재활협회,『재활정보총람』, 1999.
한국장애인고용촉진공단, 내부자료.
한국정치학회 · 한국사회학회 편,『한국의 국가와 시민사회』, 한울, 1992.
한국지방행정연구원,『지방자치제 실시에 따른 지방정부의 사회복지기능에 관한 연구』, 신영문화사, 1998.
한국행정구역총람편찬위원회,『한국행정구역총람』, 1988~1997.
행정쇄신위원회, "행정쇄신 중점과제 추진계획안 - 생활보호제도 개선방안", 행정쇄신실무위원회 안건자료, 1995.
행정자치부,『통계연보』, 1998.

2. 국외문헌

【구미문헌】

Atkinson, A. B. and Mogensen, Gunnar Viby, *Welfare and Work Incentives : a North European Perspective,* Oxford : Clarendon Press, 1993.
Atkinson, A. B., *The Economics of Inequality,* Oxford : Clarendon Press, 1983.
Barnard, Chester I., *The Function of the Executive,* Cambridge : Harvard University Press, 1939.
Bell, Daniel, *The Cultural Contradictions of Capitalism,* London : Heinemann, 1976.
Beveridge, William, *Social Insurance and Allied Service,* London : Her Majesty's Stationary Office, 1942 ; reprinted ed., 1958.
Biesteak, F., *The Casework Relationship,* Chicago : Loyola University Press, 1961.

Blair, T., "New Deal and Tackling Poverty", *Speech by the Prime Minister,* the Rt Hon Blair, T. on Sheffield, 1998. 1. 30.

Brittan S., "The Economic Contradictions of Democracy", *British Journal of Political Science 5*, 1975.

Burrows, Rodger, & Brian Loader, *Towards A Post-Fordist Welfare State?,* London : Routledge, 1994.

Cole, Elizabeth, "Adoption : History, Policy and Program", in Joan Laird and Ann Hartman(eds), *A Handbook of Child Welfare,* New York: The Free Press, 1985.

Cotton, James(ed.), *Korea under Roh Tae-woo : Democratization,* Nothern Policy, and Korea Relations, Canberra : Allen & Unwin, 1993.

Crystal, S., *America's old Age Crisis : Public Policy and the Two World's of Aging,* New York : Basic Books, 1982.

Dye, Thomas, R., *Understanding Public Policy,* 5th ed, Englewood Cliffs, New Jersey : Prentice-Hall, 1984.

Dye, Thomas, R., "Politics versus Economics : The Development of Literature on Policy Determination", *Policy Studies Journal,* Vol. 7, pp. 652～662.

Easton, David, *A Framework for Political Analysis,* Englewood Cliffs, N. J. : Prentice Hall, 1965.

Esping-Anderson, GØsta, *The Tree Worlds of Welfare Capitalism,* Princeton : Princeton University Press, 1990.

Esping-Anderson, GØsta, *Welfare States In Transition : national adoptions in global economics,* UNRISD, 1996, 한국사회복지학 연구회 옮김, 『변화하는 복지국가』, 인간과 복지, 1999.

Esping-Anderson, GØsta, Welfare korpi, "Social Policy as Class Politicsin Post-War Capitalism : Scandinavia, Austria, and Germany", John H. Goldthorpe(ed.), *Order and Conflict in Contemporary Capitalism,* Oxford : Clarendon Press, 1984.

Febricant, Solomon, *The Trend of Government Activity in the United States since 1900,* New York : National Bureau of Economic Research, 1952.

Flora, Peter and Heidenheimer, Anold. J., "The Historical Core and Changing Boundaries of Welfare State", in P. Folora and A. J. Heidenheimer (eds.), *The Developmental of Welfare State in Europe and America,* New Brunswick : Transaction Books, 1981.

Friedman, Milton & Friedman Robert, *Free to Choose,* London : Secker and Warberg, 1980.

Fukuyama, Fransis, *The End of History and Last Man,* 이상훈 옮김, 『역사의 종말』, 한마음사, 1992.

Furniss, Norman & Tilton, Timothy, *The Case for the Welfare State,* Bloomington : Indiana

University Press, 1977.

Geertz, Clifford, "Ideology as a Culture System", *In Ideology and · Discontent,* edited by David Apter, New York, 1964.

George, Vic & Paul Wilding, *Impact of Social Policy,* 『복지국가와 사회정책』, 신섭중 옮김, 대학출판사, 1987.

George, Vic & Paul Wilding, *Ideology and Social Welfare,* Routledge / Kegan Paul, 1985.

George, Vic & Paul Wilding, *Welfare and Ideology,* Hertfordshire, UK : Harvester Wheatsheaf, 1994.

Giddens, Anthony, Beck, Ulrich, Scott Lash, *Reflexive Modernization -politics, tradition and aesthetics in the modern social order,* Stanford University Press, 1994, 임현진 · 정일준 옮김, 『성찰적 근대화』, 한울, 1998.

Giddens, Anthony, *Beyond Left and Right,* 김현욱 옮김, 『좌파와 우파를 넘어서』, 한울, 1997.

Giddens, Anthony, *The Third Way : The Renewal of Social Democracy,* London : Andrew Nurmberg Associates, 1998.

Gilbert Neil and Harry Specht, *Dimensions of Social Welfare Policy,* New Jergy : Prentice Hall, Inc., 1974.

Ginsburg, Norman, *Class, Capital and Social Policy,* London : Macmillan, 1979.

Gough, Ian, *The Political Economy of The Welfare State,* 김연명 · 이승욱 옮김, 『복지국가의 정치경제학』, 한울, 1990.

Gurr, Ted Robert, *Comparative Studies of Political Conflict and Change : Cross - National Data sets,* Ann Arbor, Michigan : Inter-University Consortium for Political and Social Research, 1978.

Haveman, Robert, "Employment and Social Protection : Are They Competitable?", *Beyond 2000 : The New Social Policy Agenda,* OECD, 1996.

Hewitt, Martin, *Welfare Ideology and Need,* Hertfordshire, UK : Harvest Wheatsheaf, 1992.

Jantsch, Erich, "From Forecasting and Planning to Policy Science", *Policy Science.* Vol. 1 No. 1, 1970.

Jennings, Edward T. Jr., "Civil Turmoil and the Growth of Welfare Roles : A Comparative State Polity Analysis", *Policy Studies Journal,* Vol. 7 No. 4, 1979.

Jessop, Bob, "The Welfare State in the Transition from Fordism to Post-Fordism", *The Politics of Flexibility,* edited by B. Jessop et al(eds.), Aldershot Edward Elgar, 1991.

Jessop, Bob, "The Transition to Post - Fordism and the Schumpeterian Workfare State", in Roger Burrows et al.(eds.), *Towards a Post-Fordist Welfare State?,* London : Routledge, 1994.

Johnson, Norman, *The Welfare State in Transition : The Theory and Practice of Welfare Pluralism,* Amhest : The University of Massachusetts Press, 1987.

Johnson, Norman, *The Welfare State in Transition,* Hertfordshire, U K : Harvest Wheatsheaf, 1987.

Jones, Chales, *Patterns of Social Policy : An Introduction to Comparative Analysis,* London : Tavistock Publications, 1985.

Kahn, A. J., *Theory and Practice of Social Planning,* New York : Russel Sage, 1969.

Kadushin, Alfred, *Child Welfare Service,* New York : Macmillan Publishing Co. Inc., 1980.

Key, V. O. Jr., *Southern Politics in the State and Nation,* New York : Alfred A. Knops, 1949.

Koo, Hagen, "The State, Minjung, and the Working Class in South Korea", *State and Society in Contemporary Korea,* Cornell University Press, 1993.

Lampman, R. J., *Social Welfare Spending,* New York : Academic Press, 1984.

Lash, Scott & John Urry, *The End Of Organized Capitalism,* The University of Wisconsin Press, 1987.

Lasswell Harold D. and Abraham Kaplan, *Power and Society,* New Heven : Yale University Press, 1970.

Linz, Juan J., "Totalitarian and Authoritan Regimes", in Fred I. Greenstein and Nelson Polsby, eds., *Handbook of Political Science,* Vol. 3 : *Macropotical Theory,* Reading, Mass. : Addison Welsley Publishing, 1975.

Macdonell, D., 임상훈 역, 『담론이란 무엇인가』, 한울, 1992

Macridis, R, C., *Contemporary Political Ideologies,* New York : Harper Collins, 1992.

Marshall, Thomas H., *Social Policy,* London : Hutchinson, 1975.

Marshall, Thomas H., *The Right to Welfare and Other Essay,* ed. R. Pinker, London : Heinemann, 1981.

Mcpherson, Stewart & James Midgley, *Comparative Social Policy and the Third World,* 현외성 옮김, 『비교사회정책과 제3세계』, 성은출판사, 1989.

Midgley, James, 복지연구회 역, 제3세계 불평등과 사회보장, 한국복지 정책연구소, 1986.

Midgley, James, "Challenges Facing Social Security", Midgly, James & Martin M. Tracy (ed.), *Challenges Facing Social Security : An International Exploration,* Auburn House, 1996.

Mishra, Ramesh, *Society and Social Policy-theories and practice of welfare,* London : The Macmillan Press Ltd, 1981.

Mishra, Ramesh, *The Welfare state in Capitalist Society,* Hertfordshire, U K : Harvest Wheatsheaf, 1990.

Mishra, Ramesh, *The Welfare State in Crisis : Social Thought & Social Change,* Brighten :

Wheatsheaf, 1984.
Murray, Charles, *Losing Ground : American social policy 1950-1980,* New York : Basic Books, Inc. Publishing, 1984.
Nachmias, David, & Nachmias C. *Research Methods in Social Science* (2nd ed.), 1981.
National Association of Social Workers, *Encyclopedia of Social Work* (19th), 1996.
O'Connor, James, *Accumulation Crisis,* New York : Basil Blackwell, 1984.
O'Donell, G.P.C. and Schmitter, *Transitions from Authoritation Rule : Tentative conclusions about Uncertain Democracies,* Baltimore and London : The John Hopkins Univ. Press, 1986.
OECD, *The Welfare State in Crisis : An Account of the Conference on Social Policies in the 1980,* Paris, 20-23 October, 1981.
Offe, Claus, "Democracy Against the Welfare State", *Political Theory*, 15(4), 1987.
Okun, A., *Equality and Efficiency : The Big Trade Off,* Washington D.C. : Brookings Institution, 1975.
Parker, Julia, *Social Policy and Citizenship,* London : Macmillan Press, 1977.
Peter, Leonard, 한국사회복지학연구회 역, 『자본주의와 인간발달』, 한울, 1990.
Pierson, Christopher, *Beyond The Welfare State? : The New Political Economy of Welfare,* The Pennsylvania State Univ. Press, 1991.
Pierson, Christopher, *Beyond the Welfare State?,* U K : Polity Press, 1998, 현외성 · 강욱모 옮김, 『전환기의 복지국가』, 경남대 출판부, 1999.
Pinker, Robert, *Socal Theory and Social Policy,* London : Heineman, 1971.
Piven, Frances Fox and Richard A. Cloward, *Regulating the Poor : The Functions of Public Welfare,* New York : Vintage Books, 1972.
Policy Studies Organization, *Policy Studies Journal,* Vol. 1(Autumn 1972).
Rein, Martin, *Social Science & Public Policy,* Harmondsworth : Penguin Books, 1976, 이태영 옮김, 『사회정책을 위한 사회과 학』, 대학출판사, 1997.
Rescher, Nicholas, *Welfare : The Social Issues in Philosophical Perspective,* Pittsburgh : University of Pittsburgh Press, 1972.
Richard, J. E. et al., *Applied Welfare Economics and Public Policy,* New Jergy : Prentice -Hall, Inc., 1982.
Rimlinger, Gaston V., *Welfare Policy and Industrialization in Europe,* America and Russia, New York : John Wiley, 1971.
Robey, J. S. and R, Jenkins, "The Economic of State Policies : A Longitudinal Analysis", *Social Science Quarterly,* Vol. 63, September 1982.
Rochert, D. A, "Progressive and Social Control Perspectives on Social Welfare", *Social*

Service Review, December 1981.

Rodgers, B., et al., *The Study of Social Policy : A Comparative Approach,* London : George Allen & Unwin, 1979.

Rothman, J., "Three Modes of Community Organization Practice", *National Conference on Social Welfare,* Social Work Practice, 1979.

Rubin, A. & Babbie, E., *Research Methods for Social Work*(2nd ed.), Pacific Grove, C.A. : Brooks/code, 1993.

Rueschemeyer, Dietrich, Evelyne Huber Stephens and John D. Stephens, *Capitalist Development & Democracy,* Cambridge, U.K : Polity Press, 1992.

Selznick, Philip, *TVA and The Grass Roots,* California : University of California Press, 1953.

Share, Donald, "Transition to Democracy and Transition Through Transaction", *Comparative Political Studies,* Vol. 19 No. 4, 1987.

Shils, Edward, "Ideology, the Concept and Function of Ideology" in *International Encyclopedia & of the Social Science,* Vol. 7, 1968.

Stephens, John D., *The Transition from Capitalism to Socialism,* London : The Macmillan Press, 1979.

Tilly, Charles, *From Mobilization to Revolution,* Addison-Wseley Publishing Co., 양길현 외 공역, 『동원에서 혁명으로』, 서울프레스, 1995.

Titmuss, Richard M., *Essays on 'the Welfare State',* London : Allen & Unwin, 1963.

Townsend, Peter, *Sociology & Social Policy,* Harmondsworth : Penguin Books, 1975.

Tufte, Edward R., "Determinants of the Outcomes of Midterm Congressional Elections", *American Political Science Review,* Vol. 69, September 1975.

Turner, Bryan S., "Outline of a Theory of Citizenship", *Sociology,* Vol. 24 No. 2, 1990.

Urry, John, *The Anatomy of Capitalist Societies - the economy, civil society and the state,* The Macmillan Press LTD, 1981, 1983, 이기홍 · 엄창순 옮김, 『자본주의 사회의 해부-경제, 시민사회, 그리고 국가』, 한울아카데미, 1994.

Wallerstein, Immanuel, *UTOPISTICS, or historical choices of the twenty first century*, 백영경 옮김, 유토피스틱스 또는 21세기의 역사적 선택들, 창작과 비평사, 1999.

Wallerstein, Immanuel, and Terence K. Hopkins et al., *The Age of Transition : trajectory of the World System 1945-2025,* Fernand Braudel Center for Study of Economies, Historical System, 1996.

Weber, Max, *The Theory of Social and Economic Organization,* translated by A. M. Henderson and Parsons, New York : The Free Press, 1947.

Wilensky, Harold, *The Welfare State and Equality,* University of California Press, 1975.

Wilensky, Harold & Lebeaux, C., *Industrial Society and Social Welfare,* 장인협 옮김, 『산업

사회와 사회복지』, 대한교과서 주식회사, 1979.
Witte, J. F., "The Growth and Distribution of Tax Expenditures", S. H. Danziger & K. E., Portney, *The Distributional Impacts of Public Policies,* New York : St. Martin's Press, 1988.

【일본문헌】

岡部卓, "公的扶助における 援助者 側の意識", 『日本社會事業大學 社會 事業研究所 年報』, 1991.
岡村重夫 外, 『老人の 福祉と社會保障』, 峘內出版株式會社, 1974.
東京大學社會科學研究所 編, 『 轉換期の福祉國家』 上, 下, 東京 大出版會, 1990.
本間要一郎, 『現代資本主義分析の基礎理論』, 岩派書店, 1984.
木下悦二, 『現代資本主義の世界體制』, 岩派書店, 1986.
濱野一郎 · 遠藤興一 編著, 『社會福祉の原理と思想』, 岩崎學術出版社, 1998.
伊藤誠, 『現代の資本主義 : 經濟危機の理論と現狀』, 新地書房, 1983.
伊藤周平, 『 社會保障史 - 恩惠から 權利へ -』, 青木書店, 1994.
河合幸尾 · 宮田和明 編, 『社會福祉と主體形成 : 90年代の理論的課題』, 法律文化社, 1991.
丸尾直美(Maruo Naomi), 『福祉國家の話』, 日本經濟新聞社 11版, 1979, 우재현 옮김, 『福祉國家論』, 경진사, 1982.

찾 아 보 기

| 가 |

| 나 |

| 다 |

| 라 |

| 마 |

| 바 |

| 사 |

| 아 |

| 자 |

| 차 |

| 타 |

| 파 |

| 하 |

■ 저자 소개 ■

고 수 현(高 洙 玄)

- 경북대학교 사회복지학과(문학박사)
- 대구광역시청 사회복지여성국 복지정책과(근무)
- 성덕대 사회복지학과 교수(역임)
- 청소년보호위원회 정책자문위원(역임)
- 보건복지부 장사제도개선팀 위원장(역임)
- 한국사회복지학회 복지정책개혁위원(역임)
- 한국청소년복지학회 이사(역임)
- 한국복지행정학회 부회장
- 한국가족복지학회 편집위원장
- 국가 · 지방공무원시험 출제 · 검증위원
- 금강대학교 사회복지학과 교수

<저서>
- 사회복지실천윤리와 철학/생명윤리학/사회복지개론(공저)/노인복지론(공저) 외 다수

사회복지정책 이행과정

2006년 3월 20일 1판 1쇄 인쇄
2006년 3월 25일 1판 1쇄 발행

저 자 : 고 수 현
발행인 : 김 동 규
발행처 : 교육과학사

서울특별시 마포구 아현1동 424-31
전화 (02) 363-6431 ~ 3 / FAX (02) 393-4366
Home-page : www.kyoyookbook.co.kr
등록 : 1970년 5월 18일 제2-73호

낙장·파본은 교환해 드립니다.
Printed in Korea.

정가 15,000 원
ISBN 89-8287-972-2